終刊記念

史館

房総の考古学

史館同人 編

六一書房

序

　1973年4月の「史館」創刊号発行にはじまる史館同人の活動は，本書をもってけじめとし，同人を解散することとなりました。同学諸兄諸姉に賜ったご愛顧に対し篤くお礼申し上げます。
　考古学会誌「史館」の発行は，創刊当時市立市川博物館（現市立市川考古博物館）の学芸員職にあった，石井さん，熊野さん，堀越さんを中心に始まり，37年余を経過しようとしています。私事ではありますが，思い返せば私が本同人にお誘いいただいたのは1983年のことであり，当時は，年2回の発行や，シンポジウムの開催など，まさに拡張期にありました。しかし，常々堀越さんが警告されていたように，当時すでに同人誌本来の形である，同人自身の執筆は形骸化しつつありました。その後，第31号刊行時には，新生史館同人を募り，再生を図ってきましたが，2004年5月発行の第33号以降は，実質的に散会状態にありました。
　創刊号発行にあたっての挨拶を読み返すと，
　　「歴史の編さん所」的使命をになって，中央とのパイプ役を果たし，かつ，千葉県に
　　おける「歴史の館」の中心的存在となって学界に貢献したく，ここに創刊号を世に問う
とあります。いまだ，情報の共有化が遅々として進まず，考古学の基盤を支えるべき各地域の担い手を失いつつある現在，いかなる形であれ生きながらえることが必要であり，継続することが，「史館」に残された先学の業績を引き継ぐことにもなると思います。また，同胞ともいうべき県内，周辺都県の同人誌の多くが今なお活動を続けている中で，創刊号の使命を停止し，いちはやく幕引きを行わなければならないことには忸怩たる思いもあります。しかし，残念ながら時流にあらがうことはできませんでした。研究者諸氏の熱意をもって，遠からず将来において千葉県の横断的な研究会とその会誌が誕生することを祈念したいと思います。
　最後に，本書の刊行を快諾頂いた，六一書房八木環一社長に，心より御礼申し上げます。

2010年2月26日

　　　　　　　　　　　　　　　　　　　　　　　　　　　　　　　　　大　村　　　直

房総の考古学

史館終刊記念

序

上ゲ屋型彫刻刀の技術的特質とその評価	橋本 勝雄	1
下総台地北西部における縄文前期の遺跡分布と生産活動 —基礎データの提示と展望—	上守 秀明	23
房総における大珠の在り方	小林 清隆	49
中妻の98人	堀越 正行	63
荒海4式の研究（2）	渡辺 修一	77
弥生中期の残影 —後期の四隅陸橋型周溝墓から—	比田井克仁	91
千葉市出土の絵画文土器	菊池 健一	107
土器の移動と移住	大村 直	117
船塚古墳と公津原埴輪生産遺跡 —ハケメの識別による再検討—	小橋 健司	133
市原市稲荷台遺跡の円丘祭祀（1） —北斗降臨地から宗教施設へ—	西野 雅人	147
二つの京，その後 —「京」墨書土器と国府域—	山路 直充	165
上総国山邊郡山口郷と稲荷谷遺跡	青木 幸一	177
古代東国における「罪」の信仰とその系譜 —「罪」の墨書土器の解釈を中心に—	笹生 衛	193
房総における中世竪穴建物について	井上 哲朗	213
二次利用または転用された遺物について —物質文化の多様性を探る—	領塚 正浩	229
回顧と展望　房総半島における発掘成果と博物館との関係 —戦後60年を振り返って（序章）—	石井 則孝	243

「史館」総目次

史館同人

上ゲ屋型彫刻刀の技術的特質とその評価

橋 本 勝 雄

はじめに

　周知のとおり上ゲ屋型彫刻刀（以下上ゲ屋型という）は，石刃ないしは縦長剥片を素材とした先刃形の彫刻刀形石器であり，旧石器時代の石器型式の中でひときわ異彩を放っている。この特異な石器は，1961（昭和36）年に発掘調査が行われた長野市上ゲ屋遺跡の出土資料をもとに森嶋稔らによって提唱された（樋口・森島・小林1962）。

　その後，森嶋や鈴木次郎の精力的な研究によって，その実態が明らかにされてきた（森嶋1966・1973・1975，鈴木1996・2000）[1]。

　最新の鈴木見解を略述すれば，上ゲ屋型の出現時期はほぼナイフ形石器文化の後半から終末期，遺跡分布は南関東（相模野・武蔵野台地）と静岡県東部を核として，北は東北南部・信州方面，南は磐田原台地に及び，搬入品で交流の産物と目される赤玉石・黄玉石などの特殊な石材が多用されたという。

　爾来，約10年の停滞期を経て，関連資料の充実により上ゲ屋型の研究は，その製作技術において新たな局面を迎えようとしている。

　かかる状況を受けて，本稿は，「上ゲ屋型」に関わる技術的な研究の成果を整理・検討し，その特質を論じるものである。

1　資料の検討

(1) 遺跡分布（第1図・第2図，第1表）

　当初は，全国で遺跡数が32遺跡，資料数は67点であったが（鈴木1996），その後徐々に増加し，現在ではそれぞれ42遺跡，140点を数える[2]。ただし他の石器型式に比べ，依然として希少性が高い。特に最近では数量的には愛鷹・箱根方面が充実しており，「未成品」も多数報告されている。

　一方，分布域については，大きな変化は見られない。鈴木の言うように，今後も「この分布状態を大きく塗替えることはない」ものと予想される（鈴木2000）。

　ただし，微視的には，これまで希薄であった下総台地の動向が注目される。現在，下総の関連

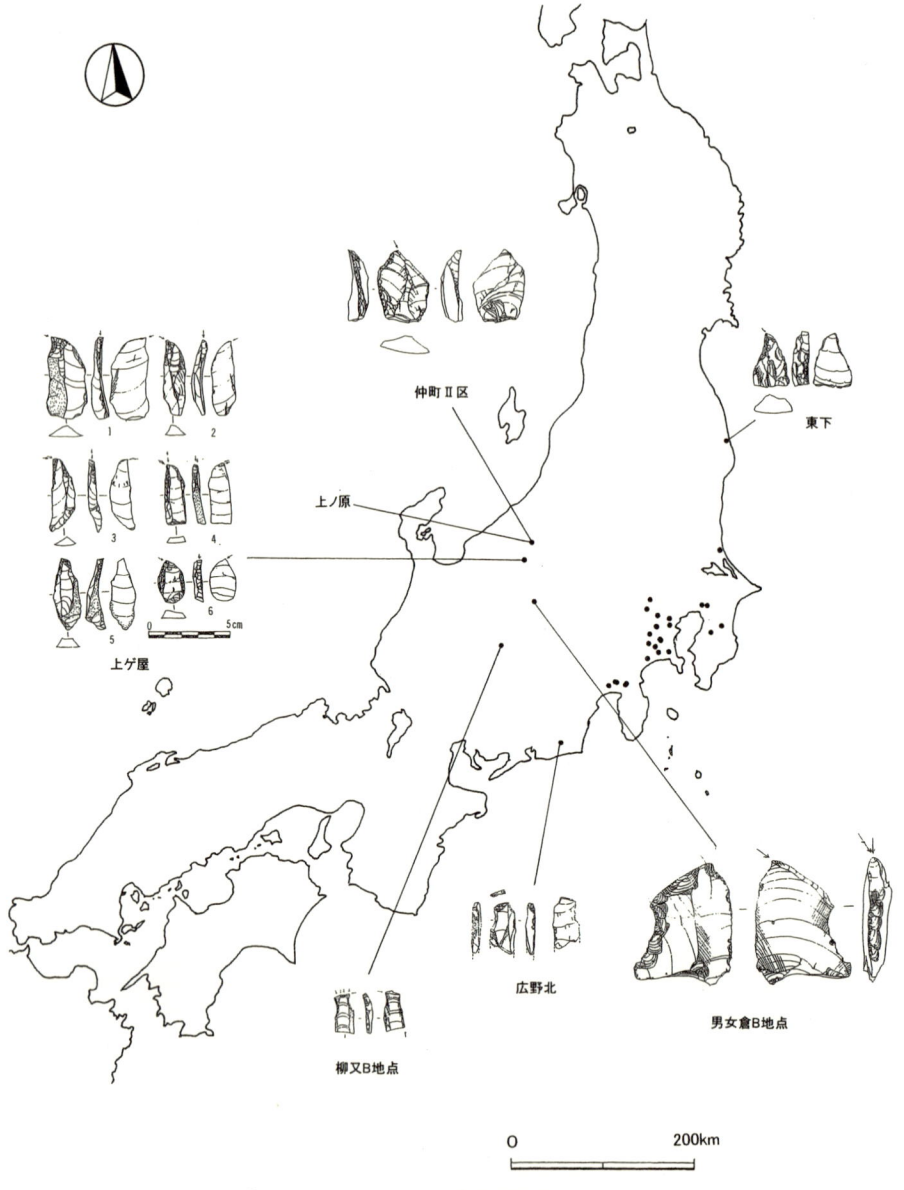

第1図　上ゲ屋型の関連遺跡分布1（全国）

遺跡は5遺跡（佐倉市御塚山遺跡，四街道市御山遺跡，千葉市南河原坂第3遺跡，同北河原坂第1遺跡及び市原市下鈴野遺跡）で関連資料は20点を数える。中でも御塚山遺跡と御山遺跡が位置する印旛沼周辺では，東内野型尖頭器と砂川期の石器群との対峙が現象化しており，核地域の最東端にあって分布論を語る上で興味深い事実を提供している。地元在住の筆者が本稿の執筆に至った所以である。

いずれにしろ上ゲ屋型の遺跡分布は，南関東を中心とした砂川期のナイフ形石器を主とする石器群とよく調和している。すなわち砂川的な石器群に伴うという言い換えがほぼ可能なのである。

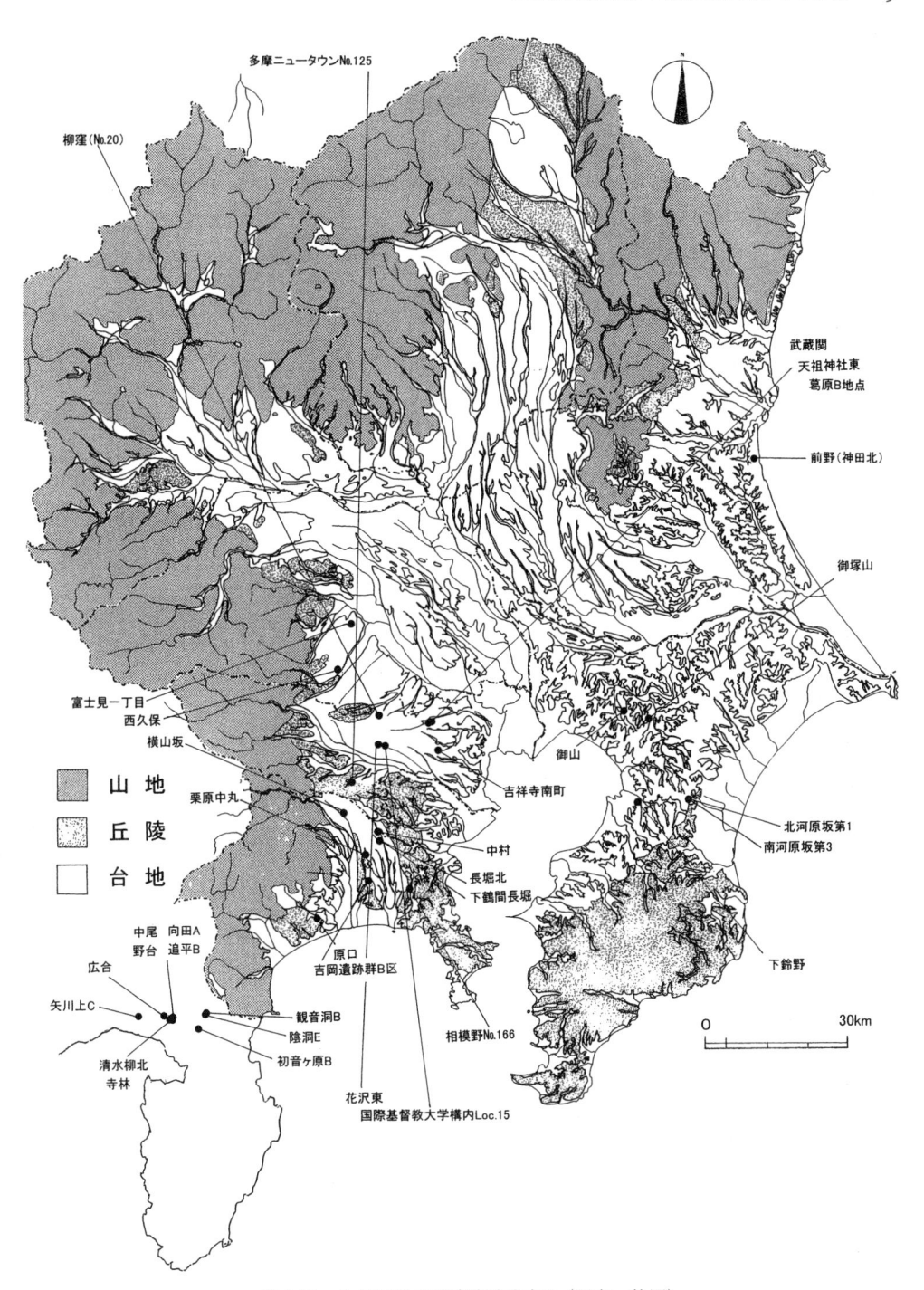

第2図　上ゲ屋型の関連遺跡分布2（関東・静岡）

(2) 資料の諸特徴
①大きさ（第3図）

完成品 完成品は120点を数える。欠損品を除き，長さは1.2～7.2cm（平均値3.4cm），幅は0.8～5.8cm（平均値1.9cm），厚さは0.3～2.1cm（平均値0.8cm），重量は0.4～47.3g（平均値5g）の範囲にある。

最大は下鈴野で長さ7.2cm，幅4.6cm，厚さ2.1cm，重量47.3g（第6図62），最小は吉祥寺南町1丁目E地点で長さ1.2cm，幅1.2cm，厚さは0.3cm，重量0.4g（第5図36）となっている。

以上の平均値は鈴木論文（平均値：長さ3.6cm，幅1.9cm，厚さ0.7cm）にほぼ合致しており，また地域間の大小の差も特に看取されない。

なお，欠損率は，15.2%（18/118）であり，内訳は，基部欠損15点，尖端部断片2点及び一部欠損1点となっている。

未成品 最近では，未成品（未製品）が数多く報告されている。都合20点（第6図58～59，67～68，第7図78，82，87～90，101～102，第8図103～106，122～124，131）を数える。全体の約14%を占め他の彫刻刀形石器に比べ未成品の出現頻度がきわめて高い。

また愛鷹・箱根山麓，下総台地及び信州方面に見られるが，武蔵野・相模野台地での出土はなく地域的な偏りがある[3]。

長さは1.7～4.2cm（平均値2.7cm），幅は1.2～2.8cm（平均値1.9cm），厚さは0.4～1.1cm（平均値0.6cm），重量は1.1～6.9g（平均値3.3g）の範囲にある。最大は上ゲ屋（第8図131）で長さ4.2cm，幅1.7cm，厚さ1.1cm，最小は追平B（第7図89）で長さ1.7cm，幅2.1cm，厚さは0.5cmとなっている。

欠損率は15%（3/20）で，完成品とほぼ同率である。石材は赤玉石6点，黄玉石3点，チャート5点，メノウ2点，珪質頁岩（白色）1点，「白滝頁岩」2点及び凝灰岩1点となっており，完成品に見られる（信州系）黒曜石は皆無である。

さて，第3図に示したように，未成品は完成品に比べ一回り小さく寸詰まりである。特に長さの違いが際立っている。これに対して，両者の幅はほぼ合致している。つまり，一定の幅を保ちつつ，加工の進度に比例して，長さが減じる図式が想定できるのである。

また，その先端部の多くは調整加工がなされているが，なかに先端部の折損後，折断面の一部を残しつつ，再加工を施した例がある（加工面17，折断面3）。

さらに，彫刻刀面に部分的に側方剥離がみられ，再加工（リダクション）の途上と推察される中間的な例（広合a区（第8図108），向田A（第7図96））もある。

以上の諸特徴から，当該資料の大半は未成品（未製品）の大半は再加工の段階にあるものと推察される[4]。

②素材

おしなべて搬入品であるため，技術基盤の詳細は不明であるが，石刃ないしは縦長剥片が主体をなしており，「砂川型刃器技法」に象徴される高度な石刃技法が基調となっている。

第3図　上ゲ屋型の規格

1-1　長幅比

1-2　厚幅比

2　彫刻刀面の長幅比

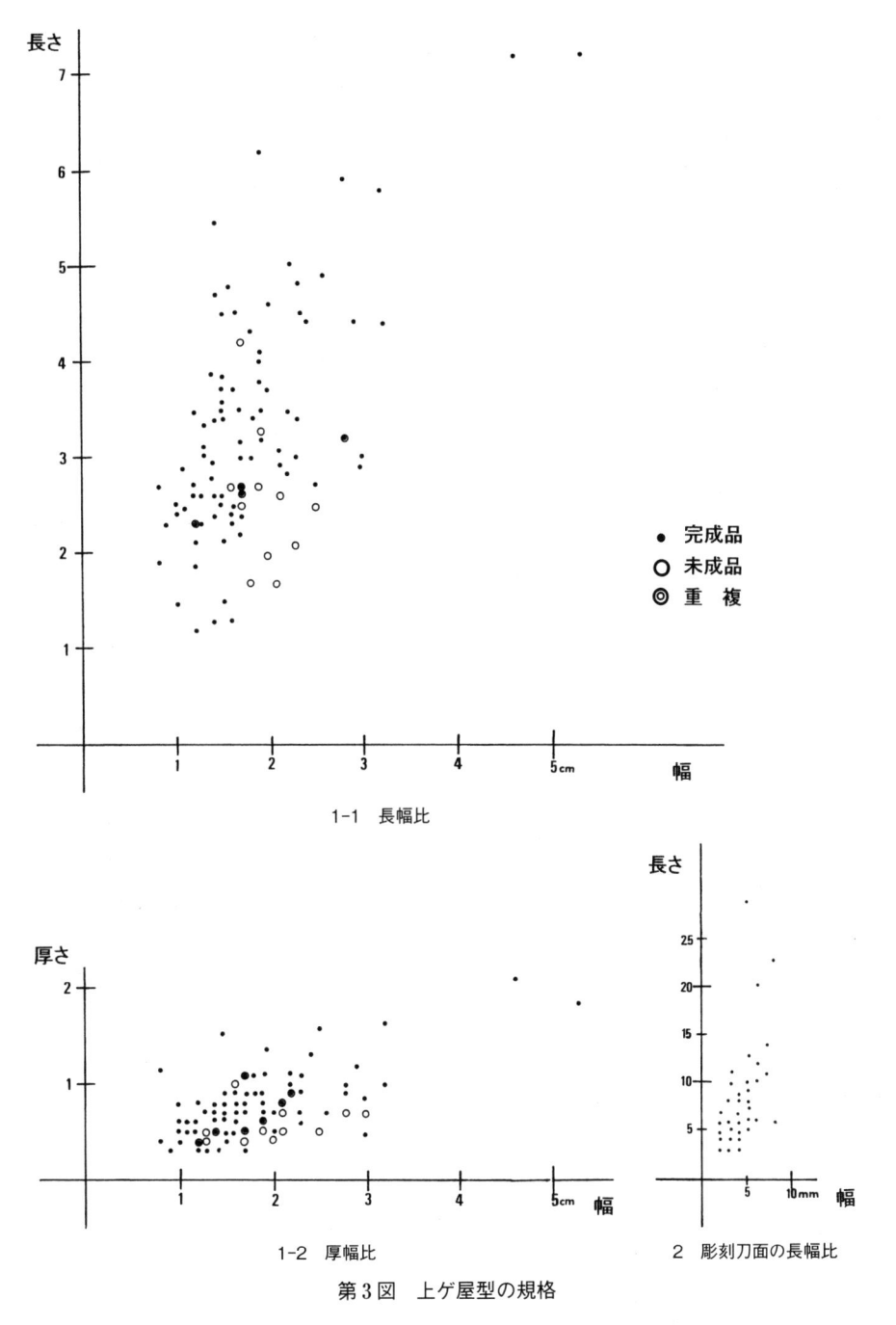

凡例：● 完成品　○ 未成品　◎ 重複

　ただし，井の頭遺跡群吉祥寺南町1丁目E地点遺跡の当該資料については，「明確な石刃は見られず，石刃より厚い剥片が選択されている。」ことから，「素材の差異は上ゲ屋遺跡と吉祥寺南町遺跡間の型式差と捉えられる属性」と評する向きもある（竹岡1996b）。しかし，この事例については，著しい再加工の結果，素材石刃が寸詰まりとなった可能性は否定できない。

　これを含め剥片と報じられている例は石刃ないしは縦長剥片の小形化と認識され，今のところ

従来の見解を否定する材料はない。
③彫刻刀面
1) 位置

　彫刻刀面の位置は，「素材の頭部（打面の方向）」が95例，「末端部」が48例，その他（横・斜方向等）が7点となっている。

　また，一端に彫刻刀面が作出されているものは91点（単独形），上下両端にあるものは10点（複合形）を数える。複合形の存在は石材の有効利用の一環と捉えられる。

2) 彫刻刀面の傾きと方向

　鈴木の基準に倣い器体軸に対する彫刻刀面の方向を「およそ70度以上の横刃形，70度未満で20度をこえる斜刃形」（鈴木1995）に，彫刻刀面の傾きを「背面側からみて左側縁から右方向に」作出した右刃と「右側縁から左方向」に作出した左刃に区分する（鈴木1996）。

　今回の集計では横刃形は109点，斜刃形は15点。傾斜角は45〜120度であり，70度をピークとして65〜100度に集中し，平均値は80度である。一方，右刃は78例，左刃は8例を数える[5]。

　ちなみに，鈴木論文によれば，彫刻刀面の角度は，「最小35度から90度までみられるが，70度をピークに40〜90度の範囲に集中し，平均68度を測る。また，彫刀面の傾きは，背面側からみて左側縁から右方向に彫刀面を作出した右刃が65例と圧倒的に多く，右側縁から左方向に彫刀面を作出した左刃は7例」であるという（鈴木1996）。

3) 大きさ

　彫刻刀面の数は，1面のみが81例，2面が16例，3面以上が9例，彫刻刀面の長さと幅の平均値は，それぞれ0.86 cmと0.45 cmを測る。これに対して，鈴木論文では，前者はそれぞれ55例，11例及び7例，後者は0.88 cmと0.33 cmであり，互いによく調和している。

　彫刻刀面の数は，1面のみが圧倒的であるが，高頻度の再加工を考慮すると，鈴木の言うように「彫刀面が1面のみ」でも再生の可能性が高い（鈴木1996）。

4) 彫刻刀面調整

　彫刻刀面形成後，彫刻刀面から背面側に平坦な側面調整が施されたものが一部に見られる（31％, 33/105）。この種の調整は，綿貫俊一・堤隆の「フラットグレーバー状剥離」（綿貫・須藤1987），須藤隆・会田容弘の「彫刻刀面調整」（東北大学文学部考古学研究室・川口町教育委員会1990），竹岡俊樹の「稜上正方向の剥離」（竹岡1996a）及び鈴木次郎の「彫刀面からの背面調整」（鈴木1996）に相当する。名称はさまざまであるが，森嶋によって指摘された側面調整の一種（森島1966）であり，彫刻刀面の幅の補正（一定に保つ）や先端部の尖鋭化を目的としたものと推定される。本稿では便宜的に「彫刻刀面調整」と呼称する。

　なお，彫刻刀面調整のほかに，彫刻刀面のネガティブバルブの除去例（30.9％, 30/97）や森島説と異なる彫刻刀面形成後の（右肩の）抉り込みも，かいま見られる（21.0％, 18/84）[6]。

④石器石材

1) 石材組成

　石材の内訳は，赤玉石36点，黄玉石19点，硬質頁岩（？）7点，（信州系）黒曜石21点，チャート25点，メノウ6点，硬質細粒凝灰岩3点，いわゆる「白滝頁岩」10点，珪質頁岩5点及びその他8点となっている[7]。

　地域別では，愛鷹・箱根山麓では，赤玉石26点，黄玉石8点，黒曜石5点，チャート11点，メノウ1点，珪質頁岩4点及び流紋岩1点。相模野台地・神奈川県西部では，黄玉石6点，硬質頁岩（？）3点，黒曜石3点，チャート1点，メノウ1点，硬質細粒凝灰岩2点，頁岩1点及び不明1点。多摩丘陵では黄玉石1点。武蔵野台地では，赤玉石7点，黄玉石2点，硬質頁岩（？）2点，黒曜石12点，チャート6点，硬質細粒凝灰岩1点及び珪質頁岩1点。下総台地では，黄玉石2点，硬質頁岩（？）2点，チャート3点，メノウ2点，珪質頁岩1点及び「白滝頁岩」10点。信州では，赤玉石3点，黒曜石1点，チャート4点及びその他3点。磐田原台地は頁岩（シルト岩）1点。茨城県（鹿島台地）と福島県（浜通り）はメノウ各1点となっている。

2) 石材の地域性

　以上の岩種は普遍的な石材と地域的な石材の二種に区分される。前者は，赤玉石，黄玉石，硬質頁岩（？），黒曜石及び珪質頁岩（白）であり，いずれも東に向かうにしたがって漸減する傾向がある。この中では天祖神社東遺跡の赤玉石と信州系黒曜石とのセット関係が特筆される。一方，後者は，硬質細粒凝灰岩，「白滝頁岩」，メノウ，チャート，珪質頁岩（秩父系？）が相当する[3]。

　いずれも遺跡内で製作された痕跡はなく，完成品ないしは未成品（再加工）として遺跡に搬入されている。

　すでに鈴木が指摘したように，赤玉石・黄玉石や黒曜石の多用という傾向には変わりはなく，「しかも地域差がほとんど存在しない。」このことは，遠隔地石材を基本として，不足分を現地調達とする当時の石材需給のあり方を良くあらわしている。

　このうち愛鷹・箱根山麓の3遺跡の赤玉石・黄玉石の産地については，前嶋秀張・森嶋富士夫によって，富士川及び南伊豆方面の可能性が指摘されている（前嶋・森嶋2006）。また，他地域では，一般に製品や素材で運ばれることが多いが，静岡県長泉町追平B遺跡では，一部に溶岩状の自然面を有する大形石核（長径約16cm）も出土している。このことは潤沢な石材供給を象徴しており，これに信州系黒曜石とのセット関係を考慮すると，基本的には西から東（静岡県東部⇒南関東）への石材供給の流れが想定される。

　一方，黒曜石はすべて信州系であり，分布域の西（愛鷹・箱根山麓）から，東（下総）に向かうにしたがって減少し在地石材の補完的な活用が顕著となる。

　ちなみに黒曜石には素材の形状を保持した長形ないしは大形例が多く，未成品は皆無である。おそらく黒曜石は他の石材に比べ強度に劣ることから，多量に供給された地域で限定的に用いられ再加工にはあまり供されなかったのであろう[8]。

　なお，石器石材の需給（特に搬入品）関係の検討には，母岩別資料の多様性や単独母岩の多寡

も重要であるが，母岩レベルの報告例が少なく検討に堪えない。

⑤石器組成

　石刃・縦長剝片素材の二側縁加工のナイフ形石器を主とし，これに掻器と削器が伴い，少量の槍先形尖頭器が加わるという図式が典型例である。

　上ゲ屋型の数量は通常は2，3点とナイフ形石器に比べ少量であるが，未成品の多寡や再加工の頻度を考慮すれば，1個体あたりの利用頻度は意外に高い。

　特に極端な例としては，千葉市北河原坂第1遺跡が挙げられる。ここでは，ナイフ形石器がなく利器は上ゲ屋型（6点）のみの単純な組成を呈している。今後に残された重要な検討課題のひとつといえよう。

⑥使用痕

　使用痕の残存率は21.9%（23/105）である。内訳は先端部8例，側縁部12例，磨耗痕6例であり，このほか光沢を帯びるものが散見される。

　このうち先端部の使用痕は，彫刻刀面に平行した小剝離痕であり，硬質の物質に端部を引っ掛け，圧力を加えた際に生じる痕跡に近い（第8図130）[9]。また側縁部にあるものは，森嶋によって指摘された（連続的な）微細離離痕である。

　使用痕についてはすでに鈴木論文で「微細な剝離痕が観察される例は，上ゲ屋遺跡以外では，栗原中丸遺跡の1例にみられるだけでけっして多くはない」との見解が示されている（鈴木1996）。

　この見解は，柴田亮平によって追認されている（柴田2009）。柴田によれば，長泉町向田A遺跡と富士市矢川上C遺跡の上ゲ屋型からは，明確な使用痕（微細剝離痕）は，ほとんど観察されなかったという。徹底的な反復（刃部再生及び彫刻刀面調整等）に比べ，使用痕の出現頻度が低いことは意外ではあるが，むしろ頻繁な刃部の付け替えのあかしなのかもしれない。

　なお，未成品のなかに光沢のあるものがあり，これには折れ面（追平B（第7図86））と調整面（中尾（第7図78））の二種がある。このことは芹沢長介（「素材（剝片，石刃）の端部より縁辺付近に，一条または数条の細長い剝離面（彫刻刀面）を最終的に施したもの」）や山中一郎（「明らかに《彫刀面打撃技法》によった剝離面をもつ石器」）の定義に相反しており，従来の技術形態学的な視点に一石を投じている（芹沢1974，山中1975）。

2　まとめ

　前章では，新たなデータをもとに，鈴木論文との比較検討を行いながら上ゲ屋型の再検討を行った。ここでは，今後の研究への具体的な指針を探るために，製作工程の復元をもとに技術的な特質を整理し，併せて上ゲ屋型を取り巻く社会的な背景にも言及し，一応の「まとめ」としたい。

（1）**製作技術の復元**（第4図）

　まずは，これまでの観察・分析結果に基づき，工程復元をもとに，技術的な特徴を叙述しよう。

　第4図に製作工程の基本形を示した。製作工程は大きく素材生産（第1工程）と二次加工・再

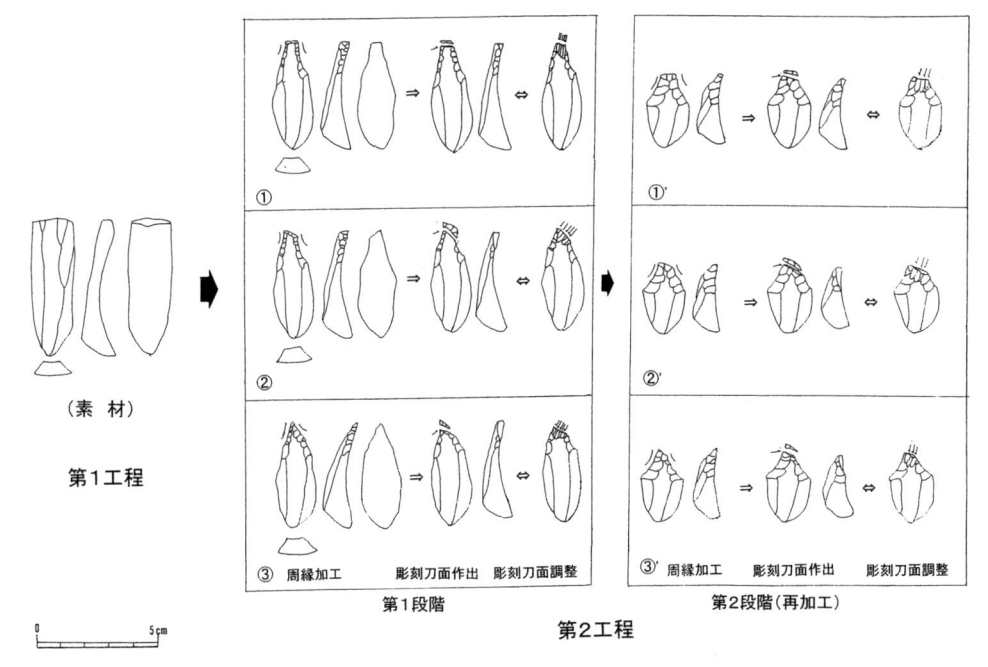

第4図　上ゲ屋型の製作工程（基本形）

加工（第2工程）の二つに区分され，上ゲ屋型の形態的多様性は，ほぼこの枠内に収まる。
①第1工程　剝片生産工程である。いずれの完成品に近い状態で遺跡内に搬入されており，技術基盤の詳細は不明であるが，ナイフ形石器と同様に，狭長な縦長剝片ないしは石刃が素材となったことは確実である。
②第2工程　素材の側縁に二次加工が施され彫刻刀形石器が製作される。この工程は加工の程度によって二つの段階に大きく区分される。第1段階は，いわば一次的な作業，第2段階は二次的な作業（再加工）の段階といえる。両者には長短の差（長形と短形）はあるものの，作業手順はほぼ共通している。また，先端部の形状も，ともに平形（①・①'），斜形（②・②'）及び尖頭形（③・③'）の三者に区分される。

　まず側縁部に急斜度の調整剝離が施され，抉入部が形成される。その後に主として左肩から加撃され，彫刻刀面が作出されている。この種の側縁部の調整は，鈴木の言うように「彫刀面の位置する一端を急斜な剝離により集中的に調整しており，逆に彫刀面の存在しない基部はほとんど調整」されない。また調整剝離の特徴は，ナイフ形石器との強い類縁関係をうかがわせる。

　彫刻刀面は，主として「素材の頭部（打面の方向）」にあるが，約3分の1が末端部に位置する。

　彫刻刀面の形成後，彫刻刀面の幅の補正や先端部の形状修正を目的とした彫刻刀面調整が施され，ネガティブバルブの除去例や二次的な（右肩の）抉り込みの加工も，しばしば見られる。

　この間，全体の形状は，基本的に作業の進度に応じて刻々と変化（長形⇒短形）していく。したがって，上ゲ屋型の認定の際には，常に，工程上の位置づけを意識しなければならない。

　上ゲ屋型の製作技術を端的に言えば，効率的の一語に尽きる。再加工が頻繁に行われており，

徹底的に使い尽くすための工夫として、「彫刻刀面調整」、「ネガティブバルブの除去」及び「右肩の抉り込み」を繰り返しながら、彫刻刀面の更新を行っている。

このように上ゲ屋型の段階には、後出の荒屋型彫刻刀に関わる様々な技術要素はすでに出揃い、かつ知悉していたと考えられる。

むろん上ゲ屋型は突如出現し急激に消滅し、荒屋型との直接的な系譜はないと考えるが、技術的には時を超えて、互いにきわめて近い関係にある。このことは機能に制約される石器の特性を良く表している。

では、このような特定器種が、特定の狭い範囲に、特定の石材を用い、出現した歴史的な背景はいかなるものであったのであろうか。地域相の検討をも含め若干掘り下げてみよう。

(2) 地域社会とのかかわり

鈴木次郎によれば、「上ゲ屋型彫器の分布範囲は、茂呂系二側縁加工のナイフ形石器のナイフ形石器を主体とする石器群の分布範囲と重なるものの、関東地方の中では下総台地など東関東や大宮台地以北の北関東にはほとんど分布せず、関東地方に東西、あるいは南北の地域差が存在することがこの彫器の分布から窺える。」という（鈴木2000）。

この場合の地域差とは、「砂川」石器群の受容の度合いとの言い換えが可能であろう。

一般に、「砂川」石器群とは、出土層位は立川ロームⅣ層中位にあり、いわゆる「砂川型刃器技法」によって生産された石刃を素材とした二側縁加工のナイフ形石器を主体として、これに先刃掻器や抉入削器、小坂型・上ゲ屋等が伴う石器群とされるが、厳密な意味でこの条件を満たす資料は、それほど多くはない。

2000（平成12）年7月に開催された石器文化研究会の「砂川シンポジウム」では、対象地域を「西相模、相模野台地、下総台印旛沼以西、大宮台地、武蔵野台地、多摩丘陵・下末吉台地」に限定し「三浦半島、上総丘陵、下総台地印旛沼以東は除外」している。その理由は「三浦半島は対象遺跡が少ないため、上総丘陵、下総台地印旛沼以東はその多くが東内野型尖頭器石器群であり、「砂川」石器群と同じ土俵上で比較するのにそぐわなかった」からである（伊藤・三瓶2000）。

確かに西井幸雄も指摘しているように、「砂川期は南関東に遺跡が集中して北関東には少なく、南関東内でも下総台地は東内野型尖頭器石器群が目立ち、砂川的遺跡が少ない（わからない）というイメージ」がある（西井2000）。

では異種の石器群とが互いに境界を接する、上ゲ屋型の分布域の東西の状況はいかなるものであろうか。

まず、東の下総では、当該期には小形尖頭器（有樋尖頭器）を主体とする石器群とナイフ形石器を主体とする石器群に大きく二分される。両者の時間的な先後関係は不明であるが、前者は硬質頁岩を主とする大規模な遺跡（東内野・一ノ台・取香和田戸・大篠塚遺跡）が台地中央部の印旛沼周辺に集中し、小規模な遺跡（大林・御山・水砂遺跡等）がその周縁部、さらには関東平野全域に広く点在する。

後者は、聖人塚・落山・西の台・大門・今島田・御山・大林・御塚山・大割・南河原坂第3な

どが該当する。印旛沼を境とした台地西部に主体的に分布し，上ゲ屋型はこの石器群に包括される。石材は多様であるが，「白滝頁岩」の多用は当該石器群の地域相をよく反映している。

このように上ゲ屋型を含むナイフ形石器を主体とした石器群は，核地域の東限にあたる印旛沼周辺において東内野型尖頭器と対峙している。ただし，これまでのところ，両者の併存を裏づけるような直接的な証拠は，まだ見つかっていない。

西の愛鷹・箱根山麓では，最近，笹原千賀子が重要な提言を行っている（笹原2004）。笹原は，愛鷹・箱根山麓第3期（立川ロームⅥ～Ⅳ層下部段階）の様相を検討する中で，沼津市寺林遺跡の発掘調査成果をもとに，第3期c段階後半（BB0層～YLL層）の様相に言及している。

寺林の石器組成はナイフ形石器を主として，これに（有樋）尖頭器・掻器・彫器（上ゲ屋型・小坂型）等が伴う。石材は黒曜石（信州・箱根）をはじめとして，頁岩・ガラス質黒色安山岩・チャート等多様であるが，「信州系の黒曜石が母岩として大量に持ち込まれることがなくなり」，「遠隔地石材の製品搬入と在地石材の消費」が現象化するという。このことから笹原は「信州産黒曜石は，直接採集から隣接する他集団との交換行為によっての獲得へと変化したもの」と推定した。そして，第3期c段階の後半には，「関東地方や信州の黒曜石原産地を巻き込んだ，集団領域の再編成」が起こり，この変化が「砂川」石器群の受容の動因となったことを示唆した。

このような笹原の見解は，このころ列島全体に生じた地域社会の明確化と無縁ではない。また在地石材を主として遠隔地石材を補完的に用いる，南関東における砂川期の石材利用の特徴にも関連づけられる（川口2000）。

翻って，上ゲ屋型の核地域では，信州系黒曜石や赤玉石・黄玉石をはじめとした遠隔地石材によって作られた上ゲ屋型が製品として広範に流布している。おそらく「砂川」石器群を共有した集団相互で緊密な交流が図られていたのであろう。

かかる状況の中で，先の笹原見解をはじめとした現今の砂川期の研究成果に照らし合わせれば，交換財の可能性が浮上する。すなわち信州からは製品としての黒曜石が搬入され，これに対して伊豆方面の赤玉石・黄玉石が上ゲ屋や仲町などに製品として供給されたことは想像に難くない[10]。むろん，この背景には，信州と愛鷹・箱根方面との強固なつながりがある。

おそらく上ゲ屋型は，きわめて地域色が濃い「砂川」石器群とともに登場し，急速に変化する社会情勢とともに，短期間に姿を消したのであろう。

おわりに

近年，急速に資料的蓄積が進む中で，上ゲ屋型の再検討を行い，主として技術的な特質とその背景について論述した。その過程で技術，機能及び石材について，新たな知見を得るとともに，上ゲ屋型の実態を，ある程度明確化することができた。特に製作工程の復元，再加工品の分析及び下総への波及が大きな成果であった。

小稿が目下，沈滞気味の当該研究の刺激になり，活性化につながれば幸いである。

なお，推測の域を出ない事項も多々ある。この点については，稿を改めて論じたい。

執筆に当たり以下の方々・機関に御協力を賜った。記して深甚の謝意を表するものである。
西井幸雄，鈴木次郎，鈴木敏中，長原亘，横田正美，廣瀬高文，中村由克，鴨志田篤二，鈴木素行，池谷信之，柴田亮平，川口武彦，御堂島正，関口美枝，島田和高，津島秀章
神奈川県立埋蔵文化財調査センター・(財)かながわ考古学財団，(財)東京都生涯学習文化財団東京都埋蔵文化財センター，(財)千葉市教育振興財団埋蔵文化財調査センター，武蔵野市教育委員会，長泉町教育委員会，練馬区教育員会，埼玉県立さきたま史跡の博物館・(財)埼玉県埋蔵文化財調査事業団，(財)千葉県教育振興財団，佐倉市教育委員会，静岡県教育委員会・(財)静岡県埋蔵文化財調査研究所，明治大学博物館，沼津市文化財センター（敬称略・順不同）

注
1) 森嶋稔による上ゲ屋型（『上ゲ屋型彫刻器』）の全体像は以下のとおりである（森嶋1973・鈴木1996）。
①石材に硅岩，凝灰岩，頁岩があり，バラエティがある。
②1～2稜の石刃を用いている。
③打面の方向を彫刻刀刃部の方向とする。
④打面に近い左側縁に主要剥離面に対してほぼ直角に近いナイフ形石器の背部加工の刃潰しのような小剥離を入れる。
⑤それを打面として一打が加えられ，彫刻刀面が作出されるのであるが，それ以前に右側縁に抉入状の小剥離が作られている
⑥加撃による彫刻刀面の長さは，あらかじめ⑤の抉入部の位置によって意図されているといえる。
⑦彫刻刀面と主要剥離面とのなす角度は90度に近い。
⑧なお，尖端部は打面となった小剥離部に再調整が行われ，尖端部は，かなりするどくとがる。
⑨これはおそらく⑤と⑥の間に入るものと考えられるが，彫刻刀面その巾を三粍前後になるよう，あらかじめ調整されたものと思われる剥離痕が先端部背面に並んでいる。
⑩刻器使用痕は，尖端部と主要剥離面と彫刻刀面のなすedgeにある。主要剥離面からの加圧による刃こぼれが見られる。
⑪彫刻刀面の加撃角は約70度をなす。
⑫正面左肩の尖端は猛禽類の嘴状に鋭く調整される。
2) 次の資料については実見の結果，対象外とした。
・神奈川県愛甲郡清川村宮ヶ瀬上原遺跡第Ⅴ文化層（かながわ考古学財団1997）折れ面（報文第218図146）
・練馬区葛原遺跡B地点第Ⅱ文化層（練馬区遺跡調査会1987）後世の損傷＝ガジリ（報文第60図100）
・千葉市緑区南河原坂第3遺跡C地点（千葉市文化財調査協会1996）所在しない
・神奈川県平塚市原口遺跡　　　　　　　3点（黄玉石）のうち1点（報文第155図253）
・静岡県沼津市広合a区　　　　　　　　2点のうち1点（報文第96図2）
・静岡県駿東郡長泉町追平B遺跡　　　　9点のうち1点（報文第9図14）
・静岡県駿東郡長泉町向田A遺跡　　　　21点のうち5点

　　　　　　　　　　　　　　　　　　（報文第059図02，第082図08，第087図01，04，06）
・静岡県富士市矢川上C遺跡第Ⅱ文化層　　1点のうち1点（報文第22図1）
・静岡県富士市矢川上C遺跡第Ⅲ文化層　　2点のうち1点　後世の損傷＝ガジリ（報文第49図3）
　　このほか，武蔵関（本稿第5図30，国武2000a），西久保（本稿第6図46），中村（本稿第5図14）
　については，今回は便宜的に対象資料に含めたが，形態的に認定に疑問が残る。
3) ただし，追平B（第7図84），南河原坂第3（第6図52），富士見一丁目（第6図50）は未成品の可能
　性が高い。
4) ただし，唯一上ゲ屋遺跡の出土例（第8図131）は，大きさやプロポーションが素材石刃に近似して
　おり，第1段階（本来の意味）の未成品の可能性が高い。
5) 富士見一丁目のうち第6図49については，実見の結果，左刃ではなく右刃と認定した。
6) 下総で頻出するいわゆる白滝頁岩に酷似した資料が観音洞B遺跡で2点認められた。石器の交流を検
　討するうえで今後注視していきたい。
7) このうち「硬質頁岩（?）」については，正確な岩種は不明であるが，東北方面のそれと異なり，メノ
　ウ質あるいは碧玉質で特殊な石材といえる。
8) これに対して，赤玉石・黄玉石は耐久性に富み再加工に適した石材といえよう。ちなみに黒曜石に比
　べチャートは1.5倍，サヌカイトは2倍，硬質頁岩は2.9倍の強度があるという（松沢1980）。
9) この種の使用痕は，鈴木の言う「使用痕と間違うほど小さな彫刀面」に関連づけられる（鈴木1996）。
　このほか折れ面に長軸方向の小剝離痕が見られる資料として，栗原中丸（第5図10）と陰洞E（第7図
　75）があるが，剝離面ではなく使用痕の可能性が高い。
10) 赤玉石の入手先については，鈴木次郎によって，伊豆方面以外に「北信地域にほど近い新潟県域」等
　「複数の地域間で同じ産地の石材を使用した可能性」が指摘されているが，石核等の多産は，今のところ
　愛鷹・箱根方面に局限される地域的現象であり，この状況を重視したい（鈴木1996）。

引用参考文献
I　遺跡地名表関係
1　神奈川県立埋蔵文化財センター　1984『栗原中丸遺跡』
2　鈴木次郎　1999「寺尾・栗原中丸両遺跡の石器石材の再検討」『研究紀要4　かながわの考古学4』pp. 110-113
3　相模考古学研究会　1971『先土器時代遺跡分布調査報告書　相模野篇』
4　大和市教育委員会　1984『一般国道246号（大和・厚木バイパス）地域内遺跡調査報告』Ⅲ
5　中村遺跡発掘調査団　1987『中村遺跡』
6　大和市教育委員会　1990『長堀北遺跡』
7　かながわ考古学財団　1998『吉岡遺跡群Ⅴ　旧石器時代3　縄文時代2』
8　かながわ考古学財団　2002『原口遺跡Ⅳ　旧石器時代』
9　県央考古学研究会編　1974『―相模原の考古資料展解説目録―遺跡分布からみた相模原』
10　相模原市総務部総務課市史編さん室　2007「Ⅱ　相模原市域旧石器時代遺跡資料調査報告　横山坂遺跡調査資料」『旧石器時代遺跡資料調査報告書』pp. 13-42　相模原市史調査報告書1
11　東京都埋蔵文化財センター　1982『多摩ニュータウン遺跡　昭和56年度　第1分冊』
12　天祖神社東遺跡発掘調査団・練馬区遺跡調査会　1986『天祖神社東遺跡』

13　恋ヶ窪遺跡調査会　1984『花沢東遺跡』
14　キダー．J.E,ほか　1972「国際基督教大学構内 Loc. 15 の先土器文化」『人類学雑誌』80-1　pp. 23-41
15　練馬区遺跡調査会　1987『東京都練馬区葛原遺跡 B 地点調査報告書』
16　平塚義和・新藤康夫　1973「東京都黒目川上流域の先土器時代資料」『考古学ノート』4　pp. 23-33
17　練馬区遺跡調査会　1987『武蔵関遺跡』
18　吉祥寺南町 1 丁目遺跡調査会　1986『井の頭池遺跡群吉祥寺南町 1 丁目 E 地点』
19　埼玉県埋蔵文化財調査事業団　1995『西久保／金井上』
20　埼玉県埋蔵文化財調査事業団　1998『富士見一丁目遺跡』
21　千葉市文化財調査協会　1996『土気南遺跡群V』
22　千葉市文化財調査協会　1996『土気南遺跡群Ⅷ』
23　千葉県文化財センター　1993『佐倉市南志津地区埋蔵文化財発掘調査報告書 2』
24　千葉県文化財センター　1994『四街道市御山遺跡（1）』
25　千葉県文化財センター　2003『潤井戸地区埋蔵文化財調査報告書Ⅰ』
26　橋本勝雄　2002「茨城県における旧石器時代の編年」『ひたちなか市埋蔵文化財センター開館 10 周年記念シンポジウム　茨城県における旧石器時代研究の到達点 ―その現状と課題―発表要旨・資料集』pp. 5-18　ひたちなか市教育委員会・茨城県考古学協会
27　原川虎夫・原川雄二・山内幹夫　1983『東北地方南部阿武隈山地東縁における先土器時代遺跡群』
28　三島市教育委員会　1998「初音ヶ原 B 遺跡第 1 地点」『静岡県三島市　三島市埋蔵文化財発掘調査報告』Ⅵ　pp. 1-54
29　三島市教育委員会　1994『五輪・観音洞・元山中・陰洞』
30　長泉町教育委員会　1986『中尾・イラウネ・野台』
31　長泉町教育委員会　2006『追平 B 遺跡』
32　静岡県埋蔵文化財調査研究所　2007『向田 A 遺跡』
33　沼津市教育委員会　1989『清水柳北遺跡発掘調査報告書その 1』
34　沼津市教育委員会　1987『広合遺跡発掘調査報告書』
35　静岡県埋蔵文化財調査研究所　2003『寺林遺跡・虎杖原古墳』
36　静岡県埋蔵文化財調査研究所　2009『矢川上 C 遺跡』
37　山下秀樹編　1985『静岡県豊田町広野北遺跡発掘調査報告書』平安博物館
38　樋口昇一・森島　稔・小林達雄　1962「長野市飯縄高原上ゲ屋遺跡 ―第 1 次調査報告」『上代文化』第 31・32 号　pp. 17-31
39　森島　稔　1966「上ゲ屋型彫刻器をめぐって」『信濃』18-4　pp. 259-264
40　森嶋　稔　1973「一系列文化におけるグレイバー・テクニックの変遷 ―杉久保系文化の側面―」『信濃』25-4　pp. 1-13
41　森嶋　稔　1975「上ゲ屋遺跡」『日本の旧石器文化 2　遺跡と遺物　上』pp. 206-220　雄山閣出版
42　大竹憲昭・望月　映　1995「飯綱高原上ゲ屋遺跡の試掘調査」『市誌研究ながの』第 2 号　pp. 1-8
43　中村敦子・中村由克　1994「信濃町上ノ原遺跡の第 2 次調査」『第 6 回長野県旧石器時代文化研究交流会発表要旨』pp. 26-32
44　野尻湖人類考古グループ　1993「仲町遺跡　第 6 回陸上発掘の考古学的成果」『野尻湖博物館研究報告 1』pp. 113-141

45　男女倉遺跡緊急発掘調査団 1975『男女倉』
46　樋口昇一・森島　稔・小林達雄 1965「木曽開田高原における縄文以前の文化」『信濃』17-6　pp. 59-70

Ⅱ　年代順

芹沢長介 1974「石器の種類と名称」『古代史発掘1　最古の狩人たち』pp. 64-80　講談社
山中一郎 1975「彫器研究法」『史林』第58巻第3号　pp. 1-26
松沢亜生 1980「石器製作の復原的な理解に必要な岩石剥離現象について」『考古学・美術史の自然科学的研究』pp. 469-477　古文化財編集委員会編　日本学術振興会
綿貫俊一・堤隆 1987「研究メモ・荒屋遺跡の細石刃文化資料」『長野県考古学会誌』54号　pp. 1-20
東北大学文学部考古学研究室・川口町教育委員会 1990『荒屋遺跡 —第2・3次発掘調査概報—』
鈴木次郎 1995「南関東におけるナイフ形石器文化の彫器（1）」『神奈川考古』31号　pp. 1-20
竹岡俊樹 1996a「彫刻刀形石器の再検討（上）—『荒屋型・神山型・上ゲ屋型彫器』の再検討—」『古代文化』48-7　pp. 33-42
竹岡俊樹 1996b「彫刻刀形石器の再検討（下）—『荒屋型・神山型・上ゲ屋型彫器』の再検討—」『古代文化』48-9　pp. 25-38
鈴木次郎 1996「南関東におけるナイフ形石器文化の彫器（2）」『神奈川考古』32号　pp. 57-76
鈴木次郎 1997「南関東におけるナイフ形石器文化の彫器（3）」『神奈川考古』33号　pp. 1-32
鈴木次郎 2000「ナイフ形石器文化の彫器」『大塚初重先生頌寿記念考古学論集』pp. 517-532
永塚俊司 2000「下総台地〔印旛沼以西〕の様相」『石器文化研究8　シンポジウム砂川 —その石器群と地域性—資料集成　南関東地域の基礎的検討』pp. 159-186
国武貞克 2000「武蔵野台地石神井川流域における砂川期の様相」『石器文化研究8　シンポジウム砂川 —その石器群と地域性—資料集成　南関東地域の基礎的検討』pp. 253-270
西井幸雄 2000「「砂川」の空間的枠組みをめぐって」『石器文化研究9　シンポジウム砂川 —その石器群と地域性—』pp. 53-74
道澤　明 2000「下総台地（千葉）の石器とその地域性 —砂川期ナイフ形石器石器群と東内野型尖頭器石器群—」『石器文化研究9　シンポジウム砂川 —その石器群と地域性—』pp. 89-100
川口武彦 2000「常総地域の「砂川期」遺跡 —地域相把握のための基礎的検討—」『石器文化研究9　シンポジウム砂川 —その石器群と地域性—』pp. 101-118
伊藤　健・三瓶裕司 2000「石器組成とブロックの規模からみた「砂川」—石器経済活動の空間的組織—」『石器文化研究9　シンポジウム砂川 —その石器群と地域性—』pp. 209-234
川口武彦 2002「石器群の様相 —ナイフ形石器新段階—」『茨城県における旧石器時代研究の到達点 —その現状と課題—発表要旨・資料集』pp. 40-48　ひたちなか市教育委員会・茨城県考古学会
笹原千賀子 2004「愛鷹・箱根山麓第3期の石器群 —第3期から第4期へ，寺林遺跡の編年的位置—」『財団法人静岡県埋蔵文化財調査研究所設立20周年記念論文集』pp. 73-86
前嶋秀張・森嶋富士夫 2006「赤玉と黄玉の入手先を明らかにする」『研究紀要』第12号　pp. 1-12　静岡県埋蔵文化財調査研究所
柴田亮平 2009「グレイバーにおける彫刀面の微細剥離痕について —富士市矢川上C遺跡と長泉町向田A遺跡を例にして—」『静岡県埋蔵文化財調査研究所研究紀要』第15号　pp. 1-6

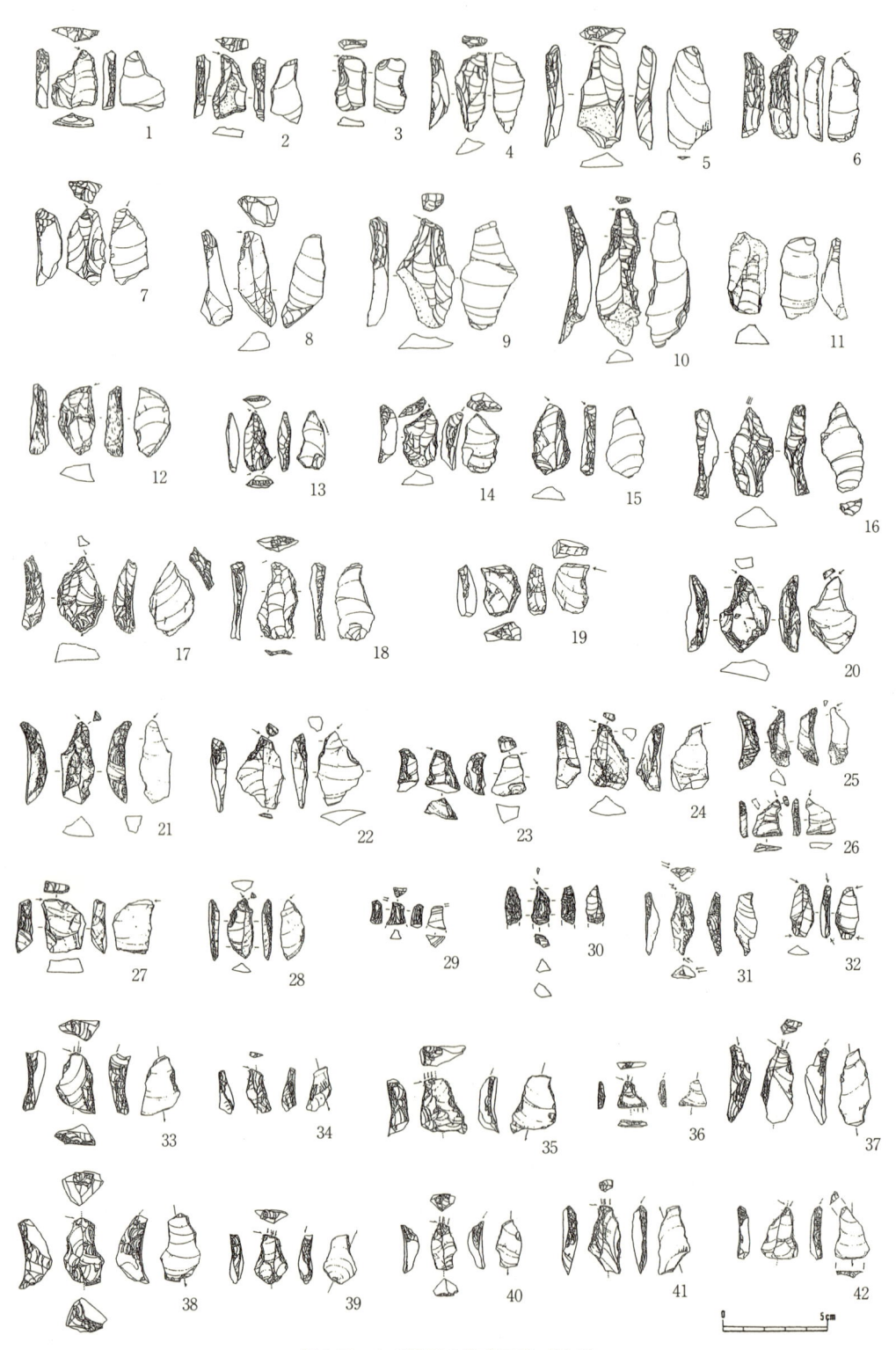

第5図　上ゲ屋型の集成図①（関東）

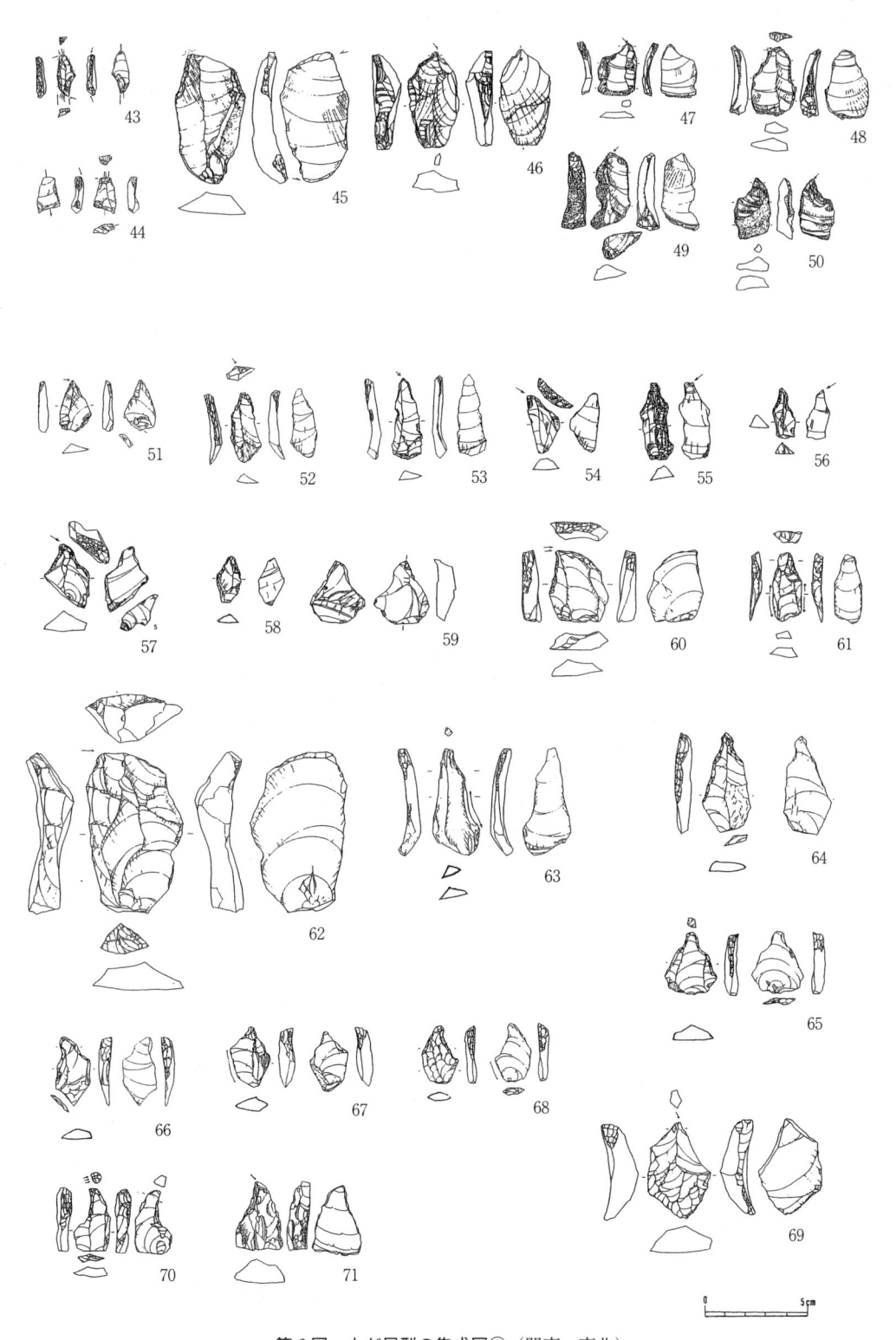

第6図 上ゲ屋型の集成図② (関東・東北)

第7図 上ゲ屋型の集成図③（愛鷹・箱根山麓）

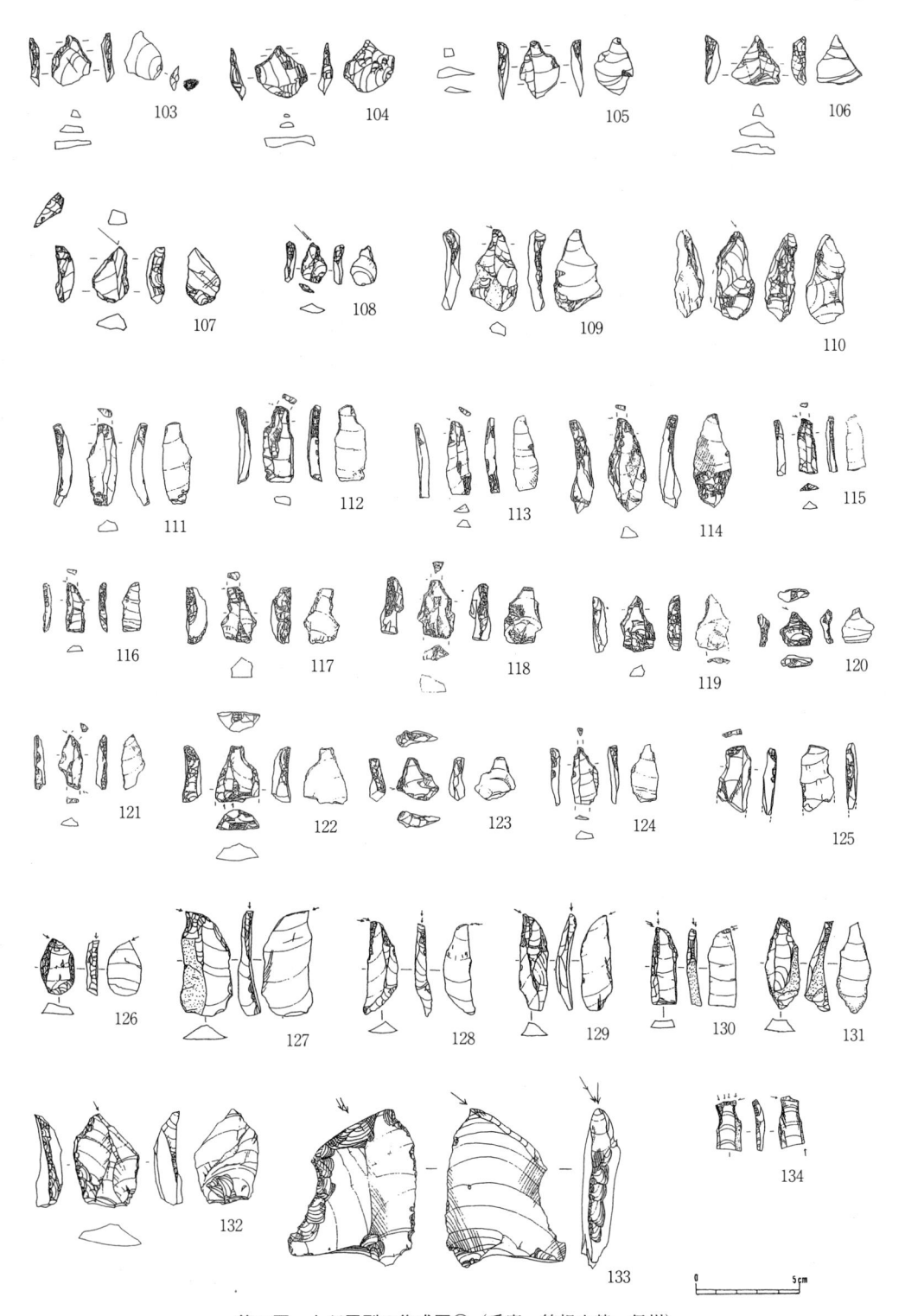

第8図　上ゲ屋型の集成図④（愛鷹・箱根山麓，信州）

第1表　上ゲ屋型彫刻刀形石器資料一覧（1）

遺跡No.	遺跡名	所在地	発掘採集	出土層準	数量	挿図No.	分類	長さ	幅	厚さ	重量	石材	欠損の状況	文献
1	栗原中丸第Ⅴ文化層	神奈川県座間市	発掘	B1下～中	10	1	横刃形	2.4	2.1	0.7	3.5	硬質頁岩（黒）?	基部欠損	1・2
						2	横刃形	2.6	1.5	0.6	2.2	黄玉石	完形品	
						3	横刃形	2.4	1.4	0.4	1.8	信州系黒曜石	基部欠損	
						4	横刃形	3.5	1.5	0.7	3.2	黄玉石	完形品	
						5	横刃形	4.6	2	0.7	7.0	硬質細粒凝灰岩	完形品	
						6	横刃形	3.7	1.4	0.8	5.1	黄玉石	基部欠損	
						7	横刃形	3.5	1.7	1.1	6.2	黄玉石	完形品	
						8	横刃形	4.5	1.5	1.5	7.2	硬質頁岩（黒）?	完形品	
						9	横刃形	4.9	2.6	0.7	10.4	硬質細粒凝灰岩	完形品	
						10	横刃形	6.2	1.9	0.6	7.5	信州系黒曜石	完形品	
2	相模野 No.166	神奈川県横浜市	採集	—	1	11	横刃形	3.8	1.9	0.9	—	頁岩	完形品	3
3	下鶴間長堀第Ⅲ文化層	神奈川県大和市	発掘	B1下～中	1	12	横刃形	3.2	1.7	0.8		黒曜石	完形品	4
4	長堀北第Ⅵ文化層（第2ブロック）	神奈川県大和市	発掘	B1下～中	1	13	複合形	2.8	1.4	0.7	1.7	チャート	完形品	6
5	中村第Ⅴ文化層（第14ブロック）	神奈川県相模原市	発掘	B1下～中	1	14	複合形	2.7	1.7	0.9	3.4	メノウ	完形品	5
6	横山坂	神奈川県相模原市	発掘	L1H	1	15	横刃形	—	—	—	3.5	不明	完形品	9・10
7	吉岡遺跡群B区	神奈川県綾瀬市	発掘	B1下～中	1	16	複合形	4	1.9	0.9	6.7	硬質頁岩（黒）?	完形品	7
8	原口第Ⅰ文化層	神奈川県平塚市	発掘	B1下部	2	17	横刃形	3.5	2.2	1	7.1	黄玉石	完形品	8
						18	横刃形	3.5	1.9	0.6	3.1	黄玉石	完形品	
9	多摩ニュータウン No.125・ユニットA	東京都八王子市	発掘	ⅤH中	1	19	横刃形	2.2	1.7	0.9	3.6	黄玉石?	完形品	11
10	天祖神社東第1文化層No.①，④，⑥，⑧，⑩ブロック	東京都練馬区	発掘	Ⅲ下～Ⅳ上	9	20	横刃形	3.5	2.2	0.9	6.4	赤玉石	完形品	12
						21	横刃形	3.7	1.6	0.7	3.9	信州系黒曜石	完形品	
						22	横刃形	3.4	2.2	0.6	4	チャート	基部欠損	
						23	横刃形	1.9	1.7	0.9	2.4	赤玉石	基部欠損	
						24	横刃形	3.2	1.9	1.1	5.2	チャート	完形品	
						25	横刃形	2.7	0.8	1.1	2.4	チャート	完形品	
						26	横刃形	1.8	1.5	0.3	0.8	赤玉石	基部欠損	
						27	横刃形	2.4	1.9	0.7	4	チャート	完形品	
						28	横刃形	2.7	1.2	0.4	1.2	信州系黒曜石	完形品	
11	葛原B地点第Ⅰ文化層（ブロック外）	東京都練馬区	発掘	Ⅲ下	1	29	横刃形	1.1	0.9	0.5	0.5	チャート	先端部断片	15
12	武蔵関	東京練馬区	発掘	Ⅲ下～Ⅳ上	1	30	斜刃形	1.3	0.9	0.5	0.9	信州系黒曜石	先端部片	17
13	花沢東	東京都国分寺市	発掘	Ⅲ下～Ⅳ上	1	31	複合形	2.9	0.7	0.6	—	信州系黒曜石	一部欠損	13
14	国際基督教大学構内 Loc.15	東京都小金井市	発掘	Ⅲ下～Ⅳ上	1	32	複合形	2.4	1	0.4	—	信州系黒曜石	完形品	14
15	井の頭遺跡群 吉祥寺南町1丁目E地点	東京都武蔵野市	発掘	Ⅳ上	12	33	複合形	2.5	1.6	0.8	2.8	信州系黒曜石	完形品	18
						34	横刃形	2	1.3	0.4	0.8	信州系黒曜石	基部欠損	
						35	横刃形	2.9	2.1	0.8	3.9	赤玉石	完形品	
						36	横刃形	1.2	1.2	0.3	0.4	信州系黒曜石	完形品	
						37	複合形	3.4	1.4	0.9	3.8	青灰色チャート	完形品	
						38	横刃形	3	1.8	1.4	5.1	硬質頁岩（黒）?	完形品	
						39	横刃形	2.1	1.6	0.6	1.9	硬質頁岩（黒）?	完形品	
						40	横刃形	2.1	1.2	0.5	1.4	コゲ茶（黄）玉石	完形品	
						41	横刃形	3.2	1.5	0.5	2.6	硬質細粒凝灰岩?	基部欠損	
						42	斜刃形	2.3	1.5	0.5	1.6	黄玉石	基部欠損	
						43	複合形	1.9	0.8	0.4	0.7	赤玉石	完形品	
						44	複合形	1.5	1	0.5	0.6	赤玉石	完形品	
16	柳窪（No.20）	東京都東久留米市	発掘	—	1	45	複合形	5.8	3.2	1	—	信州系黒曜石	完形品	16
17	西久保	埼玉県狭山市	発掘	Ⅲ下～Ⅳ上	1	46	横刃形	4.4	2.4	1.3	12.7	珪質頁岩（秩父）	完形品	19
18	富士見一丁目	埼玉県鶴ヶ島市	発掘	Ⅲ～Ⅳ上	4	47	横刃形	2.4	1.7	0.3	1.6	信州系黒曜石	完形品	20
						48	横刃形	3.1	2.1	0.8	4.6	信州系黒曜石	完形品	
						49	横刃形	3.4	1.8	1.1	4.8	信州系黒曜石	完形品	
						50	未成品?	2.7	1.7	0.7	3.5	信州系黒曜石	完形品	
19	南河原坂第3・A地点	千葉県千葉市	発掘	Ⅲ中	3	51	横刃形	2.3	1.6	0.5	—	白滝頁岩	完形品	21
						52	未成品	3.3	1.3	0.5	—	白滝頁岩	完形品	
						53	斜刃形	3.8	1.5	0.6	—	硬質頁岩（黒）?	完形品	
20	北河原坂第1	千葉県千葉市	発掘	Ⅲ～Ⅳ	6	54	横刃形	2.9	1.4	0.6	2.3	白滝頁岩	完形品	22
						55	横刃形	3.7	1.5	0.6	3.8	白滝頁岩	完形品	
						56	斜刃形	2.4	1	0.6	1.4	白滝頁岩	完形品	
						57	複合形	3.3	2.2	1.1	5.7	チャート	完形品	
						58	未成品	2.3	1.2	0.4	1.1	チャート	完形品	
						59	未成品	2.6	2.1	0.7	3.5	白滝頁岩	完形品	
21	下鈴野第2文化層F地点（a～dブロック）	千葉県市原市	発掘	Ⅲ	4	60	横刃形	3.2	2.8	0.9	6.9	白メノウ	完形品	25
						61	横刃形	3.1	1.3	0.5	1.9	珪質頁岩	完形品	
						62	横刃形	7.2	4.6	2.1	47.3	硬質頁岩（黒）?	完形品	
						63	横刃形	5	2.2	1	6.2	透明・斑チャート	完形品	
22	御塚山第2文化層　第16ブロック	千葉県佐倉市	発掘	Ⅲ	5	64	横刃形	4.5	2.3	0.7	5.9	白滝頁岩	完形品	23
						65	横刃形	2.7	2.5	1.6	3.8	白滝頁岩	基部欠損	
						66	斜刃形	2.4	1.5	0.6	2.5	白滝頁岩	完形品	
						67	未成品	2.7	1.8	0.8	2.8	白滝頁岩	基部欠損	
						68	未成品	2.6	1.7	0.4	1.9	灰色メノウ	完形品	
23	御山第Ⅷb文化層第23ブロック	千葉県四街道市	発掘	Ⅲ		69	横刃形	4.4	2.9	1.2	13.0	黄玉石	完形品	24
	御山第Ⅷb文化層第24ブロック		発掘	Ⅲ		70	横刃形	3	1.7	0.5	2.7	黄玉石	完形品	
24	前野（神田北）	茨城県鉾田市（旧・旭村）	採集	—	1	—	横刃形					赤メノウ	完形品	26
25	東下	福島県双葉郡広野町	採集	—	1	71	横刃形	3.1	2.3	1.1	—	メノウ	—	27
26	初音ヶ原B遺跡第1地点第Ⅰ文化層	静岡県三島市	発掘	休場層下～中	2	72	横刃形	3.9	2.3	0.6	—	信州系黒曜石	完形品	28
						73	横刃形	2.6	1.7	0.5	—	黄玉石	完形品	

第1表 上ゲ屋型彫刻刀形石器資料一覧 (2)

遺跡No.	遺跡名	所在地	発掘採集	出土層準	数量	挿図No.	分類	長さ	幅	厚さ	重量	石材	欠損の状況	文献
27	隙洞E	静岡県三島市	発掘	休場層下～中	3	74	横刃形	3.7	1.9	0.8	5.5	赤玉石	完形品	29
						75	横刃形	3.4	1.5	0.5	2.9	青チャート	完形品	
						—	横刃形	2.1	1.5	0.7	2.7	赤玉石	完形品	
28	観音洞B	静岡県三島市	発掘	休場層下～中	2	—	横刃形	3	1.7	0.9	5.3	信州系黒曜石	完形品	
						—	斜刃形	5.5	1.4	0.7	6.8	黄玉石	完形品	
29	中尾第Ⅰ文化層	静岡県駿東郡長泉町	発掘	休場層下～中	3	76	横刃形	2.5	1.3	0.3	1.0	赤玉石	完形品	30
						77	横刃形	4.8	2.3	1.1	12.5	流紋岩	完形品	
						78	未成品	2.7	1.7	0.5	2.0	チャート	完形品	
30	野台第Ⅱ文化層	静岡県駿東郡長泉町	発掘	休場層下～中	4	79	横刃形	3	2.3	0.9	5.6	信州系黒曜石	完形品	30
						80	横刃形	5.9	2.8	1	16.5	赤玉石	完形品	
						81	複合形	4.8	1.6	0.9	6.4	赤玉石	完形品	
						82	未成品	3.7	2.2	0.9	6.7	赤玉石	基部欠損	
31	追平B第Ⅰ文化層	静岡県駿東郡長泉町	発掘	休場層下～中	8	83	横刃形	2.9	3	0.5	3.3	赤玉石	完形品	31
						84	未成品？	2.3	1.2	0.6	1.3	灰色チャート	完形品	
						85	横刃形	2.5	1	0.8	1.9	赤玉石	完形品	
						86	横刃形	2.9	3	0.7	6.8	赤玉石	完形品	
						87	横刃形	2.7	1.6	1	4.6	赤玉石	完形品	
						88	未成品	3.2	2.8	0.7	6.9	赤玉石	完形品	
						89	未成品	1.7	2.1	0.5	2.2	赤玉石	完形品	
						90	未成品	2.6	1.4	0.5	1.7	赤玉石	完形品	
32	向田A	静岡県駿東郡長泉町	発掘	休場層下～中	16	91	横刃形	2.9	1.1	0.6	2.1	黄玉石	完形品	32
						92	横刃形	2.9	2.3	0.7	7.6	赤玉石	基部欠損	
						93	横刃形	2.2	1.7	0.8	3.2	赤玉石	完形品	
						94	横刃形	1.3	1.4	0.8	4.8	赤玉石	完形品	
						95	横刃形	2.3	1.3	0.7	2.3	赤玉石	完形品	
						96	横刃形	1.3	1.6	0.6	2.7	赤玉石	完形品	
						97	横刃形	3	3	0.9	5.4	緑灰色チャート	完形品	
						98	横刃形	2	2	0.5	2.2	灰色チャート	完形品	
						99	斜刃形	2.7	1.7	0.7	3.3	黄玉石	完形品	
						100	斜刃形	2.5	1.5	0.8	2.2	黄玉石	完形品	
						101	未成品	3.3	1.9	0.6	4.2	黄玉石	完形品	
						102	未成品	2.5	1.7	0.5	2.3	メノウ	完形品	
						103	未成品	2	2	0.4	1.9	黄玉石	完形品	
						104	未成品	2.5	2.5	0.5	2.7	緑灰色チャート	完形品	
						105	未成品	2.7	1.9	0.5	1.9	濃緑色チャート	完形品	
						106	未成品	2.1	2.3	0.7	2.9	灰色チャート	完形品	
33	清水柳北・東尾根第4ブロック	静岡県沼津市	発掘	休場層下～中	1	107	横刃形	2.6	1.7	0.9	3.8	青色チャート	完形品	33
34	広合a区	静岡県沼津市	発掘	休場層下～中	1	108	横刃形	1.9	1.2	0.4		黒色チャート？	完形品	34
35	寺林第Ⅲ文化層	静岡県沼津市	発掘	休場層下～中	1	109	横刃形	3.7	2	0.7	5.0	チャート	完形品	35
36	矢川上C 文化層の認定に疑問（混在）	静岡県富士市	発掘	第Ⅲ文化層（BB0～YL）	1	110	横刃形	4.1	1.9	1.4	10.3	珪質頁岩(白)	完形品	36
				第Ⅳ文化層（BB0～KU）	14	111	横刃形	3.9	1.4	0.5	3.2	赤玉石	完形品	
						112	横刃形	3.6	1.5	0.5	3.4	赤玉石	完形品	
						113	横刃形	3.5	1.2	0.5	1.6	珪質頁岩(白)	完形品	
						114	横刃形	4.3	1.8	0.9	4.9	信州系黒曜石	完形品	
						115	横刃形	2.9	0.9	0.3	0.9	赤玉石	基部欠損	
						116	横刃形	2.3	0.9	0.3	0.7	赤玉石	完形品	
						117	横刃形	2.6	1.7	0.9	3.5	黄玉石	完形品	
						118	横刃形	2.6	1.8	0.9	3.6	信州系黒曜石	完形品	
						119	横刃形	2.6	1.7	0.5	2.4	赤玉石	完形品	
						120	斜刃形	1.5	1.5	0.4	0.8	赤玉石	完形品	
						121	複合形	2.5	1.1	0.5	1.1	珪質頁岩(白)	完形品	
						122	未成品	2.6	2.1	0.8	3.7	珪質頁岩(白)	完形品	
						123	未成品	1.7	1.8	0.5	2.0	赤玉石	完形品	
						124	未成品	2.7	1.3	0.4	1.2	黄玉石	基部欠損	
37	広野北	静岡県磐田市	発掘	AT層準	1	125	横刃形	—	1.5	0.5	2.9	頁岩	基部欠損	37
38	上ゲ屋(第1次)	長野県長野市	発掘	ローム層	6	126	横刃形	2.6	1.5	0.5		チャート	完形品	38 39 40 41
						127	横刃形	4.7	2.3	0.9		頁岩	完形品	
						128	横刃形	4.7	1.4	0.6		赤玉石	完形品	
						129	横刃形	4.8	1.6	0.6		チャート	完形品	
						130	横刃形	3.6	1.4	0.3		チャート	基部欠損	
						131	未成品	4.2	1.7	1.1		凝灰岩	完形品	
	上ゲ屋(第2次)				1	—	—	—	—	—	—	—	—	
39	上ノ原(第2次)	長野県上水内郡信濃町			1	—	—	—	—	—	—	赤玉石	—	43
40	仲町Ⅱ区	長野県上水内郡信濃町	発掘		1	132	横刃形	4.4	3.2	1.6	14.6	赤玉石	完形品	44
41	男女倉B地点	長野県小県郡長和町	発掘		1	133	横刃形	7.2	5.8	1.8	—	信州系黒曜石	完形品	45
42	栁又B地点遺跡第Ⅰ群	長野県木曽郡木曽町	発掘		1	134	横刃形	2.2	1.2	0.3	—	チャート	基部欠損	46
				計	140									

下総台地北西部における縄文前期の遺跡分布と生産活動
―基礎データの提示と展望―

上 守 秀 明

はじめに

　千葉県北半に展開する下総台地は，広範な関東平野の一部を形成するが，とりわけその北西部は現在の利根川・江戸川水域を介して東京都と埼玉・茨城両県に接し，巨視的には関東平野の中央部近くまで貫入するかのような位置にある。台地には大小河川やその支流によって開析された幾多の谷地形が入り込み複雑な地形を呈しており，一定規模の平坦面を持ついくつかの台地に区分されている。

　周知のとおり，現在の利根川・江戸川は江戸期の「利根川東遷」をはじめ，現在に至るまでの大がかりな治水・利水事業によって人口的に改変されたものである。縄文時代，これらの水域は奥東京湾・古鬼怒湾というふたつの大きな内湾となっており，いわゆる縄文海進時には水産資源豊かな広大な内海水面であった。縄文海進時の房総の地は，これらの水域からなる内海と太平洋という外海によって囲まれた，概ね島状の地形を呈していたわけである。下総台地北西部の台地はこの地形の付け根に位置し，広大な内海水面に挟み込まれていたと言えよう。

　改めて言うまでもないが，縄文時代貝塚研究史において千葉県の貝塚が果たした役割は多大である。それは環境・地形的な条件から貝塚が多く形成されていたことに加え，東京を中心とした中央学会の遺跡探査には格好の交通条件にあったためである。特に縄文時代前期については，縄文海進時の海岸線の変化と環境変化を貝塚分布などから捉えようとする研究が，奥東京湾をはじめとする東京湾区を主対象として昭和初期前後より行われた。これらは，考古学・古地理学のそれぞれの立場で行われたものである[1]。

　現在は貝塚分布にとどまらず，前期～後期を主とした貝塚出土資料の蓄積を基にした考古学の成果と，土壌ボーリング試料を基にした古地理・古環境の成果を合わせ，生産・居住様式までに言及した研究が提出されはじめている。そのような動向の中にありながら，古鬼怒湾区では東京湾区で進められている内容まで研究が進展しているとは言い難い。その要因としては古鬼怒湾区が一部の地域を除き遺跡調査事例が少ないこと，調査された遺跡においても考古学的な成果の解析が少なかったこと，古地理・古環境データの解析を志向する研究者が東京湾区より少なかったことなどが挙げられる。

　近年，千葉県北西部地区の北端に近い柏市北東部では「つくばエクスプレス」建設に関連した

土地区画整理事業に伴い，古鬼怒湾区古常陸川湾奥部に位置する貝塚を伴う前期遺跡群（以下，柏北部東遺跡群）を対象とした発掘調査が継続的に行われている。このうち柏市駒形遺跡の整理作業を担当しその成果を報告した筆者は，今まで発掘調査の実施事例が無かった当該前期遺跡群が，千葉県のみならず関東地域において縄文前期の諸研究を進めていく上で，極めて重要な内容を含んでいると認識した（上守ほか2009）。ここでは，既報告の駒形遺跡の調査成果について概要を紹介した上で，遺跡の所在する北西部地区における前期遺跡の分布と生産活動解明のための手掛かりについて取り上げ，生業・居住様式を探る上での展望を示すこととした。

なお，本来は立論する上でその論拠となった既往研究は研究史に係る一節を設け論評するのが理であるが，今回は紙数の関係から特に設けていない。文中で参照した場合でも最小限の記述に留まったことをお断りしておきたい。

1 駒形遺跡の概要

(1) 遺跡の位置と地形

駒形遺跡は，柏市小青田に所在する前期初頭～末葉まで概ね継続的に営まれた集落遺跡である。既報告の内容は調査対象面積約50,000㎡のうち，約1/3の範囲の調査成果である。遺跡周辺の台地は標高約13～18mを測り，現利根川から南西方向に湾入する二つの支谷に挟まれた地形を呈す。周辺一帯は古常陸川の水系にあり，古鬼怒湾に属する古常陸川湾奥部の柏・我孫子低地の北西端に面している。いわゆる縄文海進の盛期には，付近の古常陸川谷に谷奥干潟が形成されていたと考えられている。隣接する富士見遺跡・大松遺跡を含めた台地は南西部を基部とし，柏・我孫子低地に向かって北東側に半島状に突出している。駒形遺跡はこの台地の北東部を占めており，遺跡の東側と富士見遺跡と区別される北側からさらに小支谷が湾入している（第1図）。

(2) 集落の様相

縄文前期に属する主な遺構として，竪穴住居跡，土坑，これらの一部に形成された遺構内貝層を挙げることができる。土器型式の細分を考慮すると不連続な部分もあると思われるが，前期に比定される52軒のうち，帰属時期が決定できた竪穴住居跡39軒の分布と大まかな変遷観を示し，説明を加えておく（第1図）。

花積下層式期では15軒を認定した。内訳はA地区6軒，E地区9軒で，このうちE地区の1軒（SI051）では床面に接した形で遺構内貝層が形成されている。A地区では他時期も含め竪穴住居跡が北東→南西方向を軸に列状に分布しており，この軸を境とした台地縁辺側には竪穴住居跡が構築されていない。未調査部分が多く推測の域を出ず分布状況も定かでないが，これより北西側に大きく広がる標高15.5～16.0mの台地上に，前期では該期を開始期とする集落が形成されている可能性が高い。一方，E地区では他時期も含め竪穴住居跡が弧状に分布しており，明らかに隣接する富士見遺跡・大松遺跡の範囲と一連の展開になる。未報告だが，富士見遺跡の隣接部でも該期の竪穴住居跡が検出されている。C地区が前期遺構群の空白地になることから，E地区

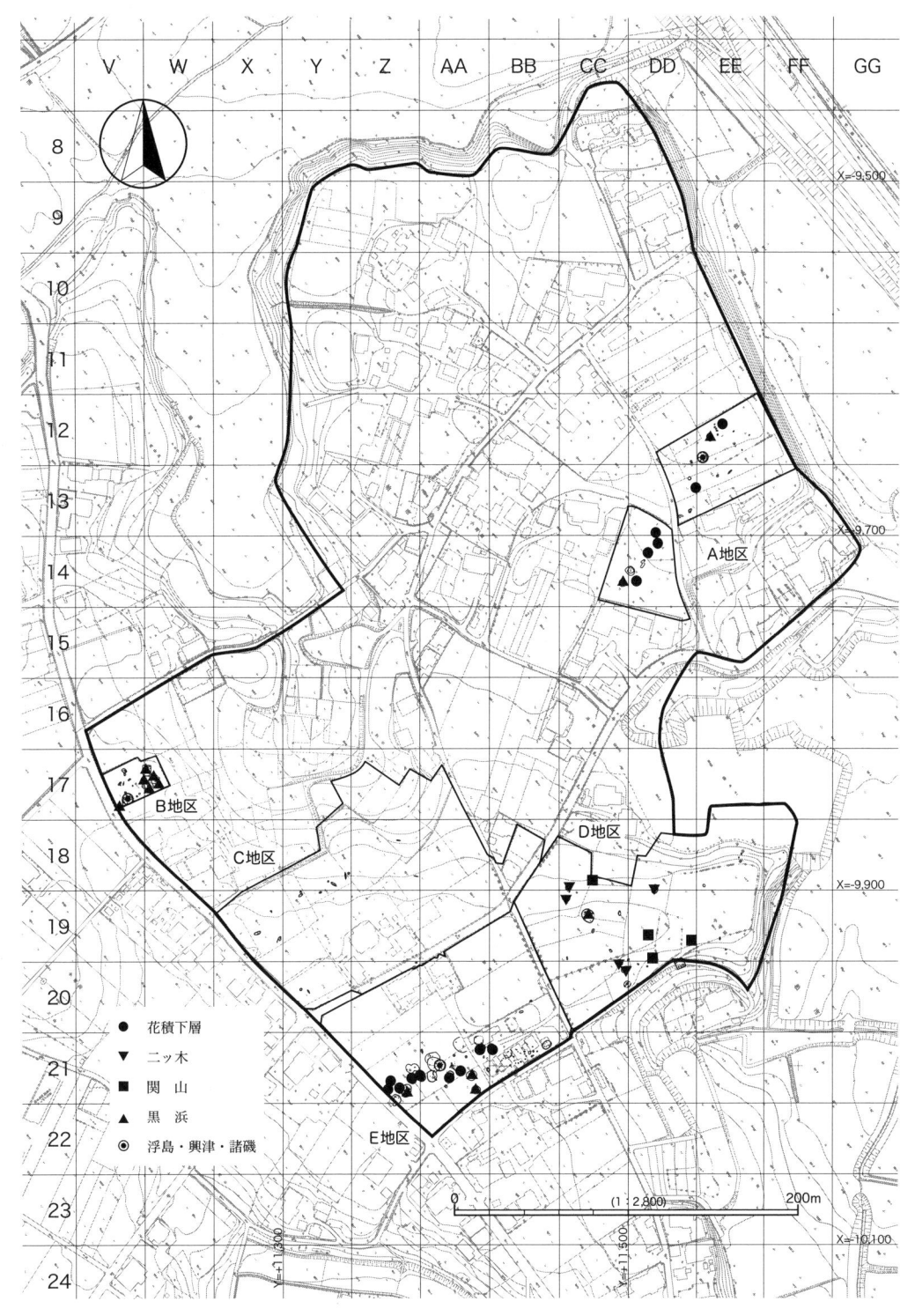

下総台地北西部における縄文前期の遺跡分布と生産活動　25

第1図　駒形遺跡の地形と集落

南半を北限に標高約18m前後の平坦面に、やはり該期を開始期とする弧状あるいは環状を呈すると考えられる前期集落が展開することは確実である。

　二ツ木式期では5軒を認定した。全てD地区で検出されているが、遺構内貝層は形成されていない。分布は標高約16～17mの略舌状台地の先端部にはなく、中央部から基部に掛けての台地縁辺に構築されており、北側に3軒、南側に2軒が分布している。このうち北側の2軒、南側の2軒はそれぞれ近接した位置に構築されていることから、変遷上密接な関係が想定される。遺跡南半を瞥見すると、おそらくこの5軒で該期集落は完結するものと思われ、未報告部分に該期集落があったとしても別のまとまりとなろう。

　関山式期では4軒を認定した。二ツ木式期同様に全てD地区で検出されている。内訳はⅠ式期1軒、Ⅱ式期2軒、細別不明1軒である。分布は前時期同様に略舌状台地の先端部には認められず、中央部から基部に掛けての台地縁辺に構築されており、北側に1軒、南側に3軒分布している。また、未報告の地点にも該期住居跡が検出されており、遺構内貝層も認められている[2]。やはり未報告であるが、関山Ⅱ式期では富士見遺跡・大松遺跡で別のまとまりになる住居跡群が検出されており、柏北部東遺跡群においては比較的小範囲でまとまる二ツ木式～関山式期の集落形成の在り方が予見できる。

　黒浜式期では12軒を認定した。内訳はA地区2軒、B地区6軒、D地区1軒、E地区3軒というように前期遺構空白区であるC地区を除き、多寡の差はあれ全ての地区で検出されている。このうちA地区の1軒（SI003）とB地区の2軒（SI012・SI014）では、床面に接した形で遺構内貝層が形成されている。A地区の2軒は花積下層式期で述べたように、北西側に大きく広がると予想される前期集落の一部に当たるものの、詳細は今後の調査成果に委ねられよう。B地区は狭小な調査範囲であるが、重複した6軒もの竪穴住居跡が検出されている。ここは南西部の富士見遺跡の範囲を含め標高約16mの平坦面にあたり、ここにひとまとまりの該期集落が想定できる。D地区では概ね舌状を呈す台地の基部付近に孤高の1軒が検出されているのみである。E地区の3軒は花積下層式期で述べたように、南半を北限とした標高約18m前後の平坦面に展開すると考えられる弧状あるいは環状を呈する前期集落に含まれるもので、D地区との間に遺構空白部があることからD地区の1軒はこのまとまりに含まれない。全体的には富士見遺跡・大松遺跡・原畑遺跡を含め、規模の大小はあれ台地全体に住居跡群が認められる一大集落となることが予見される。駒形遺跡の黒浜式は現時点の土器様相から古段階と新段階を中心とするが、隣接遺跡を含めれば関山式終末以降、諸磯・浮島式初頭に連綿と繋がる内容であると予想される。これらがどのような集落変遷を辿るのか、駒形遺跡の未報告分をはじめ周辺遺跡の状況が解明されれば、千葉県はもちろん関東地域でも最大級かつ最重要な該期の集落群になることは間違いない。

　浮島～興津・諸磯式期では、3軒を認定した。遺構内貝層はD地区の土坑1基（SK050）に形成されているものの、竪穴住居跡には認められない。内訳はA地区で興津式期の1軒が、B地区で諸磯a・浮島Ⅰ式期の1軒が、E地区で浮島Ⅱ～Ⅲ式期の1軒がそれぞれ検出されている。既述した地区毎のまとまりの中にそれぞれが位置するものの、現状では零細な内容であるためそ

れ以上の言及はない。しかし前期集落群の終焉期に当たるため，遺跡分布・生産活動の問題を含め重要な時期であることは間違いなく，周辺遺跡を含め未報告内容に期するところは大きい。

以上述べてきたように，駒形遺跡は時期による内容の差はあれ，概ね前期を通じて集落が営まれていたことがわかった。柏北部東遺跡群は関東地域でも最大級の前期遺跡群となると思われるが，この地区の殆どの遺跡が黒浜式期を主体とする中で，現状では唯一無二な存在である[3]。

(3) 動植物遺存体と生産活動

a 資料の概要

柏北部東遺跡群の調査では縄文前期各時期の遺構内貝層が多数発見されているが，これらの整理作業が進捗し分析結果が得られれば，該期の動物資源利用の実態を解明する上で極めて重要な資料となろう。駒形遺跡においても今回の報告対象地区内で遺構内貝層8か所，面状貝層1か所を検出した。貝層の形成時期は，確実なところでは前期初頭から前期後葉である[4]。貝層中からは13種以上の貝類多数のほか，魚類2種以上，哺乳類3種が少数出土している。動物遺存体は，ほとんどが貝サンプルから検出したものであるが，魚類・哺乳類の一部は発掘中に発見したものである。分析方法の詳細，各種別のデータ等については，調査報告書（以下，上守ほか2009）を参照していただきたい。

b 海産資源

貝類は10科13種以上が同定されたが，対象となったどの時期のサンプルも，主要構成種が湾奥泥底干潟種のオキシジミ・ハイガイ・マガキと，内湾砂底種のハマグリ・アサリ・サルボオが混在する点が特徴的である。これは単純に別々の漁場からもたらされたと解釈することは早計であり，むしろ同一ないし連続した漁場から採取されたとみるべきと考えるもので，分析データからは初頭から後葉期まで同一の傾向が看取できる。魚類は花積下層式期のSI051からスズキ属，タイ科，マダイ，ニシン科（イワシ類）が，諸磯・浮島式期のSK050からタイ科，真骨類種不明が出土しているが，黒浜式期の遺構内貝層からは出土していない。

c 森林資源

哺乳類は花積下層式期のSI051のみから出土している。確実なところでイヌ，シカが同定されているが，食料となったシカは成獣である。植物遺存体はクルミの炭化果皮が花積下層式期のSI051で1点，黒浜式期のSI014で2点出土しているだけである。

d 生産活動

以上のように動植物遺存体のデータ数が少なく，この側面のみで駒形遺跡の生産活動云々を論じることは早計であり，未だ資料蓄積の段階にあると言える。そこで，出土した生産用具の用途や数量などから森林（陸産）資源をターゲットとした生産活動の在り方に踏み込んだ今村啓爾の研究[5]を基に，前期の多様な廃棄様式を考慮しつつ，動植物遺存体のデータ解釈などを生業に係る石器組成と突き合わせて生業・居住様式の在り方に迫る研究を進めている西野雅人の方法により，生産活動の在り方にいくらかでも迫ることとした[6]。西野は植月学と松戸市幸田貝塚の生業・居住様式の特性を論じる上で，前期前半花積下層式～関山式期の奥東京湾（狭義の奥東京湾・

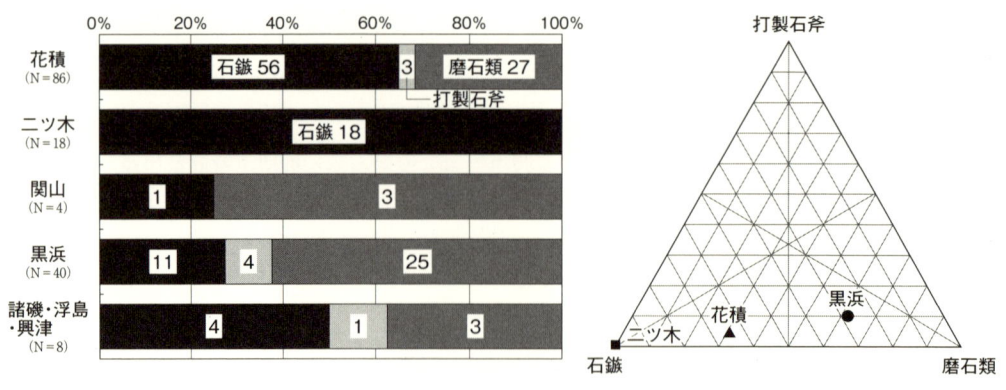

第2図　駒形遺跡の時期別石器組成

　古入間湾)の遺跡群の古海況,動植物遺存体,集落・遺跡群,石器の内容を基に総合的に分析している。その中で奥東京湾区前期前半期の諸遺跡の石器組成をグラフや三角グラムで表し,その内容から地域的な生業の割合差,中心的な集落と小規模集落との数量・割合差が想定できるとした(西野・植月 2003)。

　駒形遺跡においてもこの方法を適用して数量化し,グラフで表した。このうち関山式期,諸磯・浮島・興津式期はサンプル数が少なく評価できなかったので,一定の数量があった花積下層式期,二ツ木式期,黒浜式期を三角グラムでも表した(第2図)。前期初頭～前葉期である花積下層式期,二ツ木式期では石鏃＝狩猟具に偏る傾向が読みとれ,西野らの指摘と調和的である。チャートを素材とした石鏃・石鏃未製品,剥片,細片を多出する花積下層式期の竪穴住居跡の存在が示唆的であり,未報告分の整理作業でも注意すべき点でもある。これに対して中葉期である黒浜式期は,石皿・磨石類＝植物性食料(堅果類)の加工具,すなわち森林資源に係る生産活動の軸足を置く傾向が読みとれ,柏北部東遺跡群における遺跡数のピークがこの時期にあることと軌を一にしている。

2　遺跡分布

　以上,駒形遺跡の立地,集落・動物遺存体の内容,生産活動の在り方に関する見通し等について,既報告で記したこれらの概略を述べてきた。この中で今後の課題として明らかとなった諸点は,もちろん駒形遺跡や柏北部東遺跡群の中で留まるような問題ではない。より広範で有意な地理的・古環境的な条件の下での検討を要するので,北西部地区における前期遺跡群の分布とその変遷について分布図と地名表を提示しておいた(上守ほか 2009)[7]。今回は紙数の関係で地名表は割愛したが,分布図は前回資料に追加・修正したものを改めて提示した。

　第3～6図は千葉県北西部地区の地図に入る範囲の時期別遺跡分布であるが,貝塚と貝塚以外の遺跡を分別して示しておいた。具体的な範囲は,東葛飾郡及び下総台地に含まれる埼玉県埼葛地区の一部,印旛郡西部の一部,千葉市の一部,旧千葉郡である八千代市の一部を含めている。

以下，時期毎に概述するが，二ツ木式を花積下層式，関山式と分別して記載していることは稀である。花積下層式〜関山式期に継続する遺跡は，この中に二ツ木式が含まれる場合があろうし，本来，単独であってもどちらかに編入されている場合が多いと思われる。そのため分布図にこの時期を単独で示すのは無理と判断し，わかる場合でも関山式に含めた。また，ほぼ同様の理由により十三菩提式は諸磯式に，興津式は浮島式にそれぞれ編入した。

今回掲載した遺跡は全537遺跡を数えるが，大きく見て東京湾区に属するものと古鬼怒湾区に属するものに大別される。複数の時期に亘るものもあるので，この地域における縄文前期の遺跡数は東京湾区で388遺跡，古鬼怒湾区で362遺跡，総数で750遺跡となる[8]。時期別分布を俯瞰してみると，水系単位で遺跡が集中する部分や空白部の範囲や大きさが異なることがわかり，拠点集落の在り方にも違いが認められそうなので，これらを説明するため便宜的な群設定を次のように行った。

A群：東京湾区古五田沼低地—同座生沼低地—古鬼怒湾区常陸川最奥部　B群：東京湾区今上低地北部—古鬼怒湾区三ヶ尾低地—古鬼怒湾区柏・我孫子低地北部—手賀沼低地　C群：東京湾区今上低地南部—矢切低地　D群：東京湾区真間川低地—海老川低地　E群：東京湾区花見川低地—汐田川谷—都川低地　F群：古鬼怒湾区手賀沼低地南部—印旛沼低地北部　G群：手賀沼低地谷奥—真間川低地谷奥　H群：印旛沼低地南西部　合計9群である。以下，便宜的に分けた時期区分毎に分布の概要[9]を記し，今後も継続的に検討しうる基礎的内容を整備しておく。

(1) 花積下層式期（第3図）

花積下層式では20遺跡が確認されており，内訳は貝塚8遺跡（東京湾区6・古鬼怒湾区2），貝塚以外12遺跡（東京湾区5・古鬼怒湾区7）である。このうち貝塚5遺跡（東京湾区4・古鬼怒湾区1）と貝塚以外2遺跡（東京湾区1・古鬼怒湾区1）は関山式期まで継続する。遺跡数が少なく散漫ではあるが，A〜D群に1〜2ヶ所の貝塚あるいは規模の大きい貝塚以外の遺跡が所在することから，大きな水系ごとに拠点集落が点在すると読みとることができようか。

主要遺跡としてA群：埼玉県杉戸町目沼貝塚，B群：柏市駒形遺跡，同（旧沼南町）石揚遺跡，C群：松戸市幸田貝塚，D群：市川市宮久保A遺跡などが挙げられる。

(2) 関山式期（第4図）

関山式期では88遺跡が確認されており，内訳は貝塚15遺跡（東京湾区8・古鬼怒湾区7），貝塚以外は3遺跡（東京湾区40・古鬼怒湾区33）である。

花積下層式期と関山式期を数的に比較してみると，貝塚は約2倍，貝塚以外は6倍以上に増大しているが，とりわけ東京湾区のC群とD群，次いで東京湾区のA群と古鬼怒湾区のB群にこの傾向は顕著である。F群では貝塚以外の遺跡群が該期になって形成される。分布状況からは遺跡群間に明瞭な空白域が認められることや，東京湾区の奥東京湾側に貝塚を形成する拠点集落が点在するのが特徴である。「大規模な広場集落が若干増える。しかし，大きな変化は小規模な集落が急増した」という西野の指摘（西野・植月2003）を追認できると考える。

主要遺跡としてA群：埼玉県春日部市（旧庄和町）風早遺跡，B群：駒形遺跡他の柏北部東遺

跡群，C群：松戸市幸田貝塚[10]，D群：船橋市取掛西貝塚[11]，E群：千葉市谷津台貝塚，F群：印西市一の作遺跡などが挙げられる。

(3) 黒浜式期（第5図）

　黒浜式期では377遺跡が確認されており，内訳は貝塚67遺跡（東京湾区43・古鬼怒湾区24），貝塚以外310遺跡（東京湾区136・古鬼怒湾区174）である。関山式期の88遺跡に比して飛躍的な増大を示す。分布図を一瞥しただけで，北西部地区一帯に該期の遺跡が空白域を保ちながら連綿と広がっている様子が明瞭である。詳細に見渡すと，関山式期に形成された遺跡群のうちF群はやや分散的になるが，A～D群の遺跡群はさらに拡大し，東京湾区と古鬼怒湾区という二大水系を結ぶ位置となる内陸部のG・H群にも遺跡群が形成される。これらの状況は，二大水系沿岸部から下総台地内陸部まで分布の粗密こそあれ，広く居住・生産活動が展開されたことを示すものである。最新の統計数は明らかではないが，黒浜式期が全県的にも汎関東的にも前期を通じて最も遺跡数が増大することは間違いなく，海水産貝塚形成のピークであることも確実である。

　主要遺跡は他時期に比して多いためさらに絞り込んだが，A群：野田市槙の内遺跡・同市（旧関宿町）飯塚貝塚・埼玉県春日部市（旧庄和町）尾ヶ崎貝塚，B群：駒形遺跡他の柏北部東遺跡群[12]・同市鴻ノ巣遺跡・我孫子市柴崎遺跡，C群：流山市若葉台遺跡・松戸市上本郷遺跡，D群：市川市上台遺跡・庚塚遺跡・船橋市飯山満東遺跡，E群：谷津台貝塚，H群：八千代市ヲイノ作南遺跡などを挙げることができる。

(4) 諸磯・浮島式期（第6図）

　諸磯・浮島式期では271遺跡が確認されており，内訳は貝塚24遺跡（東京湾区23・古鬼怒湾区1），貝塚以外247遺跡（東京湾区129・古鬼怒湾区118）である。今回はシンボルマークを分けなかったが，このうち地名表に諸磯・浮島両式が記載される貝塚は15遺跡（東京湾区14・古鬼怒湾区1），貝塚以外は87遺跡（東京湾区48・古鬼怒湾区39）である。諸磯式のみ記載の貝塚は9遺跡で東京湾区のみ，貝塚以外は72遺跡（東京湾区34・古鬼怒湾区38），浮島式のみ記載の貝塚は無く，貝塚以外は88遺跡（東京湾区47・古鬼怒湾区41）である。黒浜式期と諸磯・浮島式期を数的に比較してみると，377遺跡から271遺跡へ大きく減じている。分布状況を瞥見すると，黒浜式期に拡大した遺跡群は概ね縮小傾向にあるが，特に県域においては二大水系の奥部にあたるA群ではこの傾向が顕著である。内陸部ではF群が黒浜式期から引き続き，H群は該期になって分散傾向にある。これらに反して，E群では該期になっての遺跡群拡大傾向が明瞭となる。

　全体的にも，増減の度合いが異なる各群においても，遺跡の分布が海側にシフトしている状況はかなり明瞭である。しかし，貝塚は黒浜式期67遺跡から該期24遺跡となり，しかも東京湾区23遺跡，古鬼怒湾区1遺跡とその差は歴然としている。これは奥東京湾と古鬼怒湾の二大水系をともに利用しやすい位置にありながら，奥東京湾側の限られた範囲にシフトしているA群の遺跡分布が，何よりも古海況の差を物語っているといえよう。また，古鬼怒湾区B群では柏北部東地区遺跡群の諸磯・浮島式期での貝塚形成を最後とし，中期初頭から前葉期の貝塚はさらに湾口寄りのB群東端の布瀬貝塚以東に所在しているというのも示唆的である。

下総台地北西部における縄文前期の遺跡分布と生産活動　31

1　前期初頭・花積下層式期

A～D群に拠点的集落が点在する。
大きな水系ごとに1か所の傾向。

A群　古五田沼－座生沼
　　　－常陸川最奥部

目沼

古五田沼低地

座生沼低地

三ヶ尾低地

B群　今上低地北部・三ヶ尾低地
　　　～手賀沼低地北部

駒形

今上低地

柏・我孫子低地

石揚

手賀沼低地

幸田

F群　手賀沼低地南部
　　　－印旛沼低地北部

C群　今上低地南部
　　　－矢切低地

矢切低地

二ツ木向台

G群　手賀沼低地谷奥
　　　－真間川低地谷奥

三中校庭
宮久保A

真間川低地

D群　真間川低地
　　　－海老川低地

海老川低地

取掛西

H群　印旛沼低地南西部

菊田川谷

花見川低地

汐田川谷

花積下層式期
▲　貝塚遺跡
●　貝塚以外の遺跡

E群　花見川低地
　　　－汐田川谷
　　　－都川低地

都川低地

第3図　1期花積

2 前期前葉・関山式期

遺跡群を形成する。遺跡群間に明瞭な空白域。奥東京湾側に拠点的集落が点在する。

A群 古五田沼－座生沼－常陸川最奥部
A-1 鷲巣
古五田沼低地
鳳早
A-2
座生沼低地
B-1
三ヶ尾低地
B-2 駒形
B-3
B群 今上低地北部・三ヶ尾低地～手賀沼低地北部
今上低地
柏・我孫子低地
B-4
手賀沼低地
町畑
幸田
境外Ⅱ
C群 今上低地南部－矢切低地
矢切低地
F群 手賀沼低地南部－印旛沼低地北部
G群 手賀沼低地谷奥－真間川低地谷奥
作
真間川低地
D群 真間川低地－海老川低地
海老川低地
菊田川谷
H群 印旛沼低地南西部
花見川低地
汐田川谷
E群 花見川低地－汐田川谷－都川低地
都川低地

関山式期
▲ 貝塚遺跡
● 貝塚以外の遺跡

第4図　2期関山

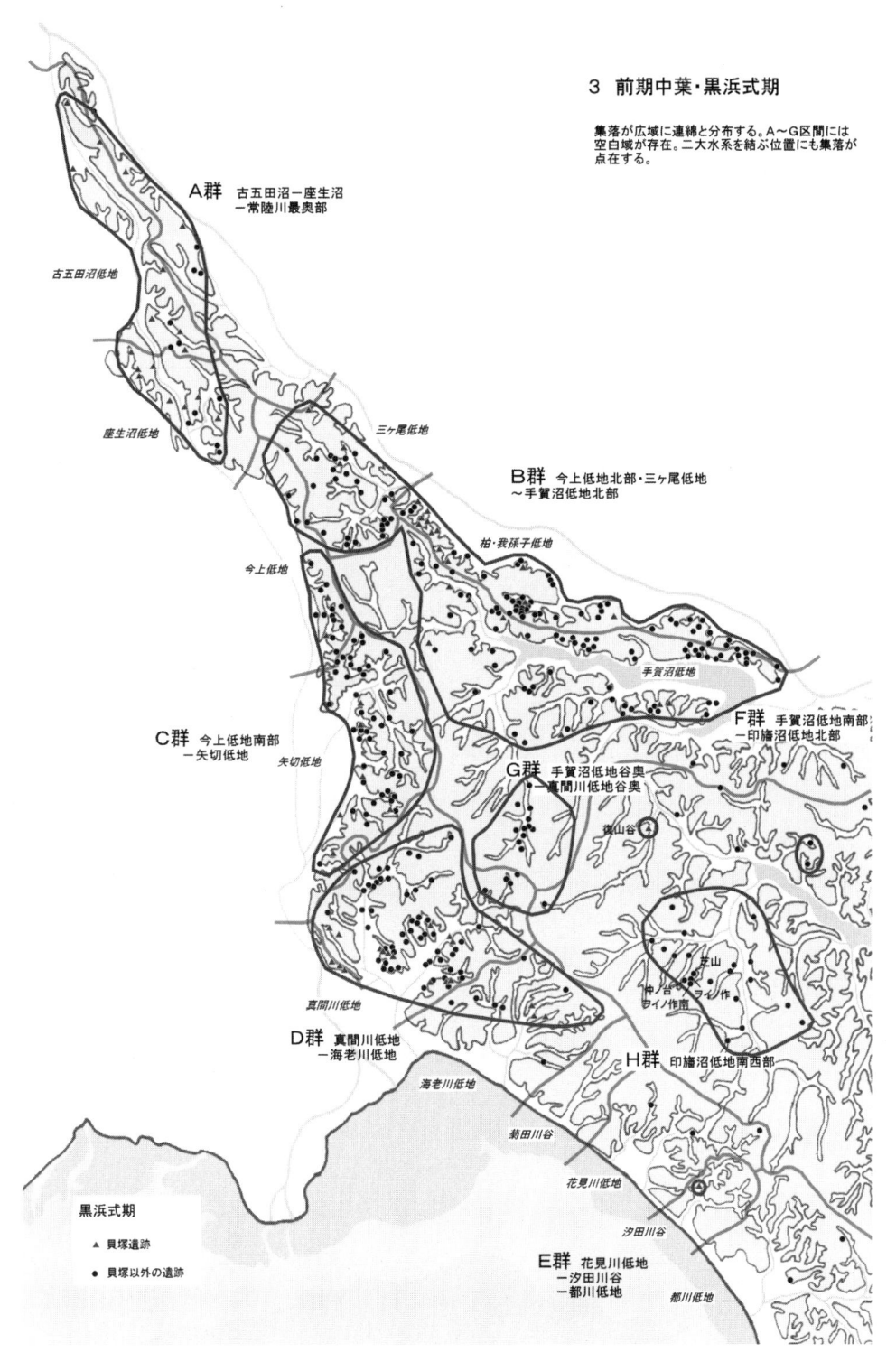

下総台地北西部における縄文前期の遺跡分布と生産活動　33

3　前期中葉・黒浜式期

集落が広域に連綿と分布する。A～G区間には空白域が存在。二大水系を結ぶ位置にも集落が点在する。

A群　古五田沼－座生沼
　　　－常陸川最奥部

B群　今上低地北部・三ヶ尾低地
　　　～手賀沼低地北部

C群　今上低地南部
　　　－矢切低地

F群　手賀沼低地南部
　　　－印旛沼低地北部

G群　手賀沼低地谷奥
　　　－真間川低地谷奥

D群　真間川低地
　　　－海老川低地

H群　印旛沼低地南西部

E群　花見川低地
　　　－汐田川谷
　　　－都川低地

黒浜式期
▲　貝塚遺跡
●　貝塚以外の遺跡

第5図　3期黒浜

4 前期後葉・諸磯・浮島式期

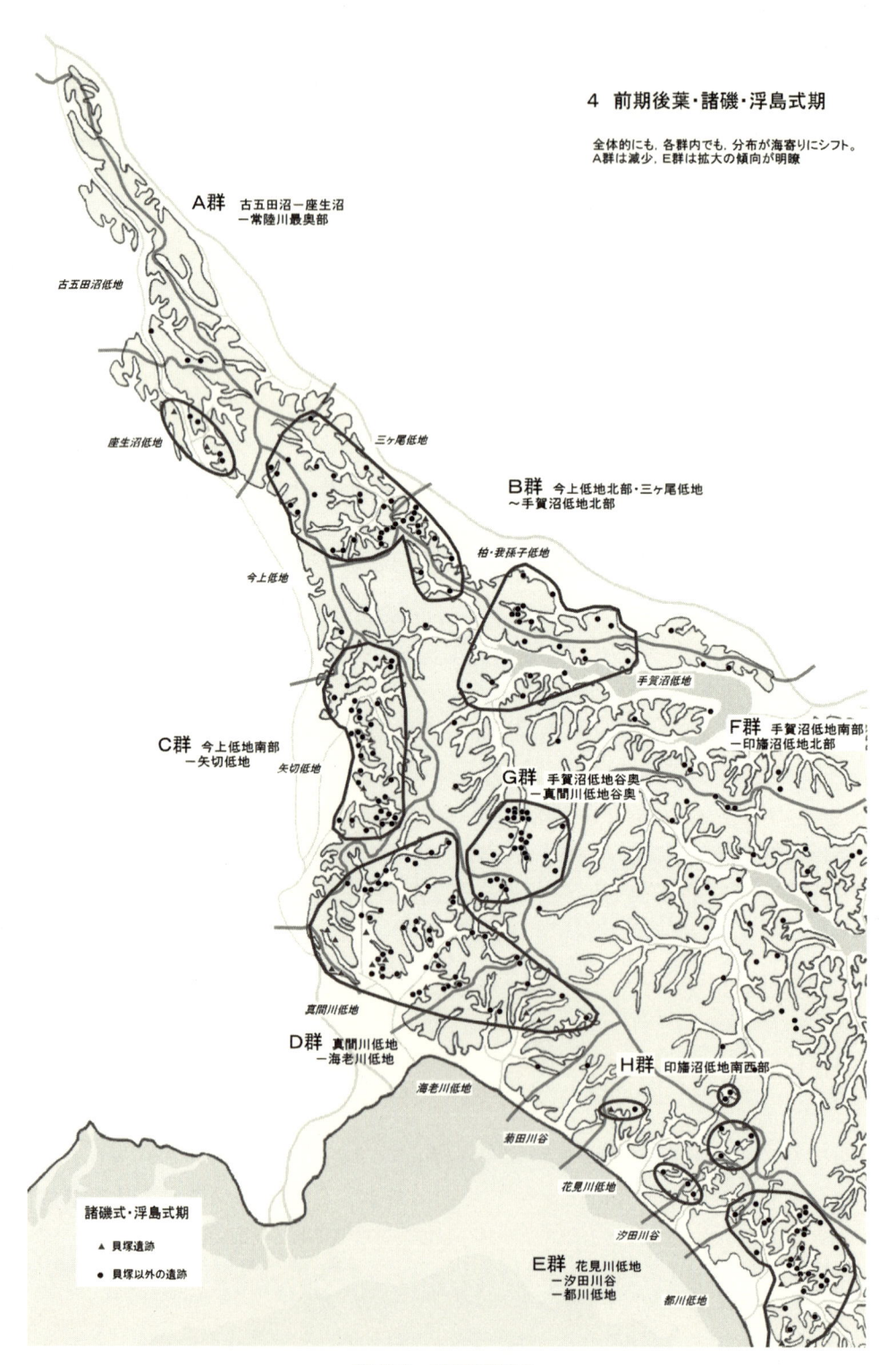

全体的にも，各群内でも，分布が海寄りにシフト。
A群は減少，E群は拡大の傾向が明瞭

A群　古五田沼－座生沼
　　　－常陸川最奥部

古五田沼低地

座生沼低地

三ヶ尾低地

B群　今上低地北部・三ヶ尾低地
　　　～手賀沼低地北部

柏・我孫子低地

今上低地

手賀沼低地

C群　今上低地南部
　　　－矢切低地

矢切低地

F群　手賀沼低地南部
　　　－印旛沼低地北部

G群　手賀沼低地谷奥
　　　－真間川低地谷奥

真間川低地

D群　真間川低地
　　　－海老川低地

海老川低地

H群　印旛沼低地南西部

菊田川谷

花見川低地

汐田川谷

諸磯式・浮島式期
▲ 貝塚遺跡
● 貝塚以外の遺跡

E群　花見川低地
　　　－汐田川谷
　　　－都川低地

都川低地

第6図　4期諸磯浮島

もう一つの大きな特徴として，低段丘面に貝塚他の遺跡が形成されていることを挙げることができる。前後の時期は不詳ながらD群の市川市東山王貝塚などの調査事例からすると，この時期の後半になって形成されたものが多いと思われる。

主要遺跡としてA群：野田市北前貝塚，B群：柏市駒形遺跡，C群：流山市長崎遺跡，D群：黒浜式期より継続する市川市上台遺跡・同庚塚遺跡・船橋市飯山満東遺跡に加え，船橋市古和田台遺跡，E群：千葉市宝導寺台貝塚などが挙げられる。

以上のように既存土器型式による便宜的な時期区分に基づき示した分布図から，各時期の特徴や相違点，変遷の見通し等を読み取ることができたと思われる。もちろん，型式ごとの年代幅は均一ではないが，このことは時期区分に考慮させていない。遺跡の時期を決定した基礎データの大部分は細別時期が示されていない遺跡分布地図の記載であり，これらを採用しないと分布図作成は不可能となる。また，細別したとしても各時期同質の比較は困難であろう。ここでは概ねの傾向をつかみ，次項で突き合わせを行うための基礎データとしたい。

3　生産活動解明の手掛かり

千葉県北西部地区，とりわけ奥東京湾区の前期遺跡群に係る生産活動，生業・居住様式の解明にあたっては，この区域の貝塚を対象とした優れた先行研究（金山ほか1994，植月・小島2000）（西野・植月2003，西野2009）がある。ここでは，これらと古鬼怒湾区の駒形遺跡の成果を参照して基礎資料となる各動植物遺存体の概要に触れるべきであるが，紙数の都合もあり環境との関わりも深い貝類の概要のみ記す[13]。次いで，駒形遺跡と同様に北西部地区前期遺跡群の住居跡出土石器を対象に，生業に係る石器の組成を資料化し，提示することとする。

(1) 貝類

前期を通じて千葉県北西部地域沿岸で利用された主体種は，美味で身の取り出しが容易なハマグリ・アサリ・ハイガイ・ヤマトシジミの4種乃至マガキを加えた5種である（西野2009）。以下に時期区分ごとに概要を記す。

a　花積下層式期

A群：目沼貝塚，B群：駒形遺跡，C群：幸田貝塚・松戸市二ツ木向台遺跡，D群：市川市三中校庭遺跡は，いずれもハマグリ・アサリ・ハイガイ・マガキ等の内湾砂泥底種と湾奥泥底種が混在した貝塚である。D群：市川市宮久保A遺跡は，ハマグリ・アサリ等の内湾砂泥底種を主体とした貝塚である。採取季節などを推定する手掛かりは管見の限りではない。

b　関山式期

A群：埼玉県杉戸町鷲巣貝塚，C群：流山市町畑遺跡・二ツ木向台遺跡，E群：千葉市谷津台貝塚は内湾砂泥底種を主体とした貝塚で，C群：幸田貝塚・松戸市境外Ⅱ遺跡，D群：取掛西貝塚は内湾砂泥底種と湾奥泥底種が混在した貝塚である。貝殻成長線分析から採取季節を推定するデータが得られているが，幸田貝塚例はサンプル数が少ないながら通年にばらつくため，周年行

われたと推測される。谷津台貝塚例は春前半に偏る。

　c　黒浜式期

　A群：槙の内遺跡をはじめとする内湾砂泥底種を主体とした貝塚と，飯塚貝塚をはじめとする内湾砂泥底種と湾奥泥底種が混在した貝塚とが数多く分布しているが，いずれもアサリを主体的に利用していることが特徴的である。B群：駒形遺跡・柏市花前Ⅱ遺跡は内湾砂泥底種と湾奥泥底種が混在した貝塚である。駒形遺跡の住居跡3軒の遺構内貝層からサンプリングされた貝は，個々では主体種が異なるが全体的には特定の種類に偏らない。花前Ⅱ遺跡113号住居跡はアサリ・ハマグリの順で内湾砂泥底種が全体の70%以上となり，湾奥泥底種のマガキが約10%となる。C群では若葉台遺跡など内湾砂泥底種と湾奥泥底種が混在した貝塚もあるが，全体的には松戸市小野遺跡など，内湾砂泥底種のハマグリを主体とした貝塚が多くなる。さらにD群では庚塚遺跡・東山王貝塚・飯山満東遺跡など内湾砂泥底種のハマグリを主体とした貝塚が卓越するが，E群：谷津台貝塚も同様である。なお，A群よりさらに湾奥部の茨城県古河市周辺の貝塚群は，汽水種のヤマトシジミ主体となっていることを付記しておく。

　貝殻成長線分析から採取季節を推定するデータは槙の内遺跡，庚塚遺跡，市川市東新山遺跡が得られているが，いずれもサンプルごとに季節が異なったり通年にばらついたりするため，周年行われたと推測されている。

　d　諸磯・浮島式期

　A群：北前貝塚，B群：駒形遺跡，D群：上台遺跡など内湾砂泥底種と湾奥泥底種が混在した貝塚と，D群：東新山遺跡・飯山満東遺跡，E群：宝導寺台貝塚など内湾砂泥底種を主体とした貝塚が存在する。細部では異なるものを含むがハマグリを主体とする点で共通する。庚塚遺跡の分析結果では，夏から秋にかけて集中的に採取したと推定される。

(2) 生産活動に係る石器の組成

　動植物遺存体のデータ数の少なさを補い，森林資源に対する生産活動の概ねの傾向を把握するため，北西部地区前期の住居跡出土石器のうち，帰属時期が花積下層式から浮島・諸磯式までで，時期別分布図等との対照作業が可能な50遺跡399住居跡例の生産活動に係る石器数を調査報告書の記載を基に集計した。その結果，関山式はⅠ式とⅡ式との間に石器組成上，大きな変化が読み取れそうであったため，細別が明らかでない15事例を除外し細別型式に分別して取り扱うこととした。以上の条件の下で対象となり得たデータは50遺跡（1遺跡での時期的な重複を別個にカウントすれば71遺跡）384事例であるが，基データは第2表に示しておいた。以下，花積下層式を1期，二ツ木式～関山Ⅰ式期を2期，関山Ⅱ式期を3期，黒浜式期を4期，諸磯・浮島式期を5期とし，時期区分ごとの概要を記すが，第1表に時期ごと群ごとの石器数が一瞥できるように示した。

　a　1期（花積下層式期）

　B群：駒形遺跡の15事例が対象となった。うち13事例より石器が検出されており，検出率は86.7%と高い。全体の石器組成は石鏃＝狩猟具が55点（65%）を占め，次いで石皿・磨石類＝

植物性食料（堅果類）の加工具が27点（32%）となる。打製石斧＝植物性食料（根茎類）の土掘り具は3点（3%）と微かである。主体となる石鏃関連の知見は遺跡概要で既述している。北西部地区のみならず県内他遺跡の成果も乏しいため，地域的な傾向は今のところ言及しえない。

b 2期（関山Ⅰ式期）

該期全体では6遺跡22事例が対象となった。うち6遺跡17事例より石器が検出されており，1期より多少減るものの検出率は77.3%と依然高い。このうち二ツ木式と分別できるものは，B群は駒形遺跡の5事例だけで，その3事例から石器が検出されている。全体の石器組成は石鏃24点（69%），石皿・磨石類11点（31%）となり，1期同様に石鏃の割合が高い。なお，今回の集計では打製石斧は検出されていない。

群別ではB群～F群に事例が認められる。B群の石器が20／35点と全体の57%を占める。すべて石鏃で，なおかつ19点は駒形遺跡である。C群は幸田貝塚（石鏃2），D群は取掛西貝塚（石皿・磨石類5），E群は谷津台貝塚（石皿・磨石類2），F群は一の作遺跡（石鏃2，石皿・磨石類4）といずれも内容が零細である。以上の内容では地域性の把握には至らない。

c 3期（関山Ⅱ式期）

該期全体では8遺跡44事例が対象となった。うち38事例より石器が検出されており，検出率は86.4%と1期並みの高率となる。全体の石器組成は石鏃28点（19%），打製石斧11点（8%），石皿・磨石類107点（73%）となり，2期までとは大きく変わり石皿・磨石類の割合が高くなる。

群別ではB群～E群に事例が認められる。B群は野田市稲荷前遺跡・駒形遺跡の10事例の計で，石鏃2点，打製石斧1点，石皿・磨石類16点というように，前時期までの石鏃の圧倒的優位から石皿・磨石類中心に変化し，石器検出率も90%と高い。C群は幸田貝塚など4遺跡12事例の計で石鏃23点，打製石斧7点，石皿・磨石類23点というように，石鏃と石皿・磨石類の比が1：1となる。幸田貝塚は463号住のデータで，石鏃12点，打製石斧3点，石皿・磨石類10点というように，石器数が他を圧倒している。D群は取掛西貝塚5事例の合計で石皿・磨石類のみ19点を検出している。E群は谷津台貝塚17事例のデータで，石鏃3点，打製石斧3点，石皿・磨石類49点というように，石皿・磨石類が圧倒的優位にある。石器検出率も88.2%と高い。

以上の内容から幸田貝塚という関山式期の大拠点集落を含むC群では石鏃と石皿・磨石類はほぼ同量であるが，他はいずれも石皿・磨石類に大きく傾斜している。

d 4期（黒浜式期）

該期は前期を通して最も多い40遺跡269事例が対象となったが，石器検出率は55.0%と最も低い。それでも148事例から安定したデータを得た。全体の石器組成は石鏃72点（18%），打製石斧23点（6%），石皿・磨石類295点（76%）となり，3期で激変した石皿・磨石類への傾斜が維持され，数量的にも増加が著しい。

群別ではA群～D群・E群・H群に事例が認められる。A群は槙の内遺跡，飯塚貝塚など4遺跡34事例の計で石鏃19点（17%），打製石斧6点（6%），石皿・磨石類84点（77%）というように，全体の石器組成の比率とほぼ同じ在り方を示しており，石器検出率は76.5%と該期では

最も高い。B群は駒形遺跡，柴崎遺跡など13遺跡111事例の計で，石鏃16点（13%），打製石斧8点（7%），石皿・磨石類96点（80%）というように石皿・磨石類が微増するが，基本的には全体の石器組成に調和的である。石器検出率は45.9%と低く，全体平均を下回る。C群は若葉台遺跡など10遺跡45事例の計で，石鏃16点（35%），打製石斧6点（13%），石皿・磨石類24点（52%）というように，該期および前期全般でも石鏃・打製石斧の割合が高く，石皿・磨石類の割合が低い地域である。石器検出率は62.2%と平均は上回るものの相対的に低い。D群は庚塚遺跡，飯山満東遺跡など7遺跡39事例の計で，石鏃16点（21%），打製石斧1点（1%），石皿・磨石類61点（78%）というように，主体となる石皿・磨石類は全体の割合と調和的だが，石鏃は若干増加，打製石斧は減少する。石器検出率はA群に次いで71.8%と該期では高い。E群は谷津台貝塚の2事例のみで石器は未検出のため，地域的な傾向については今のところ言及しえない。H群はヲイノ作南遺跡など5遺跡38事例の計で，石鏃5点（14%），打製石斧2点（5%），石皿・磨石類30点（81%）というように主体となる石皿・磨石類は微増しているが，基本的には全体の石器組成に調和的である。石器検出率は39.5%とかなり低く，全体平均を下回る。

　以上の内容から，各群においても概ね3期同様に石皿・磨石類が主体となる石器組成であることがわかった。ただ，C群だけは3期に比べ石皿・磨石類寄りの比率（2:3）になるものの，石鏃もそれなりに出土しており，未だ石皿・磨石類に大きく傾斜していない。

e　5期（諸磯・浮島式期）

　該期全体では13遺跡34事例が対象となった。うち23事例より石器が検出されており，検出率は67.6%と4期に次いで低い。全体の石器組成は石鏃51点（58%），打製石斧4点（5%），石皿・磨石類33点（37%）というように，3・4期で圧倒的であった石皿・磨石類への傾斜が止まり，見かけ上は再び石鏃が優勢になる。

　群別ではA群～E群に事例が認められる。A群の野田市北前貝塚（石皿・磨石類1），E群の谷津台貝塚（石皿・磨石類1）は各々1遺跡1事例のデータ，C群は4遺跡2事例の計（石鏃4・石皿・磨石類2）というように内容が零細なので地域性を言及し得ない。B群は花前Ⅰ・Ⅱ遺跡，駒形遺跡の7事例の計で，石鏃6点，打製石斧1点，石皿・磨石類8点となる。石鏃と石皿・磨石類の比率は3:4である。E群は，船橋市古和田台遺跡，飯山満東遺跡など5遺跡17事例の計で，石鏃41点（65%），打製石斧3点（5%），石皿・磨石類19点（30%）というように基本的には全体の石器組成に調和的であるが，石鏃の比率は若干高まる。この理由は古和田台遺跡と飯山満東遺跡で，石鏃が突出して検出された住居跡が一例ずつあるからで，全体の比率にも影響を及ぼしている。石器検出率は76.5%で全体平均を上回る。

(3) 遺跡分布と石器組成（予見）

　動植物遺存体による海産・森林資源の利用については，既述した理由で駒形遺跡以外の具体的な事例に殆ど触れなかった。このうち森林資源の利用については，生産活動に係る石器組成から前期各期の概ねの傾向を導き出す方法を用いた。その結果，北西部地区では概ね花積下層式～関

山Ⅰ式期までは狩猟に，関山Ⅱ式期を画期として黒浜式期までは堅果類の利用に軸足を置いた生産活動を行っていたことが窺われ，諸磯・浮島式期では不明瞭ながら再び狩猟に軸足を置いた可能性が捉えられた。

　この結果を遺跡分布に重ねて考えてみると，明瞭なのは黒浜式期である。関山式期の幸田貝塚のような突出した拠点集落はなく，貝塚・貝塚以外の遺跡とも一定の空白域を保ちながら沿岸部から谷奥部まで，広域に連綿と分布している。廃棄様式の影響からか，海産資源については貝類以外の内容が明らかでない。しかしながら，前期で最も貝塚・貝塚以外の遺跡が所在する該期に，貝類以外の海産資源を利用しなかったとは考えにくい。おそらく堅果類をはじめとする植物性食料の利用に際し，有効な組み合わせ食材となっていたと思われる。

　以上，現段階で想定できる遺跡分布と生産活動に係る石器組成の相関関係について述べてみた。今後は資料の更新をはかるとともに，より高次化できる内容とし，各期の生業・居住様式について議論ができる方法を構築していきたい。

おわりに

　縄文前期の生業・居住様式を将来的に探るため，千葉県北西部地区の遺跡群を対象に遺跡分布と生産活動解明の手掛かりとなる石器組成などについて，基礎データと展望などを示してきたところである。今回はその先の議論には殆ど踏み込めなかったので，提出内容を起点に目的とする議論が深まるよう今後も努めたい。

　本稿を纏めるにあたり，千葉県教育振興財団図書室，落合章雄氏，西野雅人氏にはたいへんお世話になりました。特に西野氏には本論の骨格となる部分でご助力いただいた。また，浅学の身である私を史館同人にお誘いいただいた堀越正行氏，常に同人運営に関してご配慮いただいた大村直氏にはお礼申し上げます。末筆ながら皆様に深謝の意を表すとともに，拙稿が房総の考古学に係る本論集の趣意に幾何かでも添えればと願っている次第です。

第1表　時期ごと群ごとの石器出土数

		遺跡数	住居数	石器有	%	石鏃	打製石斧	石皿・磨石類
1期	花積下層	1	15	13	86.7%	55	3	27
2期	二ツ木・関山Ⅰ	6	22	17	77.3%	24	0	11
3期	関山Ⅱ	8	44	38	86.4%	28	11	107
4期	黒浜	41	269	148	55.0%	72	23	295
5期	諸磯・浮島	14	34	23	67.6%	51	4	33
全体		71	384	239	62.2%	230	41	473

太字は多いもの（他の2種類の2倍以上）

1期

群	遺跡数	住居数	石器有	%	石鏃	打製石斧	石皿・磨石類
B群	1	15	13	86.7%	**55**	3	27

2期

群	遺跡数	住居数	石器有	%	石鏃	打製石斧	石皿・磨石類
B群	2	7	5	71.4%	**20**	0	0
C群	1	2	2	100.0%	2	0	0
D群	1	2	2	100.0%	0	0	**5**
E群	1	2	2	100.0%	0	0	**2**
F群	1	9	6	66.7%	2	0	**4**
全体	6	22	17	77.3%	24	0	11

3期

群	遺跡数	住居数	石器有	%	石鏃	打製石斧	石皿・磨石類
B群	2	10	9	90.0%	2	1	**16**
C群	4	12	10	83.3%	23	7	23
D群	1	5	4	80.0%	0	0	**19**
E群	1	17	15	88.2%	3	3	**49**
全体	8	44	38	86.4%	28	11	107

4期

群	遺跡数	住居数	石器有	%	石鏃	打製石斧	石皿・磨石類
A群	4	34	26	76.5%	19	6	**84**
B群	13	111	51	45.9%	16	8	**96**
C群	10	45	28	62.2%	16	6	24
D群	7	39	28	71.8%	16	1	**61**
E群	1	2	0	0.0%	0	0	0
H群	5	38	15	39.5%	5	2	**30**
全体	40	269	148	55.0%	72	23	295

5期

群	遺跡数	住居数	石器有	%	石鏃	打製石斧	石皿・磨石類
A	1	1	1	100.0%	0	0	1
B	2	7	4	57.1%	9	1	9
C	4	8	4	50.0%	1	0	1
D	5	17	13	76.5%	**41**	3	19
E	1	1	1	100.0%	0	0	3
全体	13	34	23	67.6%	51	4	33

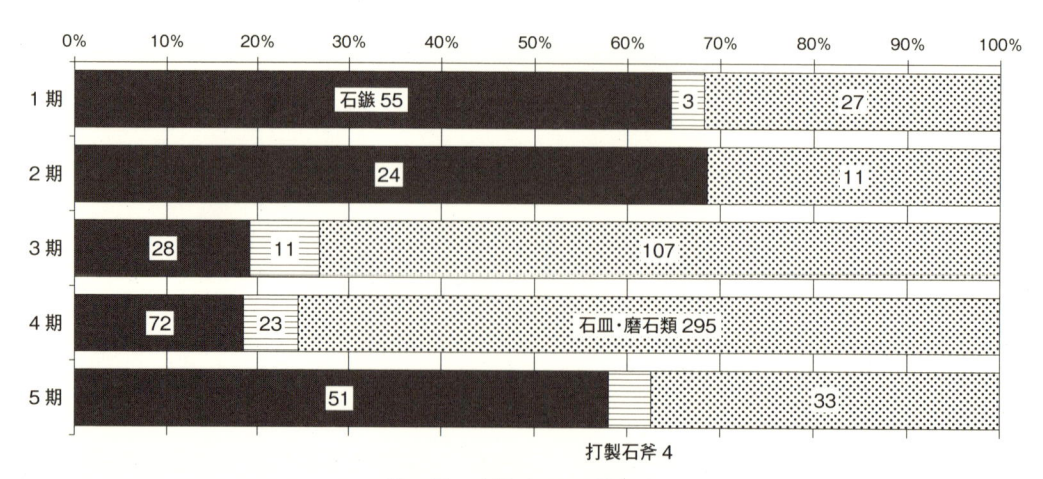

第7図　時期ごとの石器組成

第2表 縄文前期住居跡の石器出土数

通No.	遺跡名	群	区分	住居跡名	時期1	時期2	石器有	石鏃	打製石斧	石皿・磨石類
1	駒形	B	ⅡA2	SI001	1期	花積下層	1	0	0	1
2	駒形	B	ⅡA2	SI004	1期	花積下層	1	1	0	0
3	駒形	B	ⅡA2	SI006	1期	花積下層	1	1	1	2
4	駒形	B	ⅡA2	SI007	1期	花積下層	1	2	0	4
5	駒形	B	ⅡA2	SI010	1期	花積下層		0	0	0
6	駒形	B	ⅡA2	SI011	1期	花積下層		0	0	0
7	駒形	B	ⅡA2	SI031	1期	花積下層	1	9	1	2
8	駒形	B	ⅡA2	SI035	1期	花積下層	1	1	0	1
9	駒形	B	ⅡA2	SI037	1期	花積下層	1	9	0	1
10	駒形	B	ⅡA2	SI039	1期	花積下層	1	2	1	6
11	駒形	B	ⅡA2	SI040	1期	花積下層	1	11	0	3
12	駒形	B	ⅡA2	SI044	1期	花積下層	1	4	0	0
13	駒形	B	ⅡA2	SI045	1期	花積下層	1	12	0	6
14	駒形	B	ⅡA2	SI051	1期	花積下層	1	2	0	0
15	駒形	B	ⅡA2	SI052	1期	花積下層	1	1	0	1
16	駒形	B	ⅡA2	SI020	2期	二ツ木	1	10	0	0
17	駒形	B	ⅡA2	SI021	2期	二ツ木	1	5	0	0
18	駒形	B	ⅡA2	SI023	2期	二ツ木		0	0	0
19	駒形	B	ⅡA2	SI024	2期	二ツ木		0	0	0
20	駒形	B	ⅡA2	SI026	2期	二ツ木	1	3	0	0
21	駒形	B	ⅡA2	SI019	2期	関山Ⅰ	1	1	0	0
22	根戸城跡	B	ⅡB1	05A号	2期	関山Ⅰ	1	1	0	0
23	幸田貝塚	C	ⅠB1	447	2期	関山Ⅰ	1	1	0	0
24	幸田貝塚	C	ⅠB1	451	2期	関山Ⅰ	1	1	0	0
25	取掛西	D	ⅠC2	(2) SI001	2期	二ツ木	1	0	0	2
26	取掛西	D	ⅠC2	(2) SI002	2期	二ツ木	1	0	0	3
27	谷津台	E	ⅠC5	10号	2期	関山Ⅰ	1	0	0	1
28	谷津台	E	ⅠC5	12号	2期	関山Ⅰ	1	0	0	1
29	一ノ作	F	ⅡB2	001号	2期	関山Ⅰ	1	0	0	1
30	一ノ作	F	ⅡB2	004号	2期	関山Ⅰ		0	0	0
31	一ノ作	F	ⅡB2	005号	2期	関山Ⅰ	1	0	0	1
32	一ノ作	F	ⅡB2	006号	2期	関山Ⅰ	1	1	0	0
33	一ノ作	F	ⅡB2	007号	2期	関山Ⅰ	1	0	0	1
34	一ノ作	F	ⅡB2	009号	2期	関山Ⅰ		0	0	0
35	一ノ作	F	ⅡB2	010号	2期	関山Ⅰ	1	0	0	1
36	一ノ作	F	ⅡB2	013号	2期	関山Ⅰ	1	1	0	0
37	一ノ作	F	ⅡB2	016号	2期	関山Ⅰ		0	0	0
38	稲荷前	B	ⅡA1	1号	3期	関山Ⅱ	1	0	0	1
39	稲荷前	B	ⅡA1	2号	3期	関山Ⅱ	1	0	0	1
40	稲荷前	B	ⅡA1	3A号	3期	関山Ⅱ		0	0	0
41	稲荷前	B	ⅡA1	3B号	3期	関山Ⅱ	1	0	0	1
42	稲荷前	B	ⅡA1	4号	3期	関山Ⅱ	1	1	0	0
43	稲荷前	B	ⅡA1	5号	3期	関山Ⅱ	1	0	0	4
44	稲荷前	B	ⅡA1	6号	3期	関山Ⅱ	1	0	0	5
45	稲荷前	B	ⅡA1	7号	3期	関山Ⅱ	1	1	1	2
46	駒形	B	ⅡA2	SI027	3期	関山Ⅱ	1	0	0	1
47	駒形	B	ⅡA2	SI029	3期	関山Ⅱ	1	0	0	1
48	幸田貝塚	C	ⅠB1	463	3期	関山Ⅱ	1	12	3	10
49	境外Ⅱ	C	ⅠB1	3号	3期	関山Ⅱ	1	1	0	0
50	境外Ⅱ	C	ⅠB1	4号	3期	関山Ⅱ	1	2	0	0
51	境外Ⅱ	C	ⅠB1	5号	3期	関山Ⅱ	1	0	0	2
52	溜ノ上	C	ⅠB1	30号	3期	関山Ⅱ		0	0	0
53	溜ノ上	C	ⅠB1	31号	3期	関山Ⅱ	1	1	1	3
54	町畑	C	ⅠA4	G地点09B号	3期	関山Ⅱ	1	1	1	1
55	町畑	C	ⅠA4	G地点21B号	3期	関山Ⅱ	1	1	0	2
56	町畑	C	ⅠA4	G地点22号	3期	関山Ⅱ	1	0	1	0
57	町畑	C	ⅠA4	G地点25号	3期	関山Ⅱ	1	4	1	5
58	町畑	C	ⅠA4	G地点39号	3期	関山Ⅱ		0	0	0
59	町畑	C	ⅠA4	G地点42号	3期	関山Ⅱ	1	1	0	0
60	取掛西	D	ⅠC2	(4) SI003	3期	関山Ⅱ	1	0	0	9

通No.	遺跡名	群	区分	住居跡名	時期1	時期2	石器有	石鏃	打製石斧	石皿・磨石類
61	取掛西	D	ⅠC2	(4) SI004	3期	関山Ⅱ	1	0	0	7
62	取掛西	D	ⅠC2	(4) SI005	3期	関山Ⅱ	1	0	0	1
63	取掛西	D	ⅠC2	(4) SI006	3期	関山Ⅱ	1	0	0	2
64	取掛西	D	ⅠC2	(4) SI007	3期	関山Ⅱ		0	0	0
65	谷津台	E	ⅠC5	02号	3期	関山Ⅱ	1	0	1	0
66	谷津台	E	ⅠC5	03号	3期	関山Ⅱ	1	0	0	1
67	谷津台	E	ⅠC5	04号	3期	関山Ⅱ	1	0	0	6
68	谷津台	E	ⅠC5	05号	3期	関山Ⅱ	1	0	0	6
69	谷津台	E	ⅠC5	06号	3期	関山Ⅱ	1	0	0	3
70	谷津台	E	ⅠC5	07号	3期	関山Ⅱ	1	0	0	2
71	谷津台	E	ⅠC5	09号	3期	関山Ⅱ	1	0	1	4
72	谷津台	E	ⅠC5	11号	3期	関山Ⅱ	1	1	0	5
73	谷津台	E	ⅠC5	13号	3期	関山Ⅱ	1	0	0	3
74	谷津台	E	ⅠC5	14号	3期	関山Ⅱ		0	0	0
75	谷津台	E	ⅠC5	15号	3期	関山Ⅱ	1	0	1	0
76	谷津台	E	ⅠC5	19号	3期	関山Ⅱ	1	0	0	5
77	谷津台	E	ⅠC5	21号	3期	関山Ⅱ	1	0	0	1
78	谷津台	E	ⅠC5	22号	3期	関山Ⅱ	1	2	0	0
79	谷津台	E	ⅠC5	24号	3期	関山Ⅱ		0	0	0
80	谷津台	E	ⅠC5	25号	3期	関山Ⅱ	1	0	0	10
81	谷津台	E	ⅠC5	26号	3期	関山Ⅱ	1	0	0	3
82	槙の内	A	ⅠA1	Ⅳ-01	4期	黒浜		0	0	0
83	槙の内	A	ⅠA1	Ⅳ-02	4期	黒浜	1	0	0	4
84	槙の内	A	ⅠA1	Ⅳ-07	4期	黒浜	1	0	0	6
85	槙の内	A	ⅠA1	Ⅳ-08	4期	黒浜		0	0	0
86	槙の内	A	ⅠA1	Ⅳ-11	4期	黒浜	1	0	0	3
87	槙の内	A	ⅠA1	Ⅳ-12	4期	黒浜	1	0	0	3
88	槙の内	A	ⅠA1	Ⅳ-13	4期	黒浜	1	0	0	1
89	槙の内	A	ⅠA1	Ⅳ-14	4期	黒浜		0	0	0
90	槙の内	A	ⅠA1	Ⅳ-15	4期	黒浜	1	0	0	1
91	槙の内	A	ⅠA1	Ⅳ-20	4期	黒浜	1	1	0	3
92	槙の内	A	ⅠA1	Ⅳ-22	4期	黒浜	1	0	0	2
93	飯塚貝塚	A	ⅠA2	002号	4期	黒浜	1	0	0	4
94	飯塚貝塚	A	ⅠA2	007号	4期	黒浜	1	2	1	4
95	飯塚貝塚	A	ⅠA2	008号	4期	黒浜		0	0	0
96	飯塚貝塚	A	ⅠA2	009号	4期	黒浜	1	2	2	12
97	飯塚貝塚	A	ⅠA2	010号	4期	黒浜		0	0	0
98	飯塚貝塚	A	ⅠA2	011号	4期	黒浜		0	0	0
99	飯塚貝塚	A	ⅠA2	012号	4期	黒浜	1	1	0	4
100	飯塚貝塚	A	ⅠA2	013号	4期	黒浜	1	2	0	5
101	飯塚貝塚	A	ⅠA2	014号	4期	黒浜	1	0	0	1
102	飯塚貝塚	A	ⅠA2	017号	4期	黒浜	1	1	0	1
103	飯塚貝塚	A	ⅠA2	018号	4期	黒浜	1	0	0	2
104	飯塚貝塚	A	ⅠA2	019号	4期	黒浜	1	0	0	3
105	飯塚貝塚	A	ⅠA2	020号	4期	黒浜		0	0	0
106	飯塚貝塚	A	ⅠA2	021号	4期	黒浜	1	4	0	3
107	飯塚貝塚	A	ⅠA2	022号	4期	黒浜	1	1	2	3
108	飯塚貝塚	A	ⅠA2	023号	4期	黒浜		0	0	0
109	飯塚貝塚	A	ⅠA2	024号	4期	黒浜	1	2	0	8
110	飯塚貝塚	A	ⅠA2	025号	4期	黒浜	1	1	0	5
111	飯塚貝塚	A	ⅠA2	026号	4期	黒浜	1	0	0	4
112	下根	A	ⅠA2	第1号	4期	黒浜	1	0	1	0
113	下根	A	ⅠA2	第3号	4期	黒浜	1	0	0	1
114	野田貝塚	A	ⅠA3	23次1号	4期	黒浜	1	0	0	1
115	野田貝塚	A	ⅠA3	23次2号	4期	黒浜	1	2	0	0
116	花前Ⅰ	B	ⅡA2	008号	4期	黒浜	1	0	1	5
117	花前Ⅰ	B	ⅡA2	025号	4期	黒浜	1	0	1	2
118	花前Ⅰ	B	ⅡA2	026号	4期	黒浜	1	0	0	3
119	花前Ⅰ	B	ⅡA2	052号	4期	黒浜	1	0	0	3
120	花前Ⅰ	B	ⅡA2	063号	4期	黒浜	1	1	0	0
121	花前Ⅰ	B	ⅡA2	103号	4期	黒浜	1	0	0	2
122	花前Ⅰ	B	ⅡA2	118号	4期	黒浜	1	0	0	2
123	花前Ⅰ	B	ⅡA2	119号	4期	黒浜	1	0	1	2

下総台地北西部における縄文前期の遺跡分布と生産活動　　43

通No.	遺跡名	群	区分	住居跡名	時期1	時期2	石器有	石鏃	打製石斧	石皿・磨石類
124	駒形	B	ⅡA2	SI003	4期	黒浜	1	1	1	0
125	駒形	B	ⅡA2	SI009	4期	黒浜	1	1	0	0
126	駒形	B	ⅡA2	SI012	4期	黒浜	1	0	0	1
127	駒形	B	ⅡA2	SI013	4期	黒浜	1	0	1	1
128	駒形	B	ⅡA2	SI014	4期	黒浜	1	0	0	9
129	駒形	B	ⅡA2	SI015	4期	黒浜		0	0	0
130	駒形	B	ⅡA2	SI016	4期	黒浜		0	0	0
131	駒形	B	ⅡA2	SI017	4期	黒浜		0	0	0
132	駒形	B	ⅡA2	SI028	4期	黒浜	1	0	0	1
133	駒形	B	ⅡA2	SI033	4期	黒浜	1	5	0	3
134	駒形	B	ⅡA2	SI034	4期	黒浜	1	2	1	6
135	駒形	B	ⅡA2	SI038	4期	黒浜	1	1	1	4
136	寺前	B	ⅡA2	1号	4期	黒浜		0	0	0
137	山ノ田台	B	ⅡA2	A地点第1号	4期	黒浜		0	0	0
138	山ノ田台	B	ⅡA2	A地点第2号	4期	黒浜	1	0	0	7
139	山ノ田台	B	ⅡA2	B地点第1号	4期	黒浜		0	0	0
140	山ノ田台	B	ⅡA2	B地点第2号	4期	黒浜	1	1	0	4
141	中谷	B	ⅡA2	01号	4期	黒浜	1	2	0	0
142	中谷	B	ⅡA2	02号	4期	黒浜		0	0	0
143	柴崎第3・4次	B	ⅡA2	第3次01号	4期	黒浜	1	0	0	1
144	柴崎第3・4次	B	ⅡA2	第3次02号	4期	黒浜		0	0	0
145	柴崎第3・4次	B	ⅡA2	第3次03号	4期	黒浜	1	0	0	1
146	柴崎第3・4次	B	ⅡA2	第3次04号	4期	黒浜		0	0	0
147	柴崎第3・4次	B	ⅡA2	第3次05号	4期	黒浜		0	0	0
148	柴崎第3・4次	B	ⅡA2	第3次06号	4期	黒浜		0	0	0
149	柴崎第3・4次	B	ⅡA2	第3次07号	4期	黒浜		0	0	0
150	柴崎第3・4次	B	ⅡA2	第3次08号	4期	黒浜		0	0	0
151	柴崎第3・4次	B	ⅡA2	第3次09号	4期	黒浜		0	0	0
152	柴崎第3・4次	B	ⅡA2	第3次10号	4期	黒浜	1	0	0	2
153	柴崎第3・4次	B	ⅡA2	第3次11号	4期	黒浜		0	0	0
154	柴崎第3・4次	B	ⅡA2	第3次12号	4期	黒浜	1	0	0	1
155	柴崎第3・4次	B	ⅡA2	第3次13号	4期	黒浜		0	0	0
156	柴崎第3・4次	B	ⅡA2	第3次14号	4期	黒浜		0	0	1
157	柴崎第3・4次	B	ⅡA2	第3次15号	4期	黒浜	1	0	0	2
158	柴崎第3・4次	B	ⅡA2	第3次16号	4期	黒浜		0	0	0
159	柴崎第3・4次	B	ⅡA2	第3次17号	4期	黒浜	1	0	0	1
160	柴崎第3・4次	B	ⅡA2	第3次18号	4期	黒浜	1	0	0	1
161	柴崎第3・4次	B	ⅡA2	第3次19号	4期	黒浜	1	0	0	1
162	柴崎第3・4次	B	ⅡA2	第3次20号	4期	黒浜	1	0	0	2
163	柴崎第3・4次	B	ⅡA2	第3次21号	4期	黒浜	1	0	0	1
164	柴崎第3・4次	B	ⅡA2	第3次22号	4期	黒浜	1	0	0	1
165	柴崎第3・4次	B	ⅡA2	第3次23号	4期	黒浜	1	0	0	1
166	柴崎第3・4次	B	ⅡA2	第3次24号	4期	黒浜		0	0	0
167	柴崎第3・4次	B	ⅡA2	第3次25号	4期	黒浜		0	0	0
168	柴崎第3・4次	B	ⅡA2	第3次26号	4期	黒浜		0	0	0
169	柴崎第3・4次	B	ⅡA2	第3次27号	4期	黒浜		0	0	0
170	柴崎第3・4次	B	ⅡA2	第3次28号	4期	黒浜		0	0	0
171	柴崎第3・4次	B	ⅡA2	第3次29号	4期	黒浜		0	0	0
172	柴崎第3・4次	B	ⅡA2	第4次02号	4期	黒浜	1	0	0	1
173	柴崎第3・4次	B	ⅡA2	第4次03号	4期	黒浜		0	0	0
174	柴崎第3・4次	B	ⅡA2	第4次11号	4期	黒浜		0	0	0
175	柴崎第3・4次	B	ⅡA2	第4次13号	4期	黒浜	1	0	0	1
176	柴崎第3・4次	B	ⅡA2	第4次15号	4期	黒浜		0	0	0
177	柴崎第3・4次	B	ⅡA2	第4次16号	4期	黒浜	1	1	0	0
178	柴崎第3・4次	B	ⅡA2	第4次18号	4期	黒浜	1	0	0	1
179	上前留	B	ⅡB1	001号	4期	黒浜		0	0	0
180	上前留	B	ⅡB1	001号	4期	黒浜		0	0	0
181	上前留	B	ⅡB1	002号	4期	黒浜		0	0	0
182	鴻ノ巣	B	ⅡB1	B地区01号	4期	黒浜	1	0	1	1
183	鴻ノ巣	B	ⅡB1	B地区02号	4期	黒浜		0	0	0
184	鴻ノ巣	B	ⅡB1	B地区03号	4期	黒浜	1	0	0	1
185	鴻ノ巣	B	ⅡB1	B地区04号	4期	黒浜	1	0	0	1
186	鴻ノ巣	B	ⅡB1	B地区05号	4期	黒浜	1	0	0	3
187	鴻ノ巣	B	ⅡB1	B地区06号	4期	黒浜	1	0	0	1

通No.	遺跡名	群	区分	住居跡名	時期1	時期2	石器有	石鏃	打製石斧	石皿・磨石類
188	鴻ノ巣	B	ⅡB1	B地区07号	4期	黒浜		0	0	0
189	鴻ノ巣	B	ⅡB1	B地区08号	4期	黒浜	1	0	0	1
190	鴻ノ巣	B	ⅡB1	B地区09号	4期	黒浜		0	0	0
191	鴻ノ巣	B	ⅡB1	B地区10号	4期	黒浜	1	0	0	1
192	鴻ノ巣	B	ⅡB1	B地区11号	4期	黒浜		0	0	0
193	鴻ノ巣	B	ⅡB1	B地区12号	4期	黒浜		0	0	0
194	鴻ノ巣	B	ⅡB1	B地区13号	4期	黒浜		0	0	0
195	鴻ノ巣	B	ⅡB1	B地区14号	4期	黒浜		0	0	0
196	鴻ノ巣	B	ⅡB1	B地区15号	4期	黒浜		0	0	0
197	鴻ノ巣	B	ⅡB1	B地区16号	4期	黒浜		0	0	0
198	鴻ノ巣	B	ⅡB1	B地区17号	4期	黒浜		0	0	0
199	鴻ノ巣	B	ⅡB1	B地区18号	4期	黒浜		0	0	0
200	鴻ノ巣	B	ⅡB1	B地区19号	4期	黒浜	1	1	0	0
201	鴻ノ巣	B	ⅡB1	C地区7号	4期	黒浜	1	0	0	2
202	根戸城跡	B	ⅡB1	06号	4期	黒浜		0	0	0
203	西野場	B	ⅡB1	001号	4期	黒浜	1	0	0	2
204	西野場	B	ⅡB1	002 (a〜c) 号	4期	黒浜	1	0	0	1
205	西野場	B	ⅡB1	003号	4期	黒浜	1	0	0	6
206	日秀西	B	ⅡB1	003号B	4期	黒浜		0	0	0
207	日秀西	B	ⅡB1	032号M	4期	黒浜		0	0	0
208	日秀西	B	ⅡB1	036号C	4期	黒浜		0	0	0
209	日秀西	B	ⅡB1	040号	4期	黒浜		0	0	0
210	日秀西	B	ⅡB1	058号	4期	黒浜		0	0	0
211	日秀西	B	ⅡB1	059号	4期	黒浜		0	0	0
212	日秀西	B	ⅡB1	060号	4期	黒浜		0	0	0
213	日秀西	B	ⅡB1	070号F	4期	黒浜		0	0	0
214	天神向原	B	ⅡB1	29号	4期	黒浜		0	0	0
215	天神向原	B	ⅡB1	30号	4期	黒浜		0	0	0
216	天神向原	B	ⅡB1	31号	4期	黒浜		0	0	0
217	天神向原	B	ⅡB1	32号	4期	黒浜		0	0	0
218	天神向原	B	ⅡB1	33号	4期	黒浜	1	0	0	1
219	天神向原	B	ⅡB1	34号	4期	黒浜		0	0	0
220	天神向原	B	ⅡB1	35号	4期	黒浜		0	0	0
221	天神向原	B	ⅡB1	36号	4期	黒浜		0	0	0
222	天神向原	B	ⅡB1	37号	4期	黒浜		0	0	0
223	天神向原	B	ⅡB1	38号	4期	黒浜		0	0	0
224	天神向原	B	ⅡB1	39号	4期	黒浜	1	0	0	1
225	天神向原	B	ⅡB1	40号	4期	黒浜		0	0	0
226	六盃内	B	ⅡB1	12号	4期	黒浜		0	0	0
227	若葉台	C	ⅠA4	001号	4期	黒浜	1	0	1	0
228	若葉台	C	ⅠA4	002号	4期	黒浜	1	1	0	1
229	若葉台	C	ⅠA4	003号	4期	黒浜	1	1	0	0
230	若葉台	C	ⅠA4	004号	4期	黒浜		0	0	0
231	若葉台	C	ⅠA4	005号	4期	黒浜		0	0	0
232	若葉台	C	ⅠA4	007号	4期	黒浜	1	0	0	1
233	若葉台	C	ⅠA4	008号	4期	黒浜		0	0	0
234	若葉台	C	ⅠA4	009号	4期	黒浜	1	1	0	0
235	若葉台	C	ⅠA4	010号	4期	黒浜		0	0	0
236	若葉台	C	ⅠA4	011号	4期	黒浜		0	0	0
237	西初石五丁目	C	ⅠA4	SI001	4期	黒浜	1	1	0	0
238	西初石五丁目	C	ⅠA4	SI003	4期	黒浜		0	0	0
239	西初石五丁目	C	ⅠA4	SI024	4期	黒浜	1	0	0	1
240	西初石五丁目	C	ⅠA4	SI025	4期	黒浜	1	1	0	0
241	西初石五丁目	C	ⅠA4	SI026	4期	黒浜	1	2	0	0
242	西初石五丁目	C	ⅠA4	SI027	4期	黒浜	1	2	0	0
243	三輪野山北浦	C	ⅠA4	002B号	4期	黒浜		0	0	0
244	三輪野山北浦	C	ⅠA4	025C号	4期	黒浜	1	0	0	1
245	三輪野山北浦	C	ⅠA4	037号	4期	黒浜		0	0	0
246	三輪野山北浦	C	ⅠA4	039号	4期	黒浜	1	1	0	1
247	殿平賀向山	C	ⅠB1	1号	4期	黒浜		0	0	0
248	殿平賀向山	C	ⅠB1	2号	4期	黒浜	1	1	1	1
249	殿平賀向山	C	ⅠB1	3号	4期	黒浜	1	0	0	1
250	殿平賀向山	C	ⅠB1	4号	4期	黒浜	1	0	0	2

下総台地北西部における縄文前期の遺跡分布と生産活動

通No.	遺跡名	群	区分	住居跡名	時期1	時期2	石器有	石鏃	打製石斧	石皿・磨石類
251	八ヶ崎	C	ⅠB1	第01地点2号	4期	黒浜	1	0	0	2
252	八ヶ崎	C	ⅠB1	第07地点3号	4期	黒浜		0	0	0
253	小野	C	ⅠB1	第01地点8号	4期	黒浜	1	1	0	0
254	小野	C	ⅠB1	第12地点4号	4期	黒浜	1	0	0	1
255	小野	C	ⅠB1	第16地点2号	4期	黒浜	1	0	0	1
256	上貝塚	C	ⅠA4	007号	4期	黒浜	1	0	0	2
257	上貝塚	C	ⅠA4	016号	4期	黒浜	1	0	0	1
258	北谷津第Ⅱ	C	ⅠA4	08号	4期	黒浜	1	1	0	2
259	北谷津第Ⅱ	C	ⅠA4	13号	4期	黒浜	1	1	0	1
260	北谷津第Ⅱ	C	ⅠA4	15号	4期	黒浜	1	2	0	0
261	北谷津第Ⅰ	C	ⅠA4	JD01A・B	4期	黒浜		0	0	0
262	北谷津第Ⅰ	C	ⅠA4	JD02	4期	黒浜		0	0	0
263	富士見台第Ⅱ	C	ⅠA4	SI010	4期	黒浜	1	0	0	1
264	富士見台第Ⅱ	C	ⅠA4	SI011	4期	黒浜	1	0	1	1
265	町畑	C	ⅠA4	A地点071A号	4期	黒浜	1	0	0	2
266	町畑	C	ⅠA4	A地点147号	4期	黒浜		0	0	0
267	町畑	C	ⅠA4	A地点160号	4期	黒浜		0	0	0
268	町畑	C	ⅠA4	A地点187号	4期	黒浜		0	0	0
269	町畑	C	ⅠA4	A地点315A号	4期	黒浜	1	0	3	1
270	町畑	C	ⅠA4	A地点3B-1号	4期	黒浜		0	0	0
271	町畑	C	ⅠA4	F地点100号	4期	黒浜		0	0	0
272	上台貝塚	D	ⅠC1	D地点	4期	黒浜	1	0	0	3
273	庚塚	D	ⅠC1	第5地点1号	4期	黒浜		0	0	0
274	庚塚	D	ⅠC1	第5地点2号	4期	黒浜	1	0	0	3
275	庚塚	D	ⅠC1	第5地点3号	4期	黒浜	1	0	1	1
276	庚塚	D	ⅠC1	第5地点4号	4期	黒浜〜諸磯a		0	0	0
277	法蓮寺山	D	ⅠC1	1号	4期	黒浜	1	4	0	2
278	法蓮寺山	D	ⅠC1	2号	4期	黒浜	1	0	0	3
279	法蓮寺山	D	ⅠC1	3号	4期	黒浜	1	0	0	3
280	下郷	D	ⅠC1	1号	4期	黒浜		0	0	0
281	八栄北	D	ⅠC2	07号	4期	黒浜	1	0	0	1
282	八栄北	D	ⅠC2	09号	4期	黒浜		0	0	0
283	八栄北	D	ⅠC2	10号	4期	黒浜		0	0	0
284	八栄北	D	ⅠC2	11号	4期	黒浜	1	0	0	1
285	八栄北	D	ⅠC2	13号	4期	黒浜	1	0	0	1
286	八栄北	D	ⅠC2	14号	4期	黒浜		0	0	0
287	取掛西	D	ⅠC2	(4) SI001	4期	黒浜	1	0	0	3
288	取掛西	D	ⅠC2	(4) SI002	4期	黒浜	1	0	0	4
289	飯山満東	D	ⅠC2	01号	4期	黒浜		0	0	0
290	飯山満東	D	ⅠC2	05号	4期	黒浜	1	0	0	6
291	飯山満東	D	ⅠC2	07号	4期	黒浜	1	2	0	1
292	飯山満東	D	ⅠC2	08号	4期	黒浜	1	2	0	1
293	飯山満東	D	ⅠC2	09号	4期	黒浜	1	0	0	4
294	飯山満東	D	ⅠC2	10号	4期	黒浜	1	4	0	0
295	飯山満東	D	ⅠC2	11号	4期	黒浜	1	1	0	5
296	飯山満東	D	ⅠC2	12号	4期	黒浜	1	2	0	0
297	飯山満東	D	ⅠC2	13号	4期	黒浜	1	0	0	1
298	飯山満東	D	ⅠC2	14号	4期	黒浜		0	0	0
299	飯山満東	D	ⅠC2	15号	4期	黒浜	1	0	0	3
300	飯山満東	D	ⅠC2	16号	4期	黒浜		0	0	0
301	飯山満東	D	ⅠC2	18号	4期	黒浜		0	0	0
302	飯山満東	D	ⅠC2	19号	4期	黒浜	1	0	0	2
303	飯山満東	D	ⅠC2	20号	4期	黒浜	1	0	0	1
304	飯山満東	D	ⅠC2	21号	4期	黒浜	1	0	0	2
305	飯山満東	D	ⅠC2	22号	4期	黒浜	1	0	0	3
306	飯山満東	D	ⅠC2	23号	4期	黒浜	1	0	0	1
307	飯山満東	D	ⅠC2	24号	4期	黒浜	1	0	0	2
308	飯山満東	D	ⅠC2	25号	4期	黒浜	1	1	0	1
309	飯山満東	D	ⅠC2	32号	4期	黒浜	1	0	0	1
310	飯山満東	D	ⅠC2	33号	4期	黒浜	1	0	0	2
311	谷津台	E	ⅠC5	01号	4期	黒浜		0	0	0
312	谷津台	E	ⅠC5	08号	4期	黒浜		0	0	0
313	復山谷	H	ⅡB2	003号	4期	黒浜	1	4	1	0

通No.	遺跡名	群	区分	住居跡名	時期1	時期2	石器有	石鏃	打製石斧	石皿・磨石類
314	復山谷	H	ⅡB2	039号	4期	黒浜		0	0	0
315	芝山	H	ⅡB2	02号	4期	黒浜		0	0	0
316	芝山	H	ⅡB2	03号	4期	黒浜		0	0	0
317	芝山	H	ⅡB2	106号	4期	黒浜		0	0	0
318	仲ノ台	H	ⅡB2	01号	4期	黒浜		0	0	0
319	仲ノ台	H	ⅡB2	02号	4期	黒浜		0	0	0
320	仲ノ台	H	ⅡB2	03号	4期	黒浜		0	0	0
321	仲ノ台	H	ⅡB2	05号	4期	黒浜	1	0	0	2
322	仲ノ台	H	ⅡB2	06号	4期	黒浜		0	0	0
323	仲ノ台	H	ⅡB2	07号	4期	黒浜		0	0	0
324	仲ノ台	H	ⅡB2	08号	4期	黒浜		0	0	0
325	仲ノ台	H	ⅡB2	09号	4期	黒浜		0	0	0
326	仲ノ台	H	ⅡB2	10号	4期	黒浜		0	0	0
327	ヲイノ作	H	ⅡB2	02号	4期	黒浜		0	0	0
328	ヲイノ作南	H	ⅡB2	01号	4期	黒浜	1	0	0	1
329	ヲイノ作南	H	ⅡB2	02号	4期	黒浜		0	0	0
330	ヲイノ作南	H	ⅡB2	03号	4期	黒浜	1	0	0	5
331	ヲイノ作南	H	ⅡB2	05号	4期	黒浜	1	0	0	4
332	ヲイノ作南	H	ⅡB2	06D	4期	黒浜	1	0	0	1
333	ヲイノ作南	H	ⅡB2	07D	4期	黒浜		0	0	0
334	ヲイノ作南	H	ⅡB2	08D	4期	黒浜	1	0	0	3
335	ヲイノ作南	H	ⅡB2	09D	4期	黒浜		0	0	0
336	ヲイノ作南	H	ⅡB2	10D	4期	黒浜		0	0	0
337	ヲイノ作南	H	ⅡB2	11D	4期	黒浜	1	0	0	3
338	ヲイノ作南	H	ⅡB2	12D	4期	黒浜	1	0	0	2
339	ヲイノ作南	H	ⅡB2	13D	4期	黒浜	1	0	1	3
340	ヲイノ作南	H	ⅡB2	14D	4期	黒浜		0	0	0
341	ヲイノ作南	H	ⅡB2	15D	4期	黒浜	1	0	0	1
342	ヲイノ作南	H	ⅡB2	16D	4期	黒浜	1	0	0	1
343	ヲイノ作南	H	ⅡB2	17D	4期	黒浜		0	0	0
344	ヲイノ作南	H	ⅡB2	19D	4期	黒浜	1	0	0	3
345	ヲイノ作南	H	ⅡB2	20D	4期	黒浜	1	0	0	1
346	ヲイノ作南	H	ⅡB2	21D	4期	黒浜	1	1	0	0
347	ヲイノ作南	H	ⅡB2	23D	4期	黒浜		0	0	0
348	ヲイノ作南	H	ⅡB2	24D	4期	黒浜		0	0	0
349	ヲイノ作南	H	ⅡB2	25D	4期	黒浜		0	0	0
350	ヲイノ作南	H	ⅡB2	26D	4期	黒浜		0	0	0
351	北前貝塚	A	ⅠA3	第1号	5期	浮島／諸磯	1	0	0	1
352	花前Ⅱ	B	ⅡA2	004号	5期	浮島／諸磯		0	0	0
353	花前Ⅰ	B	ⅡA2	007号	5期	浮島／諸磯	1	2	0	1
354	花前Ⅰ	B	ⅡA2	021号	5期	浮島／諸磯		0	0	0
355	花前Ⅰ	B	ⅡA2	031号	5期	浮島／諸磯	1	0	0	4
356	駒形	B	ⅡA2	SI002	5期	浮島・興津／諸磯		0	0	0
357	駒形	B	ⅡA2	SI018	5期	浮島・興津／諸磯	1	1	1	1
358	駒形	B	ⅡA2	SI042	5期	浮島・興津／諸磯	1	3	0	2
359	長崎	C	ⅠB1	1号	5期	浮島／諸磯	1	0	0	1
360	原の山	C	ⅠB1	4号	5期	浮島／諸磯		0	0	0
361	原の山	C	ⅠB1	5号	5期	浮島／諸磯		0	0	0
362	境外Ⅱ	C	ⅠB1	1号	5期	興津	1	3	0	0
363	境外Ⅱ	C	ⅠB1	2号	5期	興津		0	0	0
364	上貝塚	C	ⅠA4	005号	5期	浮島／諸磯	1	0	0	1
365	上貝塚	C	ⅠA4	006号	5期	浮島／諸磯	1	1	0	0
366	上貝塚	C	ⅠA4	013号	5期	浮島／諸磯		0	0	0
367	上台貝塚	D	ⅠC1	K地点	5期	浮島／諸磯		0	0	0
368	東新山	D	ⅠC1	1号	5期	浮島Ⅰb／諸磯a	1	2	0	0
369	東新山	D	ⅠC1	2号	5期	諸磯a（古）	1	0	0	3
370	古和田台	D	ⅠC2	01号	5期	浮島・興津／諸磯	1	3	0	1
371	古和田台	D	ⅠC2	02号	5期	浮島・興津／諸磯	1	1	1	0
372	古和田台	D	ⅠC2	03号	5期	浮島・興津／諸磯	1	13	1	0
373	古和田台	D	ⅠC2	04号・05号	5期	浮島・興津／諸磯	1	1	0	0
374	古和田台	D	ⅠC2	06号	5期	浮島・興津／諸磯	1	2	0	1
375	古和田台	D	ⅠC2	07号	5期	浮島・興津／諸磯	1	4	0	0
376	古和田台	D	ⅠC2	09号	5期	浮島・興津／諸磯		0	0	0

下総台地北西部における縄文前期の遺跡分布と生産活動　47

通No.	遺跡名	群	区分	住居跡名	時期1	時期2	石器有	石鏃	打製石斧	石皿・磨石類
377	古和田台	D	ⅠC2	10号	5期	浮島・興津／諸磯		0	0	0
378	八栄北	D	ⅠC2	15号	5期	浮島	1	0	1	1
379	飯山満東	D	ⅠC2	02号	5期	浮島／諸磯	1	12	0	5
380	飯山満東	D	ⅠC2	03号	5期	浮島／諸磯	1	0	0	2
381	飯山満東	D	ⅠC2	04号	5期	浮島／諸磯	1	2	0	6
382	飯山満東	D	ⅠC2	17号	5期	浮島		0	0	0
383	飯山満東	D	ⅠC2	34号	5期	浮島	1	1	0	0
384	谷津台	E	ⅠC5	27号	5期	浮島／諸磯	1	0	0	3

註・凡例
・集計・比較の結果，関山Ⅰ式とⅡ式間に有意差を認め2期と3期に区分した。そのため2期or3期となる以下のデータ15件は除外した。

通No.	遺跡名	群	水系区分	住居跡名	時期1	時期2	石器有	石鏃	打製石斧	石皿・磨石類
―	駒形	B	ⅡA2	SI022	2 or 3	関山	1	0	0	1
―	谷津台	E	ⅠC5	16号	2 or 3	関山	1	0	0	1
―	谷津台	E	ⅠC5	17号	2 or 3	関山	1	0	0	4
―	谷津台	E	ⅠC5	18号	2 or 3	関山		0	0	0
―	谷津台	E	ⅠC5	20号	2 or 3	関山	1	0	0	1
―	幸田貝塚	C	ⅠB1	416	2期	関山	1	4	0	0
―	幸田貝塚	C	ⅠB1	452	2期	関山	1	5	0	1
―	幸田貝塚	C	ⅠB1	453	2期	関山	1	3	0	1
―	幸田貝塚	C	ⅠB1	454	2期	関山	1	1	0	0
―	幸田貝塚	C	ⅠB1	455	2期	関山	1	4	0	4
―	幸田貝塚	C	ⅠB1	456	2期	関山	1	1	1	0
―	幸田貝塚	C	ⅠB1	457	2期	関山	1	0	0	1
―	幸田貝塚	C	ⅠB1	459	2期	関山	1	1	0	2
―	幸田貝塚	C	ⅠB1	460	2期	関山	1	5	0	1
―	幸田貝塚	C	ⅠB1	461	2期	関山	1	0	0	1

・群：第3～6図の範囲で遺跡分布の空白・まとまりをもとに区分したもの。図では一部小区に区分したが表には反映していない。
・水系区分・水系名：千葉県文化財センター1999の地名表・分布図による。
・住居跡名：並び替え・集計のため，数字の桁数を併せたものがある。

注

1) 東木龍七 1926「地形と貝塚分布より見たる関東低地の旧海岸線」『地理学評論』2-7・8・9，大山柏・宮坂光次・池上啓介 1933年「東京湾に注ぐ主要渓谷の貝塚に於ける縄文式石器時代の編年学的研究予報（1）」『史前学雑誌』3-6 などに代表される。

2) 未報告分ではあるが，D地区の北西，遺跡範囲の中央やや南に位置する第22次調査ではⅠ式期の住居跡8軒，同じく北側隣接地にあたる第32次調査ではⅡ式期1軒が，遺跡範囲の北西部を対象とした第28次調査ではⅡ式期3軒からなる別のまとまりがそれぞれ検出されており，これらの一部に遺構内貝層が形成されている。

3) 未報告分ではあるが，第28次調査において，鵜ヶ島台式期の住居跡20軒以上と炉穴10基以上からなる集落が検出されていることから，駒形遺跡の拠点的集落としての位置づけは断続的ながら更に早期後半まで遡ると思われる。

4) 時期が不明確なサンプルと，時期が確かな遺構であってもコラム・一括の両サンプルが採取されている場合は一括サンプルを分析対象外とした。最終的には花積下層式1，黒浜式3，浮島式期1の計5箇所の遺構内貝層，早期条痕文～黒浜式の面状貝層1箇所を分析した。

5) 今村啓爾は中期に遺跡や地域によって群集貯蔵穴と打製石斧の量に格差があることに着目し，石鏃＝狩猟具，打製石斧＝根茎類採集（ヤマイモ）のための土掘り具，石皿・磨石類＝植物性食料（堅果類）の加工具と規定した。その割合を三角グラム化して関東甲信地方における地域性を表し，群集貯蔵穴や打製

石斧の用途を論じた（今村啓爾 1989「群集貯蔵穴と打製石斧」『考古学と民族誌』六興出版）。
6) 住居跡内貝層は基本的に貝類のみが廃棄された場所で，動物遺体は別の廃棄場所が想定されている。このため，資料的な偏りの想定される住居跡内貝層がほとんどであるこの時期の生業の内容や割合を，動物遺存体の出土量のみから評価するのは困難で，石器組成や人骨の食性分析，古環境分析など多くの分析から得られた情報を総合化して判断する必要性を説いている。
7) 1997『千葉県埋蔵文化財分布地図』(1)・1999『千葉県埋蔵文化財分布地図』(3)（千葉県教育委員会）を基礎データとした。さらに貝塚の内容については西野他 1999『研究紀要 19』千葉県文化財センターの分布図と地名表のデータを，旧関宿町と野田市域の内容については 2005『野田市史』資料編考古のデータを追加した。なお，水系区分は『研究紀要 19』を参考にして設定しているが，執筆者の西野雅人氏により一部で区分変更がされているので，それにしたがった。
8) 東京湾区の東京湾湾奥部：都川低地・村田川低地，古鬼怒湾区の手賀・印旛沼湾奥部：印旛沼低地の遺跡数は，地図に入る範囲のみの数字である。
9) 各時期・各群別に主要遺跡を解説すべきだが，紙数の関係で遺跡名など最小限の記載となった。
10) 調査報告書は未刊行であるが，関東屈指の該期拠点集落の概要は，西野雅人・植月 学 2003「動物遺体による縄文前期前葉の生業・居住様式の復元 ―幸田貝塚と奥東京湾沿岸の遺跡群―」および上守秀明 2003「山内清男博士による幸田貝塚の調査 ―山内清男考古資料調査データおよび写真資料からの復元―」『松戸市立博物館紀要』10（松戸市立博物館）に現段階では最も詳しい記載があるので参照されたい。
11) 早期撚糸文系終末期の遺構内貝層で著名であるが，これとは別の (4) 地点で関山Ⅱ式期の遺構内貝層を伴う住居跡 2 軒他が検出されている。
12) 隣接する駒形・富士見・大松・原畑・小山台遺跡では推定計 150～200 軒以上の竪穴住居跡の検出が見込まれる。既調査分だけでも遺構内貝層が数多く検出されており，特筆される内容である。
13) 他の動植物遺存体については遺跡個々の成果を参照願いたい。その理由は紙数の関係だけではなく，遺跡単位でばらつきがあり且つ廃棄様式の差も想定されるので，現段階では総括的な記載が難しいためである。前期は相対的に出土量が少ないが，例えば関山式期の幸田貝塚面状貝層や黒浜～諸磯式期の庚塚遺跡遺構内貝層からは，この時期としては多めの獣魚骨，漁具が出土している。一方，黒浜式期の駒形遺跡・槙の内遺跡・尾ヶ崎貝塚など幾つかの遺跡では，遺構内貝層サンプルを詳細に分析したのにもかかわらず獣魚骨は未検出というような状況である。

主要文献（特別なものを除き発掘調査報告書は省略）

植月 学・小島秀彰 2000「縄文前期の生業と居住形態 ―千葉県庚塚遺跡の生業活動とその季節性」『古代』108　早稲田大学考古学会

小川岳人 2001『縄文時代の生業と集落 ―古奥東京湾沿岸の社会―』(株)ミュゼ

金山喜昭ほか「第 4 章　縄文時代の人間活動」『縄文時代以降の松戸の海と森の復元』松戸市立博物館

上守秀明ほか 2009『柏北部東地区埋蔵文化財発掘調査報告書 2 ―柏市駒形遺跡縄文時代以降編 1―』千葉県教育振興財団

埼葛地区文化財担当者会 1999『埼葛の縄文前期 ―埼葛地区縄文時代前期報告書―』埼葛地区文化財担当者会報告書 3

市立市川考古博物館 2008『市川市縄文貝塚データブック』市立市川考古博物館研究調査報告 9

西野雅人「関東地方南部における縄文早・前期の古海況と貝塚形成」『千葉縄文研究』3　千葉縄文研究会

房総における大珠の在り方

小 林 清 隆

はじめに

　縄文時代の玉類の中でも，中期から後期前葉の間に盛行が認められる大珠は，素材として主に翡翠が選択され，紐を通すための孔が片側から真っ直ぐ穿たれるなど，人目を引きつける要素を備えている。そのような特徴をもった大珠は，分析対象となり得る視点も多く，様々な方面からの研究が進められ，その蓄積が図られている。最近では「日本玉文化研究会」による全国的な集成作業が進められている[1]。ところが，大珠に関して房総に目を向けてみると，出土点数は勿論のこと，出土状況についての分析が行われていない，というのが現状である。

　房総地域，特に現東京湾に面した地域での発掘は多く，当然，縄文時代中期から後期の遺跡も各所で調査が実施され，竪穴住居をはじめ膨大な遺物が出土している。しかし，発掘によって出土する石製装身具の出土点数は，多くて数点であり，全く検出されない場合が圧倒的に多い。大珠となるとさらに検出機会は稀になってしまう。出土遺物の大多数を占める土器や石器の分析には，報告書作成に向けて多くの時間が投入される傾向が強く認められる一方で，大珠をはじめとする玉類は，希少さ故に逆に比較対象の後方に位置づけられ，事実記載と実測図及び写真の掲載にとどまってしまう状況がみられる。このような繰り返しが，上述のような停滞を引き起こす一因になっているとも考えられる。

　ところで筆者はこれまでに，千葉市南西部から市原市北西部地域にかけての，大規模開発地域内から出土した縄文時代の石製玉類を集成し（小林2007），さらに九十九里浜沿岸の山武地域における出土玉類の紹介を行い（小林2009），房総中央部における玉類の在り方を時期的に概観し，捉えられた特色の一端について提示してきた。ここで取り上げた地域では，大珠の出土を報告している遺跡が5か所存在し，合計7個体の存在を確認することができた。大珠を出土した遺跡は，多数の竪穴住居や小竪穴・土坑が検出され，貝塚を伴う遺跡という共通の特徴が認められ，また，遺構から出土する例よりも，遺構に伴わない状況で検出される場合が多いという傾向が看取されたのである。

　今回は対象地域を房総全域に拡げ，発掘調査が行われ，報告書が刊行されている遺跡を中心に，縄文時代中期に帰属すると考えられる大珠について，出土状況や属性の検証を行うこととする。その検討から，房総出土大珠の在り方を探ろうという試みである。

1　大珠出土遺跡と出土大珠の概要

　房総の遺跡から出土した大珠について，1992年に集成を行った時点では29遺跡で40点の存在が確認された（加藤・山口・小林1992）。その集成では，時期や出土状況は考慮に入れず，長軸長30mm以上の石製垂飾を網羅的に提示した。したがって，遺構に伴っているか否かにかかわらず，あるいは後期に帰属する可能性の高い資料も一括して「大珠」として網にかけていた。

　小論では，大珠の盛行時期である中期に限定した。中期とする根拠は，発掘された地点が主として中期の遺構・遺物によって占められている，という状況を第一の視点とした。さらに実測図の提示が行われている遺跡から選定して取り上げることにした。

　実測図の縮尺は，原寸の約2分の1に統一して掲載することにし，一部の図については統一を図るために報告書に掲載された図を再トレースして掲載している。

(1) 子和清水貝塚

　松戸市日暮・牧の原に所在する。国分谷の谷奥小支谷左岸に存在し，標高28mの台地縁辺部に立地する。1972年から1975年にかけて区画整理に伴う遺跡の全面的な発掘が松戸市教育委員会によって行われた（倉田2000）。

　検出された竪穴住居は268軒，土坑は約1000基を数え，広場を有する環状集落であることが明らかになった。集落の推移については上守秀明氏による分析があり，1期の阿玉台Ib式〜Ⅲ式期から5期とした加曽利EⅡ式新段階までの集落変遷が提示されている（上守2007）。

　出土した石製品については，『子和清水貝塚　遺物図版編2』（松戸市教育委員会1985）に7点が紹介されている。その中の4点を取り上げて第1図1〜4に提示した。いずれも長さ35mm以上になるが，1以外の3点は翡翠以外の石材が使用されていると考えられる。1は欠損状態であるものの鰹節形を呈すると推測される大珠である。完全な状態であったならば長さは50mm以上，厚さも25mm以上であったと見られる。2・4は偏平なつくりで片側が張り出す形状を呈している。4は斧形を呈し孔が上部に穿たれている。それぞれ詳細は不明であるが，遺構に伴う状態では出土していない。

(2) 中野久木谷頭遺跡

　流山市中野久木字谷頭に所在する。遺跡は現江戸川左岸方向に向かう谷に面する標高17〜20mの舌状を呈する台地上に立地する。宅地造成等に伴い，1984年から1995年にかけて発掘調査が行われ，195軒の竪穴住居と1065基の小竪穴や土坑が検出された。『千葉県の歴史』によれば，遺構群の中心に広場があり，「その縁辺10〜55mの範囲に袋状土坑を主体とする土坑群，その外側25〜80mの範囲に住居跡群が展開する」直径160mの環状の構造を有する集落で，その継続は阿玉台式期・勝坂式期から加曽利E式期にわたる。また，遺構内貝層が竪穴住居の23軒と土坑19基から検出されている（川根2000）。

　集落構造の具体的な変遷は今後の分析を待つ部分が多いが，集落形成初期には広場の中心から

見て南東部と北西部に阿玉台式期・勝坂式期の竪穴住居が営まれ，中峠式期・加曽利EI式期に至って広場の周囲に集落の展開が拡がる状況が認められる。

　石製品は，調査区中最大の面積を調査したC地点で7点が出土している（川根ほか1997）。第1図5は蛇紋岩製の垂飾欠損品である。遺存部から推定するとかなり大型の成品であったと見られ，蛇紋岩製の大珠であった可能性が高い。表採資料である。翡翠製の玉は2点出土し，その1点が第1図6の大珠である。この大珠は全体に偏平な楕円形の素材を研磨して，中央部からやや上部の位置に孔を穿っている。長さ50 mm，幅26 mm，厚さ11 mm，重さ20.9 gで，穿孔は片側から行われている。出土したのはSK21という土坑からである。この土坑は広場の中央部から南側の方向に位置し，土坑群帯の分布幅の中央部付近に位置している。遺構の平面形は円形を呈し，深さ50 cmで底面にピットは存在しない。大珠が土坑のどの位置からどのような状況で出土したかは不明である。また，帰属時期についても報告書では明らかにされていない。

　流山市博物館調査研究報告書では（増崎2002），C地点でもう1点小型の翡翠製大珠が紹介されている。計測表によれば，長さ36 mm，幅28 mm，厚さ20 mmという大きさを有している。実測図の提示がないため，掲載された写真から判断すると，平面形は隅丸長方形に近く，研磨による整形がやや雑に見受けられる。出土状況は不明である。

(3) 高根木戸貝塚

　船橋市西習志野に所在し，標高27～30 mの典型的な舌状台地上に立地する。1967年に行われた調査で竪穴住居75軒，小竪穴129基が検出された。中央に遺構が検出されない広場が存在し，それを囲むように小竪穴，さらに竪穴住居が反復して構築される環状集落の景観を示している。集落の形成は阿玉台式期から加曽利E式Ⅲ式期まで継続する（西野ほか1971）。

　この調査で大珠1点が遺構外から出土している。報告書の記載からは，集落のどの位置からどのような状態で出土したのか明らかにならない。第1図7に提示した大珠の平面形は楕円形で，整った鰹節形を呈している。長さ63 mm，幅37 mm，厚さ20 mmで，孔径は7 mm前後になる。帰属する時期は，集落の形成期間といえるにとどまり，細別は明らかにすることができない。ほかに翡翠製の小型の垂飾が土坑内から出土している。

(4) 城の腰遺跡

　千葉市若葉区大宮町に所在する。遺跡は東京湾に注ぐ都川の本流と仁戸名支流との分岐点に張り出した標高25 m前後の舌状台地に立地する。発掘調査は1976年から1977年にわたって実施された（菊池ほか1979）。調査では中期の竪穴住居9基と土坑77基が検出された。遺物は土器を主体に石器の数量も多く，特に黒曜石の石鏃が目立っている。

　遺構配置を見ると，土坑が外径75 m×45 m，内径で50 m×25 mの楕円形の範囲に分布し，竪穴住居が土坑群の外側に存在している。土坑分布の内径が広場の大きさであり，広場を取り囲むように土坑を主体にした遺構が配置されている。そして，この配置は土器型式で1～2型式の間に完了し，その直後に突然に集落が放棄されて，住人がいなくなったかのような展開をみせている。竪穴住居間の重複がないことからも，短い期間に広場の形が出来上がったと推測される。

ここで出土している石製品は，第1図8の翡翠製の大珠1点である。大珠は長さ60mm，幅38mm，厚さ14mmで三角形を呈する。大珠が出土した遺構は，古墳時代以降の構築と考えられる溝状遺構で，覆土から検出されたと見られる。そのため報告書ではグリッド出土として扱われている。溝状遺構は縄文時代の広場の中心部から見て南東方向に所在し，土坑群の外縁部に当たる位置に検出されている。帰属する明確な時期は明らかにならないが，集落造営期である阿玉台式・勝坂式期の後半の可能性が高いと見て間違いないであろう。

(5) 有吉北貝塚

緑区おゆみ野2丁目に所在する。標高35m前後の舌状台地上に立地し，南側に近接して有吉南貝塚が存在する。調査は昭和59年から昭和62年にかけて行われ，29030㎡の本調査を実施している。調査では縄文時代中期の竪穴住居134軒をはじめ，小竪穴などの土坑780基，大規模な斜面貝層3地点，膨大な量の遺物が検出されている（小笠原・西野・田島1998）。

中期の竪穴住居や土坑等の遺構は，広場を中心に環状に検出され，典型的な環状集落の景観を示している。集落の形成は阿玉台式期から開始され，加曽利EⅠ式期～加曽利EⅡ式期にかけて活況を呈し，加曽利EⅢ式期に入った頃に終焉を迎えている。貝層の形成も集落展開と同一経過をたどると考えられる。

第1図9は，南側の斜面貝層から出土した鰹節形の大珠である。片方の端部を欠損し，現長は101mmを測る[2]。石材は石英で両側から穿孔が行われている。両側の孔端部に擦痕は観察できない。南斜面貝層の形成が本格化するのは中峠式期以降と考えられるので，この大珠の帰属時期も中峠式期から加曽利E式期の間と推測される。第1図10は集落の南側のグリッドから出土し，遺構には伴っていない。欠損品である。表面は良好に研磨されているが，遺存部分に僅かに穿孔部が存在する。報告書では石材は滑石と記載されているが，翡翠と考えられ，熱を受けていると思われる。また，次に挙げる第1図11と同一個体の可能性が高い。その第1図11は，加曽利EⅠ式期の竪穴住居であるSB190から出土している。具体的な出土状態は不明である。部分的な遺存で全体の復元が難しい。破断面に残された穿孔痕跡から推測すると，大型の緒締形大珠であったと思われる。熱を受けた状態を呈し，ヒビが入っている。石材が翡翠で被熱が確かならば，上野修一氏のいう，硬玉製大珠の二次的変形―類型Ⅳ（被熱）―被熱度Level 3程度の被熱になるのかもしれない（上野2007）。10と11が同一個体であれば，分割状態になった後に集落の南側と竪穴住居に分散したと推測される。

(6) 有吉南貝塚

千葉市緑区おゆみ野中央5丁目に所在する。有吉北貝塚の南側，標高40mの台地上に立地する。中期の環状貝塚が形成され，その外側縁辺部の調査が行われている。

玉類は2点出土している。1点が第2図12の翡翠製の大珠である。これは大珠全体の極僅かな部分の破片が遺存するにすぎない。片側の穿孔部が残存し，破断面には再調整が施されていない。現状では長さ24mm，幅24mmである。これから復元すると，完形品は60mm前後かそれ以上の長さがあったと思われる。透明感はないものの，白い部分に乳緑色が縞状に入り，かなりの優

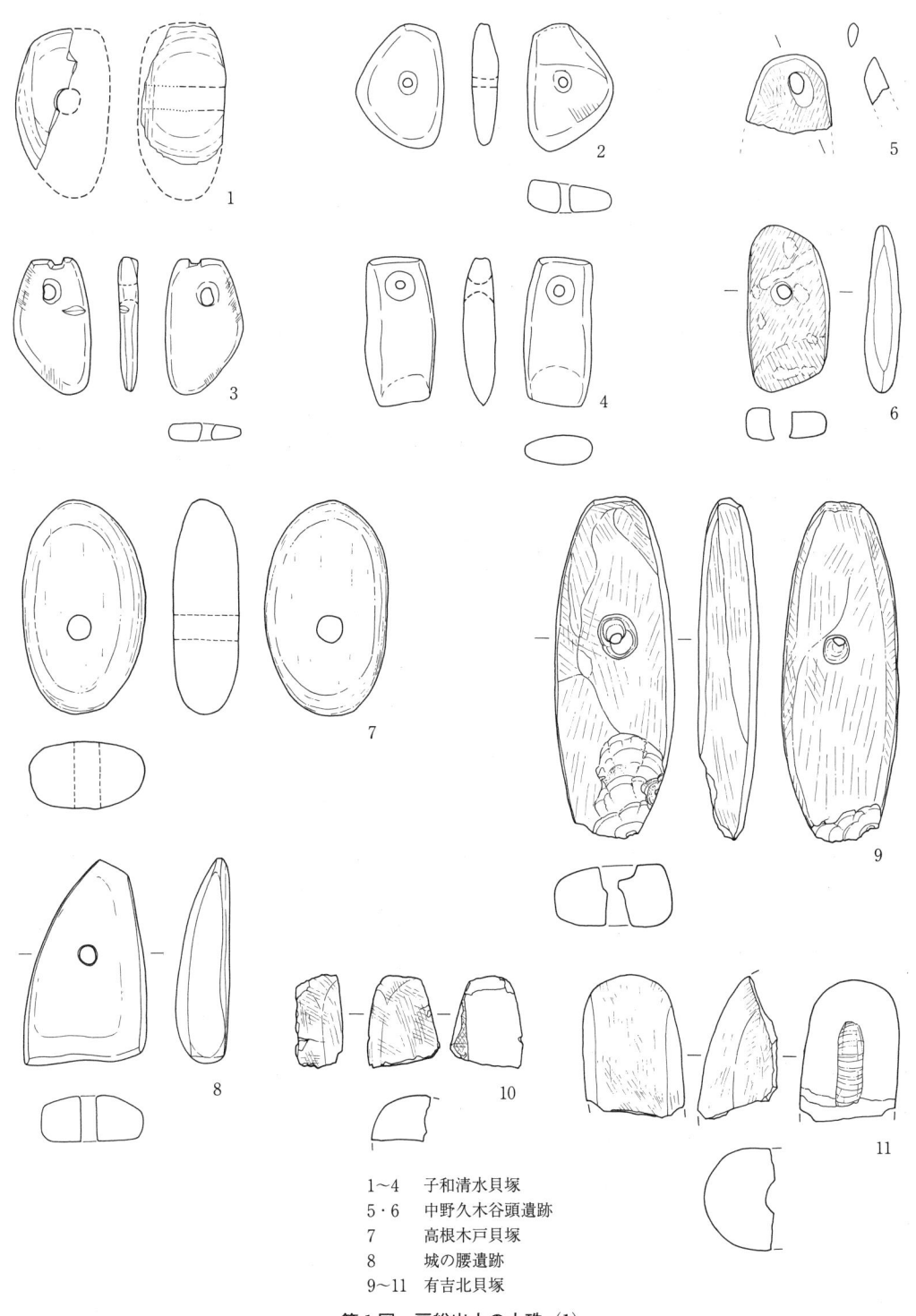

1～4　子和清水貝塚
5・6　中野久木谷頭遺跡
7　　高根木戸貝塚
8　　城の腰遺跡
9～11　有吉北貝塚

第1図　房総出土の大珠（1）

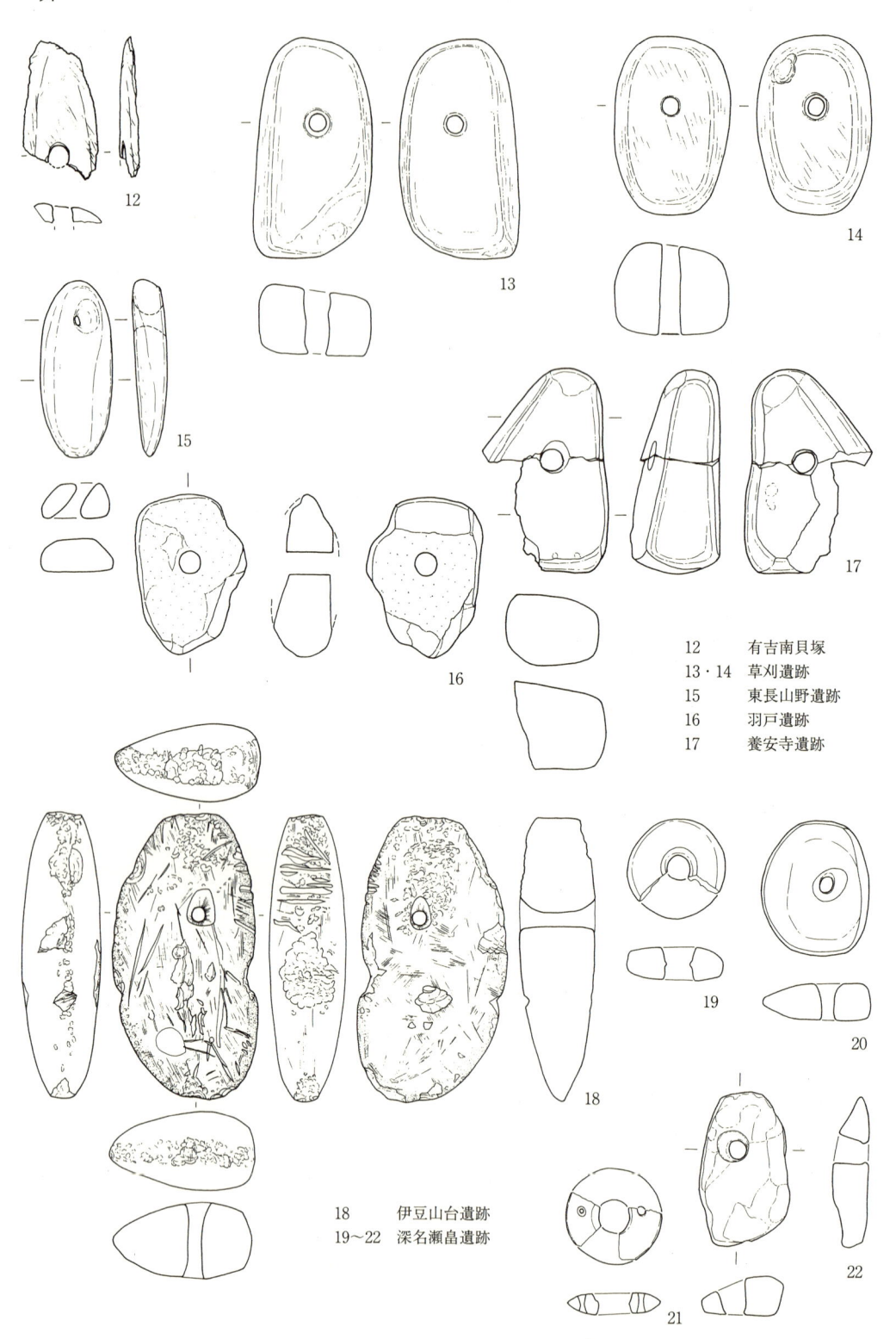

54

12　有吉南貝塚
13・14　草刈遺跡
15　東長山野遺跡
16　羽戸遺跡
17　養安寺遺跡

18　伊豆山台遺跡
19〜22　深名瀬畠遺跡

第2図　房総出土の大珠（2）

品だったと想像される。破損後に破断面への磨きは行われていない。出土した位置は東貝層の縁辺部であり，遺構には伴っていない。また，調査区内からは残余の部分は出土していない。

(7) 草刈遺跡

市原市ちはら台西・ちはら台南に所在する。南側に村田川が流れ，北側を茂呂谷津と称される谷に挟まれた幅150〜400m，長さ1500mの東西に長い標高27〜40mの台地上に展開する。調査は，昭和53年に開始され平成10年に終了した。遺跡が広大であるため，調査区をA区〜P区に分け，調査区毎に報告書を刊行している。遺跡の時代は，旧石器時代から近世にわたり，縄文時代に関しては，草刈貝塚が形成される中期の集落が注目されている。

広大な調査区の中でA区（小久貫1983），B区（高田ほか1986），H区[3]，K区（小林2007）と，東側のC区（伊藤・西野2003）にかけて中期の遺構が集中して検出されている。また，南側の斜面部についても調査が行われ，集落のほぼ全体が明らかになっている。

集落は阿玉台Ⅰb式期から加曽利EⅢ式期の前半にわたって営まれ，B区に限定しても竪穴住居177軒，小竪穴573基が検出されている。特に，阿玉台式の後半期から加曽利EⅢ式期にわたって広場が存在し，竪穴住居と小竪穴・土坑が反復して造営され，典型的な環状集落の景観を呈している。B区からは6点の石製品が報告され，その中に2点の大珠が存在する。

第2図13は翡翠製で鰹節形を呈する片側穿孔の大珠である。透明感に欠けるものの，乳緑色が縞状に入り込んでいて見た目の美しさを放っている。ただ，やや全体に黄変しており，熱を受けた可能性がある。上野修一氏の設定する被熱度Level 1程度の被熱であろう（上野2007）。長さは68mm，幅36mm，厚さ20mmで重量は108gである。第2図14は濃緑色で乳青色の部分が一部にしか認められない。報告書では，石材は蛇紋岩との同定を行っているが，翡翠として問題ないであろう。形態は鰹節形を呈し，片側穿孔である。長さ55mm，幅34mmで，厚さは28mmと厚い。遺構外の出土である。

(8) 東長山野遺跡

横芝町長倉字東長山野に所在し，太平洋に流入する栗山川右岸の標高30〜40mの台地上から斜面部にかけて立地する。ゴルフ場開発に先行して発掘調査が行われ，阿玉台式期から称名寺式期の竪穴住居45軒，土坑240基等が検出された（道澤1990）。中期の集落は，竪穴住居と貯蔵穴が明確な配置分けされることなく反復している特徴が認められる。

玉類は6点が報告されている。その内訳は，玦状耳飾4点と琥珀製の玉1点と，第2図15の大珠1点である。大珠は鰹節形を呈し，長さ53mm，幅23mm，重さ21.6gである。石材は「翡翠系の石材」とされ，翡翠とは断定していない。全体に良好に研磨された状態が認められ，両側の孔壁も研磨された状態を示している。

(9) 羽戸遺跡

東金市小野に所在する。九十九里浜から太平洋へ注ぐ真亀川の支流が入り込む谷の上流域に立地し，遺跡の南側を除く三方向は谷につながる。標高は71〜73mで北側は緩やかな斜面となり，北東側は急傾斜地となる。発掘は平成6年から平成7年にかけて（財）山武郡市文化財センター

が実施したほか，平成19年に（財）千葉県教育振興財団が隣接地の調査を行っている。

前者の調査では，縄文時代中期の阿玉台式の後半期から加曽利EI式期を主体に営まれた集落が検出された（青木2001）。明らかになった遺構は，竪穴住居が49軒，土坑が約200基等である。竪穴住居と土坑は密集した状況で検出されており，広場を有する環状集落としての位置づけについては，これからの総合的な検討が必要である。

出土した大珠は第2図16の1点である。出土した位置は，竪穴住居や土坑が密集した地区から160mほど南西側で，しかも遺構に伴う状況ではなく単独で検出されている。周辺から出土した中期の縄文土器も僅かで，一見縄文時代中期の集落とは無関係のような場所から出土している。大珠の形状は不整形で，ほぼ中央に穿孔が施されている。両面に剥離されたような面が観察され，孔壁端部に剥離後の研磨は認められない。素材は翡翠である。透明感に乏しく，被熱によって剥離した可能性が考えられる。長さ47.2mm，幅34.8mm，重さ43.8gである。集落から離れて出土しているが，時期的な帰属は，集落の営まれた時期と重なると考えられる。

(10) 養安寺遺跡

羽戸遺跡の南側に位置する遺跡で，東金市と大網白里町にまたがって所在する。平成19年10月から発掘調査が開始され，平成21年度末時点では報告書の刊行は行われていない。

この遺跡では，筆者が紹介したように調査途中の時点で，縄文時代中期から後期の竪穴住居40軒，陥穴20基，土坑50基等が発見されたほか，中期中葉の斜面貝層も検出されており，翡翠製大珠1個体が出土している（小林2009）。第2図17に提示した大珠は，2か所から出土した破片が接合したもので，接合してなお欠損品の状態である。接合した2点の破片は距離を置いて出土し，共に遺構には伴わない状況で検出されている。接合状態から考えると，少なくとも，もう1点の破片が存在するはずであるが，欠失部については発見されていない。2点の接合部を観察すると，敲打痕跡は顕著には認められず，被熱あるいはその後の経年による自然作用など，敲打と異なる他の外的要因によって分割状態になったと考えられる。現状では緑色の中に白色が入り透明感はなく，全体に濁った発色を呈している。長さ62.8mm，幅40.6mm，重さ87.9gである。

(11) 伊豆山台遺跡

木更津市矢那に所在する。東京湾に流入する矢那川中流域左岸の標高60〜80mの舌状台地上に立地し，1993年に遺跡の一部が発掘調査された（上守ほか2000）。発掘地点は集落想定範囲の北側に当たり，竪穴住居87軒，土坑18基が検出された。また，勝坂式から称名寺式にわたる多量の土器と，石器類が出土した。竪穴住居の帰属時期は勝坂式期末葉から加曽利EⅢ式期までが主体になる。調査地点周辺の地形や遺構の分布状況から，環状集落の形態を呈する可能性が高いと見られる。

石製品は2点と僅かであり，その中の1点が第2図18の大珠になる。形状は鰹節形に近く，全面が擦痕と細かい研磨痕に覆われ，側面に敲打痕が認められる。穿孔は両側から行われたと考えられる。石材には蛇紋岩が用いられ，長さ79mm，幅42mm，重さ109.77gである。竪穴住居

の調査の際に設定した土層観察用のベルトから出土している。竪穴住居の覆土内という状況が考えられるが、遺構に確実に伴うという状況ではない。

(12) 深名瀬畠遺跡

　南房総市富浦町深名に所在する。東京湾に突き出た大房岬の東側で岡本川流域の河岸段丘上に位置する。標高は20～22mである。発掘調査は道路建設に伴い1985年に、遺跡の一部について行われた。約800㎡の調査範囲から、竪穴住居41軒、土坑1基が著しく重複した状況で検出された（越川ほか1987）。発掘された41軒の竪穴住居の時期的な展開については、「中期中葉の勝坂Ⅲ式期から後葉の加曽利EⅢ式期の時期に属するもので、中心は加曽利EⅡ式期」になると分析されている（小川2000）。

1. 中野久木谷頭遺跡
2. 子和清水貝塚
3. 高根木戸貝塚
4. 城の腰遺跡
5. 有吉北貝塚
6. 有吉南貝塚
7. 草刈遺跡
8. 東長山野遺跡
9. 羽戸遺跡
10. 養安寺遺跡
11. 伊豆山台遺跡
12. 深名瀬畠遺跡

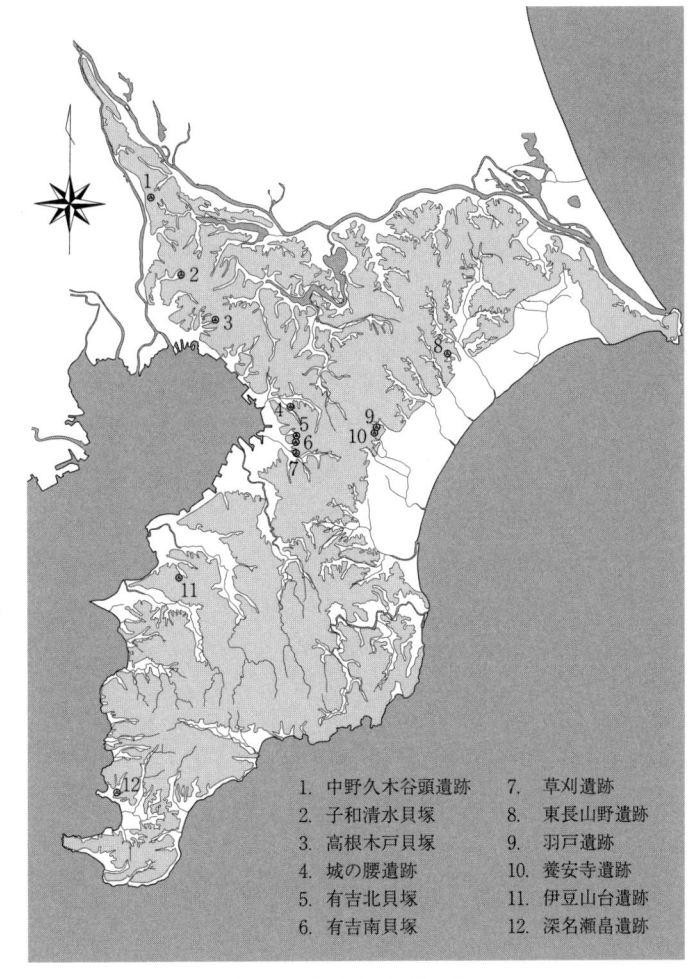

第3図　大珠出土遺跡の位置

　出土遺物は土器を主体に石鏃・石錐・石匙・石斧類等が出土し、特に石鏃は突出して出土している。このほかに大珠の出土がある。報告書（越川ほか1987）では、大珠として4点が報告されている。筆者はこの遺跡から出土した大珠の実見を行っていないため、報告書の記載に基づいて紹介しておきたい。

　第2図19は竪穴住居の覆土から出土し、欠損品である。鈴木克彦氏の硬玉製大珠の分類にしたがうと、「根付形―偏平形」になるであろう（鈴木2004）。20・21は同じ竪穴住居の覆土から出土している。21には補修孔と考えられる小孔が2か所に認められる。筆者としては、この玉を大珠に分類するには抵抗感があるが、ここでは報告書の記載にしたがっておきたい。22は遺構に伴わない状態で出土したもので、表面の平滑さに欠けている。いずれも石材名は明らかにされていない。

2 大珠を出土した遺跡の特徴

　以上のように，房総の縄文時代中期に属する遺跡から出土した大珠に焦点を絞り，遺跡の特徴，大珠の属性，出土状況を中心に取り上げてみた。勿論，ここで俎上に乗せることができなかった遺跡や，出土している大珠も存在する。限定した事例に基づく感は否めないが，これが実情ともいえる。まず，大珠を出土した遺跡について総括していきたい。

　大珠を出土した遺跡における最も顕著な特徴は，その集落形成の開始時期と終焉時期の共通性である。阿玉台式・勝坂式期に竪穴住居の構築が開始され，その後加曽利EⅢ式期まで集落の形成が継続する遺跡から出土している傾向が強く捉えられるのである。例外的に，千葉市城の腰遺跡のみが加曽利EⅠ式に至る前に集落の形成が途絶えている。また，中野久木谷頭遺跡，子和清水貝塚，高根木戸貝塚，城の腰遺跡，有吉北貝塚，有吉南貝塚，草刈遺跡は集落の中央部に広場を設け，それを囲むように土坑が群集し，さらにその外縁に竪穴住居が分布する。谷口康浩氏の定義する「下総タイプ」の環状集落（谷口 2005）から目立って出土しているのである。房総の東側，太平洋側に立地する東長山野遺跡，羽戸遺跡，養安寺遺跡，房総南部の東京湾側に立地する伊豆山台遺跡，深名瀬畠遺跡については，「下総タイプ」とは異なる集落形態であるものの，同一地点における竪穴住居の著しく反復した構築が認められる。さらに，子和清水貝塚をはじめとする下総タイプの環状集落はいずれも貝塚を伴い，羽戸遺跡，養安寺遺跡においても遺構内貝層や斜面貝層が検出されている。あたかも長期にわたる定住が可能となる条件を見通して集落造営を開始したような，そして周辺における拠点集落となる環境を備えていた地に展開した遺跡に大珠の出土が認められたのである。

　拠点集落と考えられる遺跡は，房総の各地域に存在する。例えば利根川下流域に所在する大根磯花遺跡では，大規模な集落が全面的に調査され，環状集落の景観を呈していた状況が明らかになっている（青木 2000）。しかし，大珠の出土は皆無であった。そのような遺跡が存在するのもまた明らかである。したがって，拠点集落から出土する傾向が確かに認められる反面，拠点集落から必ず出土するとはいえない状況も認められるのである。そこには掘り上がった遺構の分布形態だけでは読み取れない集落の性格や，集落構成員の位置づけ，あるいは大珠の流通経路が深く関係したと考えられる。

3 大珠と出土状況の特徴

　次に房総から出土した大珠の特徴と出土状況について見ておこう。今回提示した資料は，翡翠製もあれば，石英製や蛇紋岩製も存在し，石材の同定が行われていないものもある。明らかに翡翠製大珠と見られるのは，子和清水貝塚（第1図1），中野久木谷頭遺跡（第1図6），高根木戸貝塚（第1図7），城の腰遺跡（第1図8），有吉北貝塚（第1図10・11），有吉南貝塚（第2図12），草

刈遺跡（第2図13・14），羽戸遺跡（第2図16），養安寺遺跡（第2図17）である。これら9遺跡から出土した翡翠製大珠に限定して，再度検証を行っておこう。

　はじめに大珠の保存状態について観察すると，子和清水貝塚，有吉北貝塚，有吉南貝塚，羽戸遺跡，養安寺遺跡から出土した大珠が，いずれも欠損品である点が注目される。実に半数以上が完形を保っていないのである。分割状態で出土した大珠の表面に敲打痕跡が認められないことから，欠損状態になっているのは被熱による結果と推測される。上野修一氏が指摘するように「火が深く関わる祭祀行為の存在が想定される」（上野2007）のである。仮に祭祀行為によって分割状態になったのであれば，当初は威信財として特定個人の帰属であったものかもしれないが，何らかの目的が達せられた後には，祭具として別の性格へ変化した状況が想定されてくる。栗島義明氏が考えるように，「原産地に比較的近くて入手や流通の機会に恵まれた甲信越地域と，原産地から遠く離れた関東地域では硬玉製大珠に対する価値が同一ではなく，後者の地域に於いてより高位（恐らく最高ランクの財）の社会的価値が付与されていた」（栗島2007），との論から飛躍して解釈を進めれば，特定の個人に帰属されることによりそのような性格を発揮した段階があったのは勿論のこと，祭祀具として，さらに優先された社会的価値をもって機能を果たした時期が存在した，と想定されてくるのである。特定個人に帰属していた間についても，孔の開口部周辺に紐擦れが観察されない点を考慮すれば，常に着装する装身具とは在り方を別にしていたと考えることが妥当であろう。時間の経過にしたがい価値と性格の変化を伴う，そこに房総の地における大珠の特徴があった可能性を指摘したい。

　それを顕著に示すのは，遺構外から出土する大珠が多いという状況である。中野久木谷頭遺跡の大珠が土坑から出土しているが，ほかは中央の広場からは外縁に位置する空間から出土している。中野久木谷頭遺跡のように土坑から出土した例では，特定個人の埋葬に伴い，着装状態に近い形で大珠が副葬されていた可能性も否定できない。しかし，完全な形ではなく，しかも集落の外縁部から出土したり貝層から出土する状況は，最終的に埋葬には伴っていなかったと判断できる。高根木戸貝塚，有吉南貝塚，草刈遺跡からから出土している鯨類骨製腰飾や鹿角製腰飾りは，最後まで個人に帰属していたと考えられ，この点で翡翠製大珠とは異なっている。

　集落の中でおおよその出土地点が明らかになっている大珠がある。上述の中野久木谷頭遺跡例のほか，城の腰遺跡，有吉北貝塚，有吉南貝塚，草刈遺跡から出土した大珠が該当する。注目したいのは，これらの大珠の出土地点が，広場の中心から見て東側から南側に集中する状況である。第4図に城の腰遺跡出土大珠出土地点，第5図に草刈遺跡の大珠（第2図13）の出土地点を示した。両者ともグリッドでの地点になるが，その集落内での位置については興味深い傾向が見られた。中野久木谷頭遺跡の土坑の位置も，城の腰遺跡や草刈遺跡と同様な地点である。類例の蓄積を待ちたい。

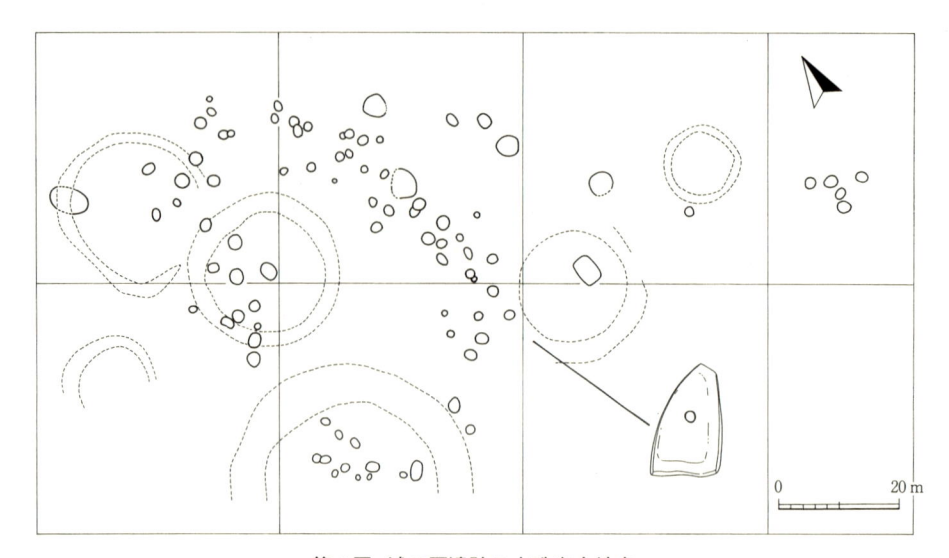

第4図 城の腰遺跡の大珠出土地点

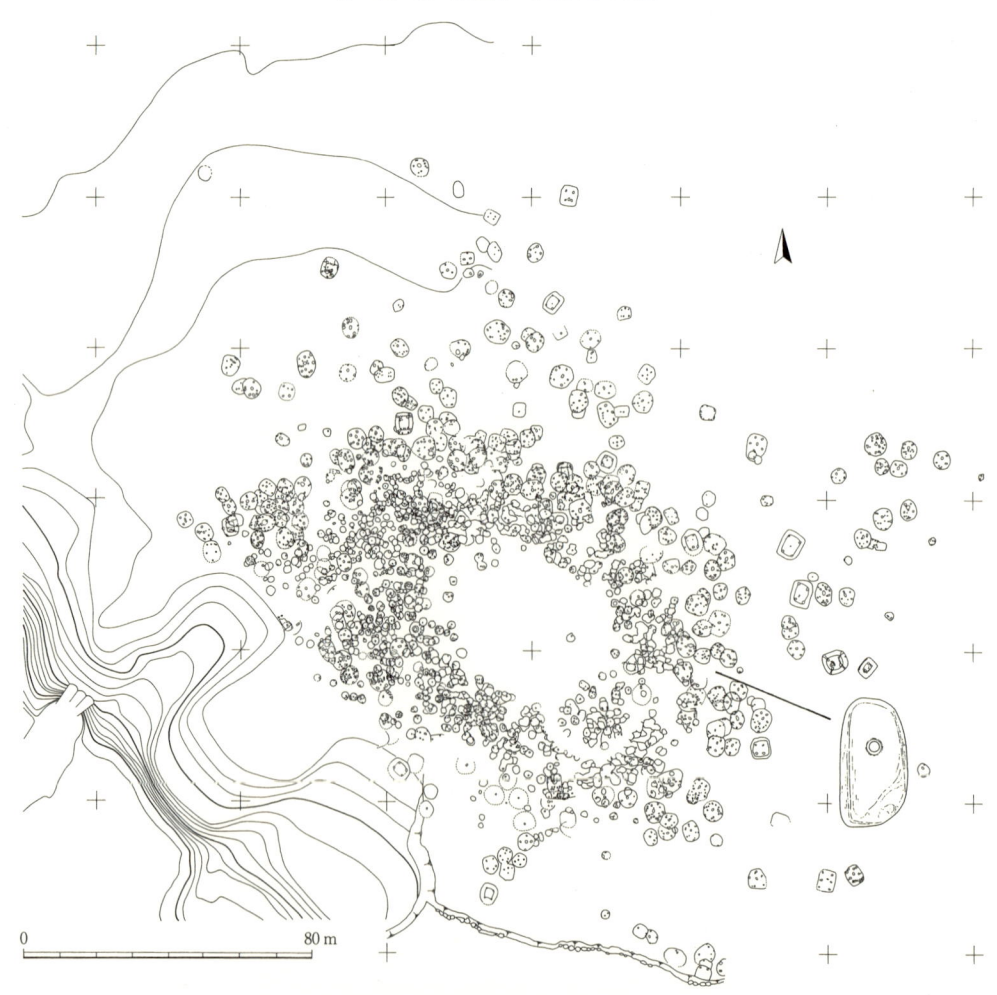

第5図 草刈遺跡の大珠出土地点

おわりに

　房総の縄文時代中期の遺跡から出土した大珠を取り上げ，検証を行った結果，幾つかの特徴を指摘することが可能となった。大珠には翡翠製，石英製，蛇紋岩を素材にした製品が出土しているが，主体は翡翠製になる。形態は鰹節形が多いが，緒締形，根付形，不整形があり，房総に特有という形態は認められない。翡翠を素材とする大珠は，広場をもつ環状集落や拠点集落から出土する傾向が顕著に認められる。しかし，遺構に伴って出土する例よりも，遺構外から出土する場合が確実に多く，しかも欠損状態の割合が高い。そして欠損した大珠は火を被っている可能性が大きい。特徴を列挙すると，このようにいえるであろう。

　以上のような状況から，房総における大珠の特徴として，集落内の限定された人物が所有していた状況は推定されるが，埋葬時に副葬される装身具ではなかった。そして最終的には，集落構成員全体に関わる祭具として使用されたと考えられる。検証不足の推論であるが，房総における大珠の在り方として提示したい。

　注
1)　日本玉文化研究会の先史部会では，全国的なヒスイ玉集成を計画している（日本玉文化研究会2005）。
2)　管見によるかぎりでは，房総では100 mmを越す翡翠製大珠は検出されていない。
3)　2010（平成22）年3月に（財)千葉県教育振興財団から刊行予定である。

　引用・参考文献
青木幸一　2001『小野山田遺跡群Ⅱ―羽戸遺跡』(財)山武郡市文化財センター
青木　司　2000「大根磯花遺跡」『千葉県の歴史　資料編考古1』千葉県
伊藤智樹・西野雅人ほか　2003『千原台ニュータウンⅧ―市原市草刈遺跡（東部地区縄文時代）―』(財)千葉県文化財センター
上野修一　2007「焼かれた玉―硬玉製大珠の二次的―」『縄文時代の社会と玉』日本玉文化研究会
小笠原永隆・西野雅人・田島　新　1998『千葉東南部ニュータウン19―有吉北貝塚1（旧石器・縄文時代）―』(財)千葉県文化財センター
小久貫隆史ほか　1983『千原台ニュータウンⅡ―草刈A区（1次調査）・鶴牧古墳群・人形塚―』(財)千葉県文化財センター
加藤正信・山口典子・小林清隆　1992『研究紀要』13　(財)千葉県文化財センター
上守秀明ほか　2000『木更津市文化財調査集報4』木更津市教育委員会
上守秀明　2005「下総台地における中期中葉から後葉期の拠点集落の様相」『地域と文化の考古学Ⅰ』六一書房
小川和博　2000「深名瀬畠遺跡」『千葉県の歴史　資料編考古1』千葉県
川根正教　2000「中野久木谷頭遺跡」『千葉県の歴史　資料編考古1』千葉県
川根正教・高柳正春ほか　1997『中野久木谷頭遺跡C地点』流山市教育委員会
菊池眞太郎ほか　1979『千葉市城の腰遺跡』(財)千葉県文化財センター

倉田恵津子 2000「子和清水貝塚」『千葉県の歴史 資料編考古1』千葉県

栗島義明 2007「威信財流通の社会的形態 —硬玉製大珠から探る縄文時代の交易—」『縄文時代の社会と玉』日本玉文化研究会

越川敏夫ほか 1997『千葉県富浦町深名瀬畠遺跡調査報告書』富浦町教育委員会

小林清隆ほか 2007『千原台ニュータウン17 —市原市草刈遺跡（K区）—』(財)千葉県教育振興財団

小林清隆 2008「千葉東南部・千原台ニュータウン内出土の縄文時代石製玉類」『研究連絡誌』第69号 (財)千葉県文化財センター

小林清隆 2009「山武地域の縄文時代玉類」『研究ノート山武』特別号 (財)山武郡市文化財センター

鈴木克彦 2004「硬玉製大珠」『季刊考古学』第89号 (株)雄山閣

谷口康浩 2005「環状集落の空間構成」『環状集落と縄文社会構造』学生社

西野 元ほか 1971『高根木戸』船橋市教育委員会

西野雅人 2008『千葉東南部ニュータウン40 —千葉市有吉南貝塚—』(財)千葉県教育振興財団 松戸市教育委員会 1985

日本玉文化研究会 2005『玉文化』第2号

増崎恵美子 2002『流山市立博物館調査研究報告書19 —市内最大の集落 中野久木谷頭遺跡—』流山市教育委員会

松戸市教育委員会 1985『子和清水貝塚遺物図版編2』

道澤 明ほか 1990『東・北長山野遺跡』北長山野遺跡調査会

中妻の98人

堀　越　正　行

1　中妻貝塚

　1983年9月，私はご案内をいただいてC・D地点発掘中の中妻貝塚を見学したことがある。いつの間にかそれから四半世紀以上が経過してしまったが，中妻貝塚は茨城県取手市大字小文間小字中妻耕地に所在する縄文時代後・晩期の貝塚であり，1897（明治30）年発行の『日本石器時代人民遺物発見地名表』第1版に「下総国北相馬郡小文間村貝塚」として登載されている，古鬼怒湾沿岸の古くより知られた著名な貝塚の一つである。推定外径約150mの大型の馬蹄形貝塚とされる。貝塚の過半は寺院・墓地・宅地などに利用されていて中々見通しがきかないけれども，東京湾沿岸の下総台地に例の多い中央が少し窪む地形の西に開口する馬蹄形貝塚であると判断された。ただ東京湾沿岸下総台地の貝塚と大きく違うのは，貝塚の主体をなす貝が，それまで見たこともないほどの大きなヤマトシジミからなっていることが印象的であった。

　中妻貝塚は常総台地の1支台をなす北相馬台地という，北西―南東方向に細長く続く幅狭の台地上にある（第1図）。今日，貝塚の南側低地は鬼怒川を合流させた利根川が流れているが，これは江戸時代における人工的な河川の付け替えによるものである。そのため東関東における古代の国境が鬼怒川であったものが，近代の県境が最終的に利根川を境としたため，利根川の北側が茨城県，南側が千葉県となり，北相馬郡など下総国の西北部が茨城県に編入されてしまった経緯がある。もとより縄文時代はそれよりはるか以前のことであるが，貝塚形成当時においては，北側の広大な低地は小貝川を合流させた鬼怒川の河口，南側の狭い低地は広河（常陸川）の河口であり，その流れゆく先の当時の古鬼怒湾は龍ヶ崎市南部あたりまで退いていたものと考えられる。当時の中妻貝塚周辺には，ヤマトシジミの捕獲圧を心配する必要は全くないほどの広大な河口が広がっていたに違いない。中妻貝塚それ自体は幅狭の台地北側の現小貝川低地側に寄って立地するものの，南側対岸の下総台地は千葉県我孫子市であり，台地間は最短で約1.2kmしか離れておらず，古代においては同じ下総国相馬郡の一部をなし，生活圏を同じくする地域として密接な関係をもっていたのであるが，これは縄文時代から続いていたことであるに違いない。中妻貝塚は下総と常陸そして下野方面を結ぶ要衝を占めており，縄文時代後・晩期の北相馬台地東部の拠点として機能した集落であったと考えられる。

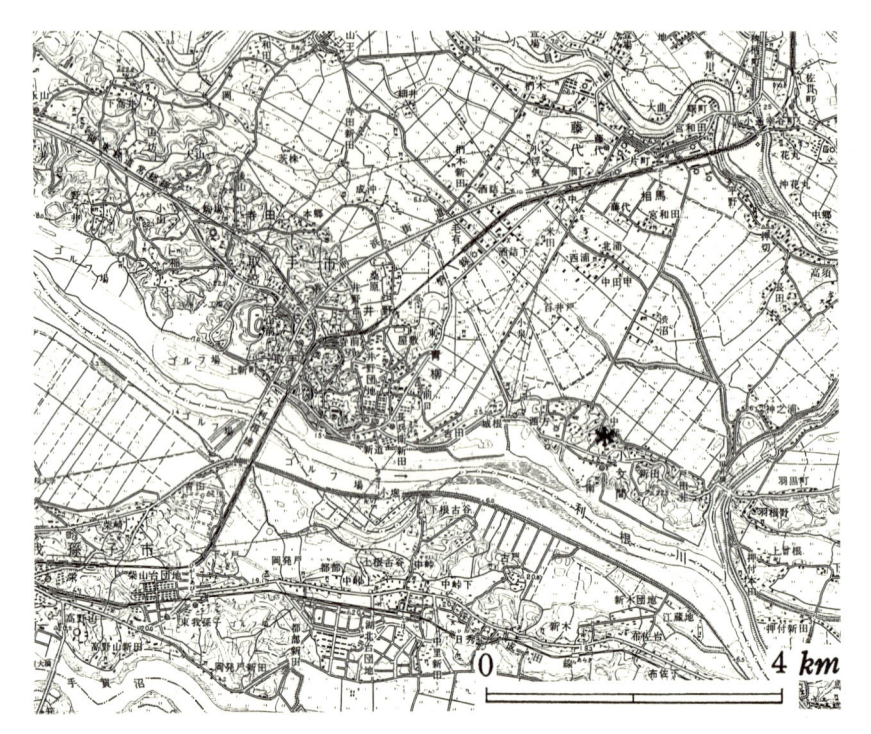

第1図 中妻貝塚の位置（＊印，10万分の1）

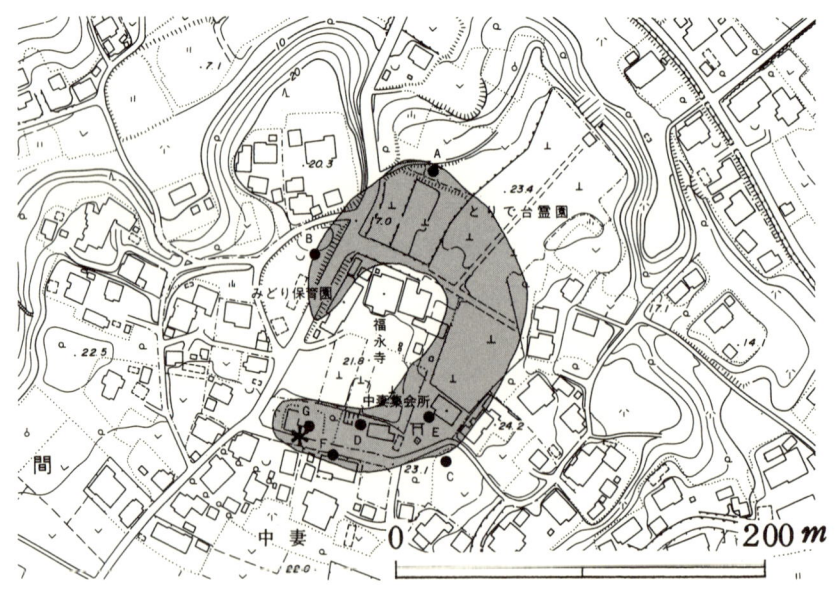

第2図 中妻貝塚地形図とA土壙の位置（＊印，西本ほか1995）

2　集落の同時住居数と人数—事例分析—

　たとえ数百棟の竪穴住居が発掘されたからといって、それらが同時に存在したわけではない。それは最終的な居住の累積の結果であることは明らかであるが、問題は同時に何棟の住居があり、何人の住民が住んでいたのか、という解決困難な事柄の解明に尽きる。そのためには仮定のもとで推定案を提示し、議論を深めていくしかないであろう。

　先ず竪穴住居が建物として何年持つかという点であるが、現在の復元した竪穴住居がどれほど当時に近いのかということですら全く保証の限りではないのであるが、安孫子昭二は竪穴住居の寿命を10〜15年、主柱が老朽化して住居を建て直すまでの存続期間を最大15年と見積もっている（安孫子1997）。そこに住み続けていようが、一時ほかの集落に引越して空家となっていようが、建設された住居は時間とともに老朽化し、ついには建て替えが必要になるわけである。そこでこの建て替えが必要になる年数を15年とし、これを住居建て替えの1 cycleと措定する。

　千葉県松戸市子和清水貝塚はほぼ完掘された中期の環状集落として知られ、阿玉台Ⅰb式から加曽利EⅢ式までの7型式の間に268棟の竪穴住居が営まれていた。暦年較正年代（小林2008）では阿玉台Ⅰb式のはじまりから加曽利EⅢ式の終わりまでは860年までとなるが、加曽利EⅢ式初期で終焉を迎えたとしてこれを690年として計算してみると、竪穴住居の建て替えcycleは690年÷15年＝46 cycleとなるので、268棟÷46 cycle＝5.8棟という数字が平均として算出される。つまり子和清水集落は、平均した姿として同時に6棟の竪穴住居が690年の間に作り替えられ続けた集落という姿が浮かび上がるのである。仮に1棟の竪穴住居の居住人数を5〜7人とすると、平均30〜42人の範囲の集落人数ということになる。

　千葉県市原市草刈貝塚もほぼ完掘された中期の環状集落として知られ、阿玉台Ⅰb式から加曽利EⅢ式までの7型式の間に223棟の竪穴住居が営まれていた。子和清水集落と同じく暦年較正年代の概算690年、竪穴住居の建て替えcycleは46 cycleで計算すると、223棟÷46 cycle＝4.8棟という数字が平均として算出される。つまり草刈集落は、平均した姿として同時に5棟の竪穴住居が690年の間に作り替えられ続けた集落という姿が浮かび上がるのである。同じく1棟の竪穴住居の居住人数を5〜7人とすると、25〜35人の範囲の集落人数ということになる。

　この大規模集落という評価が与えられて然るべき中期の子和清水集落と草刈集落が、以上のような検討の結果、平均した姿として5〜6棟の住居数と25〜42人前後の人数で構成されていたという一定の結論が得られた意義は大きい。これを基準にすると、縄文時代では同時10棟超えの集落、50人を超える人数の集落はかなり大規模な集落であるといえ、そうざらにあるものではないという見通しを得ることができる。

　もちろん、千葉県市原市武士遺跡のように堀之内1式土器の時期に、実に205棟（ほかに可能性のある住居8棟）もの竪穴住居が発見されたという極端に肥大化した事例も一方ではある。これなどは当然ながら同時存在ではあり得ないが、堀之内1式土器の期間を暦年較正年代で260年間

として計算すると，竪穴住居の建て替え cycle は 260 年÷15 年＝17.3 cycle となるので，213 棟÷17 cycle＝12.5 棟という数字が平均として算出される。未発見住居を想定して同時平均 13 棟，1 棟の竪穴住居の居住人数を 5～7 人とすると，65～91 人もの多数が大集結した，同時 10 棟，50 人を大きく超える超巨大集落の出現を想定せざるを得ないわけである。ちなみにこの堀之内 1 期の武士集落は子和清水中期集落の約 2.2 倍，草刈中期集落の約 2.6 倍の規模であり，何らかの目的をもって大集合した居住集団の存在を教えてくれるのである。

　次に東京西部多摩地方の事例を検討したい。縄文中期集落研究グループと宇津木台地区考古学研究会は，中期を 13 期 32 細分した編年案を示している（黒尾・小林・中山 1995）。これは「集落のより一時期に近い景観を捉えようとするには，当然ながら土器型式の細分が深化し，より短いタイムスパンで切れることが理想的なあり方であろう」（中山 1995）という目的意識に根差しているが，いかに細分しても「細分された各型式の時間幅が常に一定であるという保証もない」ことは自明だが，中期の存続期間を 5,470～4,420 年前 calBP の 1,050 年間（小林 2008）として 1 細分型式の平均した時間幅を求めると 1,050÷32＝32.8 年ということになる。これは住居の建て替えが必要になる 15 年 1 cycle のほぼ 2 倍であり，1 細分型式間に平均して 2 回の住居の建て替えがあったことになる。この眼で"多摩地域における主要な縄文時代中期集落時期別住居跡軒数"をみると，16 棟の TNTNo. 471 遺跡の 8a 期，14 棟の滑坂遺跡の 8b 期，宇津木台 D 地区の 11b 期といった最大棟数を残す集落も，同時 7～8 棟の集落であった可能性が高くなる。1 棟の竪穴住居の居住人数を 5～7 人とすると 40～56 人となり，60 人以下の人数により構成されていた姿が復元される。実際には 5 棟以下の集落の方が圧倒的に多かったことは，先の"住居跡軒数"表にも明らかである。未発掘の竪穴住居を想定したとしても，隆盛を極めた観のある東京の中期集落ですら同時に 10 棟を超える集落というものは普通には存在しなかったと想定できるのである。

3　中妻 A 土壙合葬墓の発見

　筆者が中妻貝塚を見学した 9 年後の 1992 年，市道改良工事に伴う発掘調査が貝塚の南部で実施された。そして C 字形を左右反転した形の下方の先端に近い位置（第 2 図）から多数の人骨を埋葬した土壙が発見され，A 土壙と命名された（第 3 図）。A 土壙は直径約 2 m，深さ約 1.2 m の筒形で，壁際底面には溝があり，壁に沿って板状のものが打ち込まれていたと推測されている。人骨はこの土壙内部に目一杯堆積していたのではなく，上下を人骨を含まない土層に挟まれた厚さ約 0.9～1 m の層の範囲から発見されている。その人数はしばらくの間 101 体（宮内・西本 1993，本橋 2001）と言われていたが，報告書（西本ほか 1995）では 96 体に減員されている。これは頭蓋骨から確実な個体数を算定したことによるものというが，後日，記載漏れという 140 号と 190-3 号の 2 体が追加され，また 207 号の性別は男性と判定された（松村・西本 1996）ため，総数は 98 体となったのである。

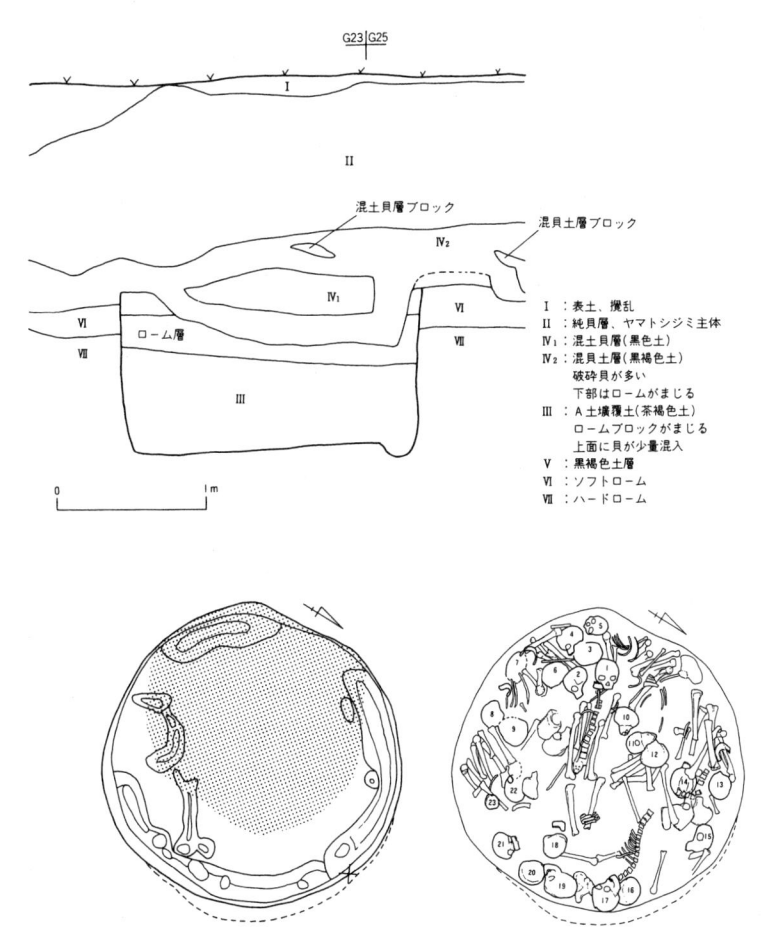

第3図　A土壌の断面・底面と人骨の上面の発見状況（西本ほか1995改編）

「A土壌を掘り進めていく時には，1次埋葬の人骨がないかどうか注意したが，1次埋葬と推測されるものはまったく認められなかった。このことから，A土壌出土の人骨全体が再埋葬であると判断した」（西本ほか1995）という。もう少し細かくみると，①ときに部分的に骨が連接することはあってもどれひとつ解剖学的自然位をとどめる個体はなく，故意に配置したり，あるいは乱雑に配列した状態から，多くは軟部がほとんど腐食した人骨の再埋葬であること，②人骨はほとんど隙間なく，土壌もほとんどない状態で発見され，再埋葬終了後，土壌の上部約30〜40cmはローム塊混じりの黒色土によって蓋をされており，穴を掘って埋め戻すまでの期間は数日から1か月程度のごく短期間と推定されることが指摘されている。①からは一次埋葬の期間がそう長くはなかった人々の改葬であったことが想定され，②からは改葬とそれに続く合葬が一気に執行した行為であったことが想定されよう。

　A土壌の時期については，土器を伴っていないため正確にはわからない。公表当初の年代観は「中妻貝塚が形成されはじめた初期の段階にあたる」後期前葉の堀之内1式期（宮内・西本1993）とされていたのであるが，最終的見解である報告書ではこれを考え直し，土壌の切り込み

面である「黒褐色土に含まれる土器は，堀之内1・2式であり，おそらく堀之内2式の時期にA土壙が作られたのであろう」（西本ほか1995）という見解をとっている。A土壙を覆う貝層の底面，それも土壙の上部で発見された6・7号人骨は加曽利B式の時期と考えられているから，それ以前であることはいえても，残された考古学的証拠では時期を特定しずらいように思われる。

4　中妻A土壙合葬墓に埋葬された人びと

　残念ながら中妻集落では住居で検討する材料を欠いているため，A土壙合葬墓を頼りとせざるを得ない。そこで最初に中妻集落のA土壙合葬墓が，中妻の居住集団の死者のみから形成されているという仮定のもとで集団の人数を想定してみたい。その場合，集団の人数が大きく増減することなく推移していること，各年齢層の構成比率に大きな偏りがないまま推移していることを前提としたい。

　A土壙に合葬された98人の内訳は，成人男性43人・成人女性18人・性別不明成人4人・若年男性1人・若年女性3人・若年性別不明1人・少年〜幼児28人である（第1表）。但し，胎児と思われる四肢骨も含まれているけれども，これは員数には入れていないというから，個体認定された人骨は3歳前後以上に限られているといえる。したがって，98人という数は改葬された全員ではなく，少なくとも3歳前後以上の，かつカウント可能な状態に保存されていた人骨に限られているというのが実相である。先の一次埋葬の期間がそう長くはなかった人々の改葬という想定を10±5年とみて，仮にこれらの人骨が10年間の死者の合計とした場合，構成員の人数をそのまま維持できた集団を想定した場合の成人死亡者数は65人，成人の年平均死亡率は0.04（堀越2001）であるから，成人者数は65÷（0.04×10）＝162.5人の集団ということになる。成人者数は全員の45.5%平均であるから，全員の人数は162.5÷0.455＝357.1人，未成人の人数は357.1−162.5＝194.6人と計算される。つまり，未成人190人以上，成人160人以上，合計350人以上の集団という姿が復元されるのである。

　では報告書ではどのように考えているのであろうか。「縄文時代では，100人の集落では，おそらく10家族程度であろう。つまり，1夫婦とその両親，夫婦の子供5〜6人程度を標準的家族とした場合である。そして，1年間に1家族に1人死ぬと人口減少を起こすので，1年に2〜3家族に1人程度の死者がでると仮定する。そうすると，100人の集落では，1年に3〜5人程度の死者数というこ

第1表　A土壙発見人骨の年齢・性別・抜歯有無の内訳

	男性	女性	不明	合計		抜歯		合計
						男	女	
幼児			19	19				
少年			9	9				
若年	1	3	1	5	33			
壮年	20	9	1	30			3	3
壮-熟	1	2	1	4				
熟年	19	4		23		9		9
熟-老			1	1				
老年	2			2	60			
不明	1	2	2	5	5			
合計	44	21	33	98	98	9	3	12
成人	43	18	4	65	65	9	3	12

第2表　経過年数毎の集団構成予想人数

	5年	10年	15年	20年	30年	40年	50年	60年	70年
成人	325.0	162.5	108.3	81.3	54.2	40.6	32.5	27.1	23.2
未成人	389.3	194.6	129.8	97.3	64.9	48.6	38.9	32.4	27.8
全員	714..3	357.1	238.1	178.6	119.0	89.2	71.4	59.5	51.0

とになる。乳児死亡率は別である。もしそうだとすれば，96個体は100人の集落の20〜30年分の死者ということになる。また，A土壙にすべての人が再葬されたとは限らない。この計算は推測の域を出ないが，中妻貝塚はおそらく1時期に200人以上が居住していた集落であろう。その当時の関東地方では，200人以上の集落は，その地域の中心的集落であった可能性が高い」（西本ほか1995）。報告者の見解は，なぜ100人の集落として計算し，最終的には200人以上の集落としたのかの詳しい説明はなくその経緯は不明であるが，一つの居住集団とみていることは間違いない。

しかしながら，100人にしろ200人にしろ，そのような膨大な人数を中妻の堀之内1ないし2式の集落に想定することは果して可能であろうか。中妻貝塚の「これまでの出土状況によればこの遺跡も住居址の残存は密集した状態とはいい難く，今のところ環状集落の存在を想定するのは困難といえよう」（前田2002）というきわめて低い評価を与えている見解もあり，評価は割れている。先の10年の計算を15年，さらに20年から70年までは10年毎に計算したのが第2表である。50年を過ぎたあたりから人数として想定の範囲内に入るかと思われるが，そのような長期に遡る遺骨の回収と改葬というのもまた埋葬地の記憶と骨の風化という問題の発生により想定困難となる。一方，100人を超える人数というのはそう滅多にあるものではないと考えられ，かの異常に突出した武士遺跡の堀之内1期集落の規模であっても33〜43年を要してしまうほどである。

かくして人数と期間との間に中々折り合いがつかないという状況が解消できないのであるが，その原因はA土壙合葬墓が中妻の居住集団の死者のみから形成されているという仮定に無理があるからだと結論される。これまでの公表の限りでは，中妻貝塚は加曽利B式以降に旺盛な活動を感じるが，そもそも堀之内式土器の存在自体が希薄であるらしく，そこに100人どころか200人以上が居住していた集落を復元するのはまったく無謀な想定であろう。中妻集落のA土壙合葬墓が，中妻の居住集団の死者のみで成立しているとは考えられないのであれば，複数の異なる居住集団の死者を合わせて形成されているということを想定せざるを得まい。

第3表　A土壙発見人骨のミトコンドリアDNAハプロタイプ別人数

| | ミトコンドリアDNAハプロタイプ ||||||||| 合計 |
	1	2	3	4	5	6	7	8	9	
男	10	1	4	1	1	1	1	1		20
女	5								1	6
不明	2		1							3
合計	17	1	5	1	1	1	1	1	1	29

第4表　A土壙発見人骨のミトコンドリアDNAハプロタイプ別内訳

タイプ	人骨番号	性別	年齢	抜歯
1	190—2	不明	幼児5	—
	207	不明	若年	—
	2	女性	壮年前半	—
	110	男性	壮年前半	—
	184	女性	壮年前半	—
	1	女性	壮年	—
	139	男性	壮年	?
	155	女性	壮年	右I2
	148	女性	壮年後半	右I2
	163	男性	壮年後半	—
	175	男性	壮年後半	—
	190—1	男性	壮年後半	—
	17	男性	熟年前半	右I2
	185	男性	熟年前半	—
	15	男性	熟年	—
	150	男性	熟年	—
	161	男性	熟年	—
2	4	男性	熟年	右I2
3	5	不明	少年10	—
	111	男性	壮年前半	—
	158	男性	壮〜熟年	—
	137	男性	熟年後半	?
	206	男性	熟年後半	—
4	12	男性	熟年	—
5	18	男性	熟年後半	右I2
6	113	男性	壮年	—
7	138	男性	熟年	右I2
8	186	男性	壮年	—
9	203	女性	熟〜老年	—

5　ミトコンドリアDNA分析の結果

　中妻A土壙合葬墓発見の人骨については，歯冠計測値に基づく血縁推定とミトコンドリアDNA分析が実施され，報告されている。歯冠計測値に基づく血縁推定については，確かに少人数土壙や石棺・石室など閉じた狭い関係が想定できそうな場合での分析（田中2008）に威力を発揮できると思えるが，中妻のような土壙としては閉じていても多数かつ多岐に及びそうな場合などは，他人の空似が排除できない以上，結果に対して全幅の信頼を置くことはできないため，これを第一義的に検討することは控えたい。

　今一つのミトコンドリアDNA分析は，配列を決定した部位が短いという点で完全ではない恨みをもつが，もとより古人骨では完璧は望むべくもないことであり，偶然よりも必然をとりたい。49個体（全体の50％）の歯のサンプルのうち29個体（全体の約30％，試料の59％）にミトコンドリアDNAのハプロタイプを解析することができたという。その結果が第3・4表で，この分析を担当した篠田謙一はその結果を次のように整理している（篠田2007）。

① 　もっとも多かったDNA配列は17人からなり，次位が5人，残りの7人はそれぞれ独立のDNA配列から構成され，特定のDNA配列が多くを占めているのが特徴である。

② 　性別とDNA配列の関係は，女性では6人のうち5人（83％）までがこのグループで最多数を占めるDNA配列をもっていること，男性ではこのDNA配列をもつものが10人（50％），2番目のDNA配列が4人（20％），残り6人はそれぞれ異なるDNA配列をもっていた。

③ 　最多数のDNA配列がしめる割合は女性の方が大きく，解析できた大部分の女性が母系の血縁をもつ可能性がある。

④ 　男性でユニークなDNA配列が多いことは，婚入者が主として男性であったことを示唆している。

⑤ 同一のDNA配列をもつ個体同士は母系の血縁関係をもっている可能性があり，同一のDNA配列をもつ個体が多数を占めているということは，中妻貝塚に埋葬された人々の大部分が母系でつながる血縁団体であったことを示唆している。

ミトコンドリアDNAは母系に遺伝するから，同一のハプロタイプをもつ人たちは母系の血縁関係をもっていることになる。もとより不能・不明な残り70%の方が人数が多いのであるから，複数人がいるのは2タイプに限ると断定することはできないものの，母系遺伝子を同じくするものが少なくとも大小2タイプあることは間違いない。しかし「同じ母親から受け継いだmtDNAのハプロタイプを共有する集団が明らかに存在しており，一つの血縁的系譜においてまとまっていた。そのようなハプロタイプ別の集団が複数存在し，同じ血縁関係に属さない複数の集団が同じ土坑墓に再葬されていたことが判明した」としても，「それはとりもなおさず母系的系譜関係で結ばれる母系制社会ということになる。縄文後期集落の構成員は母系に基づく単系出自原理によって親族構造が形成されていたのであろう」。「同時に後期のあり方は，婚後居住規定が妻方居住であった可能性を示唆している」（高橋2004）ことにはならない。

というのも，母系の血縁関係をもっているといっても，成人男性の少なからざる存在は純粋な母系集団で生じるものではなく，双系社会—選択居住婚の場合において可能となるのである。つまり選択居住婚の場合，母系で繋がる同じハプロタイプをもつ男女の一群が主たるタイプを形成し，別のハプロタイプをもつ少人数の一群が副たるタイプを形成し，さらに婚入した男性が単タイプとなって混在するのである。高橋の想定する母系―妻方居住ならば，全年齢にわたり居住する女性と子どもはすべて同じハプロタイプとなり，成人男性は婚入者で，それぞれ異なるハプロタイプにわかれるというあり方を示すはずであるが，中妻A土壙合葬墓はそうなっていない。中妻A土壙合葬墓をもって「その当時の親族組織が母系であったこと，母方居住が行われていた可能性もさらに強くなった」（西本・篠田・松村・菅谷2001）とは到底いえないのである。

6　抜歯を加えた検討

一方，抜歯の施術された個体は全体で12体確認されている。内訳は第1表のとおり男性9体・女性3体で，部位別では右上顎側切歯が男性7体・女性2体，左上顎側切歯が男性2体・女性1体であった。抜歯の有無を確認できない個体もあるので正確を期し難いけれども，単純に成人の実数で割ると18.46%に認められるから，全体で5分の1程度に抜歯者が含まれていると想定できよう。

これを婚姻抜歯説で解釈すると，初期抜歯は抜歯者＝婚入者となるから，婚入者が余りにも少な過ぎるという問題に直面する。その原因が単一出自集団説にあるのか，それとも婚姻抜歯説にあるのか，さらにはその両方ともかが問われよう。このうち単一出自集団説で単婚を仮定すると，成人の約半数が出自者と婚入者に分かれることになるが，この状況を想定するのは著しく低い抜歯率により困難であることは明白である。

一方の婚姻抜歯説であるが，田中良之は集落を出自の母体とする春成秀爾の婚姻抜歯仮説は成立しない（田中 1998）こと，そして西日本晩期の 2C 系抜歯と 4 I 系抜歯の 2 系統は部族社会を二分する原理を表示した半族表示の可能性が出てくる（田中 2008）と述べている。しかし，抜歯半族表示説をこの中妻の A 土壙合葬墓に適用しても，全体で 5 分の 1 程度の全抜歯者という事実をうまく説明することは困難である。これは半族表示説はあくまでも西日本晩期のものであり，東日本の後期にそのまま適用できないことを意味する。東日本の後期抜歯が半族表示でないならば，氏族表示である可能性が高くなる。そう考えることができるならば，この合葬墓には表示を右上顎側切歯抜歯とする氏族，左上顎側切歯抜歯とする氏族，そして抜歯を採用しない（おそらく抜歯以外の表示を採用していた）氏族という，大きくは 3 者で構成されていたということになろう。しかし，だからといって，これはすぐさま中妻集落—それも A 土壙合葬墓を造営するまでの—が複数の出自集団によって構成されていたことを証明するものではない。

　そこで今一度，合葬集団のうち DNA 配列が抽出できた 29 人の分析結果と人骨所見を検討することにしたい。

① 17 人という最大グループをなす主タイプであるタイプ 1 は，成人男女と子どもから構成されているが，少ないながらも右上顎側切歯抜歯者の男性 1 人・女性 2 人を含んでいる。
② 次数の 5 人からなる副タイプをなすタイプ 3 は，成人男性 4 人と子ども 1 人からなるが，女性と抜歯者はこの中には含まれていなかった。
③ 単数のみの単タイプはタイプ 2・4〜8 があり，成人男性 6 人・成人女性 1 人からなり，このうち抜歯者は成人男性の 3 人である。

　以上の明らかとなった事実が本来の全体の事実を大きく損なうものではないならば，次のことが考えられる。①〜③の構成は双系社会の選択居住婚で出現しうるものであるが，複数の異なる出自集団によって形成されていたのであれば，その集団の数だけ主タイプの並立が起きて拮抗して然るべきであるが，そのような兆候はここには見当たらない。これは A 土壙合葬墓は血縁関係のまったくない複数の異なる出自集団によって形成されていたのではないことを物語るものである。ということは，A 土壙合葬墓は主たる出自集団という核となる集団によって構成されていたということになる。すなわち，大きく 3 氏族構成をなすといっても内容は均一なものではなく，最大グループをなすタイプ 1 の示す無抜歯グループが母集団をなし，少なくとも抜歯者や単タイプは少数派ということになる。ここでの抜歯が西日本晩期に想定されるような半族表示にはなりえないことは明らかである。少なくとも中妻集落には，半族に編成されていたという証拠はどこにもないのである。

　調査報告側の二分論の記載は，茨城県ひたちなか市で開催された日本考古学協会 1995 年度大会"シンポジウム縄文人と貝塚"の報告の中で，「19 体の人骨は 2 つのグループに別れることが分かった。（略）2 つの家系に属する人々ということになる」（西本・松村 1995）としたのが最初であろう。これは歯冠計測値に基づく血縁推定の結果をうけた解釈のみの発表であったが，後日発表された歯冠計測値に基づく血縁推定の報告論文では，「中妻貝塚人は相互相関の高い 5 つのグ

ループに分類されたが，このうち血縁関係を構築している可能性が大きいのは2つのグループに属する人々であった。他の3つのグループについては，血縁関係と確証する十分な手掛かりは得られなかった」（松村・西本1996）とし，先の「2つのグループに別れること」とは異なる細かな分類が開示されたのである。さらに「母集団は最低でも5つ以上の家系から成り立っていたと推定される」ともいっている。シンポジウム報告以後の調査報告側の見解は2グループ説をとることはないのであるが，2グループ説の撤回を明言していないこともあり，強いインパクトをもって受け入れられていった先行発表のA土壙合葬墓2グループ説は，消滅しないまま存続していったのであった。

たとえば谷口康浩がこの環状集落である中妻貝塚のA土壙合葬墓をもって「一縄文人集団の人骨の遺伝的形質から二群の血縁集団の存在が実際に推定された」（谷口2002）としたのは，調査報告側の旧説である2グループ説に基づいている。谷口もこれを「二群の血縁集団」と理解したからこそこの事例をもって環状集落の二大群を確信し，さらにこれを双分制社会の直径構造と相同のものとして理解したのであるが，そもそもそこに「二群の血縁集団」を示す証拠は認め難いのであるから，この中妻貝塚のA土壙合葬墓は双分制社会の直径構造と相同のものとする証明にはなり得ないといえよう。

7　集合の中身

中期終末の加曽利EⅢ期に中期環状集落が終焉を迎えて小規模分散化し，後期前葉の堀之内期に至って大きな集落が再度出現するようになるという理解は通説となっている。遺跡あるいは地域によってはこれに当てはまり難い事例もあるが，大局的には"集合"→"分散"→"集合"の経過を辿っている。ここでの問題は，この離合集散の後半に起こった「非居住域への分散居住」から「同一地点での反復居住・集合的居住」（加納2002）の中身である。

中妻貝塚のA土壙合葬墓を実際に発掘した山田康弘は，その多数合葬・複葬の意義を次のように理解している。「加曽利E3式期に至って，多くの縄文時代中期の大型集落は終焉をむかえる。その後，加曽利E4式期から称名寺式期には，小規模な集落が形成される。そして，これらの小規模集落の住民が再び集合し，新しい場所で，新しく集落を開設する堀之内式期を前後する時期に，死亡時点の異なる人骨を掘りだすなどして持ち寄り，一時に一つの土壙に埋葬する。その土壙の位置は集落内でも特別な地点であり，上部構造を設け，視覚的にそして精神的にもシンボリックな建造物としての機能を持たせたのだと」（山田2008）。

この見解に異論はないが，「小規模集落の住民が再び集合」する各小集団相互の関係が問われるのである。地域を離れるが，中妻貝塚とは同じ古鬼怒湾水系に属する千葉県北部の印旛沼南岸地域の遺跡群を時期別に追った研究によると，「中期後半の拠点集落遺跡と後・晩期の拠点集落遺跡相互の分布を重ねると，双方が位置的に近接して存在する傾向を認めることができる。さらに，その周囲には中期末葉から後期初頭の集落が数箇所存在するというパターンを認識すること

が可能である」という。その「中期末葉から後期初頭（加曽利 E3 式期〜称名寺式期）の遺跡は，中期後半集落から継続することはなく，しかし，その近辺にいくつかのブロックを形成して散在するという傾向が強」く，「集団が再編成されたとしても，彼らは中期後半の拠点を決して離れようとはしていない。小集団に分散したり，結合したりしながら，しかし，あくまでもその近辺にとどま」り，「同一の系統（血統？），すなわち出自を同じくする集団，もしくは，出自を同じくすると信じられている集団による，中期から晩期までの「領域の継承」を示している」（高橋・林田・小林 2001）という広域研究の成果を援用するならば，後期における「同一地点での反復居住・集合的居住」は，同系集団の集合が基本的な姿であったと考えられよう。

　中妻の A 土壙合葬墓は，一つの居住集団のみで形成されていたことは想定困難であり，複数の居住集団から形成されていたと考えられる。しかしその選別された集合体に半族表示は明瞭には認識できず，半族に編成されていたという事実は認めることはできなかったのであるから，素直に双系社会の選択居住婚体制下における同系集団の集合を想定すべきであろう。17 人という最大グループをなす DNA タイプ 1 は，成人男女と子どもから構成されているが，右上顎側切歯抜歯者の男性 1 人と女性 2 人とを含むという混稀現象は，タイプ 1 の母集団から一旦別れた女性およびその DNA を受け継いだ子どもがこの中に含まれていた証拠である。近しい間柄の居住集団の集結・合流であったからこそこのような混稀現象が発生したというのが真実であろう。

　かくして中妻集落の A 土壙合葬墓は，これまで行動を別にしていた複数の居住集団が中妻に集結・合流して共同生活をはじめるにあたり，各集団の直近の死者の遺骸を掘り出し，新生居住集団の共通の祖先としてこれを一まとめに合祀したものと想定されるのである。その集団が最低でも 5 つ以上の家系から成り立っているという見解を採用し，埋葬の記憶の遡及を最長 30 年間として計算してみると，死者が 100 人を超す集団規模は 100 人÷（0.036×30 年×5 集団）＝18.52 人となるから，20 人平均の集団が 5 つ集合し，過去 30 年間の遺体を改葬して合祀すれば A 土壙規模の合葬墓をつくることは可能となる。ただその場合に問題となるのは，平均 20 人の集団が 5 つ集合すると全員で 100 人という大集団になってしまうことである。同様に 3 集団でも平均 30 人・全員で 90 人となってしまうから，ここでは全員がそのまま集合するということはなく，分裂という事態を伴っていたという状況を想定するしかないであろう。

　中妻集落では，中期末に小集団に分散したものが後期になってそのまま集結・合流して共同生活を開始したのではなく，複数の同系およびおそらく親密な関係をもった集団を含めて集結・合流して共同生活が開始されたのであろう。それ故に新生集団統合のシンボルとして A 土壙合葬墓がつくられたと考えられる。その一方，先の印旛沼南岸地域の遺跡群のように，分散後も近辺にとどまり「中期から晩期までの「領域の継承」を示している」場合は，後期になってそのまま集結・合流して共同生活を開始した状況を想定すべきであろう。

8 集合の理由究明に向けて

　縄文集落の変遷は，離合集散の歴史である。基本は個々の集落の運動にあるが，地域的に連動する動きもあることは周知の事実である。集落は個性的であるとともに社会的に存在していることを意味するのであるが，この後期的集合の時期は必ずしも堀之内期に限ることはないらしいから，離合集散による再編は一斉に起こったのではなく，東京湾沿岸地域で早く，古鬼怒湾沿岸地域で少し遅れて起こったという傾向が読み取れそうである。

　最後に後期における変化に関する既説のいくつかを紹介し，検討の敲き台としたい。坪井清足（坪井 1967）は，市川市から千葉市にかけての環状貝塚が「中期から後期にかけて貝塚がふえることは，とりもなおさず人口の増加を示すものであろう」とし，「その大人口を維持するためには，単に漁撈による生産だけでなく，広い後背地を利用した農業生産をなんらかの形で考慮すべきではなかろうか」として，「縄文中期に中部山地において農業生産によって栄えた大集落が，外的な環境の変化によって急激に凋落し，これに次いで栄えたのが漁撈生産に依存度の高い千葉市周辺の後期文化であった」ことを結びつけ，中部山地からの農業をもった人びとの移住を構想している。

　岡本勇（岡本 1975）は，「生産力の着実な発展」という進歩観によって「単位集団の増大による共同労働の発展」を構想し，中期末ないし後期から晩期前半までの成熟段階の「単位集団の人口の増加は，集団労働による協業をいちだんと促進した」とした。その中味としては発展期（前期から中期にかけて）の漁網を利用した集団的な漁労や発展期以降の巻狩りのような集団的狩猟の促進といった「集団労働による協業」を指摘している。

　高橋龍三郎（高橋 2003）は，「後期集落の中に大形住居に代表されるように，複数世帯が登場する点を重視し，合同集団の出現を想定」し，その理由として海岸部での勇壮で危険な外洋性漁労活動，内陸部での基幹食料が堅果類に変化し，それを採集する生業組織に変革が生じたことをあげている。

　以上，狩猟・漁労・植物採集や栽培という各種の活動がとりあげられているのであるが，果してこれらの中に後期前葉に起きたという集合的居住の理由が示されているのか，それともこれ以外の理由によるものか，未だ究明の糸口は掴めておらず，尚も将来の課題として残されている。

引用・参考文献

坪井清足 1967「縄文文化論」『岩波講座日本歴史 1　原始および古代 1』岩波書店
岡本　勇 1975「原始社会の生産と呪術」『岩波講座日本歴史 1　原始および古代 1』岩波書店
宮内良隆・西本豊弘 1993「茨城県取手市中妻貝塚における多数合葬の考察」『日本考古学協会第 59 回総会研究発表要旨』日本考古学協会
西本豊弘ほか 1995『茨城県取手市中妻貝塚 ―発掘調査報告書―』取手市教育委員会

西本豊弘・松村博文 1995「中妻貝塚のもつ意味」『日本考古学協会 1995 年度大会研究発表要旨』日本考古学協会

黒尾和久・小林謙一・中山真治 1995「多摩丘陵・武蔵野台地を中心とした縄文時代中期の時期設定」『シンポジウム縄文中期集落研究の新地平 [発表要旨・資料]』宇津木台地区考古学研究会

中山真治 1995「縄文中期土器の時期細分と集落景観」『シンポジウム縄文中期集落研究の新地平 [発表要旨・資料]』宇津木台地区考古学研究会

松村博文・西本豊弘 1996「中妻貝塚出土多数合葬人骨の歯冠計測値にもとづく血縁関係」『動物考古学』第 6 号　動物考古学会

安孫子昭二 1997「縄文中期集落の景観 —多摩ニュータウン No. 446 遺跡—」『東京都埋蔵文化財センター研究論集』XVI　東京都埋蔵文化財センター

田中良之 1998「出自表示論批判」『日本考古学』第 5 号　日本考古学協会

篠田謙一・松村博文・西本豊弘 1998「DNA 分析と形態データによる中妻貝塚出土人骨の血縁関係の分析」『動物考古学』第 11 号　動物考古学会

本橋弘美 2001『中妻貝塚に生きた人たち —101 体縄文人骨の系譜—』取手市埋蔵文化財センター

西本豊広・篠田謙一・松村博文・菅谷通保 2001「DNA 分析による縄文後期人の血縁関係」『動物考古学』第 16 号　動物考古学会

高橋　誠・林田利之・小林園子 2001「縄文集落の領域と「縄文流通網」の継承〜佐倉市坂戸草刈堀込遺跡発見の晩期貝層から〜」『研究紀要』第 2 号　印旛郡市文化財センター

堀越正行 2001「縄文時代前期土壙群の数的研究」『史館』第 31 号　史館同人

前田　潮 2002「関東地方縄文時代中後期の貝塚と集落の関係についての一予察」『日々の考古学』東海大学考古学教室開設 20 周年記念論文集編集委員会

谷口康浩 2002「環状集落と部族社会 —前・中期の列島中央部—」『縄文社会論（上）』同成社

加納　実 2002「非居住域への分散居住が示す社会 —中期終末の下総台地—」『縄文社会論（上）』同成社

高橋龍三郎 2003「縄文後期社会の特質」『縄文社会を探る』学生社

高橋龍三郎 2004『縄文文化研究の最前線』早稲田大学

篠田謙一 2007『日本人になった祖先たち　DNA から解明するその多元構造』NHK ブックス 1078　日本放送出版協会

田中良之 2008『骨が語る古代の家族』吉川弘文館

小林謙一 2008「縄文時代の暦年代」『縄文時代の考古学 2　歴史のものさし』同成社

山田康弘 2008『生と死の考古学　縄文時代の死生観』東洋書房

荒海4式の研究（2）

渡 辺 修 一

はじめに

　山武郡横芝光町長倉宮ノ前遺跡における弥生時代遺物包含層の調査[1]は，香取郡多古町塙台遺跡の壺棺再葬墓の調査[2]とともに，荒海式土器の末期の様相を解明する上で画期的な成果であった。長倉宮ノ前遺跡の発掘調査では，直径10m×12mの楕円形の範囲に遺物集中が認められ，おそらく短期間に廃棄されたと考えられる多数の土器が出土した。その構成は，荒海4式土器として把握されてきた土器を主体に，東海系条痕文土器をはじめとする外来系土器を伴うものであった。それらは出土状況から考えて，一時期の土器群の全体像を示すものと思われ，これまで良好な一括資料が知られていなかった荒海4式期の土器群について，画期的な成果をもたらした。とくに外来系土器を含む多種多様な壺形土器は，当該期の土器組成を明らかにしただけでなく，これまで推測の域を出なかった他地域との並行関係を確定的なものとした。

　筆者は，長倉宮ノ前遺跡の報告書中で，それらの壺形土器の構成が塙台遺跡の壺棺再葬墓群に使われた壺形土器のうち，古い段階の一群との共通性が強いことを指摘し，外来系土器の年代観とあわせ，長倉宮ノ前遺跡出土土器群は，弥生時代中期前葉の居住域の土器組成を示すものと位置づけた。また，その後前稿となる文章[3]の中で，長倉宮ノ前遺跡出土土器群と千葉県の各遺跡から出土した土器群を比較し，荒海4式土器の細分の可能性を指摘した。小稿では，もう少しその検討を進め，荒海4式土器の細分案を提示するとともに，前稿で比較検討できなかった茨城県殿内遺跡出土土器群との比較も試みたい。

1　変形工字文をもつ鉢形土器の検討

　荒海4式土器は，もっとも主体的な器種として，変形工字文を主文様とする鉢形土器，菱形連繋文を主文様とする甕形土器，体部の全面または大半が細密条痕または貝殻条痕で覆われる甕形土器・鉢形土器をもっている。変形工字文を主文様とする鉢形土器は，長倉宮ノ前遺跡で鉢Aに分類したもので，口縁部が屈曲して短く外反し，丸みを帯びた胴部最上位に幅の狭い文様帯を巡らせている。それらの主文様帯部分には地文を施すものとそうでないものがあり，地文をもたない鉢A1と地文をもつ鉢A2〜鉢A3に細分した。さらに鉢A4として，地文をもちながら主

鷺山入

鷺山入

名城　　名城

名城

長倉宮ノ前

長倉宮ノ前

長倉宮ノ前

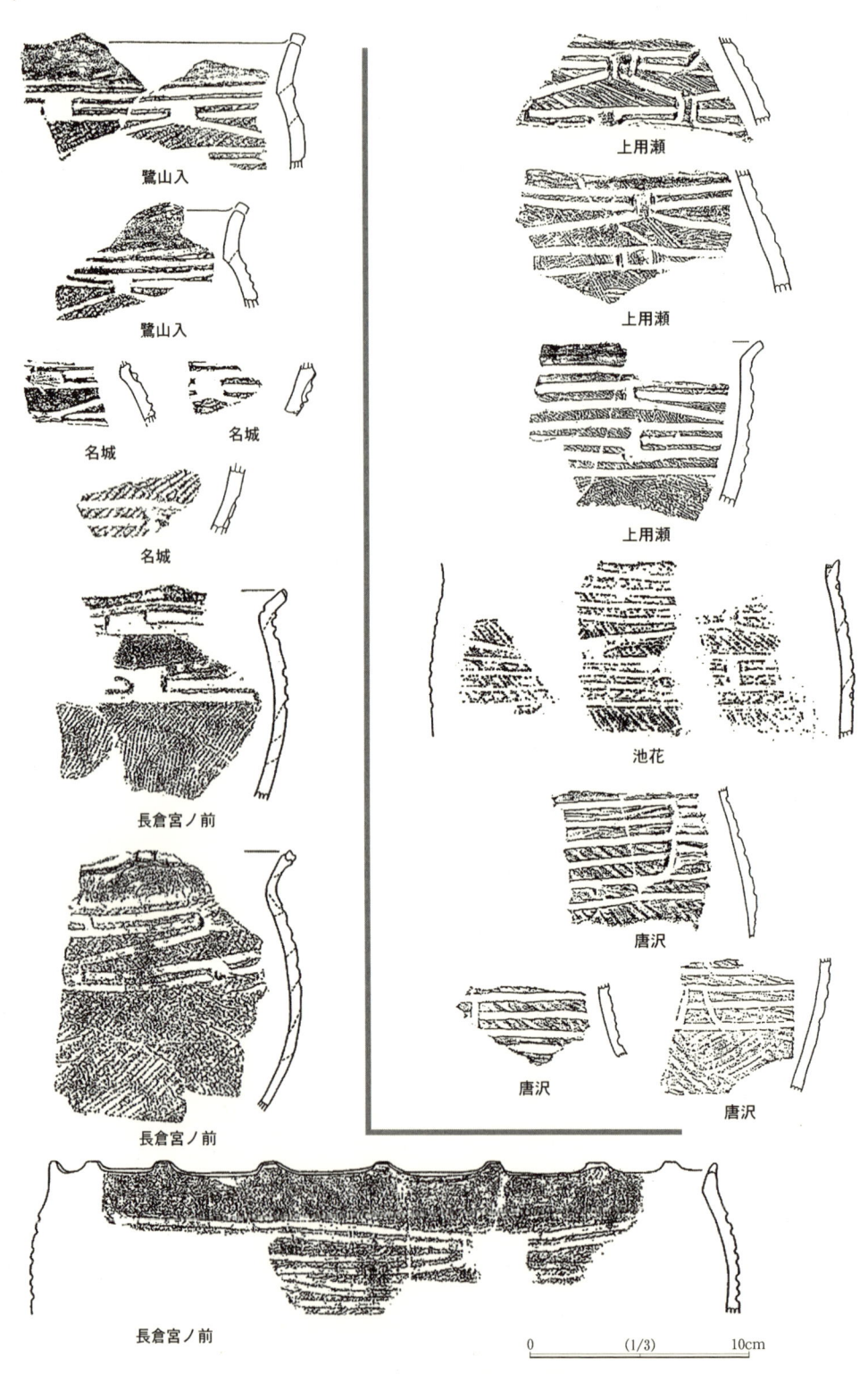

上用瀬

上用瀬

上用瀬

池花

唐沢

唐沢　　唐沢

0　　(1/3)　　10cm

第1図　変形工字文を主文様とする鉢形土器

文様帯が平行沈線になるものもある。長倉宮ノ前遺跡出土土器の主文様帯下の地文はほとんどが縄文が用いられていたが，他の遺跡では条痕を地文とするものが主体である場合があり，その間には地域差または時間差等の何らかの違いが想定された。

　第１図の土器は，山武市鷺山入遺跡[4]，山武市名城遺跡[5]，横芝光町長倉宮ノ前遺跡，袖ケ浦市上用瀬遺跡[6]，四街道市池花遺跡[7]，市原市唐沢遺跡[8]から出土した鉢Aである。一見してわかるように，鷺山入，名城，長倉宮ノ前の３遺跡の出土土器には縄文を地文とする鉢Aが主体で地文をもたない鉢A1を含み，上用瀬，池花，唐沢の３遺跡出土土器は条痕を地文とする土器が主体である。逆に，前の３遺跡には条痕を地文とする鉢Aは含まれず，後の３遺跡には縄文を地文とする鉢Aは含まれない。ここに挙げた各遺跡は，存続期間が短いと想定され，異なる時期の土器群が混在する可能性の低いものを選んでいるが，前３者が九十九里地域に存在する遺跡であるのに対し，後３者が東京湾側の地域に存在することから，これらの資料群の範囲内では地域差の可能性もあることになる。しかし，より存続期間が長いと考えられる有力な遺跡，東京湾岸地域に位置する市原市西広貝塚[9]や九十九里地域に位置する銚子市余山貝塚[10]においては，縄文を地文とする鉢Aと条痕を地文とする鉢Aが両方とも出土していることから，第１図に例示した２つの様態は，地域差ではなく時間差である可能性が大きいといえる。

　ここで，荒海４式に先行する荒海３式段階の良好な土器群を出土した成田市荒海川表遺跡の土器をみてみよう。荒海川表遺跡では，その10号遺構（竪穴建物跡）出土土器群と17号遺構（建物跡と推定される）出土土器群に様相差が認められ，筆者と石橋宏克は前者を荒海３式古段階，後者を荒海３式新段階の基準資料と位置づけた[11]。

　第２図は，荒海川表遺跡17号遺構出土の変形工字文をもつ鉢形土器を例示したものである。1は小片で全体像が不明であるが，浮線で匹字文を表現するもので，浅鉢形土器の可能性も高い。この器種は荒海４式には継続しないことは明確である。2は荒海３式古段階に出現した器種を受け継ぐもので，外反する口頸部に変形工字文を巡らせる幅の広い文様帯をもつ。文様帯部分は丁寧に研磨され，地文は認められない。くの字に屈曲する肩部から下の胴下半部には縄文が施されている。これもまた荒海３式を特徴づける器種であり，荒海４式には継続しない。この土器の文様帯区分は，口頸部のⅠ帯と胴下半部のⅡ帯によってシンプルに構成される。

　第２図の３・４が荒海４式の鉢Aと関連がある鉢形土器である。口頸部は短く外反し，その直下から胴最大径付近にかけて，比較的幅の狭い文様帯を形成して変形工字文を巡らせる。最大径付近から下の胴下半部にはやはり縄文（4の場合は撚糸文）が施されている。これらの土器の文様帯構成は，無文の口縁部のⅠ帯，変形工字文が描かれる胴上半部のⅡ帯，縄文が施される胴下半部のⅢ帯に分けることができる。また，荒海川表遺跡の出土土器をみる限り，Ⅱ帯には地文は残されておらず，必ず研磨された上に文様が描かれる。変形工字文には浮線的，彫刻的な手法の匹字文を伴うタイプのものと沈線的手法による三角連繋文タイプのものがあり，後者には斜行する沈線が２条のものがある。いずれにしてもこの器種は荒海２式から３式古段階には認められず，荒海３式新段階に出現するもので，その器形や文様帯構成から，荒海４式段階の主体的器種のひ

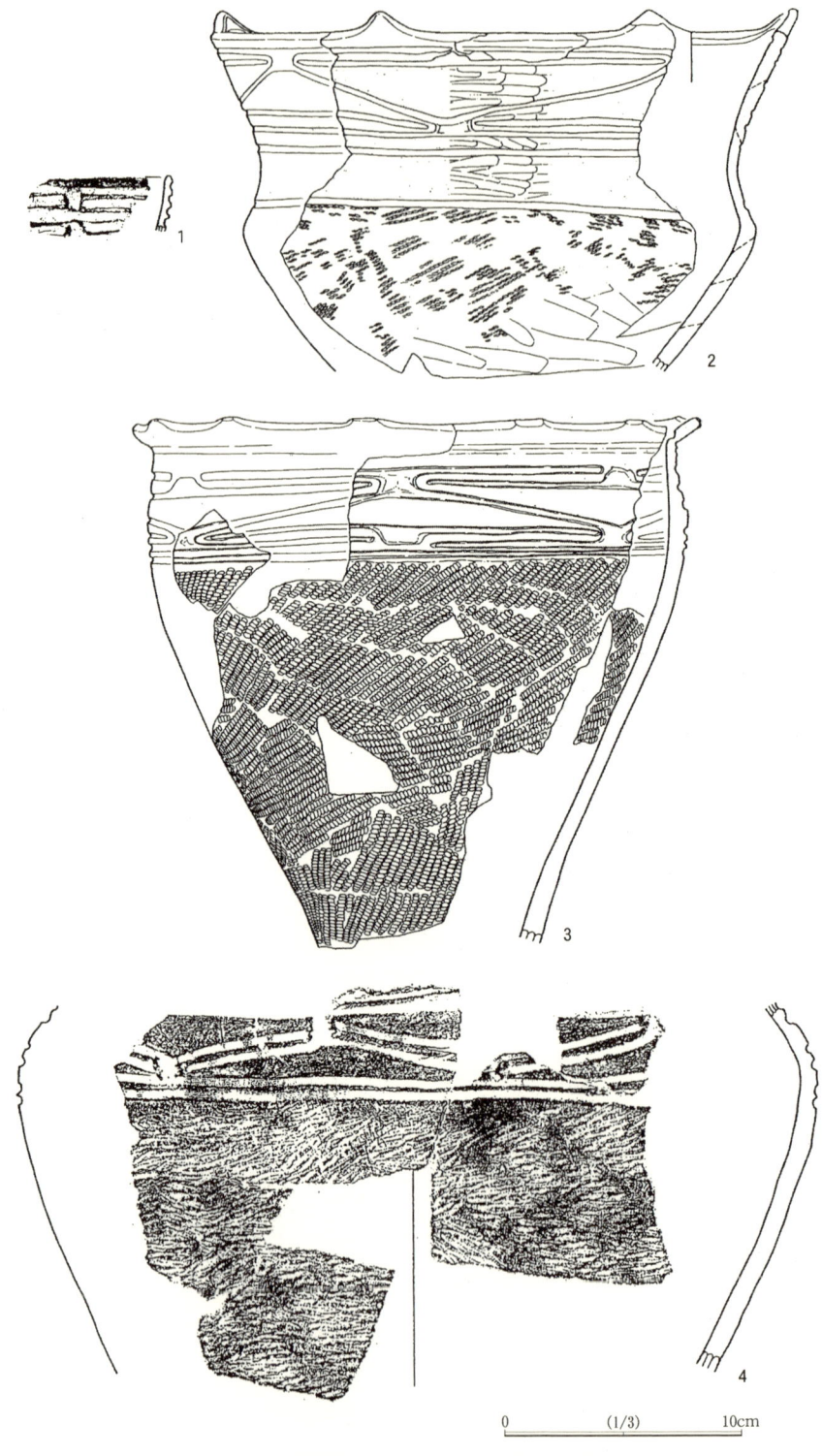

第 2 図　成田市荒海川表遺跡 17 号遺構出土の鉢形土器

とつとして継承されることは明らかである。

　それでは，第2図でみた荒海3式新段階の土器と第1図の土器を比較するとどうか。まず，縄文を地文とする第1図左側のグループと比較する。鷺山入遺跡の2片は同一個体と思われるもので，胴下半部がないため明確ではないが，短い無文の口頸部，変形工字文が描かれる文様帯がある胴上半部，おそらく縄文が施される胴下半部によって構成され，I帯，II帯，III帯による文様帯構成は第2図の3・4と同じである。変形工字文は匹字文を伴わず，沈線的な手法で描かれているが，全体に作りは丁寧である。荒海III式期との大きな違いはII帯（変形工字文帯）に縄文による地文が残されていることである。同タイプの土器は，名城遺跡にも長倉宮ノ前遺跡にも存在する。一方でこれらの二つの遺跡には，匹字文を伴う浮線的手法の変形工字文を描いた土器が存在する。名城遺跡の場合は小片のため全体の構成はわからないが，少なくとも変形工字文帯の部分には地文をもたない。長倉宮ノ前遺跡の場合は，地文を丁寧に磨いて消したII帯と縄文地文をもつIII帯が明確である。ここでみた二者は，長倉宮ノ前遺跡の報告書における鉢A1（文様帯下に地文をもたないもの）と鉢A2（文様帯下の地文として縄文を施すもの）の相違である。この二者は文様帯構成が同じであるものの，主文様である変形工字文の描き方が異なり，別器種と意識されていたものではないだろうか。また，長倉宮ノ前遺跡には主文様である変形工字文が沈線的手法をとっているにもかかわらず，文様帯下に地文をもたないもの（第1図最下段）がある。この土器の変形工字文は三角連繋を構成する斜行沈線が2条のタイプであり，荒海3式新段階の荒海川表遺跡第17号遺構の土器（第2図4）を直接的に継承するものと考えられる。このタイプの文様をもつ土器は，荒海川表遺跡，長倉宮ノ前遺跡ともに大型の鉢形土器で，やはり他とは異なる器種として意識されていた可能性を指摘できよう。

　次に条痕を地文とする第1図右側のグループを比較してみよう。ここで挙げている3遺跡の出土土器は，条痕の原体に少し相違があるものの，いずれも主文様帯下にも地文が施されることで共通している。全体の文様帯構成は，厳密には不明の個体が多いが，無文の短い口頸部（I帯），胴上半部の主文様帯（II帯），条痕が施される胴下半部（III帯）によって構成され，基本的に長倉宮ノ前遺跡の鉢形土器A2における縄文が条痕に置き換わっただけということができる。変形工字文自体は，いずれも沈線的手法によって描かれている。縄文地文の鉢形土器A2と比較した場合，とくに唐沢遺跡の出土土器においては，3条の平行沈線を単位としてその間にノ字状の短い沈線を付加するだけで変形工字文状に仕上げており，きわめて省略化が進んだ形といえる。また，上用瀬遺跡の場合は，斜行沈線を繋ぐ交点の抉り部分が，2条の短い縦位の沈線で表現されていたり，抉りの左右に瘤状の盛り上がりを残したままで表現されたものがある。池花遺跡の例は最も丁寧な描き方ということができるが，鷺山入遺跡や名城遺跡に比較して抉り部分の幅が狭く，むしろ幅広の沈線に近いものとなっている。以上のように条痕を地文とする鉢形土器A2は，型式学的にみて後出的要素が強い。また，これらの遺跡の出土土器には鉢形土器A1が含まれていない。変形工字文を施文する鉢形土器Aは，全体としては荒海3式新段階に出現して荒海4式に継承される器種ということができるが，その細分をおこなって比較すると，荒海3式新段階の

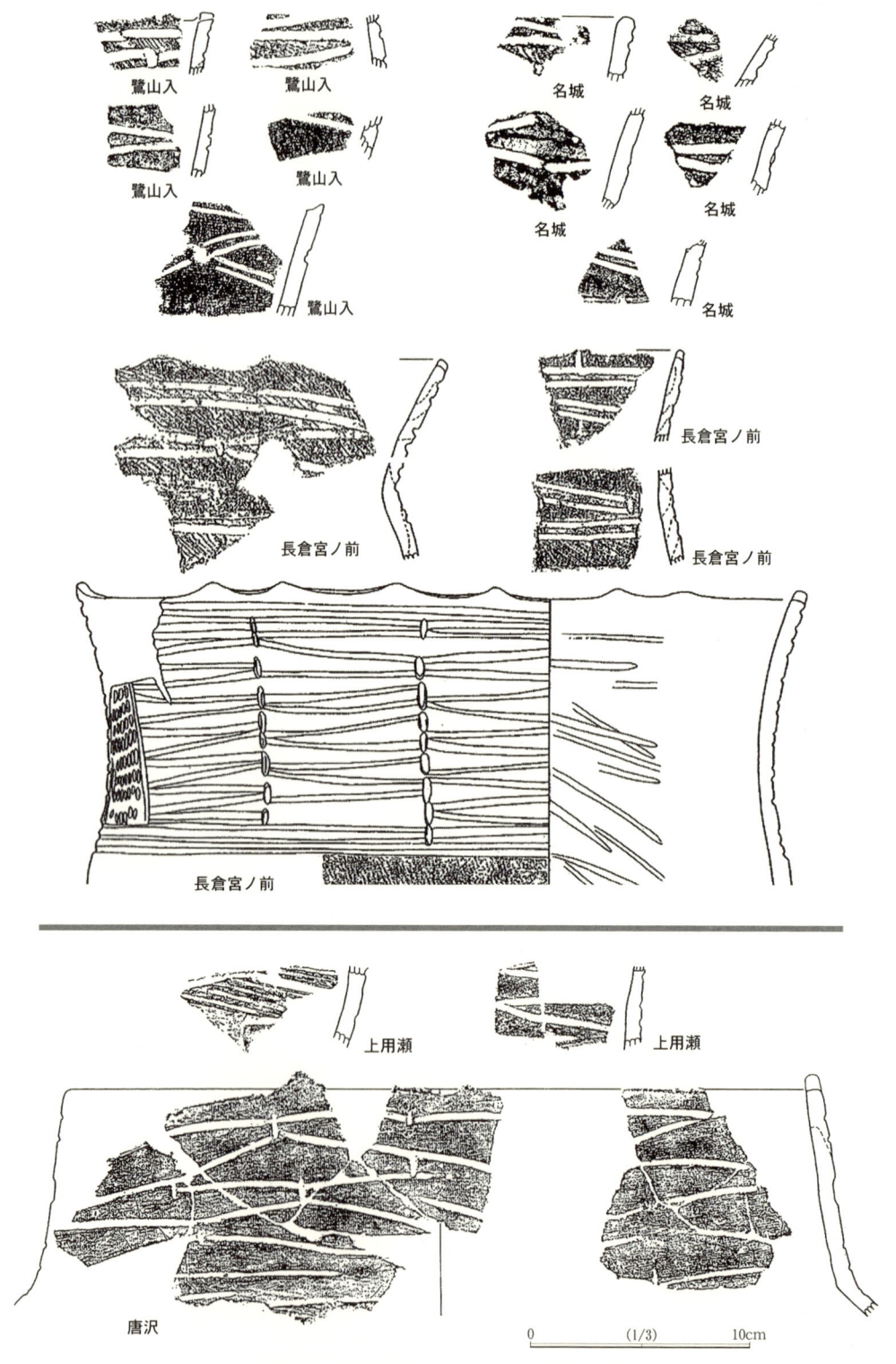

第3図　菱形連繋文を主文様とする甕形土器

ものを直接的に継承する器種を含む遺跡と荒海4式になって出現する器種しかもたない遺跡があるということができる。これは明らかに遺跡間の時間差と解釈される。荒海4式土器は，主体的な器種のひとつである鉢形土器Aを見る限り，A1とA2の両者をもつ古い段階と，A1が消失してA2を主体とする新しい段階に分けることができ，また，鉢形土器A2に施されている地文を比較した場合，古い段階では縄文が用いられ，新しい段階では条痕が用いられるという傾向を指摘することができる。

2 菱形連繋文をもつ甕形土器の検討

次に，荒海4式土器の一方の主体的な器種である，菱形連繋文を主文様にもつ甕形土器を詳しく検討してみよう。前稿で荒海4式土器を出土した遺跡を検討した際にも，変形工字文をもつ鉢形土器ほどではないものの，菱形連繋文をもつ甕形土器について遺跡間で様相の違いがあることがうかがわれた。やはり存続期間がきわめて短い，あるいは前後の時期と明確な断絶があると推定される前出の6遺跡出土土器についてみてみたい。

第3図は，鷺山入，名城，長倉宮ノ前，上用瀬，唐沢の各遺跡から出土した，菱形連繋文を主文様に持つ甕形土器を例示したものである。前出の6遺跡のうち，池花遺跡については該種の土器は残念ながら出土していない。ここで上下に分けたのは，先に検討した鉢形土器Aについて，古い段階と新しい段階に分かれることが推定された区分にしたがっている。なお，これらの甕形土器は，長倉宮ノ前遺跡出土土器の分類では，甕形土器A2としたものに相当する。甕形土器Aの特徴は，文様帯が口縁直下から始まり肩の屈曲部にいたる幅の広いもので，文様帯下には地文を施さないものが大半を占め，胴下半部は単純な条痕調整の場合が多い。そのうち菱形連繋文をもつものをA2とした。

まず鷺山入遺跡出土土器の場合であるが，1条の斜行沈線を施文単位として菱形を描き，交点に刺突を加えると思われるものが主体を占めている。また，わずかに2条の斜行沈線を施文単位としているものがある。単位文様の菱形区画は，1条沈線の場合上下幅が狭く，2条沈線の場合は上下幅が広いようである。交点に加わる刺突は，判別できる破片では楕円形を呈している。沈線は，先端の鋭い工具を用いた幅が狭いものと，幅広の工具を用いたものの両者が並存する。名城遺跡の場合も鷺山入遺跡とほぼ同様の傾向を指摘することができる。主体となるのは1条の沈線が施文単位となる土器であるが，2条の沈線を施文単位とするものが少量含まれている。沈線の施文工具についても同様で，幅の狭い鋭い沈線と幅の広い半円形の断面をもつ沈線の2者がある。菱形区画の交点には刺突を加えるものが確実に存在するが，図示したように，中には交点に刺突を加えないものがある。続いて長倉宮ノ前遺跡の甕形土器A2であるが，前2遺跡と同様に1条の沈線を施文単位とするもの（A2a）と2条の沈線を施文単位とするもの（A2b）がある。ただしここでの2条沈線は，半截竹管状の工具を使っているようである。単位文様である菱形区画の交点には刺突が伴うが，鷺山入遺跡にみるような楕円形の刺突はほとんどなく，縦位の短い沈

線状の刺突が用いられる。なお，遺跡の主体は1条沈線を単位とするもので，2条沈線を用いるものは少量である。

　変形工字文の検討で新しい段階に分類された2遺跡ではどうだろうか。第3図の下段にみるように上用瀬遺跡，唐沢遺跡ともに1条の沈線を施文単位とする菱形連繋文があるだけで，2条の沈線を単位とするものは出土していない。また，拓影ではわかりにくいが，菱形区画の交点には必ず刺突が加えられているようである。さらに沈線も細く鋭いものがほとんどで，幅広の沈線は認められず，菱形区画の上下幅が広いものも認められない。

　鉢形土器Aの検討で新旧の時間差と判断された遺跡間には，甕形土器A2の検討においてもやはり様相差があった。その差は鉢形土器Aの変形工字文や地文にあらわれたほど明確なものではないが，時間差と考えるべきものであると思われる。そこで前段階の荒海3式新段階の土器群との比較によって検討を進めよう。

　荒海3式新段階の基準資料と考えた荒海川表遺跡第17号遺構出土土器には，実は甕形土器A2に直接先行すると思われる器種がない。しかし，時期的な混在はあるものの，荒海3式から荒海4式を主体とする多古町塙台遺跡包含層1からは，示唆に富む資料が多数出土している[12]。それらを第4図に示した。本来的に時間幅のある資料なので，これらもすべてが同一段階のものではないだろうが，荒海4式期の遺跡からはあまり主体的に出土しないタイプの甕形土器を抽出

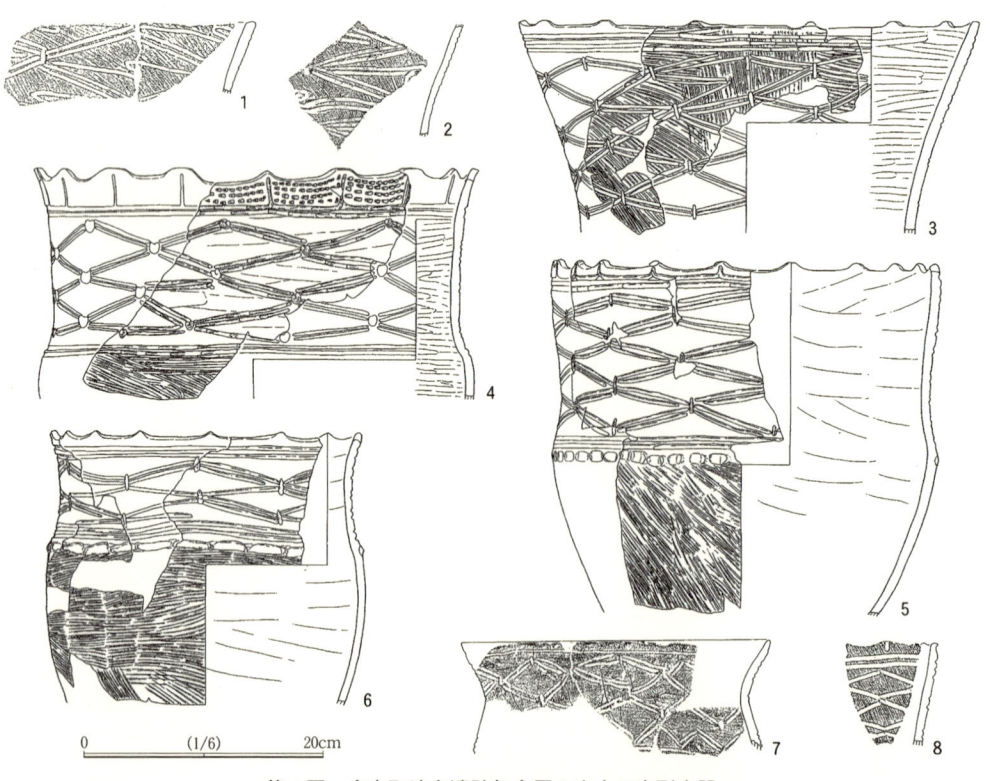

第4図　多古町塙台遺跡包含層1出土の甕形土器

した。筆者はこれらを比較して，長倉宮ノ前遺跡の報告書で菱形連繋文の系譜を考察したことがある。荒海4式期に多くみられる菱形連繋文は非常に単純であるが，その源流には二つの文様が関与していると考えられる。まずひとつは，菱形区画と入組文を組み合わせたいわゆる雑書文である。雑書文は荒海2式に特徴的な文様で，かなり複雑で華麗な文様に発達したものもある。そしてその系譜は荒海3式にも残る。単純化，パターン化して2条の沈線で菱形の区画をつくり，区画内を水平方向に1条ないし2条の沈線が横断するが，その中央でS字状に屈曲したり入組文を構成する。荒海川表遺跡では，荒海3式古段階に位置づけられる第10号遺構出土土器にあり，菱形区画の交点には荒海2式にはなかった刺突が加えられるようになる。堝台遺跡包含層1は，共伴する土器から考えて荒海3式新段階のものが主体を占めるが，第4図の1・2のような甕形土器が出土しており，この種の土器は荒海3式新段階まで継続する可能性は強い。同時に，3～5のような区画内のS字状または入組状沈線が省略された菱形区画のみが連接する文様も多数みられる。区画内の沈線が失われることによって区画自体の大きさが小さくなり，連結する区画の数は縦横両方向ともに増加する。これが菱形連繋文の基本的な生成過程であると考えられる。

　一方で，第4図の8のような文様も存在する。基本的には同種の甕形土器の文様であるが，多数の菱形区画が連結しているにもかかわらず，連結部の刺突がない。これは雑書文系の文様が荒海3式期になると必ずといっていいほど連結部の刺突を伴うのと対照的である。これはおそらく，本来別の系譜をもつ文様ではないかと考えられる。荒海川表遺跡第17号遺構の出土土器に，小型の鉢形土器で菱形連繋文を持つものがある。その土器の斜行沈線は，上から下までくの字に屈曲させながら稲妻状に描かれる。荒海3式段階には，同種の文様が少なからずあり，交点刺突をもたないものも多い。全体としては菱形区画を連続させながら，描き方はその淵源が稲妻状文にあることをうかがわせる。

　翻って，先にみた鷺山入遺跡，名城遺跡，長倉宮ノ前遺跡と上用瀬遺跡，唐沢遺跡の比較で明らかになった差は，荒海3式の菱形連繋文の特徴が色濃く残る荒海4式の古い段階と，荒海3式期の特徴が払拭されて完全に単純化した新しい段階の差ということができる。古い段階の3遺跡にみる2条沈線の菱形連繋文と1条沈線の菱形連繋文は，一見同種の文様のようにみえるが，その系譜は全く異なり，前者は雑書文，後者は稲妻状文の系譜を引くものではないか。1条沈線の菱形連繋文に交点刺突がないものがあるのはそのあらわれかと考えられる。しかしながらこの段階にはすでに両者は同機能の甕形土器の文様となり，別系統の文様であるという意識も消失していくことは疑いなく，次の段階には両者が完全に統合される。

　これまでに検討した荒海4式土器を構成する二種の土器，変形工字文を主文様にもつ鉢形土器と菱形連繋文を主文様にもつ甕形土器は，両者ともに新旧の様相に分けられ，荒海4式古段階と同新段階を細分する基準となる。ただし，個々の土器単体では新旧の判断はきわめて難しい場合があることはいうまでもない。

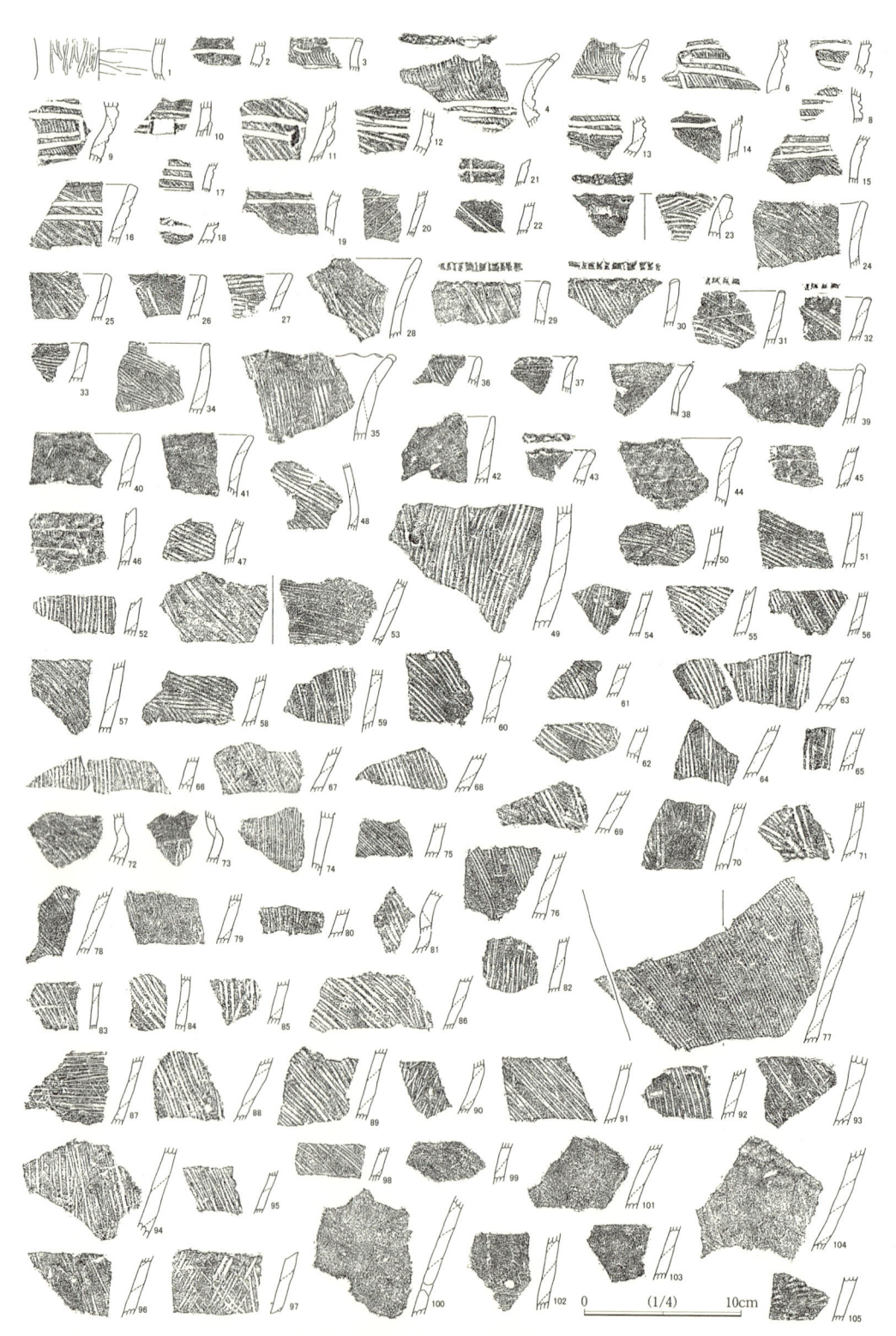

第5図　成田市宝田八反目貝塚出土土器

3 宝田八反目貝塚と殿内遺跡

　これまで筆者が荒海4式土器を論じる際にあえて取り上げなかった遺跡がある。おそらく当該期の最も新しい調査成果の一つである成田市宝田八反目貝塚[13]と，当該期の古典的できわめて重要な成果の一つである茨城県稲敷市殿内遺跡[14]である。

　宝田八反目貝塚は，荒海貝塚，荒海川表遺跡，宝田鳥羽貝塚などと同様，成田市北郊にかつて存在した「長沼」周辺に点在する貝塚のひとつである。2000年12月に千葉県史編さんに伴って発掘調査が行われ，長沼南縁の台地に位置する小規模な斜面貝塚であることが判明した。貝塚は長径で約9m，堆積は厚いところで60cmで，堆積状況から非常に短期間に形成されたものと考えられた。その主要な出土土器を示したのが第5図である。構成としては，壺形土器（1，23），変形工字文が描かれた鉢形土器（3～9，10～12），平行沈線が描かれた鉢形土器，細密条痕または貝殻条痕が施された鉢形土器及び甕形土器がある。小稿で問題としている変形工字文が描かれた鉢形土器は2個体で，3～9は細密条痕，10～12は貝殻条痕を地文としている。いずれも沈線的手法で文様が描かれる。前者には工字交接部の抉りがなく，後者は抉りはあるが，上用瀬遺跡でみたような抉り部の両側に粘土の盛り上がりを残したものとなっている。これらの特徴は，先に検討したように荒海4式新段階の特徴そのものである。また，3～9は，口頸部のI帯が研磨されず，条痕を残しているのも新しい要素とみることができる。したがって宝田八反目貝塚は荒海4式新段階の貝塚で，現在知られている荒海式期の貝塚の中でも最も新しい段階のものというこ

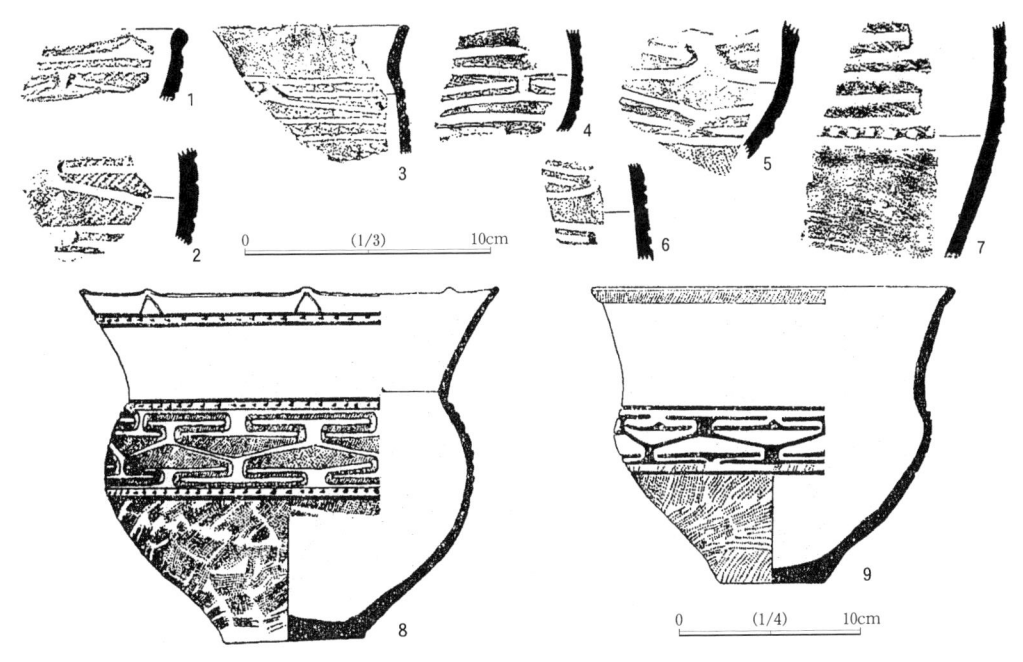

第6図　稲敷市殿内遺跡の変形工字文をもつ鉢形土器

とができる。

　殿内遺跡は継続期間の長い遺跡で，包含層出土土器のうち殿内ＢＶ式土器とされたものには今日的にみて荒海２式から同４式までが含まれ，弥生時代中期前葉を主体とした壺棺再葬墓群が営まれていることなど，多古町塙台遺跡に酷似した様相の遺跡である。今回は殿内ＢＶ式土器とされた土器群の中から，小稿で問題としている土器を抽出して論じておきたい。

　第６図は，包含層，墓壙を問わず，変形工字文を主文様にもつ鉢形土器を抽出したものである。個体数は多くないが，長倉宮ノ前遺跡での分類でいう鉢形土器Ａ１とＡ２が含まれる。地文はほ

第７図　稲敷市殿内遺跡の菱形連繋文をもつ甕形土器

とんどが縄文で，7のみ条痕を用いているようである。9が典型であるが，鉢A1にはやはり浮線的手法で匹字文を伴う変形工字文があり，鉢A2には沈線的手法の変形工字文が描かれる。変形工字文帯（Ⅱ帯）に縄文地文が多用されることを含めて，これらの施文技法は荒海4式古段階の特徴を典型的に示している。土器棺に用いられた可能性の高い8，9は，他の土器に比して口頸部（Ⅰ帯）の幅が非常に広く，逆に胴部の高さが低いが，文様帯構成全体でみると当該期の特徴がよく体現されている。

　第7図は，殿内遺跡における菱形連繋文を主文様としてもつ甕形土器を，包含層，墓壙を問わず抽出したものである。全体としては1条の沈線を施文単位とする菱形区画を連結させ，鋭い交点刺突を加えるものが大半を占めるという安定的な様相を示している。ただ，その中には，若干異なる様相をもつものがある。10は，菱形区画の中に水平な沈線をさらに付加して，結果的に三角連繋文としてもよい構成を示す。これは菱形区画と水平沈線の組み合わせから，明断を避けなければならないものの，雑書文系菱形区画の名残と考えることもできる。また，14は，沈線の施文工具が他と異なり，幅広で刺突も円形を呈する。19は墓壙出土の土器であるが，文様帯部分を含めて条痕の地文が施され，文様帯の一部に縦位の区画を形成して列点を加えている。この個体に近似したものは長倉宮ノ前遺跡でも出土している（第3図）。以上のように，殿内遺跡の菱形連繋文を持つ土器は，狭小な菱形区画を連結して交点刺突を加えるものを基本としながら，若干古い要素を交えるものである。

まとめ

　以上，荒海4式土器の中で主要な文様要素である変形工字文と菱形連繋文をとりあげて，その細分を論じてきた。ここで用いた資料が零細なものが多いこともあって，今回の検討が十全なものとは考えていないが，現時点での荒海4式土器を細分する指標は次のとおりである。

　古段階：変形工字文をもつ鉢形土器においては，総体として地文に縄文を用いる傾向があり，主文様帯部分に地文をもたないA1と主文様帯部分に地文をもつA2の二者が並存する。前者は匹字文を伴うような浮線的な手法で文様を描き，後者は沈線的な手法で文様を描く。菱形連繋文をもつ甕形土器においては，1条の沈線による狭小な菱形区画と交点刺突を連結させていくのを基本としながら，施文単位に2条の沈線を用いること，幅広の沈線と円形交点刺突，交点刺突の欠如など多様な要素を含み，前代の文様の系譜を継承する要素として残存している。

　新段階：変形工字文をもつ鉢形土器においては，条痕を地文とする傾向があり，主文様帯部分にも地文を施すA2のみとなり，文様は沈線的手法で描かれ，工字交接部の描き方に省略や粗雑さがみられる。菱形連繋文をもつ甕形土器においては，1条の沈線による狭小な菱形区画と鋭い交点刺突に統一されるが，組成比率は減少し，遺跡によってはまったく出土しないこともある。

　前稿で論じた時間的位置づけについては，荒海4式に位置づけられる土器群には東海系条痕文土器などの伴出例が比較的多く，そのいずれもが弥生時代中期初頭から前葉に位置づけられるも

のである。ここで詳述する紙幅が残っていないが，古段階の遺跡から出土した東海系土器と新段階の遺跡から出土した東海系土器の間にはやはり時間差と思われる違いが認められる。いずれにしても荒海4式期の時間的な位置づけは今後大きく動くことはないであろう。かつて殿内遺跡の「殿内BⅤ式土器」と壺棺再葬墓から出土した大型壺の間に時間差を考えることが普通であったが，殿内BⅤ式土器の少なくとも一部が荒海4式古段階に相当し，弥生時代中期初頭のものであるなら，それらの共伴は当然のことといえよう。

　筆者は，この10年ほどの間に，荒海川表遺跡，武士遺跡，御山遺跡，長倉宮ノ前遺跡などの出土資料を検討し，荒海2式[15]，荒海3式[16]，荒海4式それぞれについて古新の細分案を示し，現時点における荒海式土器の整理を試みてきた。それぞれがやや中途半端な状態で終了していることもあり，次の機会には荒海式土器の筆者なりの捉え方の集大成を示すことができればと考えている。

注

1) 石渡典子ほか 2007『長倉宮ノ前遺跡』(財)山武郡市文化財センター
　　渡辺修一「弥生時代の長倉宮ノ前遺跡をめぐる問題」(同上)
2) 荒井世志紀ほか 2006『志摩城跡・二ノ台遺跡Ⅰ』(財)香取郡市文化財センター
3) 渡辺修一 2009「荒海4式の研究(1)―横芝光町長倉宮ノ前遺跡出土土器群をめぐって―」『研究ノート　山武　特別号』(財)山武郡市文化財センター
4) 稲見英輔ほか 1999『鷺山入遺跡』(財)山武郡市文化財センター
5) 石塚　浩 1998『主要地方道成田松尾線Ⅷ　松尾町名城遺跡』(財)千葉県文化財センター
6) 井上　賢 2000『千葉県袖ヶ浦市上用瀬遺跡Ⅱ』(財)君津郡市文化財センター
7) 渡辺修一 1991『四街道市内黒田遺跡群』(財)千葉県文化財センター
8) 木對和紀 1987『外迎山遺跡・唐沢遺跡・山見塚遺跡』(財)市原市文化財センター
9) 米田耕之助 1981「西広貝塚第2次調査」『上総国分寺台発掘調査概報』上総国分寺台遺跡調査団
10) 石橋宏克ほか 1991『銚子市余山貝塚』千葉県文化財センター
11) 渡辺修一・石橋宏克 1998「成田市荒海川表遺跡とその周辺」『千葉県史研究』第6号
　　石橋宏克・渡辺修一ほか 2001『成田市荒海川表遺跡発掘調査報告書』千葉県
12) 前掲2)
13) 渡辺修一・石橋宏克 2008「成田市宝田八反目貝塚の発掘調査」『千葉県史研究』第16号
14) 杉原荘介ほか 1969「茨城県殿内(浮島)における縄文・弥生両時代の遺跡」『考古学集刊』4-3
15) 渡辺修一 2007「荒海2式の研究―浮線文直後の土器群―」『千葉県立中央博物館研究報告(人文科学)』10-1
16) 前掲11)

弥生中期の残影
―後期の四隅陸橋型周溝墓から―

比 田 井 克 仁

はじめに

　弥生時代中期から後期にかけての転換は，土器様相からみると連続的な変遷が追えないということが指摘されてきたが，近年，南関東地方の房総において，宮ノ台式から久ヶ原式へのスムーズな推移が想定されるようになった（比田井 2003，大村 2004）。また，筆者は房総で生成した久ヶ原式が三浦半島を経由して東京湾西岸に拡散していく想定を提示した（比田井 2003）。
　一方，相模では駿河地域の土器群が東進し，北武蔵からは櫛描文系の土器群が南下するといった構図の中に，後期初頭の姿を見ることができる（比田井 2008・2009）。
　その動向から見ると，相模や南武蔵においては，近接集団との遭遇をファクターとする極めて動的な変革が進行し，一方，房総においては在地内部での進化論的発展という構図を想定することができる。首長層の系譜の検討からは，すでにそのことが示されており，鮮明なコントラストを指摘することができる。
　本稿では，房総におけるこの在地性がどのように強固なものなのか考えてみたい。在地性というと極めて抽象的な概念であるが，指標として前代からの伝統性がどのくらい残存するかという点に注目し，墓制が伝統性の象徴という前提のもとに，素材を方形周溝墓の平面形態に求めてみたい。

1　房総地域の弥生後期方形周溝墓のあり方

　関東地方における弥生時代中期の方形周溝墓の周溝形態は，1996 年の山岸良二氏を中心とした集成（山岸 1996）を基にすると，千葉・東京・埼玉県内では，四隅に陸橋を持つものを代表的な形態とする。つまり溝と溝の間を必ず掘り残しコーナー部を形成しない伊藤分類 A 類（伊藤 1996）が 238 基中 236 基を占め 99.2% がこの形態である。集成から月日を経ているが，全体の傾向は変わるものではないと考えている。このようなことから，これらの地域では四隅陸橋型あるいは平面形態 A 類が中期の形態としてよい。これに対して後期の形態はバリエーションが多く特定の形態に収斂はしないが，一隅に陸橋を持つもの，溝の一辺の両側に陸橋を残すもの，コの字に溝を巡らせ一辺が空くもの，溝が全周するものでほとんどを占めるといってよいだろう。

このような中で近年類例が認められている弥生時代後期の四隅陸橋型は，中期の形態を継承したものという性格を前提に考えることができる。

さて，類例の検討に入るが，ここでの年代観は大村直氏の編年（大村 2004）を用いて，筆者編年（比田井 2001）を併用していくことにする。両者の関係はおおむね，大村編年久ヶ原1式＝筆者編年Ⅰ段階古相，大村編年久ヶ原2式＝筆者編年Ⅰ段階新相，大村編年山田橋1式＝筆者編年Ⅱ段階古相，大村編年山田橋2式古＝筆者編年Ⅱ段階新相とⅢ段階古相，山田橋2式新＝Ⅲ段階新相に併行していると考えている。

(1) 後期における四隅陸橋型周溝墓の類例

房総地域における後期の周溝墓検出遺跡のうち代表的なものを北側から概観する。なお，時期比定が不可能なもの，調査範囲の限定性や削平などにより周溝の平面形態が掴めないものは割愛させていただいた。

富津市前三舟台遺跡（佐伯 1992）では，1基を除きすべて四隅陸橋型である。報告されている20基のうち土器が出土しているのは2基で，46号周溝墓が宮ノ台式，16号周溝墓からは宮ノ台式から久ヶ原式の過渡期の壺が出土している。この16号周溝墓は方台部や周溝の規模が他と卓越しており，一群の中では盟主的な位置にある。個々の時期が特定できないが，宮ノ台式から久ヶ原式初頭にかけての幅を見ておきたい。

富津市川島遺跡（戸倉 1991，野口 1998）では，四隅陸橋型及びそれと推測されるものが9基，全周型もしくはそれと推測されるものが5基確認されている（第1図）。そのうち宮ノ台期に属するものは四隅陸橋型とそれと推測されるもの3基で，残りは後期に属している。出土土器からは四隅陸橋型の2・7号周溝墓とSX5が久ヶ原2式，3号周溝墓が久ヶ原2式から山田橋1式，全周型の11・12号周溝墓とSX5が山田橋1式と推定される。この遺跡では四隅陸橋型が山田橋1式あたりを下限として，全周型がこの時期から登場していることになる。

袖ケ浦市美生遺跡（浜崎 1993）では10基の周溝墓が検出されている（第1図）。そのうち5基が四隅陸橋型で宮ノ台期に属している。残り5基のうち9・10号周溝墓が四隅陸橋型で，1号周溝墓が周溝の遺存が悪いが，一辺の両側に陸橋を残すものの可能性がある。2号周溝墓は一隅陸橋型である。出土土器から見た時期は，1号周溝墓が久ヶ原2式，2・9号周溝墓が山田橋1式に相当する。

袖ケ浦市清水井遺跡（大崎 1993）では，5基の周溝墓が検出され，うち四隅陸橋型が3・4号周溝墓，全周型が1号周溝墓で2・5号周溝墓の形態は不明である。時期は3号周溝墓が久ヶ原1式，1号周溝墓が久ヶ原2式に比定される。全周型の出現時期としては最古の例となる。

袖ケ浦市谷ノ台遺跡（能城 1998）では，29基の周溝墓が検出されている（第1図）。一隅陸橋型が1基認められるほかはすべて四隅陸橋型である。出土遺物が乏しく時期が明確なものは四隅陸橋型の6基である。うち001・009・026・032・036号周溝墓の5基が宮ノ台期，003号周溝墓の1基が山田橋1式に相当する。宮ノ台式から山田橋1式まで延々と四隅陸橋型が構築し続けられていたと理解することができる。また，周溝墓の形態からは宮ノ台式と山田橋2式との分別は不

弥生中期の残影 93

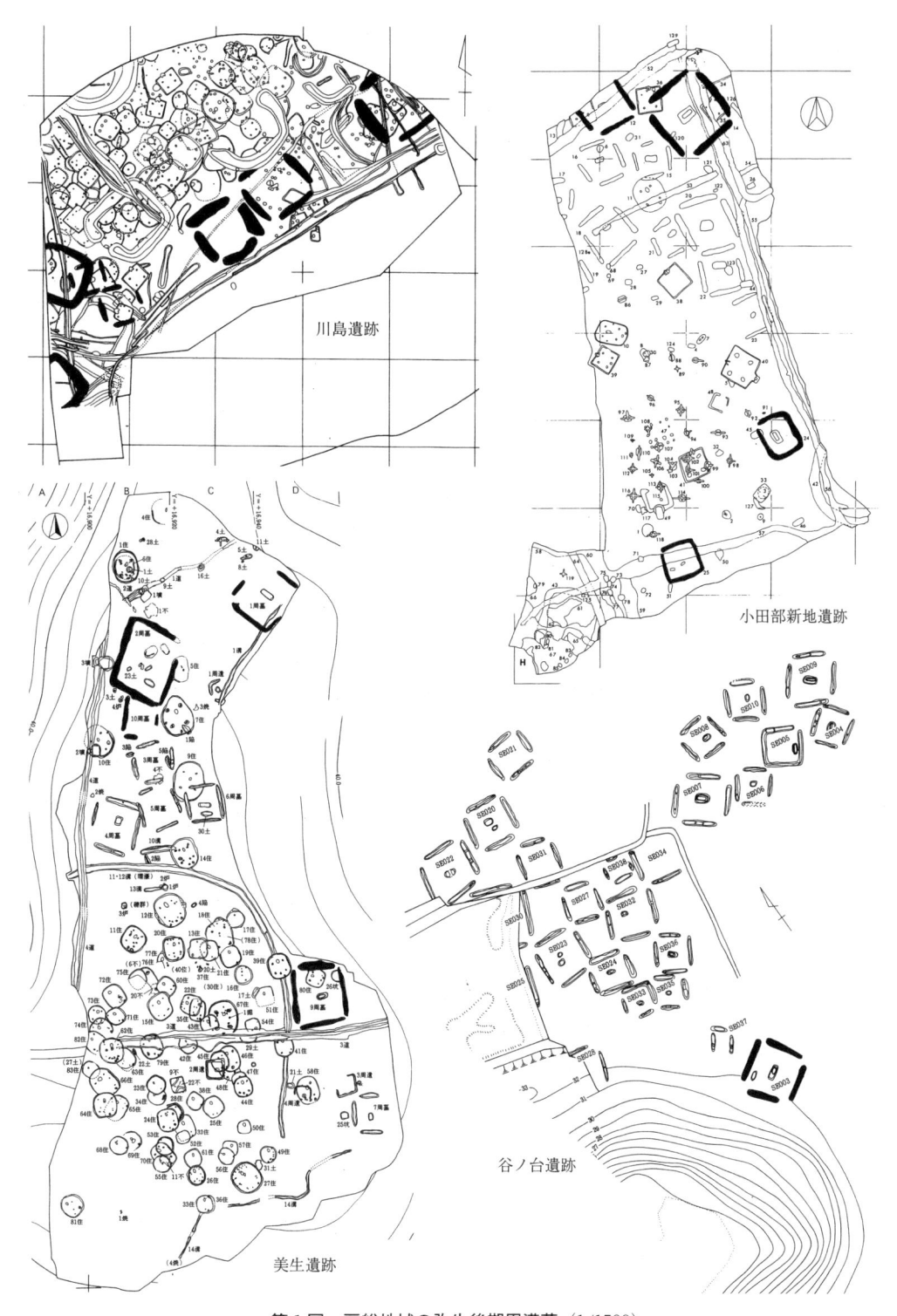

第 1 図　房総地域の弥生後期周溝墓（1/1500）

可能で，同一の設計を代々継承してきたことをも示している。

　市原市小田部新地遺跡（山口 1984）では，14 基の周溝墓が検出され，12 基が四隅陸橋型で 2 基が一隅陸橋型である（第 1 図）。両者は位置を異にしており，系譜の違いを読み取ることができる。四隅陸橋型は宮ノ台期と後期のものに分かれる。後期の 12・14 号周溝墓は久ヶ原 2 式の土器を出土している。一隅陸橋型の 25 号周溝墓の主体部からは土器棺が出土している。幅の狭い輪積を口縁部に一段残すもので久ヶ原 2 式の中で考えることができる。周溝幅は方台部と比較して狭く，深く掘られていることからこの形態としても古い特徴を有している（比田井 2002）。以上のことから，この遺跡においては，宮ノ台から久ヶ原 2 式まで四隅陸橋型が継続し，久ヶ原 2 式から一隅陸橋型に変わったということになろう。

　市原市山田橋大山台遺跡（大村 2004）では，1 号周溝墓が一隅陸橋型あるいは溝の一辺の両側に陸橋を残すもので，3 号周溝墓が基本的には溝の一辺の両側に陸橋を残すものに，コの字部分の周溝に 2 ヶ所の陸橋を設ける不定形のもので，ともに山田橋 2 式古相に相当している。2 号周溝墓が四隅陸橋型で山田橋 1 式に相当している（第 2 図）。山田橋 2 式段階には，定型的な一隅陸橋型あるいは溝の一辺の両側に陸橋を残すものの形態が崩れてバリエーションが生まれていることが考えられる。

　市原市御林跡遺跡（木對 2004）では，50・65・187・189・199・206 号遺構が弥生後期の周溝墓として挙げられる（第 2 図）。50 号遺構は一辺が調査区外に出るが四隅陸橋型と考えられる。鉢が出土している。187 号遺構は周溝コーナー部陸橋部分のみの検出であるが四隅陸橋型とすることができる。銅釧路片・壺・甕が出土している。甕は口縁内側に輪積を残していることから久ヶ原式でも古い様相をもっている。189 号遺構は四隅陸橋型で，主体部からガラス小玉・勾玉が出土している。出土土器は，8 段輪積甕と一段輪積甕である。ともに輪積最下段に刻みを有する点から久ヶ原 2 式の中で見ることができる。199 号遺構は 189 号遺構を切って構築される四隅陸橋型で，主体部から管玉・ガラス小玉・銅釧 5 点が出土している。出土土器から山田橋式の範疇とすることができる。206 号遺構は周溝 1 辺が欠いていることからコの字形態の伊藤 D2 類になる可能性が高いものである。199 号遺構と同様に主体部から管玉・ガラス小玉・銅釧 5 点が出土している。周溝底付近出土の高坏から山田橋 2 式に相当する。

　御林跡遺跡の周溝墓は，房総における該期の首長墓の中では副葬品の内容から見て，かなり高位の位置づけができる。これらの首長は銅釧という装身具を共有しながら 187 → 189 → 199 → 206 号遺構と久ヶ原式から山田橋 2 式までの時間幅で系譜の連続性を想定できるものである。この中で四隅陸橋型は 187 号から 199 号遺構までの間に採用され，山田橋 2 式の 206 号遺構の段階には消滅していたとすることができる。

(2) 四隅陸橋型から別形態へのシフト

　前項で概観したことから，つぎのようなことが考えられる。

　中期から後期の四隅陸橋型周溝墓は，遺構の形態や掘削の手法などに相違点を見出すことができず，その点から同じ設計ビジョンをそのまま継承していることが指摘できる。そして，その終

弥生中期の残影　95

第 2 図　房総地域の弥生後期周溝墓（1/1500）

焉は今回対象とした遺跡からは山田橋1式（Ⅱ古）の段階まで存続したことが明らかにされたといえる。

一方，後期の形態として新たに登場する一隅陸橋型は，現状では小田部新地遺跡の久ヶ原2式が古く，全周型は清水井遺跡で久ヶ原2式から認められている。また，溝の一辺の両側に陸橋を残す型は山田橋遺跡で山田橋1式（Ⅱ古）から登場する。他の遺跡の類例からみてもこれらが時期的にも古いものと考えられるため，その出現時期をこのあたりに想定しておきたい。

2　武蔵・相模の周溝墓形態について

武蔵・相模地域の弥生時代後期の周溝墓形態は，一隅陸橋型・全周型を主体とする地域であるが，近年，四隅陸橋型が発見されている。ここでは，それを中心に概観してみたい。

(1)　南　武　蔵

東京湾西岸地域にあたる南武蔵では，後期初頭に久ヶ原式が西進北上する地域であることはすでに指摘している（比田井2003）。また，南武蔵の宮ノ台期における周溝墓形態はほぼ四隅陸橋型に終始している。この伝統性は，東大構内遺跡1号周溝墓（原2001・2002，原・森本2002），久ヶ原式の単独占有地域である大田区域に残されており，久ヶ原六丁目2番地点（坪田2007）の1・2号周溝墓，久ヶ原六丁目17番地点（野本・門内・古屋2008）の2～4号周溝墓が考えられる。また，多摩川中流域の世田谷区瀬田遺跡1～12号周溝墓（寺田・寺畑・半田・佐藤2008）（第3図）も挙げられる。

東大構内遺跡では，複合口縁端末結節縄文壺5点が供献されており，時期としては筆者Ⅱ段階新相からⅢ段階古相（山田橋2古）の範疇で考えることができる（第3図）。久ヶ原六丁目17番地点の2～4号周溝墓は出土壺から筆者Ⅱ段階新相からⅢ段階古相の時間幅が想定される（第3図）。これらは房総よりも若干遅れた段階まで残されていたことが指摘される。

これら二つの遺跡とも周溝墓の母胎となる集落は環濠集落であるが，近隣で同時期に存在する環濠集落，下戸塚遺跡が東遠江系集団を主体として一隅陸橋型周溝墓を伴うという事実と比較してみると，在地系土器集団と古い周溝形態とがセットになるという点で，きわめて対照的な内容をもっているといえる。瀬田遺跡では土器の供献が一切なく出土遺物から時期を明確にすることができないが，4号周溝墓が環濠を意識的にはずして構築されていることから，これらの周溝墓群は環濠構築以降・廃絶以前の時期幅，つまり後期Ⅱ段階新相からⅢ段階の中で考えることができる。環濠内集落の様相は調査面積が少なく判然としないため，集落の土器群の様相は不詳である。

以上のように，武蔵野台地東部におけるこの時期の様相には母胎となる系譜の差による周溝形態の採用の差があり，特に在地と東遠江系といった系譜の異なる二種の集団が対峙する関係が予測され，一種の緊張関係が，在地の伝統性に固執し四隅陸橋型が遅くまで残る要因の一つとも考えられる。東大構内遺跡や瀬田遺跡の環濠集落の実態が鮮明にならなければ詳細な検討に欠く状

弥生中期の残影　97

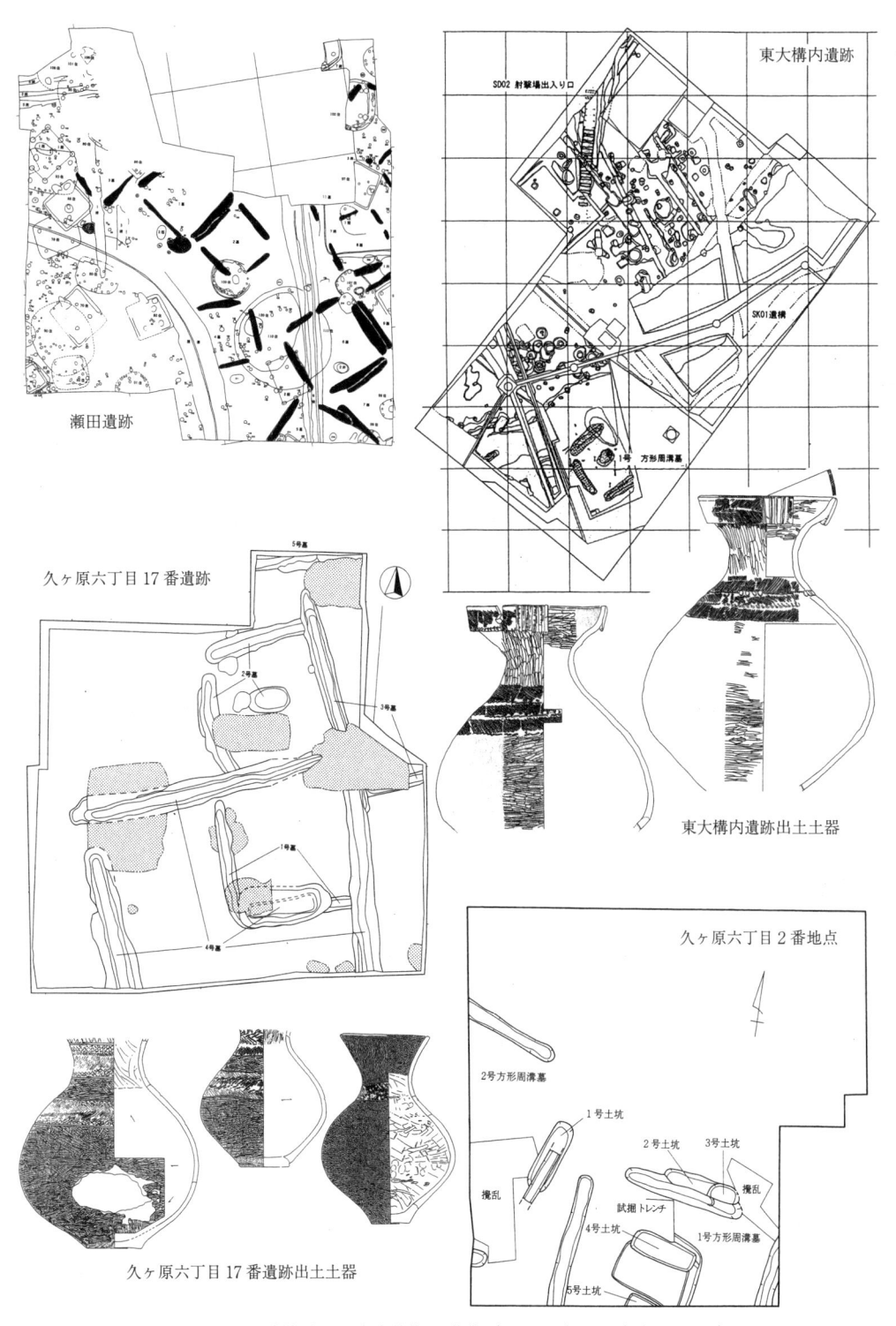

第3図　南武蔵地域の弥生後期周溝墓（1/1500 久ヶ原遺跡は 1/900）

況ではあるが，一応予察として述べておきたい。
　この地域でのその他の形態の初出については，筆者編年Ⅱ段階古相（山田橋1式）の段階で一隅陸橋型である大田区田園調布1号周溝墓（J.E.キダーほか1992）が認められ，全周型はⅡ段階新相（山田橋2古）の文京区千駄木2号（小田・中津1989）が挙げられる。相対的に房総より遅れるように見えるが，Ⅰ段階新相の大田区の類例や千代田区一番町SD33（谷川・後藤1994）など周溝全体が確認されない例については，残存部分の形状からみて，一隅陸橋型もしくは全周型あるいは溝の一辺の両側に陸橋を残す型のいずれかになることは間違いなく，この点から予測としては房総と同じ時期を想定してよいものと考える。

（2）相　模
　相模地域の宮ノ台期の周溝墓については，四隅陸橋型を主体とするが，一隅陸橋型・一辺の両側に陸橋を残す型が関東地方では先駆けて採用されていることが注目される。
　秦野市砂田台遺跡（宍戸・上本1989）では，1号周溝墓が四隅陸橋型，4・6号周溝墓が一隅陸橋型，7号周溝墓が溝の一辺の両側に陸橋を残す型の3つの形態が宮ノ台期に登場している（第4図）。これらは6号周溝墓が7号周溝墓を切っていることと，土器様相の点から1号→4号→7号→6号周溝墓の変遷が推定されており，このことから四隅陸橋型→一隅陸橋型→一辺の両側に陸橋を残す型の順に出現しているということになる。また，平塚市原口遺跡（長谷川・加藤2001）10号周溝墓も宮ノ台期の一辺の両側に陸橋を残す型である。
　これらの形態は房総地域では久ヶ原2式・山田橋1式から出現するもので，それが時期を遡って相模に存在することは，少なくとも，房総地域の例は在地自生のものではなく，相模側からの波及といった解釈が成立するだろう。また，これらの形態は，東海地方では朝日遺跡など高蔵式段階にはすでに出現しているもので，その淵源は相模以西に求めることができる。いわば東海地方からの新形態が中期の段階で相模に波及したといったことになろう。
　筆者編年Ⅰ段階・久ヶ原式段階の類例は現状では見出せないが，該期の集落が平塚市真田北金目遺跡で発見されており，今後，周溝墓発見の可能性は高い。
　筆者編年Ⅱ・Ⅲ段階・相模様式の段階では海老名市本郷遺跡（伊東・大坪・合田・及川・池田1995など）・平塚市原口遺跡・平塚市王子ノ台遺跡（東海大学校地内遺跡調査団2000）・寒川町大蔵東原遺跡（相原・小村1993）などが代表的な遺跡として挙げられる。
　本郷遺跡では一隅陸橋型が30基，全周型が6基，四隅陸橋型が1基，三隅に陸橋をもつものが3基検出されている（第4図）。これらの四種の形態は本郷遺跡の集落形成の当初から認められるもので，四隅陸橋型と三隅陸橋型は本郷Ⅰ期筆者編年Ⅱ段階のみに認められるものである。
　この中で24号周溝墓は後期の四隅陸橋型としては相模地域では唯一の例であるが，出土土器は吉ヶ谷式の壺である。後述するが，北武蔵地域・上野の岩鼻・吉ヶ谷式・樽式の周溝墓は四隅陸橋型が主体となり，その点から本郷遺跡の例は，相模の在地宮ノ台式の伝統を継承するものではない。このことから，本郷24号周溝墓の被葬者は北武蔵に出自をもつ人物であることがうかがわれるのである。この他，全周型の7・12・17号周溝墓，一隅陸橋型の11・14号周溝墓では

弥生中期の残影　99

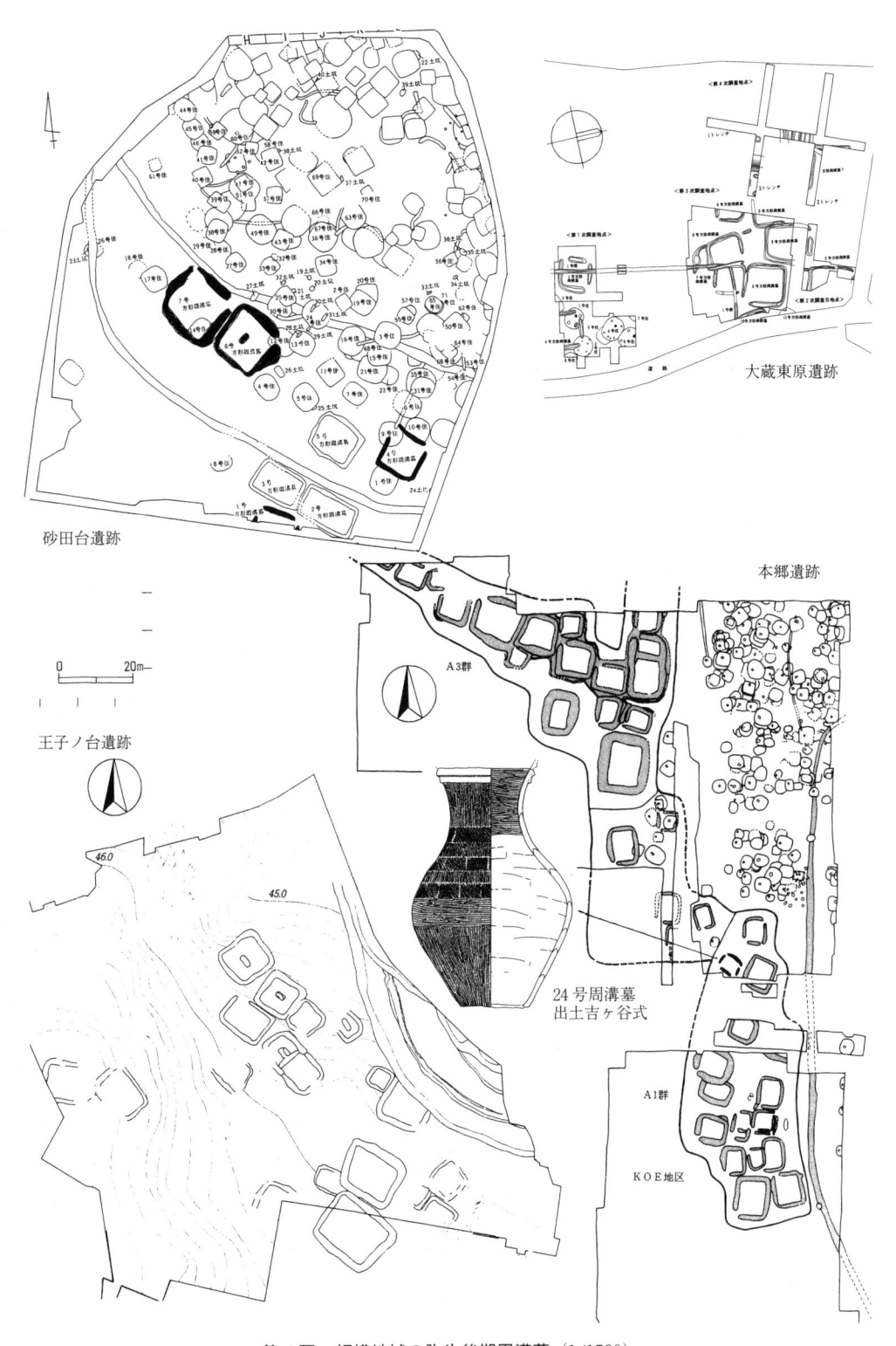

第4図　相模地域の弥生後期周溝墓（1/1500）

西遠江系土器群が供献され，一隅陸橋型の37号周溝墓では東遠江系の土器群が出土する。これらの被葬者の系譜を示すものと考えてよいだろう。原口遺跡は相模様式の代表的な遺跡で，外来要素が認められない在地固有の集落である。方形周溝墓は，宮ノ台期では四隅陸橋型であるが，後期Ⅰ段階を欠いてⅡ段階以降に再度出現する。この段階の周溝墓は全周型と一隅陸橋型を主体としており四隅陸橋型が継承されることはない。

　王子ノ台遺跡では後期Ⅱ～Ⅲ段階の周溝墓が検出されている（第4図）。19基の周溝墓のなかで全形が判明するもののうち1基が一隅陸橋型で他はすべて全周型である。すでに指摘したとおり，王子ノ台遺跡の首長は，東遠江系・東京湾岸系など在地の系譜以外の者も含まれており，複数系譜の中でこれらの周溝墓形態が採用されていたことが示されている。

　大蔵東原遺跡では13基の周溝墓が検出されており1・4・6・8号周溝墓からは西遠江系の土器が出土している（第4図）。周溝形態は，全形が確認されるものは一隅陸橋型・三隅陸橋・一辺の両側に陸橋を残す型の三種である。

　このようにみてくると，相模地域の周溝墓は，宮ノ台期にすでに諸形態が導入され，以降，駿河・西遠江・東遠江といった地域との接触と交流の中で展開してきたことが指摘でき，四隅陸橋型は後期には継承されないことが明らかである。

(3) 北武蔵

　北武蔵の様相としては，中期の段階はほとんどが四隅陸橋型である。後期に至ると，さいたま市井沼方遺跡1号周溝墓（小倉ほか1986）が対角線上のコーナー部に陸橋をもつもの，4号周溝墓の全周型，さいたま市本村Ⅳ遺跡（高山ほか1985）の一隅陸橋型，さいたま市大宮公園遺跡（大宮市1968）の全周型，東台の一隅陸橋型など，南関東と同一の土器圏内である大宮台地については四隅陸橋型・一隅陸橋型・全周型といった共通の内容をもっている。その波及年代は，大宮台地全体として筆者編年Ⅰ段階の遺跡は見出せないことから，Ⅱ段階に東京湾西岸域の土器群，引いては集団の北上によって遺跡群が形成されたと想定される。したがって，これらの周溝墓形態は，諸形態一式がまとまった形でⅡ段階以降に東京湾西岸域から波及するものと考えられるのである。

　これに対して荒川西岸地域では，東松山市代正寺遺跡（鈴木1991）・坂戸市柊遺跡（加藤2001）・坂戸市花影遺跡（埼玉県1982）・新井遺跡・東松山市駒堀遺跡（横川・栗原・今泉ほか1974）のように四隅陸橋型が主体となっている。東松山市代正寺遺跡では13基の周溝墓が検出されておりいずれも四隅陸橋型である（第5図）。中期末から岩鼻式2期まで連続するものである。坂戸市柊遺跡では2区で4基の周溝墓が検出されておりすべて四隅陸橋型で，岩鼻式3期の土器を供献している（第5図）。坂戸市花影遺跡では8基の周溝墓が検出され，すべて四隅陸橋型である。吉ヶ谷式1期に位置づけられる（第5図）。

　東松山市駒堀遺跡では吉ヶ谷式の四隅陸橋型周溝墓が1基検出されている（第5図）。これらは岩鼻式・吉ヶ谷式といった北関東地域の中期の土器から生成された土器文化圏内に属しており，南関東の弥生土器とは形態・系譜を異にするものである。さらにこの地域の四隅陸橋型は，中耕

弥生中期の残影 101

代正寺遺跡　駒堀遺跡　柊遺跡

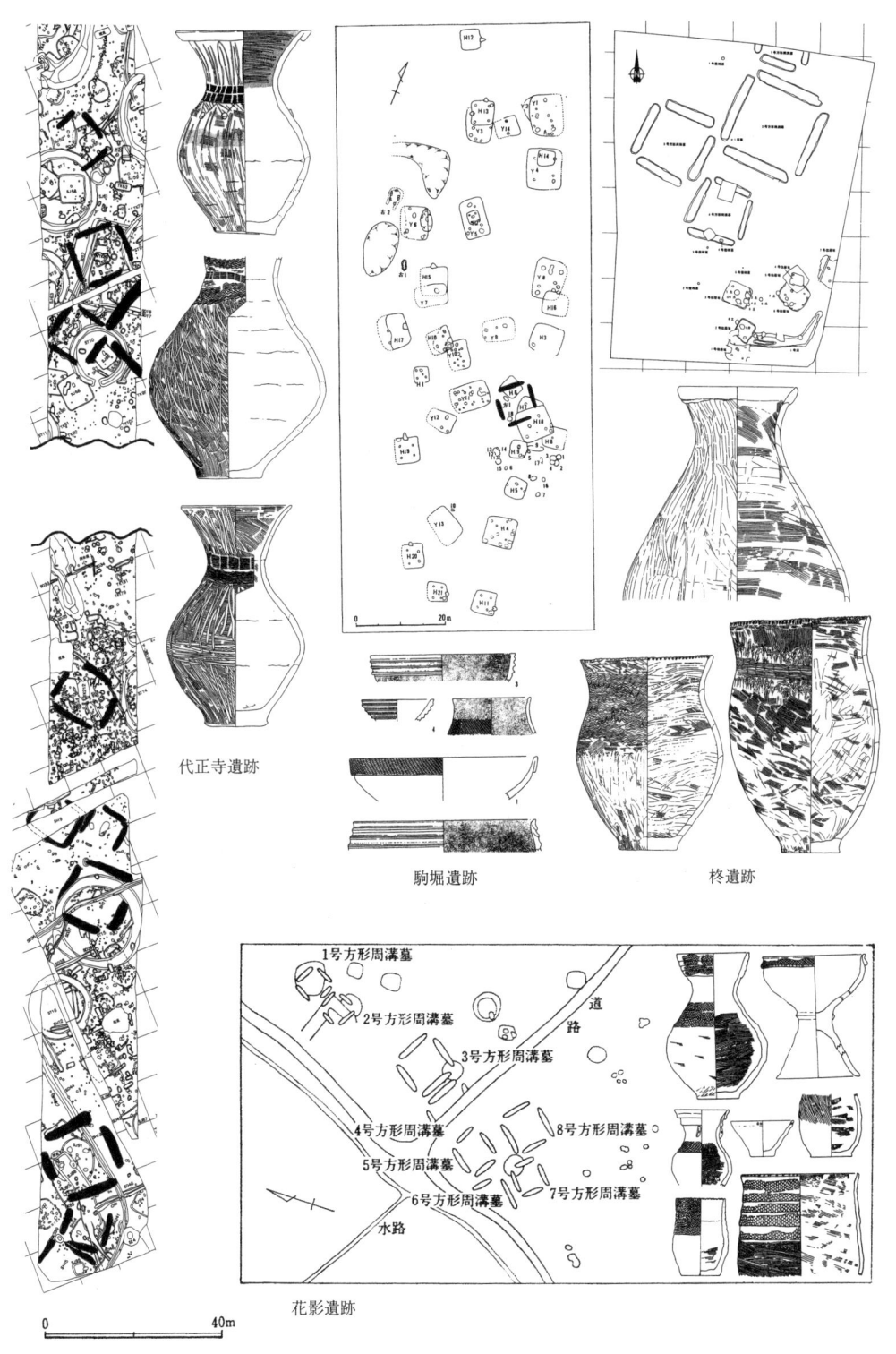

花影遺跡

第5図　北武蔵地域の弥生後期周溝墓（1/1500）

遺跡（杉崎1993）・広面遺跡（村田1990）・稲荷前遺跡（富田1994）などに見るとおり，古墳時代前期Ⅱ段階まで残る点が特筆される。また，同時期に前方後方墳の出現を見ており，その中には美里町塚本山33号墳（増田ほか1977）や東松山市根岸稲荷神社古墳（柿沼1996）のように吉ヶ谷式土器を供献することからその系譜に連なりながら古墳時代前期に至った首長の姿を見ることができる。彼らが伝統的な四隅陸橋型を放棄し新形態を採用したところに，自集団内における卓越性を表現したという過程をとるものと，南志戸川4号墳（石坂1993），東川端2号墳（中村1990）などに見るような東海系の土器群を供献した外来集団により首長層が占有されたという姿の二つのあり方を読み取ることができる。古墳時代初頭まで弥生時代後期の土器様相が残る状況は関東地方全体に認められる動向であるが，周溝形態が弥生時代中期的様相を継承していくのはこの岩鼻・吉ヶ谷式分布圏に限られている。少し，論点は異なるが，筆者はかつて五領遺跡に出土している鼓形器台から山陰系集団の関東地方での存在を示唆するものとして捉えるならば，この地域の中耕遺跡・広面遺跡・稲荷前遺跡などの四隅陸橋型の周溝墓は四隅突出墳との密接な関係をもつ可能性があるのではないかと考えたことがあるが，今回あらためて概観してみて中期以来の継続性を否定する要素は少なく，この仮説は返上せざるを得ないと結果になった。それはともあれ，以上のように北武蔵では房総とは異なった道筋を通じて中期の伝統性を根強く継承しているのである。

3　関東全体から見た位置づけ

　以上のことから，南関東地方における弥生時代後期の周溝墓形態には中期から連続する四隅陸橋型の系統と中期段階に東海地方から相模に到達し後期に広がる一隅陸橋型・一辺の両側に陸橋を残す型の系統があり，前者が在地継承型，後者が移入型とすることができる。
　在地継承型はさらに三つの流れを指摘することができる。一つは，房総地域の宮ノ台期からの伝統性をそのまま受け継ぎ，一隅陸橋型・全周型を受容したのちに消滅するもの。二つめは，北武蔵地域のように中期から後期全体に引き継がれていくものである。この場合は，中期からの形態をそのまま岩鼻式・吉ヶ谷式に引き継ぎ，古墳時代前期Ⅱ段階まで続いていく。三つめは南武蔵地域に見られる，一隅陸橋型・全周型を受容するが，東大構内遺跡・瀬田遺跡といった一部の遺跡で後期の四隅陸橋型が構築されるものである。
　これらの，三つの流れは，房総地域が移入型の波及によって在地継承型を破棄するという展開を示し，北武蔵地域では岩鼻式・吉ヶ谷式土器圏がかたくなに四隅陸橋型を継承する。この性格は一隅陸橋型・全周型を主体とする相模地域の中でもその土地の形態を採用せず1基だけ四隅陸橋型に固執した本郷遺跡24号周溝墓の被葬者が，吉ヶ谷式壺を所有している首長であることにも端的に示されている。南武蔵地域では，四隅陸橋型は主体的なものではなく，移入型と同時期に存在している。これは外来集団を受容した集落と在地系譜集落との対峙によるものとも解釈できるものである。

表 周溝墓各形態の展開模式図

地域	相模地域				南武蔵地域			房総地域(東京湾東岸)				北武蔵地域(含大宮台地)			
周溝形態	四隅	一隅	二隅	全周	四隅	一隅	全周	四隅	一隅	二隅	全周	四隅	一隅	二隅	全周
宮ノ台															
I 古 久1 / 新 久2															
II 古 山1 / 新 山2古															
III 古 / 新 山2新															

　一方，移入型の主体である一隅陸橋型については宮ノ台期に相模地域に波及して，そこから南武蔵・房総地域に広がっていくという流れを見ることができる。一隅陸橋型は，後期I段階新相・久ヶ原2式に南武蔵・房総へ，後期II段階古相・山田橋1式に北武蔵へと伝わっていく。

　このような状況の中で，いずれにしても房総地域においては中期から後期への連続性は，土器変化ばかりでなく四隅陸橋型周溝墓の継承という点にも認めることができるといってよいだろう。しかし，この状況が中期からの連続性をもつ遺跡ばかりでなく，後期からスタートする遺跡においても認められることは，中期の強固な伝統性が想像以上の影響力をもって影を落としていることに相違ないだろう。これらの周溝墓の各形態の消長と系統関係については，模式図を参照されたい。

まとめ

　一般的に墓制が被葬者の系譜を示す指標として考えられていることは周知のことであるが，今回の検討の中でそれが端的に示されている例として本郷遺跡24号周溝墓が挙げられる。この周溝墓は吉ヶ谷式土器と四隅陸橋型という組み合わせで，本来の分布地である北武蔵を離れて，一隅陸橋型・四周型の周溝形態を採用している相模に認められることは，他集団の中においても強固にその出自を主張していることになる。このような性格が墓性そのものの普遍的なものとすれば，その土地の供献土器と一定の周溝形態とのセット関係は常に地域の特徴を示すということになる。

　したがって，房総地域・武蔵野台地にみられるように，一時，対峙するような関係も見せたが，結局それまで続いてきた四隅陸橋型を放棄して一隅陸橋型や全周型など新たな周溝形態を採用す

ることは，系譜の保存・継承という一連の伝承行為の中で，四隅陸橋型の価値づけが変化したことに他ならない。その要因は新形態の中に旧形態を放棄するような合理性があったためとみなすことができよう。その合理性の表象は，中期末の段階で新形態が相模以西の列島の墓制形態としてほぼ統一化しており，関東地方への浸透に満を持していた状況にあったことから読み取ることができる。

さらに，統一化の背景には首長層を中心とした広域なネットワーク，引いては情報交換システムが機能しており，そのまとまり，つまり領域の東進拡大こそが，それぞれの土地の伝統性である四隅陸橋型にみる従来の位置付けや評価を低下ならしめたものと考えたいのである。すなわち，四隅陸橋型の放棄は，西日本から浸透してきた新たな弥生社会の枠組みへの参画の一歩を，言い方を変えれば伝統的弥生社会との決別をも象徴しているのである。

その時期は，相模では紀元前後，房総では2世紀前半，武蔵野台地では2世紀中頃，北武蔵では古墳時代前期まで遅れ4世紀前後と推察される。これらの背景にどのような歴史事実が横たわっているのかについては，興味深いところであるが，現状でそれを語るにはまだ遠い。今後の課題としておきたい。

(2009年7月18日脱稿)

参考文献

相原俊夫・木村 勇 1993『大蔵東原遺跡発掘調査報告書』大蔵東原遺跡発掘調査団
石坂俊郎 1993「関東北部の集落・墳墓各説（4）南志戸川遺跡」『東日本における古墳出現過程の再検討』日本考古学協会新潟実行委員会
伊藤敏行 1996「個別形態論」『関東の方形周溝墓』同成社
伊東秀吉・大坪宣雄・合田芳正・及川良彦・池田 治 1995『海老名本郷』(X) 富士ゼロックス株式会社・本郷遺跡調査団
小倉 均 1986『井沼方（第8次）発掘調査報告書』浦和市遺跡調査会
小田静夫・中津由紀子ほか 1989『千駄木遺跡』千駄木遺跡調査会
大崎紀子 1993『清水井遺跡』レランドミヤザキ株式会社・(財)君津郡市文化財センター
大宮市 1968『大宮市史』第1巻 考古編
大村 直 2004「山田橋遺跡群および市原台地周辺地域の後期弥生土器」『市原市山田橋大山台遺跡』市原市・(財)市原市文化財センター
柿沼幹夫 1996「方形周溝墓出土の土器 北関東①埼玉県」『関東の方形周溝墓』同成社
加藤恭朗 2001『柊遺跡 ―柊遺跡発掘調査報告書Ⅰ―』坂戸市教育委員会
木對和紀 2004『市原市辺田古墳群・御林跡遺跡』市原市教育委員会・(財)市原市文化財センター
埼玉県 1982「坂戸市花影遺跡」『新編埼玉県史』資料編2 埼玉県史編纂室 (株)ぎょうせい
佐伯秀人 1992『前三舟台遺跡』富津市環境部環境保全課・(財)君津郡市文化財センター
宍戸信悟・上本進二 1989『砂田台遺跡』Ⅰ 神奈川県立埋蔵文化財センター
J.E.キダーほか 1992『田園調布南遺跡』都立学校遺跡調査会
杉崎茂樹 1993『中耕遺跡』(財)埼玉県埋蔵文化財調査事業団

鈴木孝之 1991『代正寺・大西』(財)埼玉県埋蔵文化財調査事業団

高山清司ほか 1985『本村Ⅳ遺跡発掘調査報告書』浦和市遺跡調査会

谷川章雄・後藤宏樹 1994『一番町遺跡発掘調査報告書』千代田区教育委員会

坪田弘子 2007「久ヶ原六丁目2番地点の調査」『久ヶ原遺跡Ⅰ・山王遺跡Ⅰ・大森射的場跡横穴墓群Ⅱ』大田区教育委員会

寺田良喜・寺畑滋夫・半田素子・佐藤史人 2008『瀬田遺跡Ⅳ』世田谷区教育委員会・瀬田遺跡第24次調査会

東海大学校地内遺跡調査団 2000『王子ノ台遺跡 第Ⅲ巻 弥生・古墳時代編』

戸倉茂行 1991『川島遺跡発掘調査報告書』富津市・(財)君津郡市文化財センター

富田和夫 1994『稲荷前遺跡(B・C区)』(財)埼玉県埋蔵文化財調査事業団

中村倉司 1990『東川端遺跡』(財)埼玉県埋蔵文化財調査事業団

野口行雄 1998『富津市川島遺跡』千葉県土木部・(財)千葉県文化財センター

能城秀喜 1998『谷ノ台遺跡発掘調査報告書』袖ケ浦市・(財)君津郡市文化財センター

野本孝明・門内政広・古屋紀之 2008『久ヶ原遺跡Ⅱ・嶺遺跡Ⅰ・山王遺跡Ⅱ・新居里横穴群Ⅱ 発掘調査報告』大田区教育委員会

長谷川厚・加藤久美 2001『原口遺跡』Ⅱ (財)かながわ考古学財団

浜崎雅仁 1993『美生遺跡群』Ⅱ 第4・5・9地点 東京湾観光株式会社・(財)君津郡市文化財センター

原 祐一 2001『東京大学本郷構内の遺跡 工学部武田先端知ビル地点1次調査速報』東京大学埋蔵文化財調査室

原 祐一 2002『東京大学本郷構内の遺跡 工学部武田先端知ビル地点2次調査速報』東京大学埋蔵文化財調査室

原 祐一・森本幹彦 2002「東京大学本郷構内の遺跡 工学部武田先端知ビル地点で検出した方形周溝墓と遺物」『東京考古』第20号 東京考古談話会

比田井克仁 2001『関東における古墳出現期の変革』雄山閣

比田井克仁 2002「武蔵野台地における方形周溝墓の形態編年と新井三丁目遺跡の方形周溝墓」『中野区新井三丁目遺跡発掘調査報告書』1-9 株式会社大京・中野区教育委員会・共和開発株式会社

比田井克仁 2003「久ヶ原式土器成立考」『法政考古学』第29集 法政考古学会

比田井克仁 2005「後期土器の地域性 ―久ヶ原式・弥生町式の今日―」『南関東の弥生土器』シンポジウム 南関東の弥生土器実行委員会 六一書房

比田井克仁 2008「久ヶ原式の展開と史的背景」『国士舘考古学』第4号 国士舘大学考古学会

比田井克仁 2009「久ヶ原式成立期の東京湾西岸・武蔵野台地の様相」『南関東の弥生土器2』関東弥生時代研究会・埼玉土器観会・八千代栗谷遺跡研究会 六一書房

増田逸郎ほか 1977『塚本山古墳群』埼玉県教育委員会

村田健二 1990『広面遺跡』(財)埼玉県埋蔵文化財調査事業団

山岸良二 1996『関東の方形周溝墓』同成社

山口直樹 1984『小田部新地遺跡』(財)市原市文化財センター

横川好富・栗原文蔵・今泉泰之ほか 1974『駒堀』埼玉県教育委員会

千葉市出土の絵画文土器

菊 池 健 一

はじめに

　千葉市に勤めて今年で25年になる，その間，埋蔵文化財の仕事を続けてきて，迂余曲折もありながらこの仕事を続けてこられた事を感謝する。

　今回，千葉市の絵画文土器をテーマに原稿を書こうと思ったのは千葉市埋蔵文化財調査協会に勤めていた時に出会った一つの土器の観察から始まる。この土器とは現在では出土地不詳とされるが，1981年に日本考古学研究所によって報告された本郷向遺跡出土の古墳時代前期の複合口縁壺型土器と推定される。推定されるとしたのは報告書中に記載なく，また，注記もないため，調査から約20年立つ現在では千葉市埋蔵文化財センターの地下収蔵庫に「本郷向遺跡か？」として収蔵されているためである[1]。今後，本郷向遺跡例とする（第1図1）。

　この複合口縁壺型土器の肩部を観察すると何かしらの線刻が描かれているのが解かった。出会った当初は何の意味があるのかという気もなしに過ごしてきたのであるが，頭の片隅から離れる事はなかった。

　何時かこの土器について原稿を書いてみようと思っていた。この志を立ててから早くも20幾年の月日が流れた。今回，初めて本テーマについて原稿を書く機会が与えられた。この機会に以前から興味のあった，絵画文土器について原稿化してみようとおもう。実際，実見できる資料は限られているが，土器を通して，絵画・記号の意味，コミュニケーションのありかたについて私見を述べてみたい。

　章立ては研究史に始まり，本郷向遺跡・大崎台遺跡の分析，絵画文の分類，絵画土器の時間幅，近隣各地の事例，まとめと順を追って原稿をすすめる。

研究略史

　絵画土器の研究は古くは森本六爾[2]等に始まり，近年では佐原真[3]を筆頭として，橋本博文[4]，設楽博巳[5]，安藤広道[6]等が精力的に取り組んでいる。

　現在，千葉市立郷土博物館に勤めており，この仕事の合間を縫って仕上げようとしたため，小校を草するに当たって，実際に実見できた資料は少なかった。千葉市本郷向遺跡出土例[7]と佐倉

108

1 本郷向遺跡（報告書参照）

1. 本郷向遺跡
2. 人道遺跡
3. 宮ノ台遺跡
4. 上ノ台遺跡
5. 馬加城遺跡
6. 築地貝塚
7. 南門原遺跡
8. 城山貝塚
9. 新堀遺跡
10. 外山遺跡
11. 井戸遺跡
12. 横橋・米ノ内遺跡
13. 畑・米ノ内遺跡
14. 檜橋貝塚

遺跡位置図

2 本郷向遺跡出土（？）壺形土器絵画部写真

3 本郷向遺跡出土（？）壺形土器拓影（現寸の2/3）

第1図

市大崎台遺跡出土例[8]であったので，取り落とした面も大きいと思われる。

本郷向遺跡・大崎台遺跡出土の線刻土器の分析

　本郷向遺跡は1980年に工場拡張工事に伴い，事前調査が実施され（第1図1），千葉市遺跡調査会が調査を実施した。遺跡は現在，花見川区犢橋町のさつきが丘団地の東側，花見川を見下ろす台地上にある。

　この調査によって7軒の住居址が調査され，その内訳をみると弥生時代中期の住居1軒，弥生時代後期終末から古墳時代前期に属する住居が5軒が含まれることが確認された。

　壺型土器の肩部に2か所の線刻が認められる（第1図2・3）。一つずつ分解して述べていくと左下の線刻は井桁状に交差する2条及び3条の条線の上半に組まれた様に1条の条線が横にはしる。

　中央の線刻は2条単位の横線が上下2段に施され，下段の横線を6等分するように縦に条線が施される。左端，及び2番目の条線は平行するように2条が垂下し，下で交差する。3番目の縦線はほぼ中央に位置し，4条によってなり，縦線の中では最も長い。4〜6番目の縦の条線は1条によってなる。上段の横線は3番目まで延びる。

　この土器はこの地域にあって土器の形態や共伴遺物から古墳時代前期の後半と理解される。

　何を表現したのか断定できないのだが，まるで秋に田んぼで稲穂を干すような感じを受ける。

　引いて言えば記号の一つと理解できる。この記号について私見を述べれば，この土器が帰属する次の段階に，つまり，古墳時代中期前半に関東地方，中でも千葉県に多く認められる坏の底部に描かれる記号に類似するものがあり，これとの関連性も理解される。

　大崎台遺跡は昭和54年から昭和56年にかけて土地区画整理事業にあたり調査が実施され，JR佐倉駅を見下ろす台地上にある（第2図4）[8]。この地区にあって中核をなす遺跡である。弥生中期から平安時代にわたる住居址群が確認された。

　線刻のある土器はこれらの各時期にあって古墳時代初めに位置付けられている。第51号住居址及び第70号住居址から出土した。出土状況はいずれも住居址覆土中であった。

　第51号住居址では器台型土器の脚裾部の内外面に線刻が認められた。この土器はほぼ完形品であった（第2図7）。外面の線刻は脚柱部から脚裾部にかけて描かれ，線刻の構成は左右に分かれた尖塔状の文様が組み合わされた。

　外面の書き出しの順番に述べていくと上部では内側から外側に向かって右方向に3条，下部では「く」の字状に2条描かれ，これに交差する形で2条の条線が描かれる。同じく内面にも外面程複雑ではないが尖塔状の表現が認められる。

　描き出しの順番から述べると「く」の字の表現に，反転した「く」の字状の線刻が組み合わされる。橋本博文氏によると解読不能とされたが（第4図1）[9]，石黒立人が鯨面線刻について述べられている際に取り扱ったバチ型の線刻とみる事もできよう[10]。

　第70号住居址出土した甕には鹿と鯨面が描かれる（第3図2）。この鯨面は報告者である柿沼

1 六崎大崎台遺跡　2 寺崎向原遺跡　3 六崎貴舟台遺跡
4 若宮台遺跡　　　4 大崎台遺跡

図1　遺跡の位置（1/50,000 佐倉）
（柿沼修平「矢崎大崎台遺跡」千葉県史考古編
（弥生・古墳時代）2003年）

6　第51号住居平面図

7　第51号住絵画文のある器台
（注6は実測及び拓影）

8　第51号住居跡出土遺物

9　第70号住居跡

10　第70号住居跡出土遺物

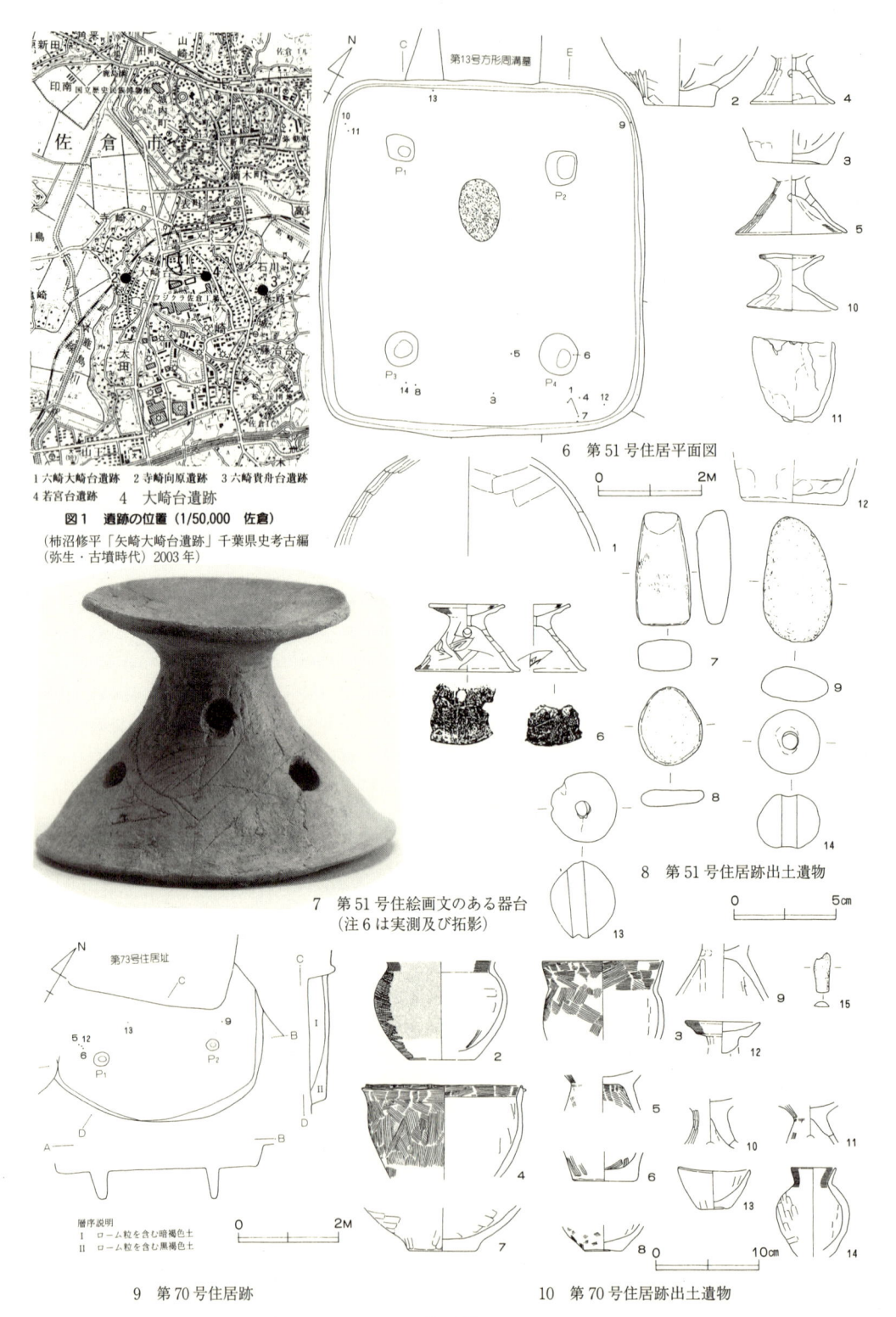

第2図

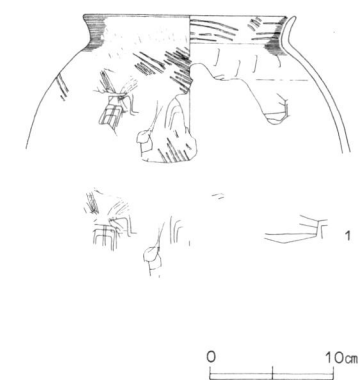

1 第70号住居跡出土絵画文のある甕

2 鯨面及び鹿

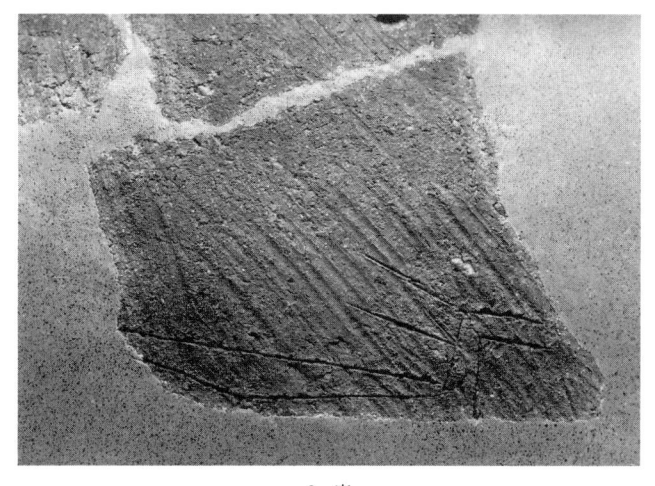

3 鹿

第3図

修平によると「家」と認識された[11]。

　また，考古資料紹介として報告されている[12]。線刻のある土器は甕形土器であり，上半部のほぼ3分の1が残されていた（第3図1）。絵画の種類は4単位としてみることができ，いずれも細い刺突具によって描かれる。

　明らかに認識できるのは右端にある右を向いた鹿である（第3図3）。この線刻は首と胴体・角部分が表現されるが後は欠損する。中央部の線刻の表現はちょうど欠損部にあたり，全体像を窺うことはできないが，首上半の表現，後ろ足の表現が残っており，右側の鹿の表現との類似性がうかがえ，鹿と判断される。いずれも右向きの鹿であり，佐原真による側面技法と理解することができる[13]。

　左端の線刻は実物をみると一見して家との判断されるのも理解されるが（第3図2)[14]，中央部付近の左側に認められる2条の線刻が深くなっている部分があり，これを目と見る事ができるので，これを鯨面と理解することが妥当と理解される。

　この見方に沿って線刻を分析すると，まず，口縁は条線3条によって下向きのコの字に表現され，中央に2条の条線が描かれる。目と認識される中央の刺突は左側では先に述べたとおり明らかだが，右側でははっきりしない。上側には左右対称に4本の条線によって「いれずみ」のように円弧がえがかれる。また，右側の目と認識される部分から2条の垂下する条線が認められる。耳の表現であろうか。これらの表現形態をもってこれを鯨面とする。

絵画の分類

　現在，弥生時代から古墳時代の絵画として認識されている図柄には[15]人物，鹿，水鳥，舟，家屋，スタンプ文，顔，動物，竜，記号文，渦紋が挙げられる。類例こそ少ないが，鹿・家・人物等と矢印・渦紋などの記号が一緒に描かれた構図のものもある。

　例えば1つの図像を表現したひとにとってはその意味を伝える事はできるのだが，絵を再度，認識する側にとっては先の範疇の中での理解になるのではないだろうか。

絵画土器の時間幅

　橋本氏によると[16]「関東地方の絵画文土器の年代幅はⅢ期後半からⅣ期を中心とする時期に集中する」とされ，氏がまとめられた段階では20遺跡28例が挙げられ，「南関東の編年では宮の台式を中心とした時期に収まる……」。

　要約すると，弥生時代中期から後期にかけて集中し，壺に描かれるものがおおく，おもに住居跡から出土する。文様は直線的な文様が多く，文様の描き方は東海と共通し，出土遺構は中部高地と共通する。描かれる土器は中部高地と東海に共通する例が多いとされた。

　この中で氏が指摘するように弥生中期から後期前半にかけても一つの波があり，更に後章で触

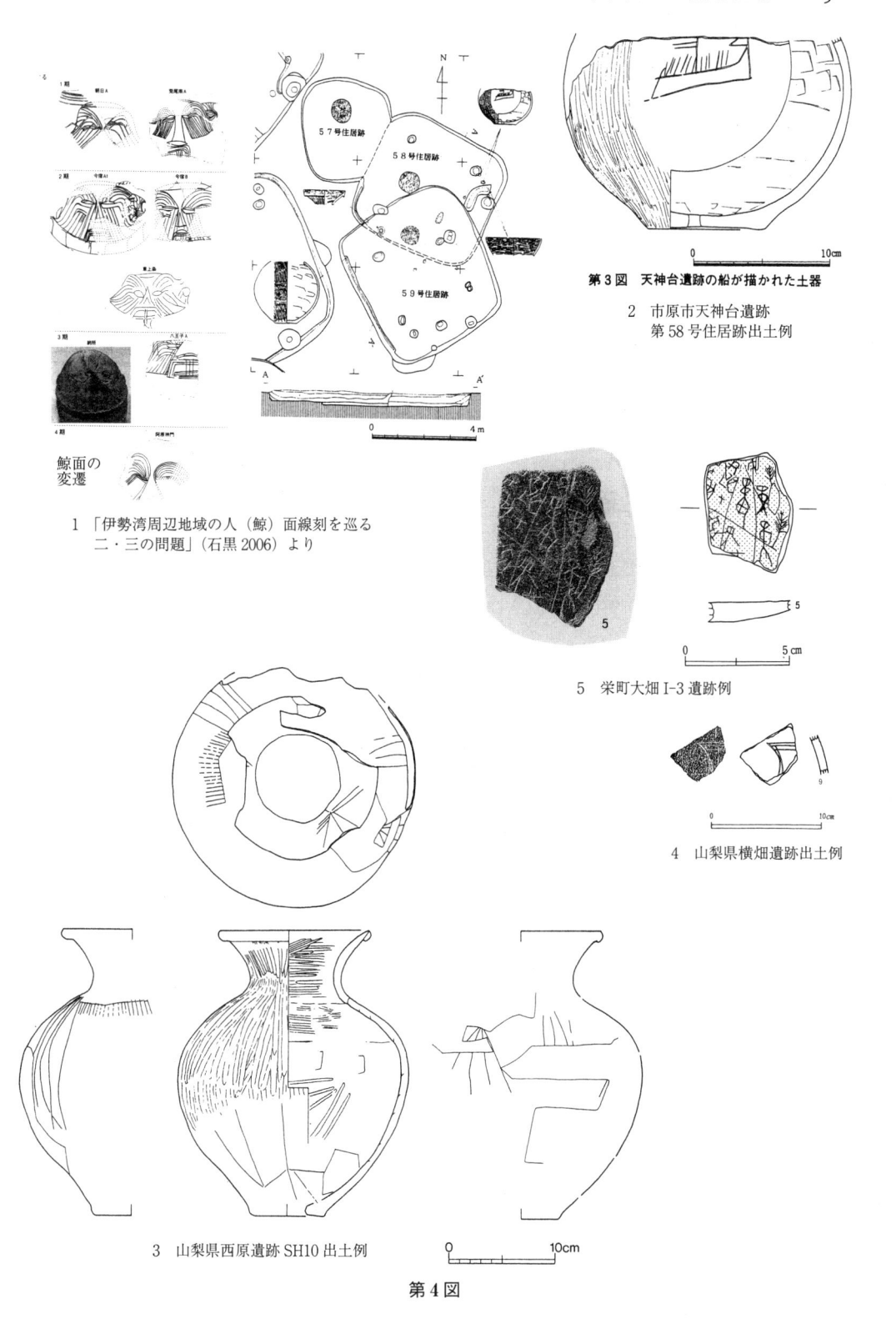

千葉市出土の絵画文土器　113

鯨面の変遷

1　「伊勢湾周辺地域の人（鯨）面線刻を巡る
　　二・三の問題」（石黒2006）より

第3図　天神台遺跡の船が描かれた土器

2　市原市天神台遺跡
　　第58号住居跡出土例

5　栄町大畑 I-3 遺跡例

4　山梨県横畑遺跡出土例

3　山梨県西原遺跡 SH10 出土例

第4図

れられているように弥生後期終末から古墳時代初めにもその波があるとされる。
　今回，取り上げた土器は橋本の指摘する第2の波にあたるものと考える。

近隣各地での事例

　近隣での状況を概観すると市原市では国分寺台区画整理事業地内の天神台遺跡から船を描いた絵画が出土している（第4図2）。報告者である浅利幸一氏の文章[17]を引用すると絵は「船首を右に船尾を左に向け…船体中央に，マスト状の棒を表現し2本の帯を風にたなびかせている様に見える。船体から船首方向に斜めに見える棒状の線は人物か櫂を表している」とされる。
　山梨県では2例が知られる。東八代郡境川村小山に所在する西原遺跡SH10（第4図3）[18]，方形周溝墓から出土した壺に3か所の線刻が認められ，報告者である野崎進氏の文章を引用すると「4本の縦線が2か所に描かれる。記号であろうか…胴部下半に描かれており，鹿あるいは家の骨格のようにも見える。…横線に縦線を描き屋根のようにもみえる。…内面にもなんらかの記号が3方にみえる。」。
　もう一例は笛吹川農業水利事業の際に調査された横畑遺跡例（第4図4）[19]でバチ形の様な線刻がみとめられる。
　資料にあたっていく内に，千葉県内でももう一例，線刻された絵画文土器があることを高花宏之氏より教示を受けた。それは千葉県印旛郡栄町にある大畑Ⅰ-3遺跡の事例である（第4図5）[20]。
　大畑Ⅰ-3遺跡は千葉県の北東部の栄町の利根川に面した台地上にあり，ガソリンスタンドの建設に伴って調査された。この遺跡は埴生郡衙の所在地とされている。
　絵画土器は盤形土器の底部に描かれている。報告書（第4図6）によると遺構外とされており，時期的には不明である。報告者である小牧美知枝氏の文章を引用すると「焼成後に線刻され，縦横に走行する沈線内に人物・樹木と思われるものが表現されている」とされる。確かに人のような線刻が6つ認められる。遺構外で時期が明らかにできないのが悔やまれる。

まとめ

　ひとつひとつの土器にあらわされる絵には共通性がある。この共通性とはある集団同士の精神的な結びつきが現わされたものと考える。畿内を中心に認められる絵画文土器が関東地方でも認められるということは畿内と関東地方の精神的な結びつきがあらわされたものと考えられる。
　今回，取り上げた土器への絵画の描き方は縦線と横線の組み合わせからなる。使用された工具はヘラ状工具である。
　コミュニケーション伝達における言語とは時間・空間を共有する話したい相手に適切に自分の意思を伝える。同じ時代に地域を異にして同じ方法で作られた絵画がある。これは伝えあいたい情報を共有していることにほかならない。

絵を描いた作者による画材の取捨選択の結果には，なんらかの思想的背景や観念的背景が存在する。その当時，弥生時代から古墳時代の人々の生活に溶け込んでいる物語，神話などが描かれた可能性が多分にあると考える。

　絵画が描かれる土器が出土する，それぞれの遺跡はかなり離れている。しかし，それにもかかわらず，これらの共通の構図を見出すことができるということは，共通の世界観，共通認識が存在していることを示唆している。

　石黒立人は「S字状口縁台付甕の成立地と考えられる伊勢湾西岸地域に線刻例がほぼ皆無といえる状況に対し，人面線刻が濃密に分布する地域が初期にはS字状口縁例が無関係であることと無関係ではないだろう。弥生後期からの変遷でいえば，伊勢湾西岸部の線刻表現は近畿と関係が強いので，それも人面線刻と非親和的な理由かもしれない。……」[21]。

　生産物の移動を含む地域間関係においては，近畿と伊勢湾西岸部・三河東部，濃尾と三河西部それぞれに近接した関係が背景にあったものと考えるが，ただ三河西部には近畿系タタキ甕の生産技術が直接に移入されており，交流は複合的である。表面上は一体化として捉えられることが多い伊勢湾地域だが，実はその内部には外部に繋がる複雑な関係が縦横にはりめぐらされていることが，人面線刻や原単位図形からも窺えると，私もこの意見に同感である。ここで取り扱った土器は数少ないものであるが，この例の中にも幾つかの特徴が表れている。1つは鹿と鯨面土器の組み合わせである。

　この鯨面土器は多くの研究者が注目し，多くの論考が提示されている。最近の論考では関東では縄文時代から弥生時代にかけて出土する所から東国起源とする説もある[22]。

　言語とは何だろう，人に自分の意思を伝える事，また，人の言葉を聞き，理解し，共通認識に立つ事ではなかろうか？

　タイトルでは千葉市の絵画文土器と大げさな名称を付けたが，既にこの研究は多くの先学が手掛けたテーマであるが，自分にとっては新しいテーマとして，また，ライフワークの一環として原稿化できた事を嬉しく思い，学生の時から何かにつけてお世話になった『史館』の最終号にこの原稿をささげたい。今後，千葉県内の同じ志を持つ人々が行政の垣根を越えて，共通理解を同じ背丈で語り合える場所が生まれてくれると良いと祈る。今，考えるとこの『史館』の貴重さが肯ける。

　コミュニケーションや精神文化の背景には当然，その時代に内在する政治的な問題や社会的動きが反映している。絵画や記号には時代による質的違いがあるものと考える。これらの問題については今後の課題とする。

　現在，日々の生活に追われ，忘れがちな事である。しかし，以前出会った遺跡・遺構についてふと思い返して，再度光を当ててみる時，その段階では見えなかった事に出会えるのではないだろうか。

　私自身は無力であるが，その私を支える家族，同僚，友人達のおかげで今，自分がある。

　今後とも自分を取り巻く社会に対し，自分の言葉で語り，コミュニケーションをとってゆくで

あろう。

わずかでも今後とも情報発信を続けてゆきたい。

本校を草するにあたり，学生の時からの古い親友，大村直氏，原史学研究所の柿沼修平氏・千田明氏・佐倉市教育委員会の松田富美子氏・白井市教育委員会の高花宏之氏・橿原考古学研究所の橋本裕行氏・山梨県立博物館の中山誠治氏と明治大学の忽名敬三氏の各氏にお世話になり，かつ貴重なご意見をいただきました。記して感謝申しあげます。

注（引用参考文献）
1) 山本　勇・田川　良　1982『本郷向遺跡』千葉市遺跡調査会
2) 森本六爾　1924「原始絵画を有する弥生土器について」『考古学雑誌』14-4
　　梅原末治　1923「弥生土器に鹿の図」『考古学雑誌』14-4
3) 金関恕・春成秀爾編　2005「原始絵画の文法」『佐原真の仕事3・美術の考古学』
4) 橋本裕行　1986『特別展弥生人のメッセージ絵画と記号 ―唐古・鍵遺跡調査50周年記念』奈良県立橿原考古学研究所附属博物館
5) 設楽博巳　2006「原始絵画の研究の歴史と課題」『原始絵画の研究論考編』
6) 安藤広道　2006「弥生時代「絵画」の構造」『原始絵画の研究論考編』
7) 前掲1）と同じ
8) 柿沼修平ほか　1987『佐倉市大崎台遺跡調査報告書』Ⅰ・Ⅱ・Ⅲ
9) 橋本裕行氏のご教示による。
10) 石黒立人　2006「伊勢湾周辺地域の人（鯨）面線刻を巡る二，三の問題」『原始絵画の研究論考編』
11) 柿沼修平　1983「佐倉市大崎台遺跡出土の線刻絵画土器について」『千葉史学』創刊号
12) 前掲8）と同じ
13) 前掲3）と同じ
14) 前掲11）と同じ
15) 橋本裕行　1986『「絵画と記号」唐古・鍵遺跡調査50周年記念』奈良県立橿原考古学研究所附属博物館
16) 橋本裕行　1988「東日本弥生土器絵画・記号」『橿原考古学研究所論集』第8
17) 浅利幸一　1993「土器に描かれた船―古墳出現期を中心として」『市原市文化財センター研究紀要』Ⅱ
18) 野崎　進　2002『西原遺跡・柳原遺跡（2次）』境川村教育委員会
19) 保坂康夫　1987「横畑遺跡・弥二郎遺跡」『山梨県埋蔵文化財センター調査報告書』第20集
20) 米田幸雄・小牧美知枝　「大畑Ⅰ-3遺跡」『(財)印旛郡市文化財センター発掘調査報告書』第84集　(財)印旛郡市文化財センター
21) 前掲10）と同じ
22) 設楽博巳　1999「鯨面土偶から鯨面絵画へ」『国立歴史民俗博物館研究報告』第80集

土器の移動と移住

大 村　　直

はじめに

　定型的前方後円墳出現前夜を中心とした「土器の（擬似）移動」については，過去，政治的・経済的側面からさまざまな評価，検討が加えられてきた。その中で，とくに東日本においては，「石田川式」成立に関連する，梅沢重昭，橋本博文（梅沢・橋本1988），田口一郎らによる「大規模な集団的入植」（田口1981），あるいは高橋一夫による「派遣将軍」（高橋1985・1989），赤塚次郎による「難民の排出」（赤塚1992）といった，土器の移動＝移住説が先鋭的に展開されてきた。しかし，これら移住説は，放出側の一方的な論理にもとづくものであり，受容側における在地的な主体性についての議論が乏しく，違和感をもって受け止めてきた（大村1995）。この点については，私見として現状においても変わるものではない。しかし，時期はことなるものの，神奈川県綾瀬市神崎遺跡の調査を契機とし，近年，集落を単位とするような「東海系」の大規模な集団移住が具体的な事実をもって検証されている（西相模考古学研究会2002）。この段階の移住と庄内式併行期の土器の移動との関係はともかくとしても，こうした遠距離間の移住は，固有の地域・領域・集団組織にもとづく発展段階論的な社会観に見直しをせまるものであり，また，私個人にとっても，認識を新たにせざるをえない事実であった。

　おそらく，庄内式併行期を中心とする共時的な汎列島規模の土器の移動は，前方後円墳成立と無関係ではありえない。土器の移動の背景となる実態は多様ではあると思うが，土器の移動＝移住説はひとつの現実であり，それが仮に周辺地域を中心とするものであったとしても，前方後円墳体制成立の根幹にかかわる事実を含む可能性があると考える。

　しかし，移住から定着にいたる過程についての議論はいまだ進捗がない。これは，土器論だけでは解決できる問題ではない。ここでは，千葉県市原市国分寺台地区の遺跡群他いくつかの事例を取り上げ，外来系土器と竪穴建物形態を個々の集落に即して検討することとしたい。これらが汎列島規模の土器の移動に対して，どの程度の汎用性をもちうるかは明らかではない。しかし，過去にさまざまな視点から行われてきた「土器の移動」に対する整理・類型化の多くは，可能性に対する推論にすぎない場合が多い。こうした「総論」が無意味であるとは考えないが，糸口となる事例の蓄積と評価が現状において必要であると思う。

　なお，ここでの土器編年は中台（なかで）編年を使用する（大村2009）。主要地域との併行関係について

はなお整合しない部分もあるが，ここでは前稿のとおりとし，赤塚編年（赤塚1990・1997）による廻間Ⅰ式後半期と中台1式，同Ⅱ式と中台2式，同Ⅲ式と草刈2式とに基本点における対応を想定し，草刈1式については，廻間Ⅱ式後半からⅢ-1式の間に接点を認めておく。北陸南西部については，中台1-2式から中台2-1式が漆4・5群新相，様相10，中台2-2式が漆6群（田嶋1986・2006，堀2002），畿内は，草刈1式について奈良県纒向遺跡辻土坑4下層（石野・関川1976）から下田Ⅲ式最古相（西村・池峯2006）の間に接点を想定しておく。なお，草刈1式は東京湾西岸地域の神谷原Ⅲ式に対応する（大村1982）。

1 市原市国分寺台地区の事例

　千葉県市原市国分寺台地区は，東日本における定型的前方後円墳成立前夜の拠点地域のひとつであり，遠距離間交流の結節点でもある。東京湾東岸地域は，弥生後期において閉鎖的な土器圏を形成するが，終末期になると近隣地域から遠隔地を含む多様な系が急速に混在するようになる。とくに国分寺台地区では，特定の系の継起的な出現が遺跡地点単位で比較的鮮明に認められる。まず，中台1-1式から2-1式期には長平台遺跡において東海西部系が，中台1-2式から2式期には南中台遺跡，中台遺跡北辺部において北陸南西部系が，2-2式期には中台遺跡西辺部，蛇谷遺跡において畿内系があり，これらが継起する。畿内系については，弥生形のタタキ甕のみが目立つ状況があり，畿内中枢からの直接的な流入によるものとは即断できないが，すくなくとも，東海西部系，北陸南西部系は，ほぼ全器種的な波及が認められる。これは，遺跡群の位置関係とも連動する。中台1式期にはB谷奥に南中台遺跡が占地し，周辺に祇園原貝塚上層遺跡，南祇園原遺跡などが点在する。そして，中核となる中台遺跡は，この時期B谷左岸を中心とする。中台2-1式から2-2式古相期になると，中台遺跡の中心は養老川右岸側に中心を移し，2-2式新相期には，A谷左岸の蛇谷遺跡が集落規模を拡大する。現状では，天神台遺跡の状況が明らかではないが，おそらくこの段階には，養老川右岸側台地縁辺からA谷周辺の中台遺跡，天神台遺跡，蛇谷遺跡が中核を形成していたと考えられ，神門墳丘墓群は，これら集落群の上位統合として，おおむね中台2式期の間に相次いで造墓される（第1図）。

(1) 南中台遺跡

　ここでまず取り上げる南中台(みなみなこんだい)遺跡（大村2009a）は，この時期の国分寺台地区遺跡群の中では中規模の集落である。弥生終末期から古墳前期初頭の竪穴建物は44棟であるが，集落範囲は，調査区から南東側に広がる可能性もある。出土土器には多系の外来土器が認められるが（第3図），とくに北陸南西部系土器がSI12・13からまとまって出土している。

　このうちSI13は，本遺跡最大規模の竪穴建物であり，竪穴全体規模は8.03m×9.53m，確認面掘形面積は70.86㎡，竪穴平面形態は部分的に胴が張る隅丸横矩形を呈する（第2図）。炉は，竪穴中央部に所在する。いわゆる貯蔵穴は長（東）辺中央にあり，蓋受け状の段部をもつ。出土土器は，北陸南西部系土器とともに在地系も混在するが，主体となる北陸南西部系の有段口縁甕

土器の移動と移住 119

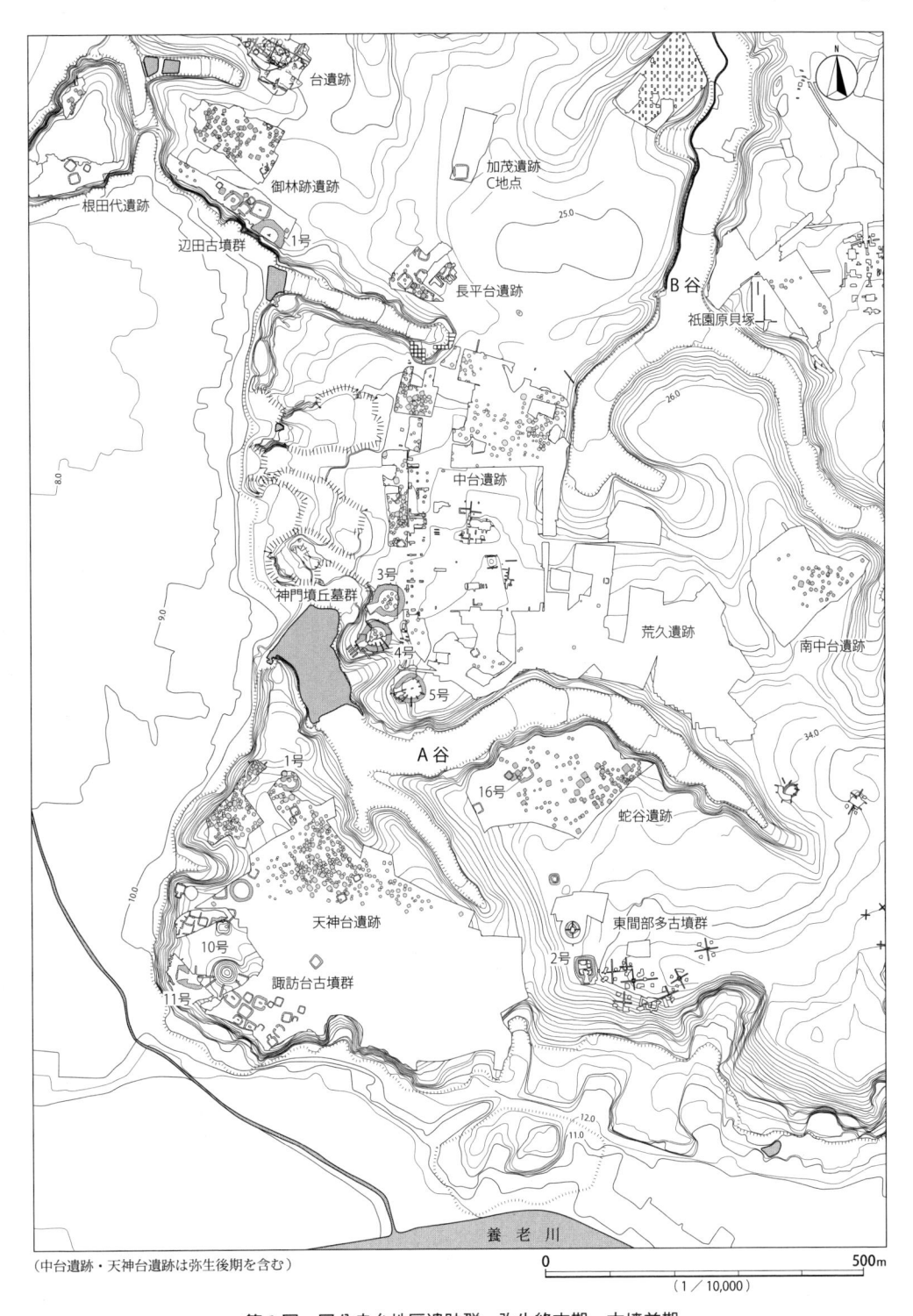

(中台遺跡・天神台遺跡は弥生後期を含む)

第1図 国分寺台地区遺跡群 弥生終末期〜古墳前期

120

南中台遺跡
中台式－草刈1式期

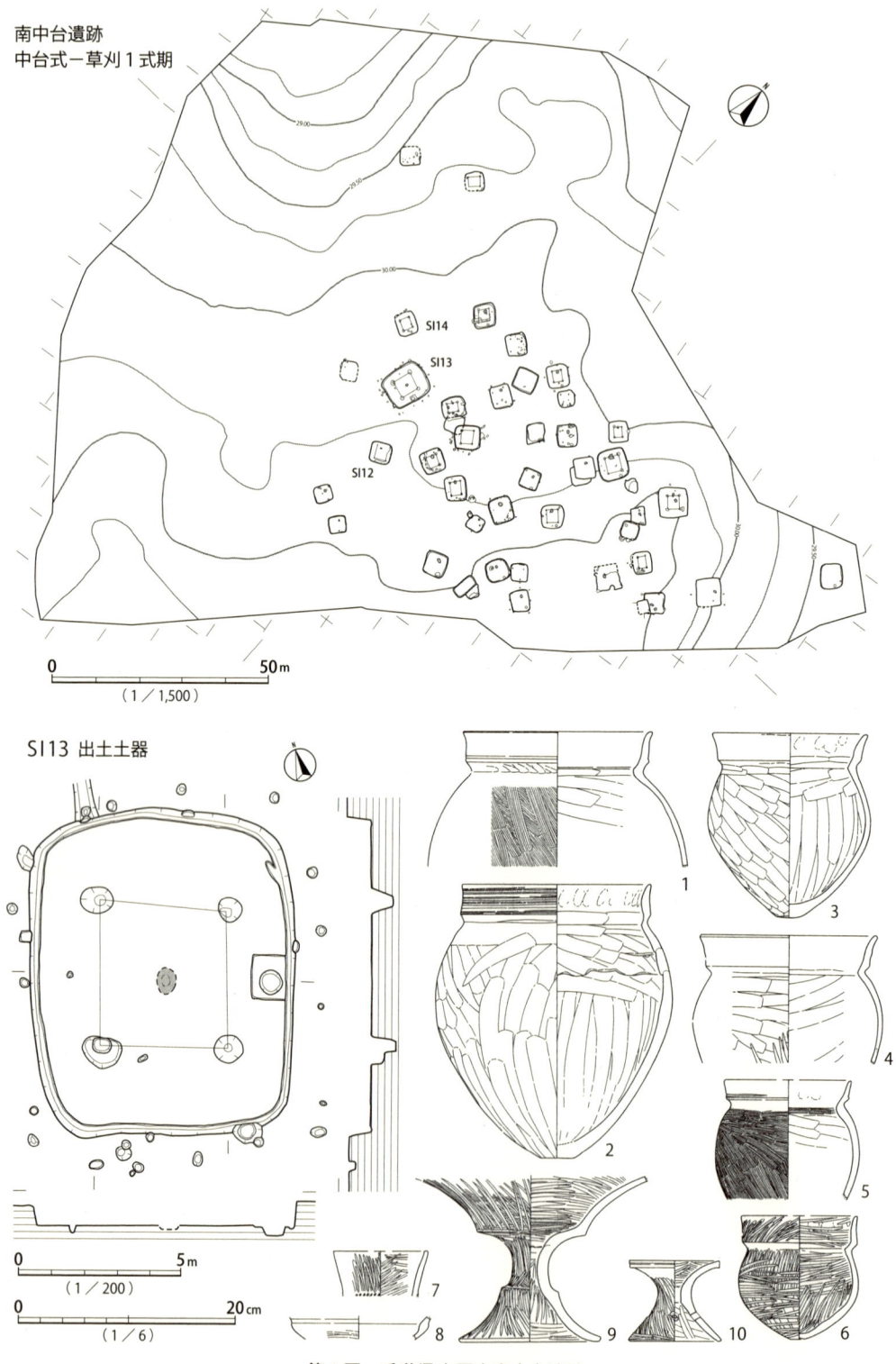

0　　　50m
(1／1,500)

SI13 出土土器

0　　　5m
(1／200)

0　　　20cm
(1／6)

第2図　千葉県市原市南中台遺跡

第 3 図　南中台遺跡　外来系土器

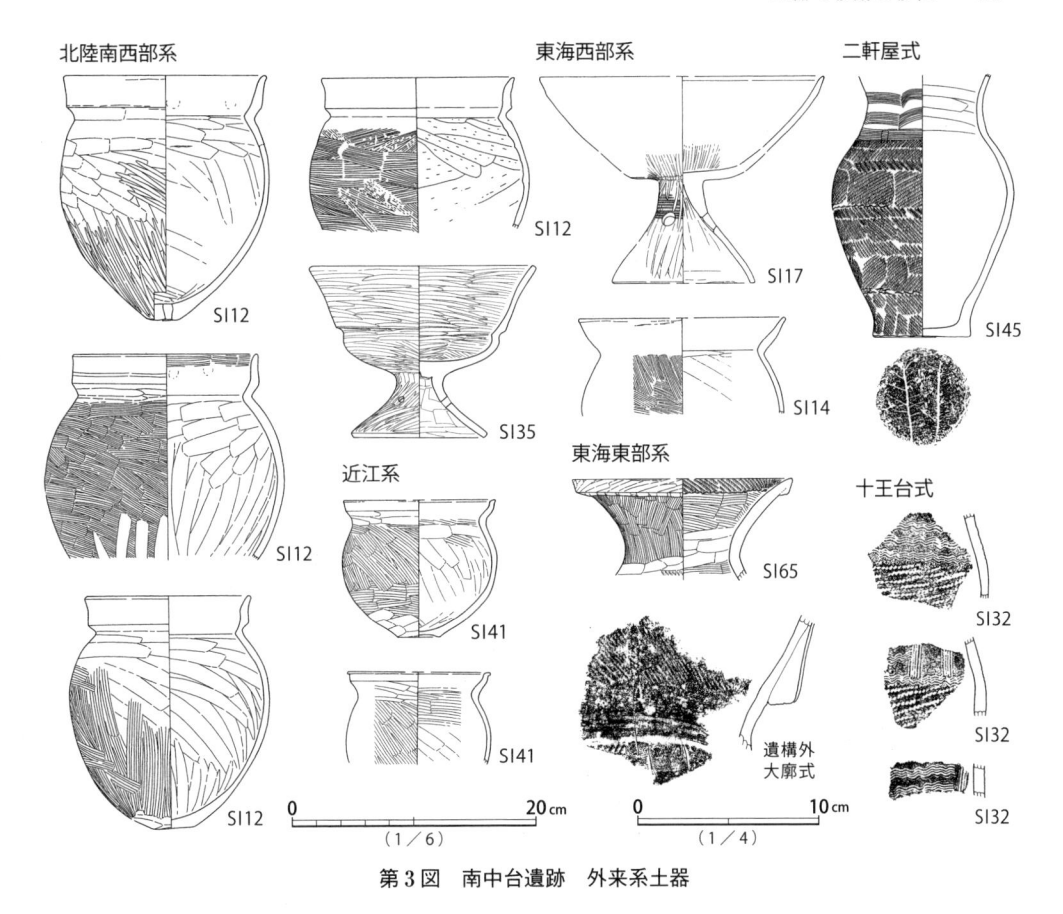

1～6，器台9・10はいずれも床面上から出土し遺存度も高い。有段口縁甕は、口縁複合部が直立気味ないしやや外傾し、口唇部は薄く若干外反する。複合部は、SI13-2が不揃いの多条からなる擦痕状の浅い条線であり、SI13-1・5は複合部下部に条線を残すものの、擬凹線文ないしその痕跡をもつものはごく限られる。複合部下端は明瞭な稜を残さず丸くつくられ、段部はやや曖昧化している。複合部内面に連続的な押捺痕を明瞭に残すものはSI13-2のみである。器台9は、漆4・5群古相前に限定されるが、有段口縁甕の形状から漆4・5群新相段階とした。小形器台10は、上下漏斗状の)(形を呈するものであり、定型的小形器台の前段と考える。なお、明らかに搬入品と認められるものは存在しない。

　このSI13は、その竪穴形態も北陸地方のものと酷似しており、かつて比田井克仁が北陸南西部系土器とともにその重要性を喚起し、「直接的に人々が移民してきたことをしめす有力な証拠」（比田井1987）としている。北陸地方の竪穴で、特殊ピットとも称される蓋受け状の掘形をもつ貯蔵穴は、石川県金沢市塚崎遺跡、野々市町高橋セボネ遺跡などによると、おおむね月影式成立前後期に、竪穴内のやや中央部寄りから長辺側壁際に設置されるようになる（堀2002）。竪穴平面形態は、後期以降やや胴張りの隅丸矩形（長方形）から方形化を指向し、石川県宝達志水町宿東山遺跡15～18号住（北野1987）などは布留式併行期にいたる。そして、この竪穴形態は、北陸

系の拡張にともない山形県内や福島県会津盆地などでも確認することができる（植松 2005，田中 2005，白石 2007）。その中でも，南中台遺跡のように，遠隔地に点的に出現する状況は，土器の移動が移住を背景とすることを証明するものと考える。なお，南中台遺跡 SI12 は，SI13 同様北陸南西部系土器を多数出土するが，竪穴形態については，北陸系とする積極的な特徴をもたない。ただし，北陸南西部系土器と竪穴形態の一致は，隣接する中台遺跡でも確認できる。

(2) 長平台遺跡

こうした状況は，同じ国分寺台地区内の長平台遺跡でも確認できる（小橋 2006）。長平台遺跡は，宮ノ台式末以降，居住域と墓域としての土地利用を繰り返しているが，本来は西側に隣接する御林跡遺跡と一体の集落を形成していた可能性が高い。長平台遺跡は，288・289 号方形周溝墓出土のパレス壺によって周知されているが，ここで取り上げるのは 10 号竪穴住居跡である（第 4 図）。

出土遺物は，パレス壺口縁部 1，櫛描文壺，A 類 S 字状口縁甕 2・3 など，東海西部系が主体となる。く字状口縁甕 4・5 についても，口縁部がやや内湾し頸部が明確に屈折する点からやはり東海西部系であろう。東海系単口縁甕は，南中台遺跡 SI14 からも出土しているが（第 3 図），口唇部に端面をもつ点は，南中台遺跡例に先行する特徴と考える。報告によると，パレス壺は非在地産の可能性が指摘されているが，視覚的には判然としない。在地系土器が明確ではないが，中台 1 式段階と考えている。

この 10 号竪穴住居跡の竪穴形態は，部分的にやや胴の張る隅丸方形である。規模は 6.24 m × 6.24 m を測る。炉は柱穴間に 1 か所認められるが，竪穴中央にも床が焼けた部分が記録されている。また，貯蔵穴が南隅に 2 基認められる。竪穴平面形態の方形化にともない，竪穴形態は地域をこえて普遍化する傾向があり，10 号竪穴住居跡についても一見改めて取り上げるべき特徴がないようにも見えるが，中台 1 式段階の比定を妥当とした場合，在地の変遷過程と合致しない点がある。

当該地域では，竪穴建物の検出事例が多数あり，その変遷過程は，すくなくとも当該地域内にあっては周知事項とも言っても良い。ここでは，弥生時代後期から古墳時代前期の主柱穴をともなう竪穴を対象として，変遷過程の概要について触れておく（第 5 図）。

竪穴平面形態については，数値化も試みられているが（比田井 1991），ここでは一般的呼称にもとづき，楕円（小判）形，隅丸胴張り（長）方形，隅丸（長）方形，方形の区分にとどめておく。当該地域の楕円形・長方形竪穴の長軸長／短軸長比（×100）は 105〜110 前後であり，これを超える長形竪穴については「矩形」としておくが，矩形は，当該地域の系譜にはない。主軸については，長軸方向と貯蔵穴を備える辺（主に南辺）を正面として仮定するが，矩形竪穴については，長軸と貯蔵穴位置が軸方向として合致しない場合がある。竪穴平面形態は，方形化を基本的な変化とし，楕円（小判）形＞隅丸胴張り（長）方形＞隅丸（長）方形＞方形となる。その変化は漸移的であるが，中台式期に各辺の直線化，長軸短軸長の一致が急速に進行し，草刈 2 式期には方形化が完成する。

土器の移動と移住　123

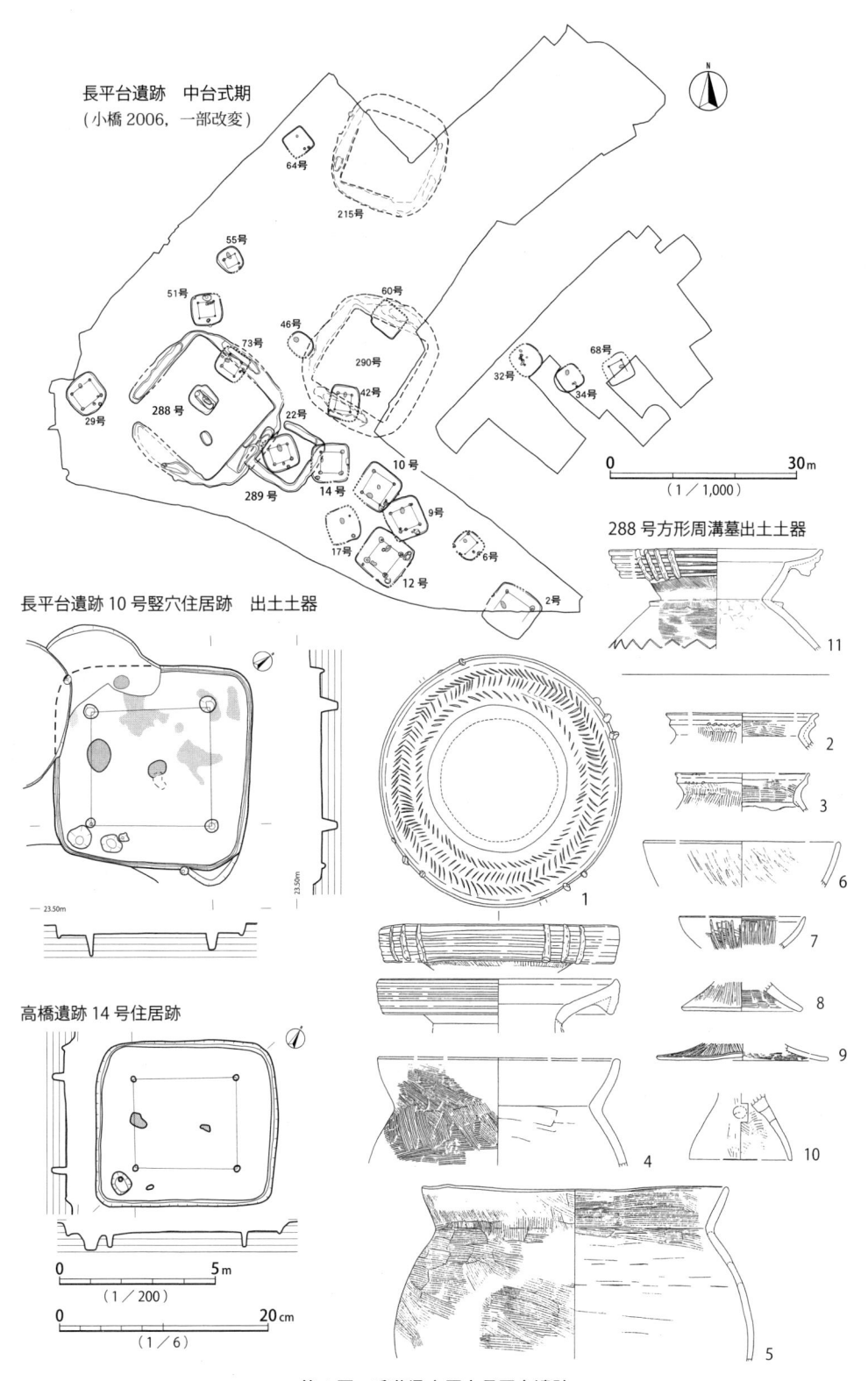

長平台遺跡　中台式期
（小橋 2006，一部改変）

長平台遺跡 10 号竪穴住居跡　出土土器

高橋遺跡 14 号住居跡

288 号方形周溝墓出土土器

第 4 図　千葉県市原市長平台遺跡

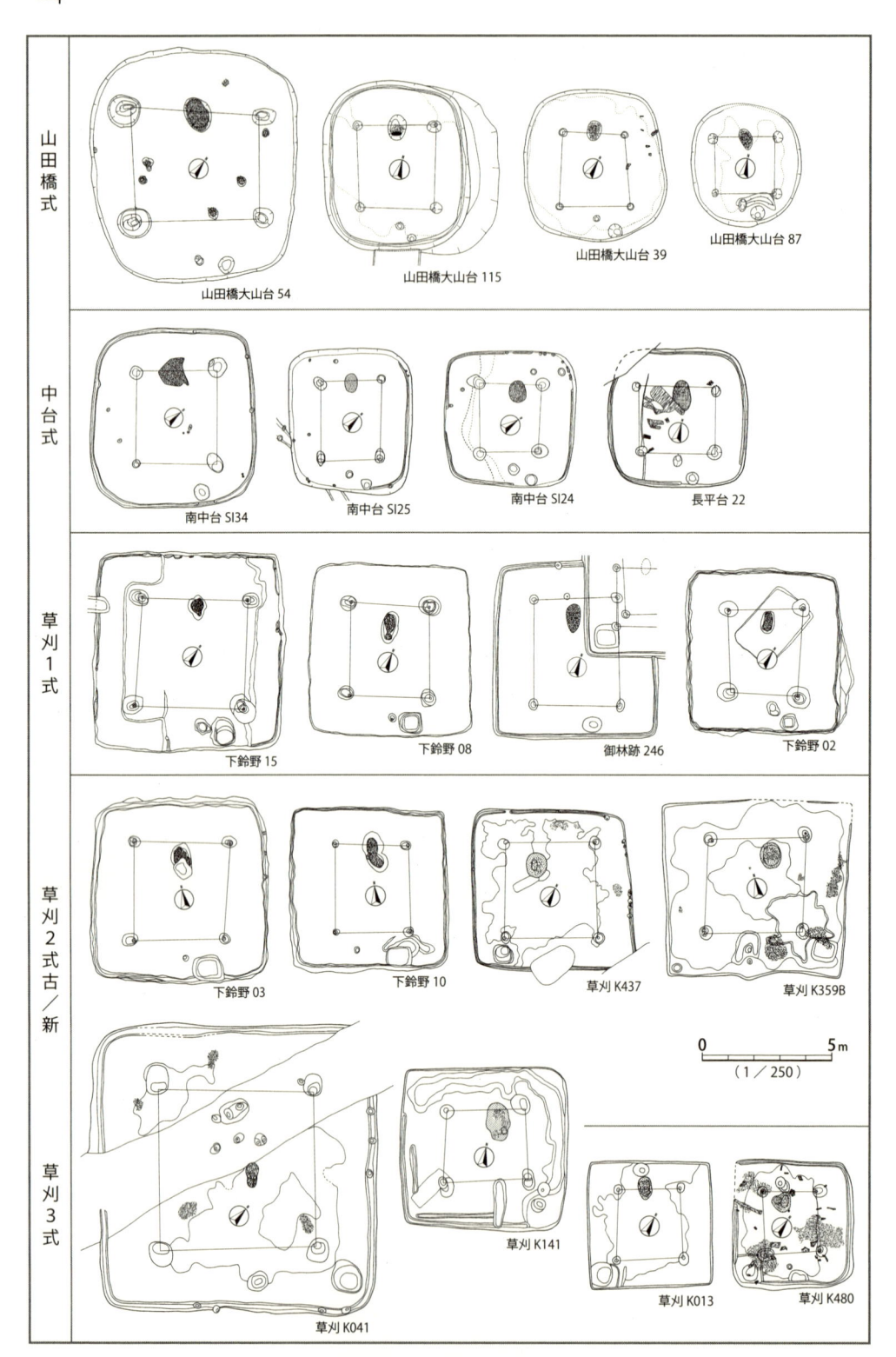

第5図　在地系竪穴形態

炉位置と貯蔵穴位置は，平面形態の変遷とおおむね連動する。炉位置は，主軸線上奥にあり，宮ノ台式期では，主軸線と奥辺柱筋の交点ないしやや奥辺側にあるのに対し，久ヶ原式期には主軸線と奥辺柱筋の交点からやや中央寄りに移行する。草刈1式期以降，方形化の過程で，とくに大形竪穴では奥辺柱筋の交点から離れて中央寄りにあるものが認められる。また，主軸線上から左右にずれるものもこの段階に現れ，この場合の左右は，貯蔵穴位置側に寄ることが一般的である。なお，竪穴内に主柱穴をもたない小形竪穴については，中台式期以降，主軸線上から左右に偏するものが多い。

　貯蔵穴は，中台式期において方形・大形化し，周囲に周堤帯や蓋受け状の段部をものが増加する。設置位置は正面辺にあり，後期から中台式期は，主軸線と正面辺両隅の中間あたりを基本とし，右側にあることが多い。竪穴平面形態の方形化にともない正面辺隅部へ移動するが，隅部へ移行時期は，おおむね草刈2式期である。なお，出入口施設（梯子穴）の可能性が想定されている第5柱穴については，後期から中台式期までは基本的に主軸線上にあるが，貯蔵穴の隅部への移動と連動し，主軸線上から離れることがしだいに一般化する。

　この変遷過程を妥当とした場合，長平台遺跡10号竪穴住居跡は，やはり当該地域の竪穴建物の特徴とは合致しないと考えるべきであろう。これは，長平台遺跡の他の竪穴との比較においても明らかである。同期の22・29号竪穴住居跡平面形態は，後期例と比較して主軸・副軸長が近接するものの，なお各辺胴部の張りを残し隅部の屈折も弱い。また，これらが，主軸を北～北西に向け，炉を主軸線上の北辺から北西辺側に置くのに対して，10号竪穴住居跡は南西辺側に置く。貯蔵穴は他が正面（南・南東辺）中央やや右側を基本とするのに対して，10号竪穴住居跡は南隅部にある。

　その特徴については，出土土器から東海西部に照準をあてて検討を加えてみる必要がある。当該地域周辺の東海西部系土器は，S字甕の定着が相対的に希薄であることから，東海西部内においても地域を絞り込むことが可能であると考えるが，ここでは，竪穴建物の検出事例が比較的豊富な愛知県豊田市周辺地域，おもに神明遺跡での集計を参照しておく（飯塚2001）。竪穴平面形態は，後期以降方形化を指向するが，欠山式期で長方形（矩形）が約半数，元屋敷式段階でも約1/3程度を占める。炉は，複数検出される例が多い。位置は，竪穴が矩形（長方形）の場合，基本的に短辺側の主柱穴間あり，方形の場合も主柱穴間にあるが方向は一定しない。ただし，松井孝宗の指摘によれば（松井1977），貯蔵穴位置と関連し，貯蔵穴設置隅部に寄った主柱筋間にあることが比較的多い。

　貯蔵穴は，欠山式期段階には長辺中央部から隅部へ移り，設置率も格段に増加し一般化する。いわゆる梯子穴とともに周堤帯によって区画されるケースも認められる。複数設置例も増加傾向が認められ，神明遺跡での集計によれば，元屋敷式期には全体の約1/3程度，松河戸式期には2/3に達する。岡崎市高木遺跡第1～3次調査区4号住居跡（斎藤2003）など特定隅部へ連続的に穿つ例も散見できる。

　こうしてみると，炉・貯蔵穴位置などに長平台遺跡10号竪穴住居跡との共通点を認めること

が可能であろう。ここでは、時期的に若干先行する事例ではあるが、豊田市高橋遺跡第14号竪穴（久永・斉藤1969）を例示しておく（第4図）。

出土土器と竪穴形態の出自の一致は、長平台遺跡における東海西部からの移住者の混在を傍証すると考えるべきであろう。長平台遺跡では、12・14号竪穴住居跡についても竪穴形態は10号竪穴住居跡と近似する。12・14号竪穴住居跡は、出土土器からの判断は難しいものの、とくに12号竪穴住居跡は、この時期最大級の規模をもっており、長平台遺跡の集落首長墓であり、パレス壺をともなう288・289号方形周溝墓の被葬者に関連する可能性もある。

長平台遺跡10・12・14号竪穴住居跡にみられる貯蔵穴の竪穴隅部への設置と炉の偏在は、国分寺台地区の蛇谷遺跡（市毛・須田・新田1977）でも認めることができる。ただし、蛇谷遺跡は、方形周溝墓でタタキ甕とこれを祖型とした戸張形甕が多数出土しているものの、南中台遺跡や長平台遺跡にみられるような外来系土器と竪穴形態の一致は明確ではない。

2 近隣地域の事例

(1) 湘南藤沢キャンパス内遺跡

前述した南中台遺跡では、北陸南西部系とともに多系の外来土器があり、東海西部系、近江系、大廓式とともに、北関東系の二軒屋式、十王台式も確認できる。これらについても、移住を含む可能性がある。

神奈川県藤沢市慶応義塾湘南藤沢キャンパス内遺跡（岡本ほか1992）では、上稲吉式をともなう北関東系の竪穴が1棟混在する（第6図）。これは第27号竪穴住居跡であり、出土土器は、上稲吉式とともに東京湾岸地域の広口壺、東京湾西岸系の口縁部多段を含むヘラナデ整形の台付甕、ハケ台付甕、小形粗製壺、有稜高杯などがある。有稜高杯は、突出する杯底部が在地的な特徴をしめすが、深い杯部などから廻間I式後半（中台1式）に併行する段階と考える。上稲吉式を主体とするものではないが、竪穴形態は北関東系の可能性が高い。竪穴規模は6.67m×9.53m、床面積は29.90㎡、竪穴平面形態は隅丸矩形を呈する。炉は、竪穴中央からやや南東側に偏在する。貯蔵穴、規則的な主柱穴列は認められない。北関東系竪穴は、長軸線上奥に炉、対向する短辺側に出入口施設をもち、貯蔵穴の設置率は低い。規則的な主柱穴が認められない場合も多い。この段階の矩形竪穴は東海西部でも認められるが、第27号竪穴住居跡は岡本孝之が指摘しているようにやはり北関東系であろう（岡本1998、飯塚1983・1984・1986）。

なお、上稲吉式は、愛知県岩倉市小森遺跡（加納・浅野・北村1988）でも検出されているように、西方への拡散が確認されている。

(2) 戸張一番割遺跡

上記は、いずれも集落に数棟の外来系竪穴建物が混在する例であるが、ここでは、非在地系竪穴が多数を占める事例として千葉県柏市戸張一番割遺跡を取り上げておく（平岡・井上1985、枝川1991、高花2002）（第7図）。本遺跡は、下総台地の北西端にあり、後期においては北関東系を主体

第 27 号住居跡　出土土器

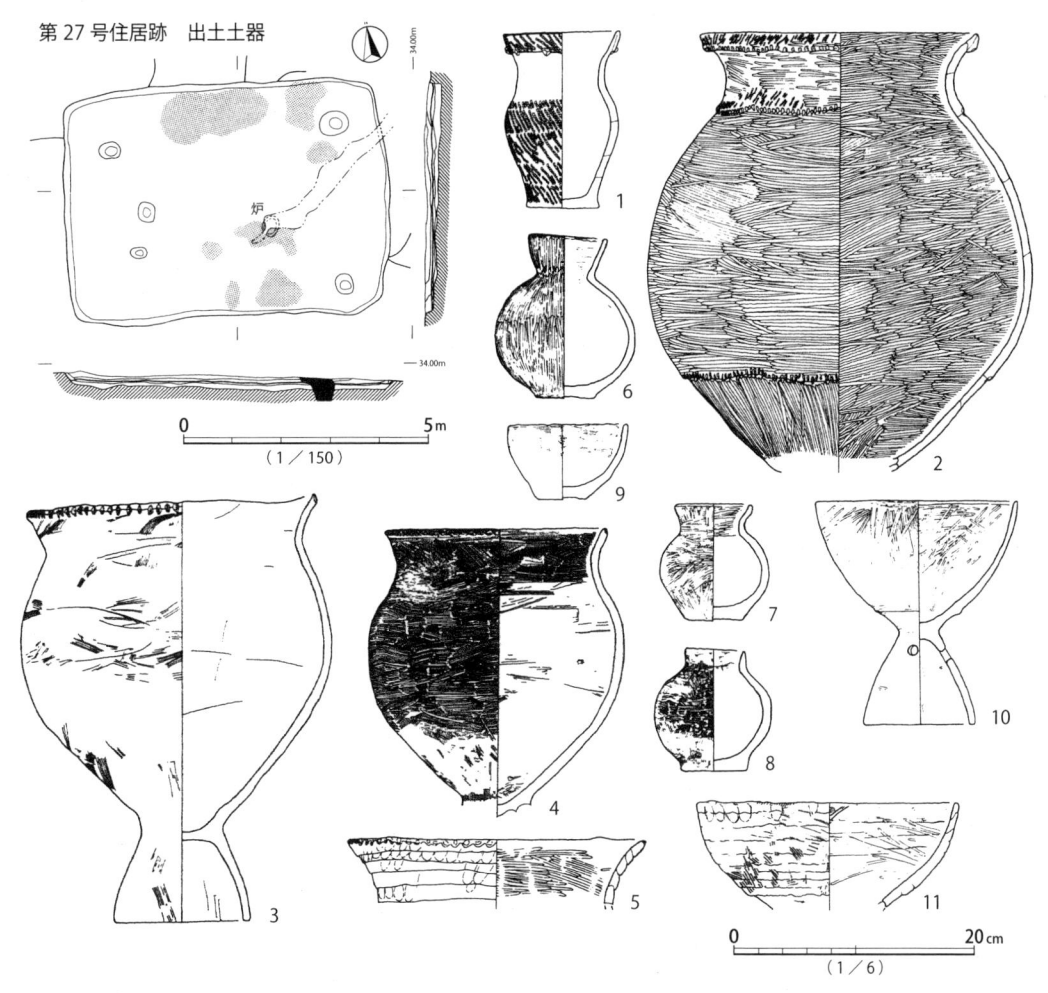

第 6 図　神奈川県藤沢市慶応義塾湘南藤沢キャンパス内遺跡

とする。集落時期は，中台 2 式期から草刈 1 式期併行段階の間にほぼ限定される。集落は，隅部に張り出しをもつ長軸長約 120 m，短軸長 80 m の方形環濠によって囲繞されており，この点においても特異な集落といえる。

　竪穴形態は，全体として定型的ではないが，炉位置を主軸線上奥柱間に，貯蔵穴を正面（短）辺に置く在地系の竪穴形態は皆無である。一方で竪穴平面矩形が特徴的に認められる。ここでは，1985 年報告を対象とするが，主柱穴をもつもののうち長軸長／短軸長比（×100）は，最大で 132，110 をこえるものは計測可能な 21 棟のうち 10 棟を数えることができる。炉，貯蔵穴が確認されていないものがある一方で，これを複数もつ竪穴も目立つ。貯蔵穴位置は長辺側中央やや右側に置くものが 7 棟あるのに対して，隅部が 7 棟，短辺側は 3 棟にすぎない。炉位置は，やや固定されていないが，短辺側に寄る例が目立ち，貯蔵穴位置に近接する側を基本とする。こうした特徴は，東海西部と一致する。

　東海西部系の矩形竪穴は，廻間 I 式（欠山式）期以前を基本とし，後期の長軸長／短軸長比

戸張一番割遺跡

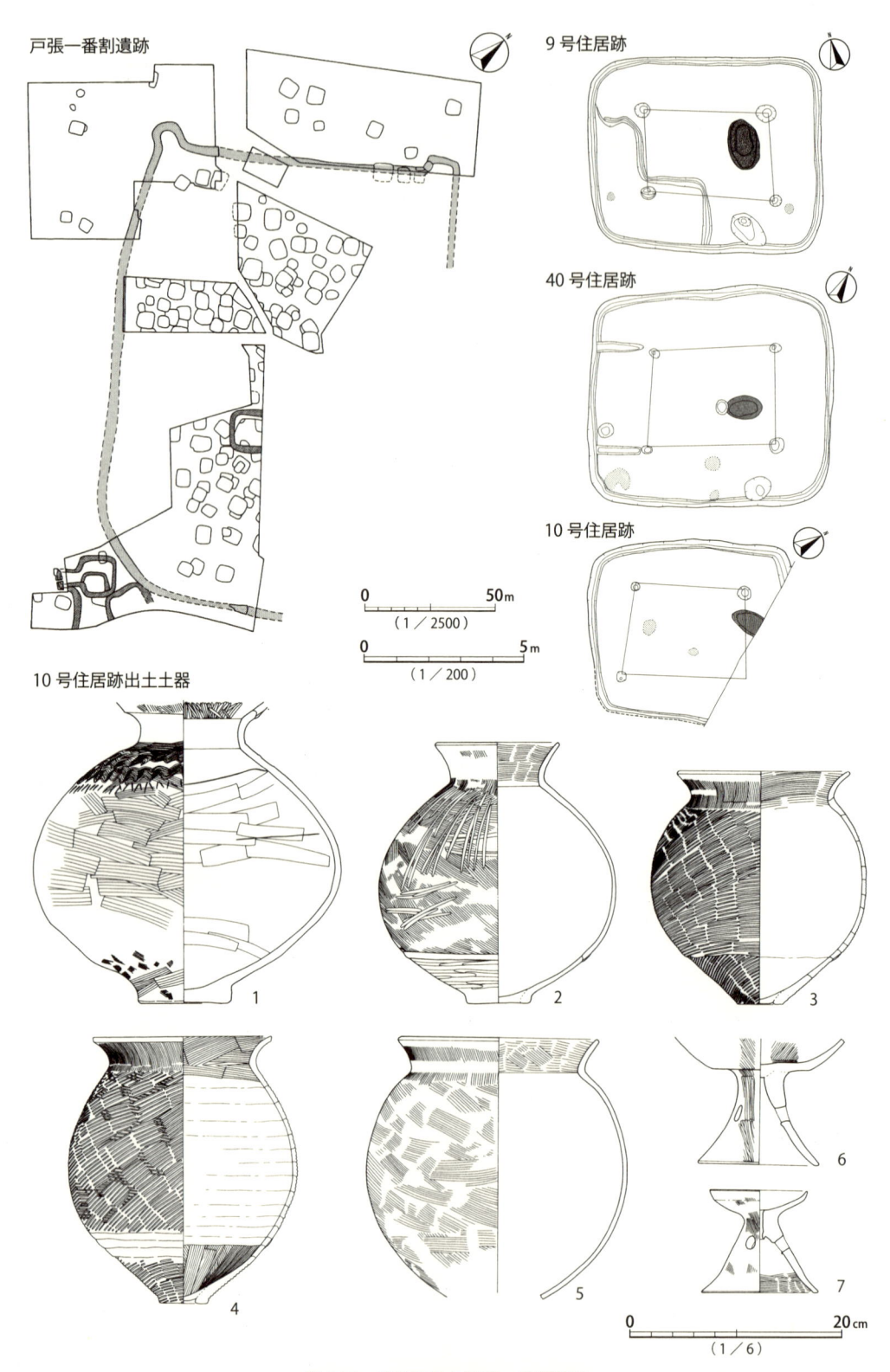

9号住居跡

40号住居跡

10号住居跡

0　　　50m
（1/2500）

0　　　5m
（1/200）

10号住居跡出土土器

0　　　20cm
（1/6）

第7図　千葉県柏市戸張一番割遺跡

（×100）は 150 前後を計る。長平台遺跡の項でも触れたように，欠山式期以降方形化を指向し，とくに静岡県東部では欠山式段階でほぼ（隅丸）方形化を達成するが（鈴木 1993），愛知県西部の廻間遺跡では，廻間Ⅱ式段階まで矩形ないし長方形を基本とすることが指摘されている（赤塚 1993）。貯蔵穴位置など時期的な齟齬を生じている可能性もあるが，現状において東海西部あるいはその周辺地域を含めた竪穴形態の把握が不充分であり，今後の検討課題としておく。

出土土器相はさらに単純ではない。東海西部系はかならずしも主体ではないが，一方で，弥生形タタキ甕をとこれを祖型とするハケ甕である「戸張形」を特徴的に出土している（菊池 1991，西川 1991，大村 1994）。在地系あるいは在地における変容を確実に含むものの，単口縁台付甕などについても，在地編年と直接対比することに躊躇する点がある。西川修一が指摘するように，タタキ甕の直接的な出自は愛知県東部である可能性が高いと考えるが，その原型を明確に抽出することはできていない。これについても，課題を残している。

なお，矩形竪穴は，埼玉県熊谷市北島遺跡（山本 2005）や茨城県水戸市二の沢 A 遺跡（江幡・黒澤 2003）などでも確認できるが，これらについては，短辺側に貯蔵穴や出入口施設をもつものがあり，現状では弥生後期北関東系と考えておく。

3　移住の契機とそれを受容する社会とは

土器や竪穴建物の形態変化から「移住」といった限定された交通の形態を具体的に証明することは簡単ではない。外来的要素も定着後に系譜的な伸長をとげる可能性があり，とくに，日常的な接触が可能な隣接地域間では，蓋然性をこえることが難しい。ここで取り上げた，遠距離間に点として現れた土器と竪穴形態の一致は，いわば特殊な事例である。しかし，こうした事例の存在は，この時期の土器の移動の背景にある移住を積極的な証明するものと考える。これらは，すくなくとも交易や一時的な寄生によるものとは考えにくい。とくに，南中台遺跡と長平台遺跡例は，それがこの時期の一般的な姿であるかどうかはともかくとしても，移住者彼らが定着にいたる実態を漠としつつも見せている。特徴的なのは，南中台遺跡 SI13 が集落内最大規模の竪穴建物であり，また，長平台遺跡 12 号竪穴住居跡もこの時期最大級の規模をもち，288 号方形周溝墓の被葬者に関連する可能性があることである。中台遺跡北辺部の北陸系竪穴建物も，周辺竪穴群の中で特徴的な規模をもっている。首長，リーダーとしての役割を想定すべき必要がある。遠隔地からの来訪者が容易に定着し，首長に「共立」される状況が想定できるのである。そのリーダーシップの内実を明らかにすることはできないが，より中心地域からの来訪者のもつ開明性こそが，首長地位を裏付けるものであったと考えておきたい。

これらは，移住規模からみても，特定勢力が既存集団を一方的に蹂躙するものとは考えられない。また，南中台遺跡では，北陸南西部系とともに多系の外来土器が確認できる。SI14 は，竪穴形態との一致は認められないものの，出土土器は東海西部系を主体としている。隣接地域でもハケ整形台付甕や，房総半島南部から三浦半島を中心とする多段甕（鴨居上ノ台形）の再流入が

認められ，これらについても移住を含む可能性がある。とくに，北関東系の存在も重要であり，湘南藤沢キャンパス内遺跡第 27 号竪穴住居跡は，この時期の交通の多方向性をしめしている。多系の結節点となる南中台遺跡のような状況は，排出側の論理だけでは説明が不充分であり，受容側の求心性および多様な係累の人々を受容する在地社会の集団原理に対する評価が必要であろう。

　こうした求心力は，この時期連鎖的に拡散する。国分寺台地区では，中台 2 式期に神門墳丘墓群が造墓されるが，こうした地域統合の一方で，国分寺台地区を含む東京湾西岸地域を基点とした下総台地の常総系への浸食があり，草刈 1 式併行期には，茨城県南部で鴨居上ノ台形甕の濃密な分布が確認できる。さらに千葉形五領式甕の拡張は，東北地方に達しているのである（比田井 2004）。そこでは，竪穴形態の南関東との共通性も指摘されている（古川・小村田・岩見・高橋・吾妻 1993）。また，後期において遺跡分布の希薄な下総台地から利根川以北では，移住が集落を単位とするような大規模なものであった可能性もあり，おそらく，こうした場合に，戸張一番割遺跡のような方形環濠集落を形成すると考えている。草刈 1 式併行期には，茨城県那珂市森戸遺跡（西野 1990），茨城町奥谷遺跡（鯉渕 1989），常総市国生本屋敷遺跡（阿部 2006）などの方形環濠が相次いで成立しており，森戸遺跡区画溝（第 10・11 号堀）下層出土土器は，草刈 1 式そのものである。そして，例えば栃木県那珂川町駒形大塚古墳（三木 1986）は，草刈 1 式併行期に遡る可能性があり，その後も東国では例のない前期首長墳群を形成するのである。

　弥生時代終末期から古墳前期前半に，おそらく各地域で形成される求心点と離合集散は，情報の拡散を背景として発生した各地域おける広域連動的な統合指向と，これに対する離反拡散の連鎖としてとらえることができるのではないかと考えている。すくなくとも，この時期の統合が集団員の盲目的な従属によるとは考えにくい状況がある。こうした移住と融合を可能とする流動性は，すくなくとも周辺地域における前方後円墳成立の前段において，円錐クランのような成層社会，政治組織を準備していたとは考えられないのである。相模湾沿岸地域から荒川流域では，前段の弥生後期において，東海系の波状的な移住にともない多数の環濠が掘削されるが，これらも比較的早期に拡散同化する傾向が認められる。首長個人を結節点とし，キンドレッドの原則にもとづき構成された，多様な係累を含むより開放的な集合体を基層社会に想定しておきたい（大村 2010）。その始点は，弥生中期末から後期初頭にあると考えている。また，南中台遺跡などの状況をみる限りでは，集合の基点となる首長地位についても，生得的なものとは考えにくいと思われる。

　現在，「首長」の用例についても見直しが必要となっている。物質文化を対象とする考古学では，人類学などの理論・概念の借用を無下に否定すべきではないと思うが，いかに咀嚼し，その先に何を構築すべきかはいまだ判然としない。考古学における議論を可能とする情報の蓄積，とくに遺跡に即した事例の蓄積がなお必要であろう。

参考文献

赤塚次郎 1990「廻間式土器」『廻間遺跡』愛知県埋蔵文化財センター調査報告書第 10 集
赤塚次郎 1992「東海系のトレース」『古代文化』第 44 巻第 6 号,古代学協会
赤塚次郎 1993「濃尾平野を中心とする集落の動向」『東日本における古墳出現過程の再検討』日本考古学協会新潟大会実行委員会
赤塚次郎 1997「廻間Ⅰ・Ⅱ式再論」『西上免遺跡』愛知県埋蔵文化財センター調査報告書第 73 集
阿部義平 2006「茨城県常総市国生本屋敷遺跡発掘調査報告」『国立歴史民俗博物館調査報告』第 129 集
飯塚邦男 2001「第 3 章後論 5 建物跡」『神明遺跡Ⅱ』豊田市埋蔵文化財発掘調査報告書第 17 集,豊田市教育委員会
飯塚博和 1983・1984・1986「北関東地方弥生時代後期の竪穴住居址 (1)・(2)・(3)」『異貌』第 10・11・12 号,共同体研究会
石野博信・関川尚功 1976『纒向』橿原考古学研究所
市毛 勲・須田 勉・新田栄治 1977『蛇谷遺跡』上総国分寺台遺跡調査報告Ⅳ,市原市教育委員会
植松暁彦 2005「山形県の弥生後期〜古墳時代前期の様相」『シンポジウム新潟県における高地性集落の解体と古墳の出現』同実行委員会
梅沢重昭・橋本博文 1988「群馬県」『シンポジウム関東における古墳出現期の諸問題』学生社
枝川 旬ほか 1991『戸張一番割遺跡』柏市教育委員会
江幡良夫・黒澤秀雄 2003『二の沢 A 遺跡 二の沢 B 遺跡(古墳群)ニガサワ古墳群』茨城県教育財団文化財調査報告第 208 集
大村 直 1982「前野町式・五領式の再評価」『神谷原Ⅲ』八王子市教育委員会
大村 直 1987『下鈴野遺跡』財団法人市原市文化財センター調査報告書第 16 集
大村 直 1994「戸張一番割遺跡の甕形」『史館』第 25 号,史館同人
大村 直 1995「東国における古墳の出現」『展望考古学』考古学研究会 40 周年記念論集
大村 直 2009「南中台遺跡と周辺遺跡の土器編年」『市原市南中台遺跡・荒久遺跡 A 地点』市原市埋蔵文化財調査センター調査報告書第 10 集
大村 直 2010「周辺地域における集団秩序と統合過程」『考古学研究』第 56 巻第 4 号,考古学研究会
岡本孝之ほか 1992『湘南藤沢キャンパス内遺跡』第 4 巻,慶應義塾藤沢校地埋蔵文化財調査室
岡本孝之 1994「南関東弥生文化における北からの土器 東海難民論批判」『西相模考古』第 3 号,西相模考古学研究会
岡本孝之 1998「外土塁環濠集落の性格」『異貌』第 16 号,共同体研究会
加納俊介・浅野清春・北村和宏 1988「愛知県岩倉市小森遺跡出土の土器」『古代』第 86 号,早稲田大学考古学会
菊池健一 1990「一つの甕から 弥生時代後期から古墳時代はじめにかけての叩き甕について」『史館』第 22 号,史館同人
北野博司 1987『宿東山遺跡』石川県立埋蔵文化財センター
木對和紀 2008『市原市御林跡遺跡Ⅱ』上総国分寺台遺跡調査報告ⅩⅧ,市原市教育委員会
鯉渕和彦 1989『奥谷遺跡 小鶴遺跡(上)(下)一般国道 6 号改築工事地内埋蔵文化財調査報告書』茨城県教育財団文化財調査報告第 50 集
小橋健司 2006『市原市長平台遺跡』上総国分寺台遺跡調査報告ⅩⅥ,市原市教育委員会

小林清隆・麻生正信 2007『千原台ニュータウンXVII　市原市草刈遺跡（K区）』千葉県教育振興財団調査報告第565集
斎藤嘉彦 2003『高木・神明遺跡』岡崎市教育委員会
白石真理 2007「常陸・南東北」『月刊考古学ジャーナル』No.554，ニューサイエンス社
鈴木敏則 1993「三河・遠江の集落」『東日本における古墳出現過程の再検討』日本考古学協会新潟大会実行委員会
高橋一夫 1985「関東地方における非在地系土器出土の意義」『草加市史研究』4号
高橋一夫 1989「前方後方墳出土土器の研究」『研究紀要』第6号，財団法人埼玉県埋蔵文化財調査事業団
高花宏行 2002「戸張一番割遺跡」『千葉県の歴史　資料編　考古2弥生・古墳時代』千葉県
田口一郎 1981『元島名将軍塚古墳』高崎市文化財調査報告書第22集
田嶋明人 1986「漆町遺跡出土土器の編年的考察」『漆町遺跡Ⅰ』石川県埋蔵文化財センター
田嶋明人 2006「「白江式」再考」『陶磁器の社会史』吉岡康暢先生古希記念論集，桂書房
田中　敏 2005「会津盆地における集落の動向」『シンポジウム新潟県における高地性集落の解体と古墳の出現』同実行委員会
西川修一 1991「関東のタタキ甕」『神奈川考古』第27号，神奈川考古同人会
西相模考古学研究会 2002『弥生時代のヒトの移動　相模湾から考える』考古学リーダー1，六一書房
西野則史 1990『北郷C遺跡　森戸遺跡（上）（下）一般国道349号線改良工事地内埋蔵文化財調査報告書』茨城県教育財団文化財調査報告第55集
西村　歩・池峯龍彦 2006「和泉地域」『古式土師器の年代学』財団法人大阪府文化財センター
久永春男・斉藤嘉彦 1969『高橋遺跡発掘調査報告書』豊田市教育委員会
比田井克仁 1987「南関東出土の北陸系土器について」『古代』第83号，早稲田大学考古学会
比田井克仁 1991「住居形態の変遷とその画期　弥生〜古墳時代の南関東」『古代探叢Ⅲ』早稲田大学出版部
比田井克仁 2004「古墳時代前期における関東土器圏の北上」『史館』第33号，史館同人
平岡和夫・井上荘之助 1985『戸張一番割遺跡』柏市教育委員会
古川一明・小村田逢也・岩見和泰・高橋栄一・吾妻俊典 1993「東北地方における住居跡の変遷」『東日本における古墳出現過程の再検討』日本考古学協会新潟大会実行委員会
堀　大介 2002「古墳成立期の土器編年　北陸南西部を中心に」『朝日山』朝日町文化財調査報告書第3集
松井孝宗 1977『高橋遺跡第7次発掘調査報告書』豊田市教育委員会
三木文雄 1986『那須駒形大塚』小川町教育委員会
森岡秀人 1993「土器移動の諸形態とその意味」『転機』4号，転機同人会
山本　靖 2005『北島遺跡Ⅹ　熊谷スポーツ文化公園建設事業関係埋蔵文化財発掘調査Ⅴ』埼玉県埋蔵文化財調査報告書第302集，財団法人埼玉県埋蔵文化財調査事業団

船塚古墳と公津原埴輪生産遺跡
―ハケメの識別による再検討―

小 橋 健 司

はじめに

　公津原埴輪生産遺跡は発見当時から，近傍に築造された船塚古墳への供給源と推定されてきた（千葉県企業庁1975）。後年行われた胎土分析でも，分析値の一致によってこの見解は追認されており（三辻1994），ほぼ定説となっている。本稿は，ハケメの識別・照合作業によって，この供給関係に関する新たな証拠を提示するものである。

　まず，公津原埴輪生産遺跡出土資料におけるハケメの識別結果を提示し，船塚古墳出土埴輪との対比を試みる。それを踏まえ，生産遺跡内各遺構についても若干触れてみたい。

遺跡の概要と研究略史

船塚古墳　千葉県成田市に所在する船塚古墳は公津原古墳群（天王・船塚古墳群）中の1基で，長方形周溝の廻る墳丘全長86mの大型古墳である（第1・2図）。1957年に大塚初重ら明治大学による測量調査，1996年に千葉県教育委員会による測量調査が行われている（今泉1997）。付近は成田ニュータウン造成に先立って広範囲に発掘調査されたが，船塚古墳は公園内に現状保存されている。公津原遺跡の埴輪窯跡とは約100mの距離である。

　現状の墳丘は3段の長方形を呈するが，元来の形であるかは議論が分かれており，非常にくびれの弱い前方後方墳，あるいは改変された前方後円墳とも考えられている。前方後方墳とする場合，南東側が後方部にあたるとされ，その墳頂部には箱式石棺1基が構築さ

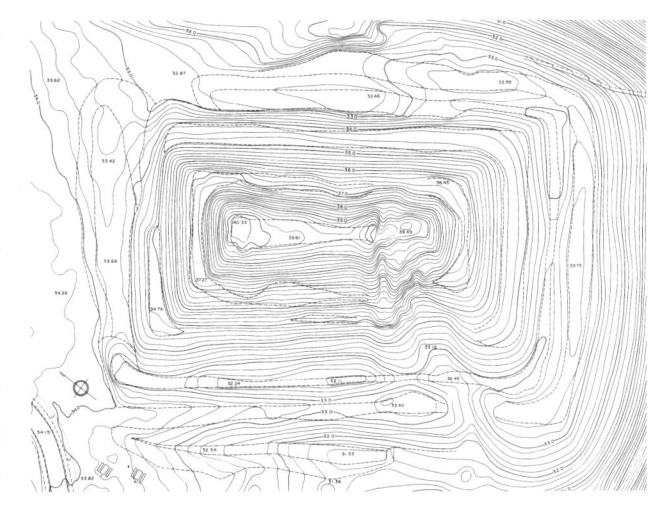

第1図　船塚古墳墳丘平面図（S＝1/1500）（今泉1997より）

れていたという。この石棺からは直刀が出土しているが，現在所在不明である（今泉1997）。墳丘と周堤には埴輪が伴い，表採品の一部が報告されている（永沼1992, 今泉1997）。

　船塚古墳の編年的位置づけについては，6世紀初頭（萩原2003），6世紀前葉（萩原1994），6世紀後半の古い段階（杉山1982），前方後円墳集成編年10期（車崎1994）等，諸説ある。採集された埴輪については，下総型埴輪出現以前の所産という共通認識がおおむね得られているようである（今泉1997）。

公津原埴輪生産遺跡　成田ニュータウン造成に伴う発掘調査において，天王船塚（TF）4号墳の調査時に墳丘盛土に含まれていた埴輪片がきっかけになり，埴輪生産遺構群が発見された（千葉県企業庁1975）。検出されたのは，無階無段式の窖窯1基（51-001）と竪穴遺構4基（50-001・50-002・50-003・51-002）で，後者のうち50-001は工房跡の可能性が高いと考えられている（神野1994）。

　供給先については，すでに発掘調査報告書において，埴輪窯跡の操業期間を6世紀後半から7世紀初頭と推定し，近傍の船塚古墳のための生産地との見解が出されている（千葉県企業庁1975）。その後，千葉県文化財センターが再整理を実施し，出土埴輪が追加報告された際に，蛍光X線分析によって船塚古墳出土埴輪と共通する分析値が確認されており，両者の関係の確かなことが改めて示されている（三辻1994）。

　船塚古墳への供給に否定的な論者は，船塚古墳採集埴輪の特徴が，公津

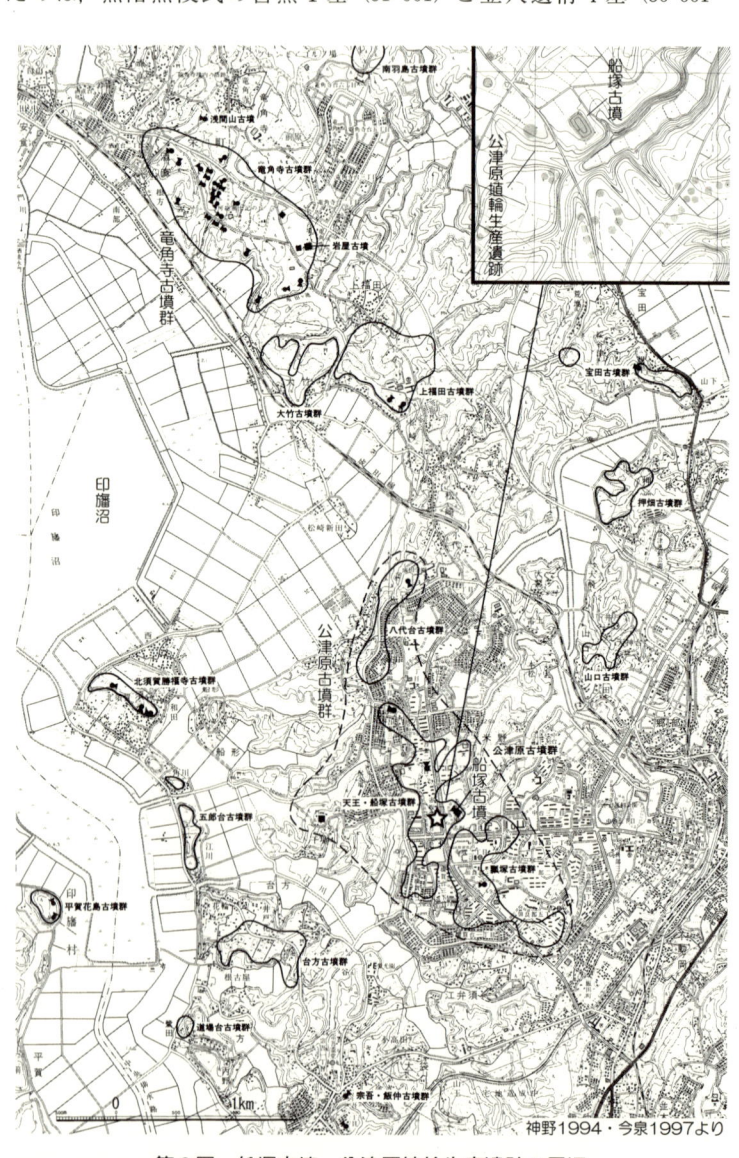

第2図　船塚古墳・公津原埴輪生産遺跡の周辺

原埴輪生産遺跡埴輪窯跡出土埴輪より新相を呈するとしているが（田中 1985，永沼 1992），図を比較する限り同一生産遺跡内での変異幅に収まるように見受けられる（今泉 1997）。

方法と資料

　ハケメの識別・照合を行い，公津原埴輪生産遺跡と船塚古墳の供給関係の確認と，その結果を踏まえた遺構群の位置づけを進めたい。

　まず，公津原埴輪生産遺跡の各遺構出土埴輪片のハケメを識別する。資料は，千葉県文化財センターが行った再整理事業の成果に依拠し，基本的に研究紀要の報告資料が対象である。以下，公津原埴輪生産遺跡の埴輪については同書の遺物番号を利用する。また，遺物注記と直接対応しているため，遺構番号についても同様とする（神野 1994）。なお，以下の遺構平面図の埴輪位置情報については，研究紀要の図に現場図面のドット取り上げ情報を追加したものである。

　ハケメの識別作業は，紙片に条線パターンと凹部ピークの位置を写し取り，ハケメ個々の転写コードを順次作成しながら行った。

公津原埴輪生産遺跡出土資料

窯跡 51-001（第 4・5 図）無階無段式の窖窯である 51-001 遺構では多数の埴輪片が出土している。焼成部から燃焼部にかけて，覆土最下層を中心に普通円筒埴輪（4 条 5 段）を主体とした埴輪片が見られる。ハケメは A・B・C・D の 4 種類識別できたが，資料全点を確認できたわけではないため，他にも存在する可能性は残る。最少で 4 種と把握できるにとどまる（第 11〜15 図）。

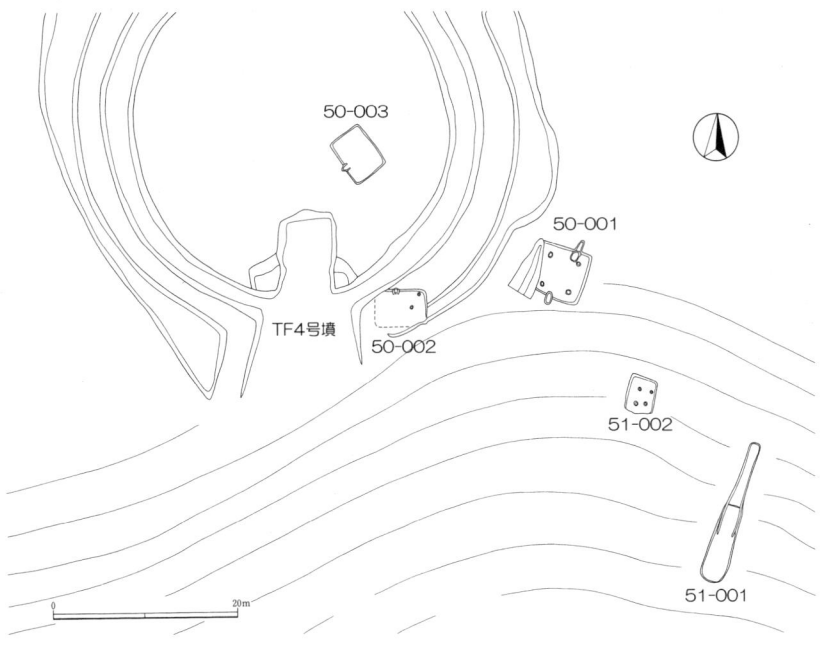

第 3 図　公津原埴輪生産遺跡遺構分布図（S＝1/800）（神野 1994 より）

136

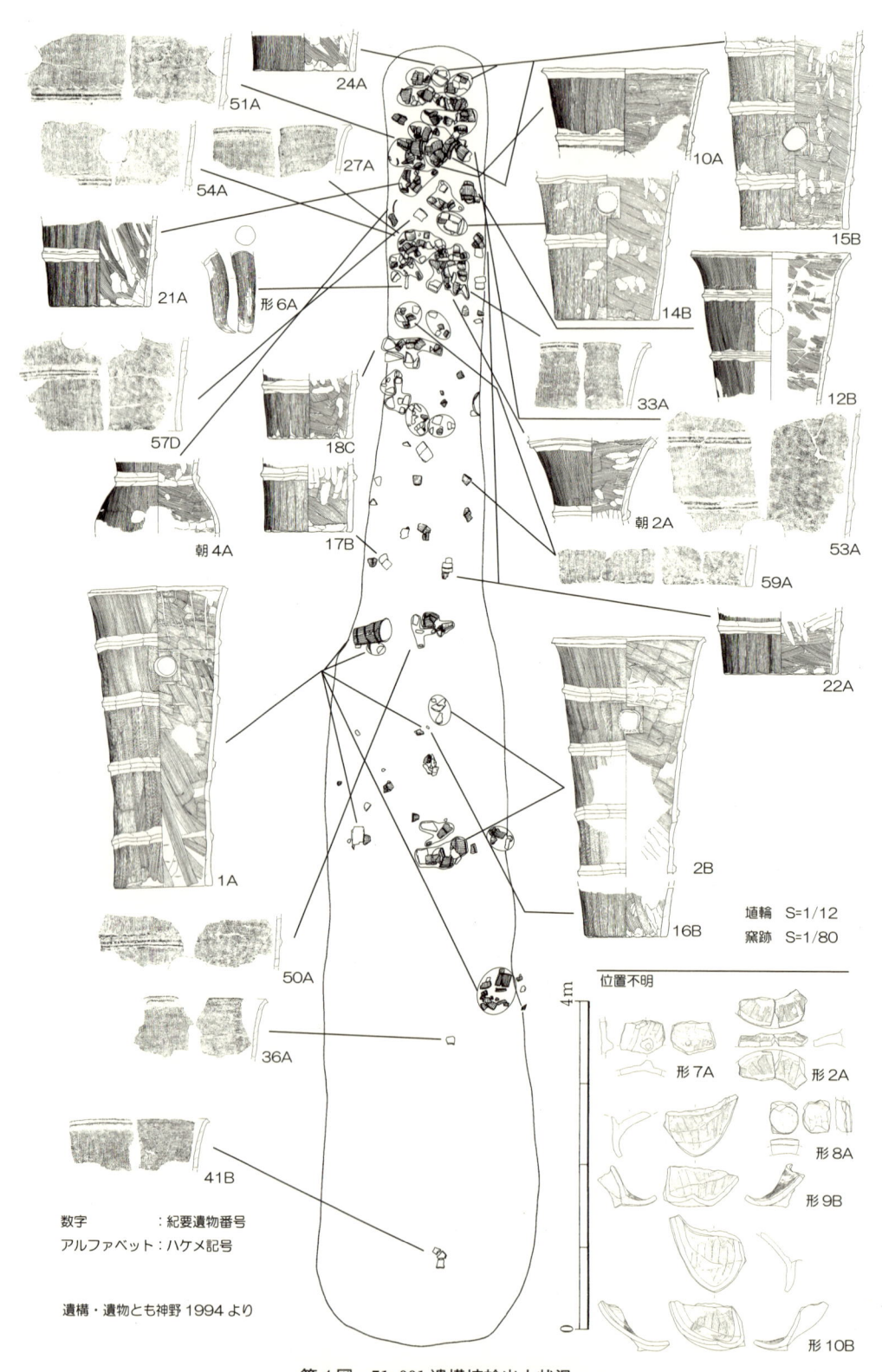

第4図　51-001遺構埴輪出土状況

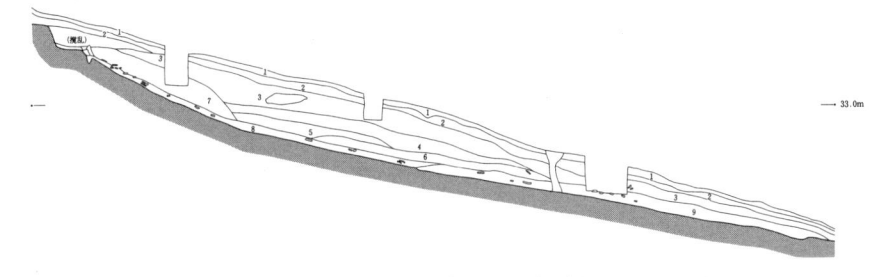

第 5 図　51-001 遺構断面図（S＝1/160）（神野 1994 より）

　ハケメ A が施されているのは，1・4・6・10・13・21・22・24・25・26・27・30・33・36・49・50・51・53・54・55・59・62・朝顔 2・朝顔 4・形象 2（人物裾部？）・形象 6（人物腕）・形象 7（人物胸部？）・形象 8（円板状）である。

　ハケメ B が施されているのは，2・12・14・15・16・17・41・朝顔 1・形象 9（人物沓）・形象 10（人物沓）である。ハケメ C は 1*・2*・18，ハケメ D は 57 に施されている。ハケメ C の 1・2 については，それぞれハケメ A，ハケメ B と同一個体内で混在する例である。

　出土資料における精確な数量比はこれらに基づいても算出できないが，ハケメ A とハケメ B

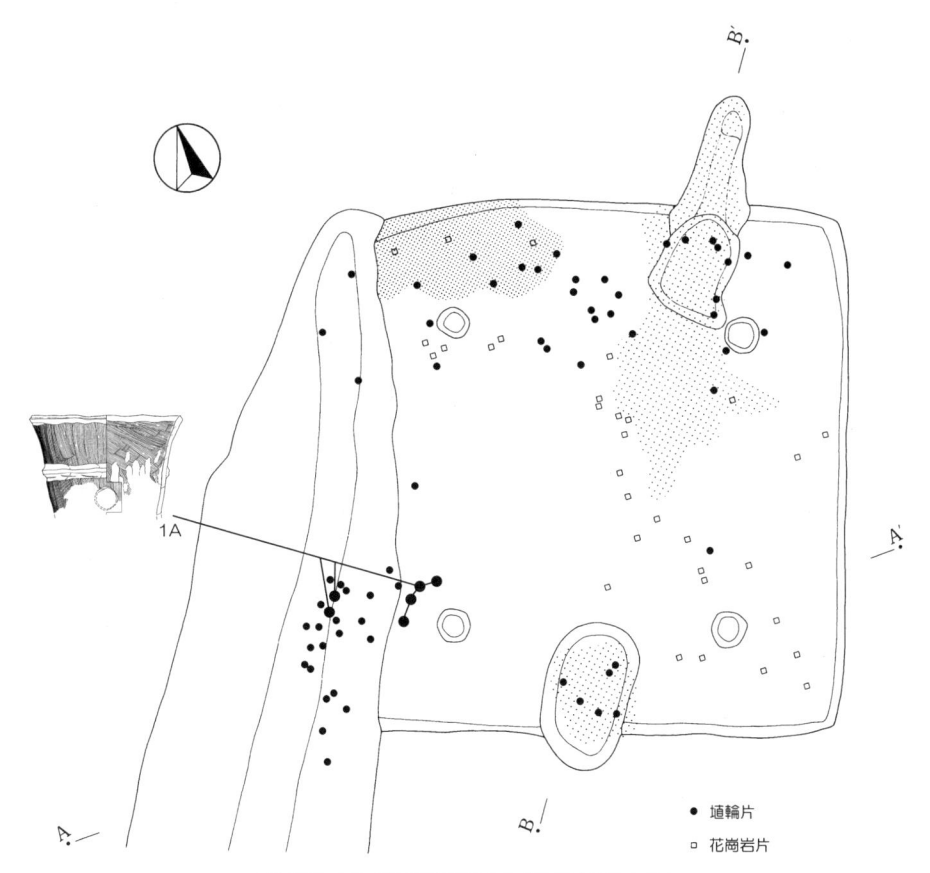

第 6 図　50-001 遺構断面図（神野 1994 より）

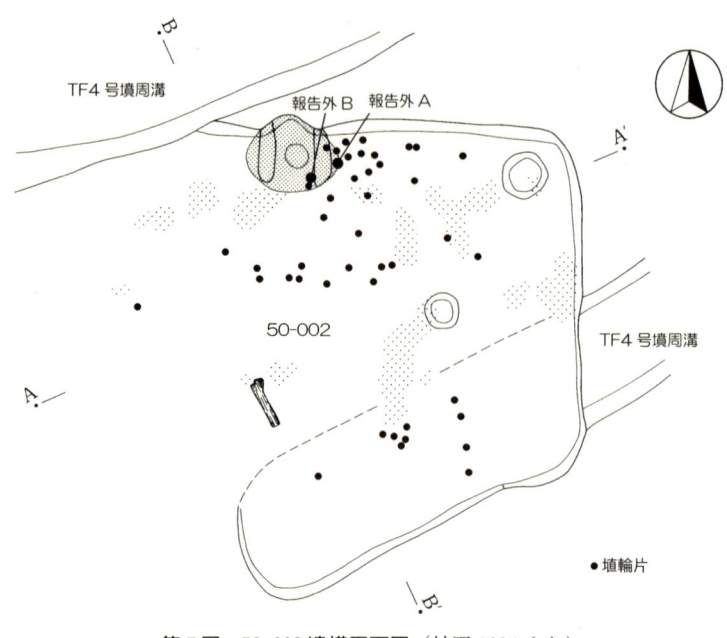

が目立って多いことは第4図にも明らかである。A・B＞C・Dのような相対的量比が想定できよう。形式との関わりを見ると，ハケメAとハケメBの施された資料には普通円筒埴輪のほかに，朝顔形埴輪と人物埴輪と見られる形象埴輪が含まれている。

工房跡 50-001（第6図）
　50-001はTF4号墳の周溝に並行する溝跡に切られる竪穴遺構である。埴輪の素材と見られる粘土と，混和剤に用いられたらしい花崗岩片の出土から，本遺構は工房跡と考えられている。埴輪片は第6図のように分布するが，そのうちある程度復元のできた個体1の器面にハケメAを確認した。

　一見カマド跡に見える突出部と浅い落ち込みには，焼土の集中が認められ，竪穴遺構構築以前に窖窯の存在した可能性が指摘されている。この推定窯跡と51-001の先後関係は当遺跡の埴輪生産上の問題点になるだろう。また，窯跡を切って工房が存在するということは，1基の窯の焼成限界の後，継続的に埴輪製作と焼成が行われていたと見てよく，当遺跡内において少なくとも2基の埴輪窯が直列的関係で操業された可能性を示している。

竪穴遺構 50-002（第7図）カマドを持つ長方形プランの竪穴遺構で，TF4号墳の周溝に切られている。カマド前面付近の床面を中心に埴輪片が多く出土している。図化された埴輪はないが，報告外資料にハケメAとハケメBを確認した。

竪穴遺構 50-003　TF4号墳の墳丘下に位置する，長方形プランでカマドを持つ竪穴遺構である。
　古墳時代後期前半に位置づけられる土師器杯・椀が出土しており，本遺構を含めるか否かは別として，公津原埴輪生産遺跡の操業時期の上限を設定する資料として参照できる（第8図）。円筒埴輪・形象埴輪の細片が竪穴内に散在していたということだが，図化された埴輪は断面円形の棒状を呈するナデ仕上げの形象埴輪片のみである。今回対象にできた資料ではハケメについて確認することができなかったためその様相は不明である。

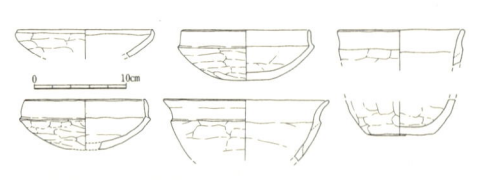

竪穴遺構 51-002（第9図）50-001推定窯跡と51-001窯跡の中間に位置する方形竪穴遺構であ

第7図　50-002遺構平面図（神野1994より）

第8図　50-003出土土器（神野1994より）

る。床面には，「カマドのようによく焼けた」焼土が認められ，本遺構も 50-001 のごとく転用で攪乱された焼成遺構（窯跡）である可能性が指摘されている。埴輪は竪穴北寄りに出土しており，このうちの2点（報告外）にハケメAを確認した。

以上のとおり，公津原埴輪生産遺跡では，50-003 を除く各遺構出土資料において共通のハケメを確認することができた。

船塚古墳表採資料

船塚古墳の資料には，千葉県教育委員会が測量調査の際に表採した埴輪片と千葉県立房総のむら風土記の丘資料館所蔵の寄贈埴輪片，筆者表採の埴輪片を用いた。

公津原埴輪生産遺跡出土資料から作成した転写コードを用いて照合した結果，第11・14図のとおり，ハケメA・ハケメBと一致する資料のあることが判明した。重要古墳測量報告書（今泉1997）掲載資料（第10図）のうち，2・4・5・8・10 と筆者表採資料がハケメAと一致し，資料館所蔵の形象埴輪片と筆者表採資料にハケメBが確認できた。

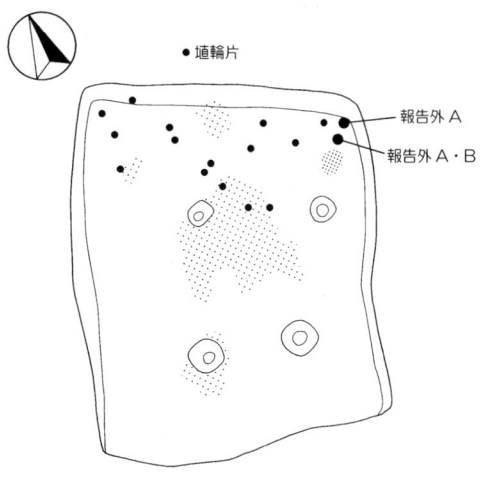

第9図　51-002 遺構平面図（神野1994より）

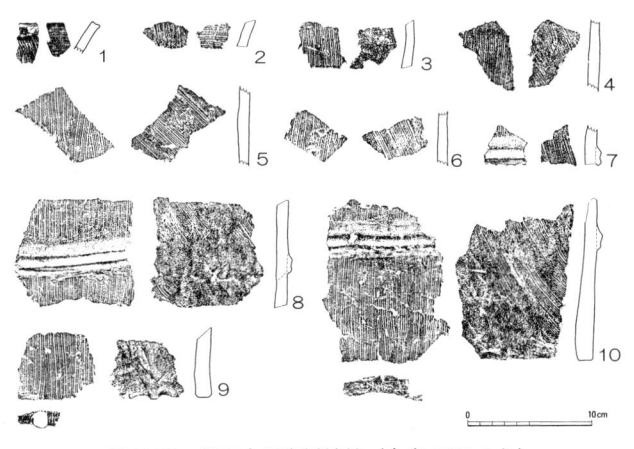

第10図　船塚古墳表採埴輪（今泉1997より）

このように複数のハケメが両遺跡で一致する事実は，公津原埴輪生産遺跡から船塚古墳へ埴輪が供給されたとする従来の想定を補強する新たな証拠になると言えよう。

検討結果とその意義

今回行ったハケメの照合結果から見ても，公津原埴輪生産遺跡から船塚古墳への供給は明らかである。他の生産地からの供給については，船塚古墳の全容が詳らかでない現時点では確定的なことは言えないが，公津原埴輪生産遺跡内の資料における胎土のバリエーションや形象埴輪片の存在，古墳表採資料に複数ハケメの一致を確認できる点からすると，今のところ一生産地からの供給という見立てに分があると言える。

編年的位置づけについては，公津原埴輪生産遺跡 50-003 の土器を上限，TF4号墳築造を下限

とするほかに，現時点では決定的な資料はない。前者の土器は，成田市南羽鳥遺跡群の土器編年（高橋ほか1998）における第4期（「須恵器窯式MT15の後半からTK10。6世紀第二四半期」）と第5期（「須恵器窯式TK10。6世紀中葉」）の過渡的様相を示すと思われ，船塚古墳に供されるはずだった51-001出土人物埴輪の中実の腕部と，笏が基台部から突出するような推定形状を勘案すると，公津原埴輪生産遺跡の操業期間は古墳時代後期中葉にあった可能性が考えられよう。

次に埴輪製作の面に関しては，遺存状態の良好な埴輪が少なかったためもあって同工品識別には至らなかったが，ハケメAとハケメBが複数形式にわたる様相は，1工人が複数形式の製作に携わったことを反映する可能性があり，注目すべき現象だと思われる。また，51-001において同一個体上に複数種のハケメの認められる例が見出されたが，このことはハケメA・ハケメB・ハケメCそれぞれの工具が同時に使用されていたことを示す証拠として重要である。

ところで，埴輪窯で焼き台に使われる埴輪片は当然そのために焼成されたわけではなく，焼成失敗品の再利用と見るのが自然である。見方を変えれば，それらの埴輪片は偶発的に生じた焼成失敗品であるがゆえに，古墳へ搬出された焼成成功品の構成を反映したサンプルのような資料価値を持つ可能性があるとも言える。51-001では資料のハケメに偏った量比が表れているが，この様相は，出土埴輪に焼き台が含まれるとしても，ハケメ工具の同時使用と合わせ，船塚古墳に埴輪を供給する生産体制に関して示唆的だと思われる。

他にも，同種のハケメが工房跡や推定窯跡にも認められることは，複数窯の焼成機会に供された埴輪の製作にハケメ工具が継続使用された可能性を示しており，これも看過できない。

遺構の変遷については，50-001工房跡が50-001推定窯跡を切って構築されている事実と，51-002推定窯跡の存在を考慮すると，最少でも2期の操業段階が想定できる。従来の指摘通り，当遺跡は船塚古墳へ供給するプロジェクトで継続的に運営された埴輪生産地だと考えられるのではないだろうか。

おわりに

今回の検討結果は，同工品分析以前の単純作業によっても埴輪の生産・供給関係について新たな知見を掘り起こせるということを示している。円筒埴輪の型式編年が，表採埴輪片の形状を手がかりとして編年的位置づけを可能にするのと同様に，ハケメの識別・照合作業は古墳と生産遺跡との関係を探る簡便かつ有効な手段になりうるのである。

このような作業を進めるだけで，遺跡・遺物の新しい側面を照らせるということが少しでも伝えられたとすれば，本論の役割は果たせたと言える。今後も機会を見つけ同様の検討を進めていくつもりだが，ハケメ識別と同工品分析がより広く行われるようになることを期待している。

1997年に市原市へ就職した直後は，卒業論文でテーマにした手焙形土器（私は土製品と呼ぶべきと思っている）について掘り下げていこうと漠たる思いを持っていた。卒業論文のままではとても発表するレベルではなく，さらに煮詰める必要を感じていたのである。だが，しばらくして

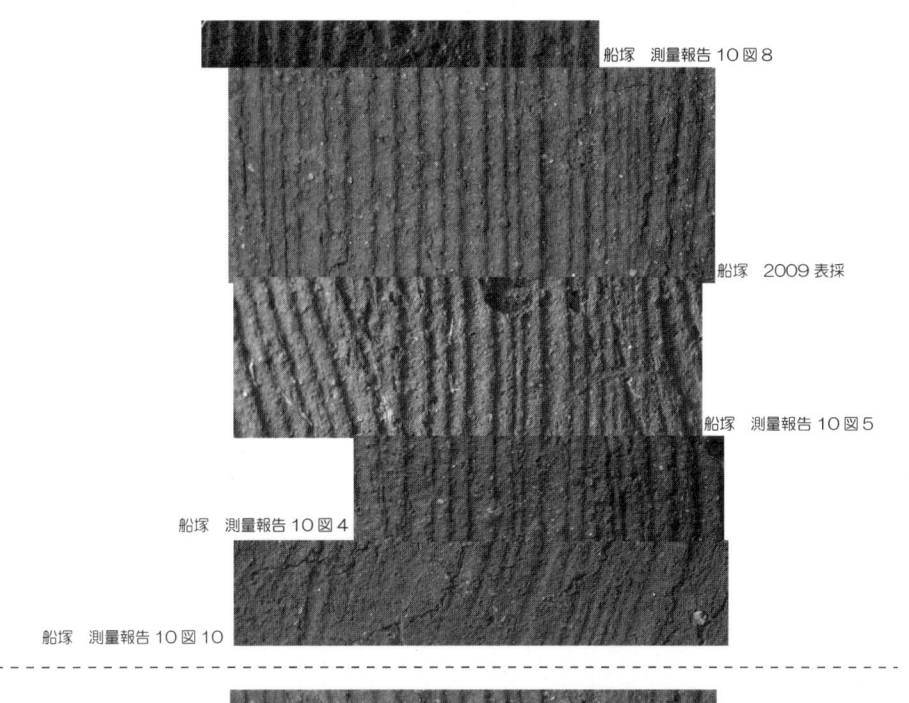

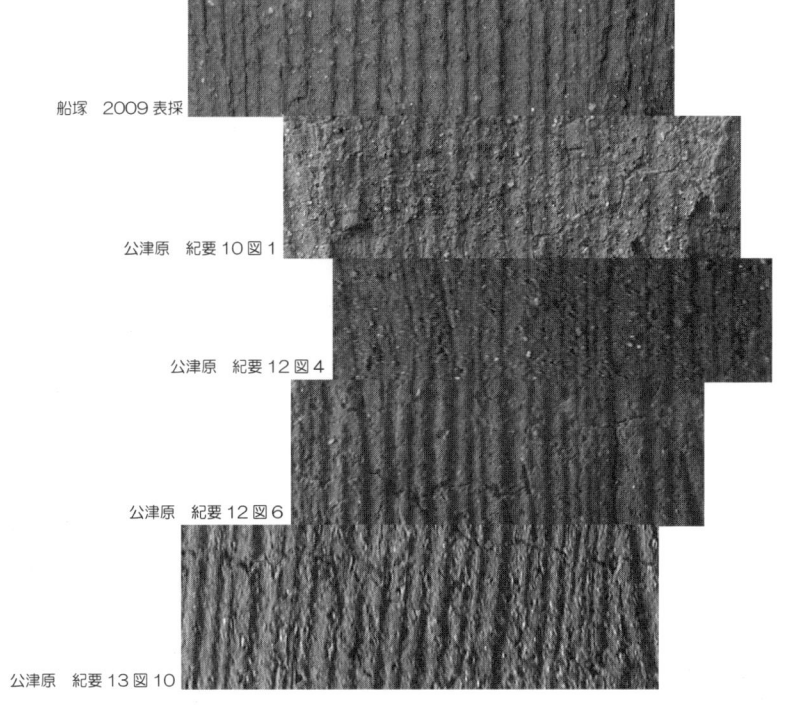

第11図　船塚古墳・公津原遺跡のハケメ（A）

公津原 紀要14図13

公津原 紀要16図22

公津原 紀要15図21

公津原 紀要16図25

公津原 紀要17図26

公津原 紀要17図27

公津原 紀要17図30

公津原 紀要18図33

公津原 紀要18図36

公津原 紀要20図49

公津原 紀要20図50

2倍大

第12図　公津原遺跡のハケメ（A）

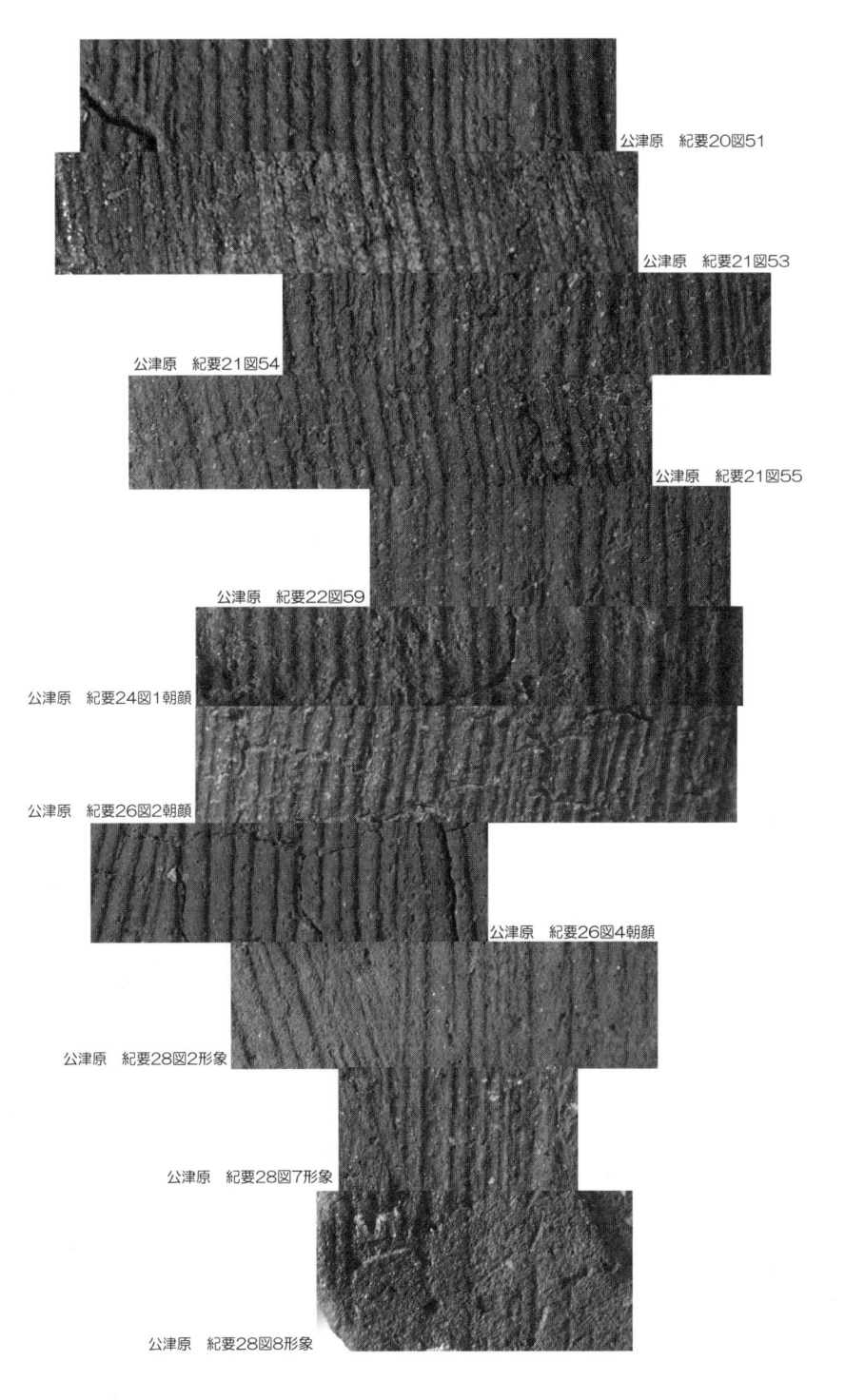

船塚古墳と公津原埴輪生産遺跡　143

公津原　紀要20図51

公津原　紀要21図53

公津原　紀要21図54

公津原　紀要21図55

公津原　紀要22図59

公津原　紀要24図1朝顔

公津原　紀要26図2朝顔

公津原　紀要26図4朝顔

公津原　紀要28図2形象

公津原　紀要28図7形象

公津原　紀要28図8形象

2倍大

第13図　公津原遺跡のハケメ（A）

船塚　2009表採

船塚　寄贈品「米野船塚西ノ周湟」形象

公津原　11図2

公津原　13図12

公津原　14図14

公津原　14図15

公津原　15図16

公津原　15図17

公津原　19図41

2倍大

第14図　船塚古墳・公津原遺跡のハケメ（B）

船塚古墳と公津原埴輪生産遺跡　145

公津原　紀要26図1朝顔

公津原　紀要29図10人物

公津原　紀要29図11人物

B

公津原　紀要10図1

公津原　紀要11図2

公津原　報告外円筒

公津原　紀要15図18

C

公津原　報告外円筒

D

2倍大

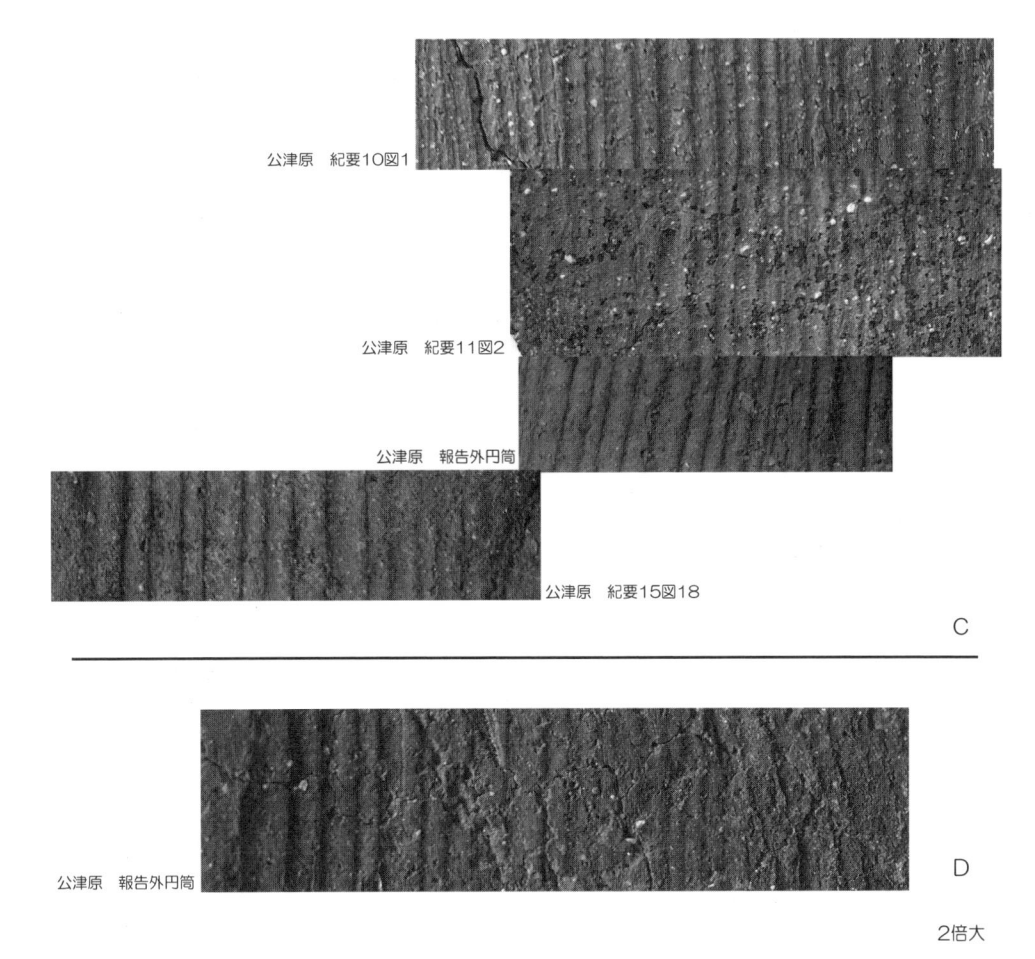

第15図　公津原遺跡のハケメ（B・C・D）

大村さんから，史館に書いてみないかとのお誘いを受け，あっさり方針転換して何とか形にしたのが史館30号の論文である。このときは，年末が締切だったと記憶する。DTPとはほど遠い，切り貼り・手トレースの時代で，終盤は文化財センターに泊まり込んで作業し，結局，締切間際の明け方，コンビニの宅配便で原稿を市川へ送ったという思い出が残る。

同人として，このときの続篇を史館で，という気持ちは常にあったが，日常業務をなんとかこなす毎日に消耗し，結局果たすことは叶わなかった。埴輪の同工品論などに関心が脱線してからは，なおのことエネルギーの配分が難しく，今日に至ってしまった。

歴史ある史館の終幕に，本稿のような局限的なテーマの論文を呈示するのは心苦しくもあるが，誌面に加わる栄誉には逆らえなかった。同人と読者各位にはご寛恕を乞う次第である。

謝辞

本稿を執筆するにあたり，資料調査において下記の方々と機関にお世話になりました。末筆ながら記して，皆様の御教示，御助力に感謝申し上げます。

浅村那織　奥住　淳　神野　信　萩原恭一　矢島毅之　芝山町立芝山古墳・はにわ博物館　千葉県立房総のむら風土記の丘資料館　成田山霊光館（敬称略・五十音順）

参考文献

今泉　潔　1997『千葉県重要古墳群測量調査報告書 ―成田市公津原古墳群―』千葉県教育委員会

大塚初重　1962「前方後方墳序説」『明治大学人文科学研究所紀要』第1冊　明治大学人文科学研究所

神野　信　1994「公津原埴輪生産遺跡」『千葉県文化財センター研究紀要』15　(財)千葉県文化財センター

車崎正彦　1994「下総」『前方後円墳集成』東北・関東編　山川出版社

杉山晋作　1982「古墳群形成にみる東国の地方組織と構成集団の一例 ―公津原古墳群とその近隣―」『国立歴史民俗博物館研究報告』第1集　国立歴史民俗博物館

杉山晋作　1994「船塚古墳（天王・船塚1号墳）」『前方後円墳集成』東北・関東編　山川出版社

高木博彦　1980「大和政権の東国経営と成田」『成田市史』通史　原始古代編　成田市

高橋　誠ほか　1998『南羽鳥遺跡群Ⅲ　成田カントリークラブゴルフ場造成地内埋蔵文化財調査報告書』(財)印旛郡市文化財センター発掘調査報告書第145集　(財)印旛郡市文化財センター

田中新史　1985「古墳時代終末期の地域色 ―東国の地下式系土壙墓を中心として―」『古代探叢』Ⅱ　早稲田大学考古学会

千葉県企業庁　1975『公津原』

千葉県教育委員会　1981『公津原』Ⅱ

永沼律朗　1992「印旛沼周辺の終末期古墳」『国立歴史民俗博物館研究報告』第44集　国立歴史民俗博物館

萩原恭一　1994「房総における埴輪の生産と流通」『千葉県文化財センター研究紀要』15　(財)千葉県文化財センター

萩原恭一　2003「公津原古墳群」『千葉県の歴史』資料編　考古2（弥生・古墳時代）千葉県

三辻利一　1994「船塚古墳出土埴輪の蛍光X線分析」『千葉県文化財センター研究紀要』15　(財)千葉県文化財センター

市原市稲荷台遺跡の円丘祭祀 (1)
―北斗降臨地から宗教施設へ―

西 野 雅 人

1 はじめに

　千葉県市原市稲荷台遺跡は,「王賜」銘鉄剣が出土した稲荷台1号墳の存在により著名であるが,古代地方官衙の祭祀を具体的に知りうるきわめて貴重な宗教遺跡でもある。遺跡は,古代上総国衙推定地である市原・郡本地区の南郊に位置し,遺跡の東を古代官道が通る。西側には上総国分二寺があり,国分僧寺―国分尼寺―稲荷台遺跡と,3つの宗教遺跡が直線状に並ぶ。

　昭和53年から昭和55年にかけて行われた発掘調査では,官衙的配置をなす掘立柱建物跡群や,四面廂付建物跡,数多くの祭祀遺構等を検出し,「貞観十七年十一月廿四日」紀年銘墨書土器を始めとした祭祀関連遺物が多数出土している。また,複数の円墳墳丘上において祭祀が行われたと推定されること,初期緑釉陶器が長期にわたって多量に使用されたことなど,地方官衙における祭祀のあり方として,これまでの常識の枠を超えた部分を孕んでいる。当遺跡が古代の祭祀・宗教遺跡として第一級であることは疑いのないところであり,近年刊行された発掘調査報告書[1]（浅利ほか 2003）には,魅力的な情報が満ち溢れている。

2 円丘祭祀想定の糸口

(1) これまでの議論

　当遺跡の祭祀については,笹生衛（笹生 1993・2003・2005）,須田勉（須田 2004・2006）,坂野和信（坂野 2003）の3氏によって三様の見解が述べられている。報告書のなかで,笹生と坂野は祭祀土坑中に犠牲獣を伴うことなどを根拠に,「郊祀」と「釈奠」の2つの可能性を提示した。坂野は複数の円墳から施釉陶器が出土していることなどから,古墳上の祭祀を認めて,郊祀が行われた可能性を指摘した。笹生は報告以前の論考以来釈奠説を中心に据え,その後もこれに沿った論を展開している。一方,須田は仏教や陰陽道,民間信仰等が習合した祭祀を想定し,最近の論考で,俘囚の反乱等の調伏を目的として設置された宗教施設という見解を示した。3氏とも他の意見を否定せず,多様な祭祀が行われたことに含みをもたせているが,笹生説・須田説は,常識的な判断から古墳上の祭祀を考慮の外に置いた点で,坂野説とは大きく異なっている。坂野は,古墳出土の土器類を重視し,今のところ考えうるもっとも適合するものが郊祀であるとした。報

告書を編集した浅利幸一も古墳上の祭祀を重視し，古墳群出土の平安時代土器に1節を割いて詳述している（浅利他2003，第2章第8節）。

「郊祀」とは，都の南郊に築いた円丘上で犠牲獣をささげて天帝を祭る祭祀である。中国では，歴代王朝の皇帝が行う最重要な儀式であった。北京郊外にある天壇公園は，明・清代に郊祀が行われた祭壇の跡である。朝鮮半島では百済王朝で行われており，日本では史料上知り得る限り，桓武朝・文徳朝で計3度のみ行われている。一方，「釋奠」は，孔子と顔淵ら九哲を祭る儀式である。中央においては大学寮で，孔子等の画像を掲げて祭り，幣を供えて祭拝するほか，諸道の博士・学生らによる経義・論議問答や，奏楽などが行われた。また生贄として大鹿・小鹿・豕の肉と五臓などを供えた。地方でも実施されたことが，史料や，山口県防府市天田遺跡出土の「釋奠」銘墨書土器（佐々木2005）などによって明らかになっている。

常識的に考えると，郊祀を行い得たのは天皇のみである。当遺跡の祭祀が郊祀とは異なっていたとしても，国府域において円墳即ち円丘状の高まりを祀る円丘祭祀を行うことは，禁忌に抵触したはずである。これまでのところ，円丘祭祀の発掘事例はおそらく皆無であって，史料上知られているのは河内国交野郡の郊祀円壇が唯一のものであろう。地方において，しかも官衙域内で円丘祭祀が行われることは，やはり常識的には考えにくいのである。

(2) 北斗状円丘列

結論的に言うと，郊祀自体が上総国で行われた可能性はまずない。宮都から遠く離れた東国の地で天帝を祭り，皇統の正当性を示す儀式を行うとは到底考えられないからである。さらに，祭祀が行われた古墳が少なくとも6基に及ぶことが決定的な証拠となるだろう。桓武朝と文徳朝の郊祀は，約70年の隔たりがあるが，同じ交野原の円壇で行われたと考えられる（林1974）。郊祀円壇は，北辰・天帝を祀る特別な場所であるべきで，それが複数並んで存在することは考えられないのである。

しかしながら，稀にみる規模・性格の祭祀が上総国府域で行われたこと，郊祀以外の，なんらかの円丘祭祀と称すべき祭祀が行われたことは，まず疑いのないところである。しかも，一世紀を超える長期にわたって，その間赴任した多くの国司が，禁忌に触れる祭祀を隠れて行ったとは考えられない。なぜ，このようなことがありえたのか。この難問を解く鍵は，当遺跡に関わる特別な事情にあるようだ。そう考える糸口となったのは，次の二つの発見である。

ある時，稲荷台遺跡の遺構分布図（第1図）を見てはっとした。この図に示された稲荷台古墳群の円墳のうち，列から外れる最大の1号墳，最小の8号墳を除いた，2号—5号—6号—7号—9号—3号—4号の位置関係が，北斗七星の配置に似ているのである。正確には裏返しの配置，すなわち逆像である。だが，このことは否定材料にはならない。古代の星図は天球を外から見た形で逆像に描かれることも多く，北斗星の図像例をみても逆像や，正・逆を対置する例は枚挙に暇がないからである。例えば陰陽師が用いた六壬式盤の中央に描かれた北斗七星や，地盤の二十八宿も逆像である。当遺跡のように地上にある場合，降臨したものとみなされたであろう。したがって，逆像こそ正しいことになる。なお，1号墳は，キトラ古墳石室天井壁画の北斗図にも描

第1図　稲荷台遺跡の祭祀関連遺構分布
（浅利ほか 2003『市原市稲荷台遺跡』第7図を改変）

かれた輔星（アルコル）の方向にある。本体より大きい点は気にかかるが，輔星とみなされた可能性があるだろう。北斗は，個人の運命にもっとも深く関わると信じられ，北辰とともに星辰信仰の中心的存在であった。道教に由来するこうした信仰は8世紀代には広く浸透していたので，当時の人々にとって斗の形状は強く意識の内にあったはずである。国府域内の古代官道に隣接した北斗状の高まりに誰かが気付いたことは不思議とはいえないだろう。

当初は，この突飛な思いつきをこれ以上追究しようとは全く思っていなかったが，次のもう一つの発見によって，意外な真実にたどり着くことができるかもしれないと考えるようになった[2]。

(3) 円丘列と国分寺伽藍設計

冒頭，国分僧寺・尼寺・稲荷台遺跡の3遺跡が直線的に位置することに触れた。これを地形図上で検討してみたところ（第2図：国分僧寺・尼寺の伽藍配置は749～750年前後に造営を開始した「B期伽藍」のもの），下のように3施設の主要遺構が二つの直線で結ばれることに気づいたのである。

　①1号墳中心—尼寺金堂北辺中央—僧寺七重塔中心
　②3号墳中心—尼寺金堂北辺中央—僧寺金堂中心

二つの直線は，尼寺金堂の北辺中央で交差する。稲荷台古墳群のうち，1号墳と3号墳は規模が大きいだけでなく，遺物の内容が際立っており，付属する建物をもつ（後述）ことなどから，北斗状円丘列の二つの求心点といえる。同様に，尼寺では金堂が唯一の求心点，僧寺では金堂と七重塔が二つの求心点といえる。つまり3遺跡の求心点が，すべて二つの直線上にあり，しかも二つの直線は尼寺金堂主軸上で切り結ばれるのである。交差点が尼寺金堂の中心でないことが若干気にかかるが，その分を差し引いても，この位置関係を偶然の所産とみることは困難である。このことを根拠として，北斗状円丘は当時認知されていた可能性が高いと考える。

古墳の築造年代は5～6世紀である。したがって，国分二寺の寺域選定にあたり，すでに認知されていた北斗状円丘列の位置が基準とされたのであろう。そして，B期伽藍設計の際には，1号墳と3号墳の位置を基準とし，また各伽藍の方位を北極星の方向に正す巧妙な設計が行われたものと考える。堂宇完成後，1号墳墳頂から尼寺金堂上に僧寺の七重塔が見える景観も特別視されたに違いない。天皇位の象徴たる北辰を輔弼する北斗の聖地が，国衙南郊にあり，国分二寺と完璧に並ぶ様は，鎮護国家の理想を具現化したものとして特別視され，設計者は大いに賞賛を受けたに違いない。

(4) 滝口宏の視点

検討を進めるなか，発掘調査の時点で円丘祭祀を想定していた人物が存在することを知った。国分寺台発掘調査団長を務めていた故・滝口宏その人である。滝口は，「天文学」と題した論文の文末注に，「貞観17年11月15日，月食があった。その数日後これに関連すると思われる祭祀が行われた小遺跡が千葉県市原市で発掘されており，近く発表されるであろう」とさりげなく書いている（滝口1990）。稲荷台遺跡を指すことは言うまでもなく，紀年銘墨書土器の「月」の文字（後述）から，月食に関わる祭祀を想定したのであろう。また，市川市須和田に存在した「太鼓塚」の軸線が下総国分僧寺に向き，国分尼寺の金堂—講堂中軸線上にあることに注目している

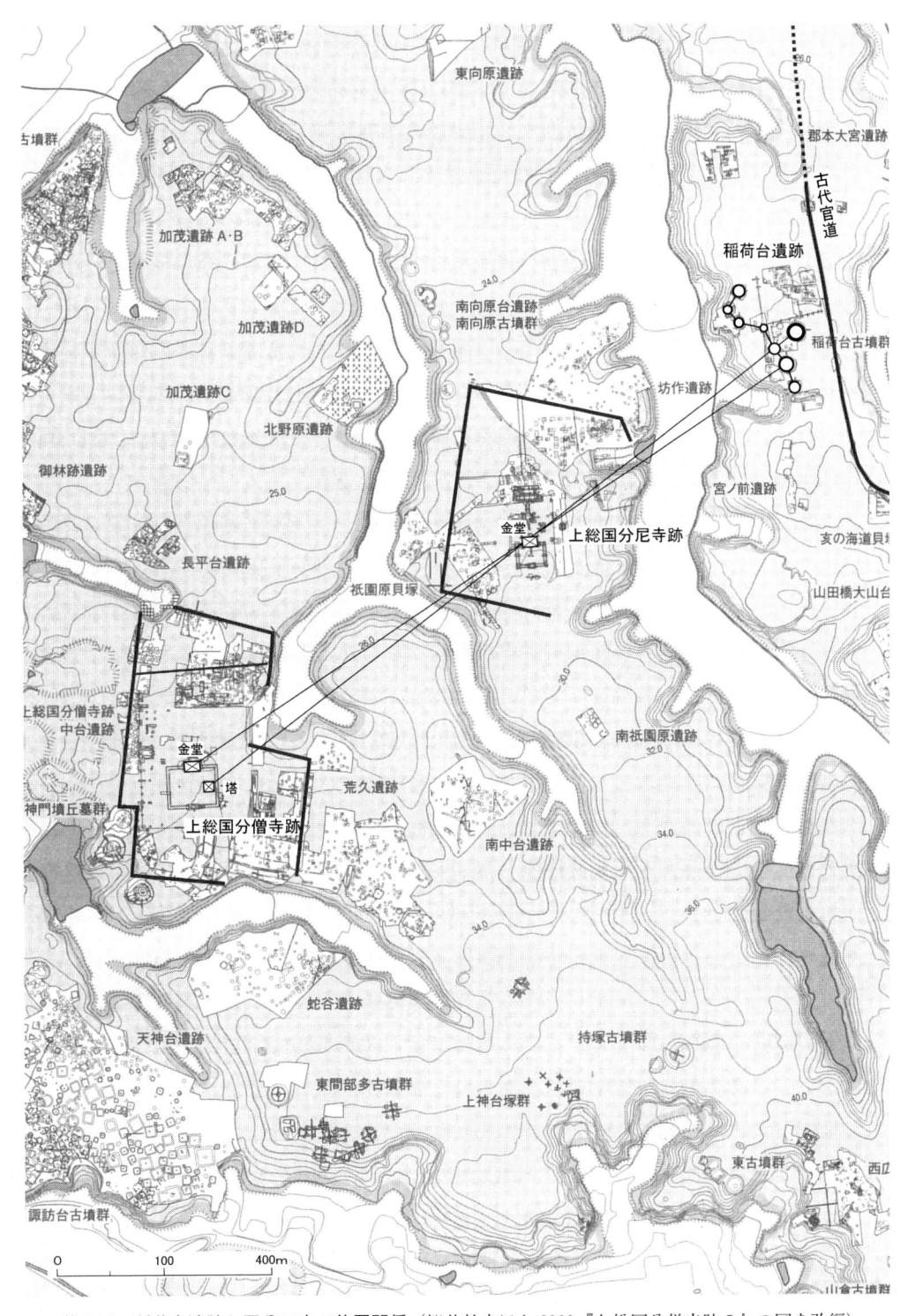

第2図　稲荷台遺跡と国分二寺の位置関係（桜井敦史ほか 2009『上総国分僧寺跡Ⅰ』の図を改編）

(滝口 1974)。おそらく，滝口は稲荷台遺跡の円丘祭祀を認め，さらに稲荷台と上総国分二寺の直線状配置にも注目していたのだろうと思う。残念ながら円丘祭祀説が公表されることはなかったが，筆者の考えは，こうした視点に従うものといえる。

3 北斗降臨地説の提示と論点

以上の諸点から，稲荷台遺跡の複数の古墳が祭祀の対象となったのは，北斗状の配列が8世紀中葉以前に認識され，北斗降臨地として特別視されたためであると考える。

本論の目的は，この仮説の妥当性を問い，発掘資料，文献史料や古代史・祭祀研究の成果などをもとに解釈を加えることにある。紙数の制限から論点を以下の3点に絞り，その検討と最小限の資料提示を行う。根拠資料や検討過程の大半を省略せざるを得ず，また，稲荷台遺跡の発掘成果の提示は，自説に肯定的な内容に偏らざるを得なかった。正誤の判断を委ねるには明らかに不充分である。今後いくつかに分けて論を進めていく用意があり，そのなかで補っていきたい。

本稿の論点
① 稲荷台遺跡の発掘成果から円丘祭祀を示唆する遺構・遺物を取り上げ，祭祀の内容と，その時期的な変化を確認する。
② 上総国司の補任状況等から中央政府と上総国の関係を，また，平安朝前期の文献史料とその研究成果から星辰信仰の動向を概観する。
③ 以上の二点から，北斗降臨地説・円丘祭祀説の妥当性を問うとともに，北斗降臨地から宗教施設へと変化したことを予察して今後の課題を提示する。

4 発掘成果からみた円丘祭祀

(1) 遺跡の年代

第1表は8～10世紀の中央・上総・祭祀等の動向を示した略年表である。報告書の時期区分（浅利ほか 2003）に従い，各時期の遺構・遺物の内容・特徴を概説する（第2図参照）。

A期：8世紀第3～第4四半期，仲麻呂政権～桓武朝 8世紀代の遺構・遺物は比較的少ない。竪穴住居跡はこの時期に現れ，「国厨」「市厨」「上殿ヵ」「道士」銘墨書土器，猿投産須恵器，円面硯などが出土。「道士」は楷書体で明瞭に書かれ，道士が訪れたことを示唆する。猿投産須恵器は古墳からも出土しており，国分寺B期伽藍建設のころから，祭祀が行われた可能性がある。

Ⅰ期：9世紀第1四半期，桓武～嵯峨朝 E地区西側に掘立柱建物跡が創設される。竪穴住居跡は減少して官衙的な性格が強まる。祭祀的な遺構・遺物はこの時期には遡らない。

Ⅱa期：9世紀第2四半期，淳和～仁明朝 E地区西側にコの字状の建物群ができ，多様な祭祀遺構や，「土」墨書土器，初期緑釉陶器はこの時期から現れる。国分寺で護国経典の写読や，悔過が盛んに行われた時期に当たり，祭祀の開始は国分寺の変化に関係した可能性がある。

Ⅱb～Ⅲa期：9世紀第3四半期～10世紀初頭，文徳朝～醍醐朝前半　E地区中央部の四面廂建物が中心となり，1号墳・3号墳に隣接する建物が現れる。また，「丸」墨書土器が現れ，祭祀遺構・遺物の数量が最大となる。俘囚の反乱が相次ぎ，東国諸国に陰陽師が置かれたこの時期に，稲荷台遺跡の祭祀は活発化している。

Ⅲb～Ⅳa期：10世紀第1～2四半期，醍醐朝後半～朱雀朝　祭祀遺構・遺物が減少し，周辺に竪穴住居跡が復活する。ただし，将門の乱や下総国の官寺焼失等に象徴されるように，国府や国分寺の荒廃が顕著となり，国司補任記事も欠落の多いこの時期にも，祭祀は継続している。

Ⅳb期以降　緑釉陶器は10世紀第3四半期まで搬入され，祭祀土坑のうち1基のみはこの時期のものである。ごく限られた臨時的な祭祀のみ継続した印象がある。この後，11世紀代までに，円丘列を構成する7号墳や，3号墳に伴うとした43～45号建物を破壊する1号・4号溝が掘り込まれている。これは，円丘列の霊威を否定する意図的な行為ではなかったか。中世には古墳ごとに神社が祀られ，1号溝は鳥居状の礎石建物を伴う参道となって，性格や景観を一変する。

(2) 建物群と祭祀遺構

E地区建物群　9世紀第1四半期，E地区西側に掘立柱建物が創設される。竪穴住居跡5軒とともに中心付近に集中して群を形成する。第2四半期にはコの字ないしはロの字状に並ぶ建物群となり，竪穴住居跡は遺跡全体から排除される。この配列が崩れる9世紀第3～第4四半期ころには，E地区中央部に四面廂付建物が創設されて中心的な建物となった。

円丘に伴う建物　42号掘立柱建物跡は1号墳に隣接する単独の建物である。長軸が1号墳の中心に向いている。43～45号掘立柱建物跡は3号墳に隣接する単独の建物であり，9世紀第2四半期から10世紀中葉にかけて3棟以上が建て替えられたと推定されている。42号建物より若干遅れて建てられ，その後，何度も建て替えが行われた重要な施設であったと考えられる。双堂建物＝寺院遺構とみて，仏教関連の法会が行われたとみる意見もある（須田2006）が，筆者は位置関係や時期からみて，円丘祭祀に関わる建物であると考える。後述のとおり，建物やその周辺から燈明杯が多数出土していることも注目される。二つの建物は，円丘を祀る施設と推定され，夜間の拝礼や祭祀が行われた可能性を指摘しておく。

祭祀遺構群　祭祀遺構は，四面廂付建物の南側隣接地一体に集中する。所謂前庭部が，円丘列とともに祭祀・儀礼の場であったものとみられる。祭祀遺構は「土器埋納遺構」「集石遺構」「土器廃棄遺構」の3種に分類されている（浅利ほか2003）。「土器埋納遺構」と「集石遺構」は，甕や二つ合わせて蓋をした杯，逆さに置いた杯などに何かを封じ込めるものであり，このうち穴に小石を敷き詰めるものを「集石遺構」と区別しているが，同様の意味をもつものであろう。1号集石遺構は土坑内にイノシシの頭部を置き，その上を礫で覆う。2号土器埋納遺構は，土坑内にシカの頭部を置き，上に杯を逆位に重ねて埋納する。7号集石遺構は合わせ口にした杯5組にそれぞれ1個の礫を入れ，さらにその上にウシの頭部を置いて埋納する。これらは鎮めの祭祀を示唆するものである。「土器廃棄遺構」は別の場所で何らかの祭祀が行われた後に，使われた土器類が廃棄された場所とみられる。1号土器廃棄遺構と37号住居廃棄跡にはそれぞれ100個体ほ

第1表 奈良～平安前期

期	元号	天皇	政権／政治	一般	祭祀関連
8世紀第1四半期	大宝・慶雲 和銅 霊亀・養老 神亀	文武 元明 元正 聖武	石上麻呂：不比等中心 721～長屋王政権	702 大宝律令を諸国に頒布 710 平城京遷都 713 風土記撰進の詔 718 養老律令 723 鎮兵制成立	701 釈奠初見 706 諸国に駅 718 中務省に陰陽寮設置 728 金光明経を諸国に与える
8世紀第2四半期	天平		729～光明皇后・藤原四子政権 738～元正上皇＋諸兄中心	729 長屋王の変。734 ころ新羅との関係悪化 735～天然痘猛威 740 恭仁京遷都 744 難波京遷都。745 平城京遷都	737 丈六の釈迦三尊，大般若経発願 740 諸国法華経七重塔造写令→観音経造写令 741 国分寺建立詔 743 盧舎那仏造立詔 744 諸国に薬師悔過の令 747 大仏鋳造開始，国分寺造営催促
8世紀第3四半期	天平勝宝 天平宝字 天平神護 神護景雲 宝亀	孝謙 淳仁 称徳 光仁	紫微中台成立，仲麻呂優勢に 757～仲麻呂専制期 760 光明皇后没。762～孝謙上皇が主権 764 恵美押勝の乱→道鏡政権 770 道鏡左遷。771 永手没。内臣良継 772 井上内親王大逆事件，親王廃太子 779 藤原魚名内臣	749 百済王敬福ら陸奥国の黄金貢進 757 橘奈良麻呂の変 769 道鏡皇位事件 774 陸奥「38年戦争」の始め 780 伊治呰麻呂乱	752 東大寺盧舎那仏開眼供養 758 大史局来年三合年奏上，諸国で読経 761 諸国国分尼寺で阿弥陀三尊を造らせる 766 諸国国分寺の修造奏上させる 767 諸国国分寺で吉祥天悔過 770 百万塔を諸国に分配。771 交野行幸の初見 770～778 疫神祭記事集中
8世紀第4四半期	天応 延暦	桓武	781 桓武朝。魚名左大臣 782 魚名左降。右大臣田麻呂→783 是公 785 種継暗殺。早良親王配流 790 右大臣継縄	782 氷上川継の変。京家没落 784 長岡京遷都 794 平安京遷都。田村麻呂蝦夷を討つ 802 胆沢城，803 志波城をを築く 805「徳政相論」。移民征夷と平安京造営停止	785・787 交野で天神を祀る（郊祀①・②） 796 北辰を祀ることを特に禁断 804 最澄・空海入唐 805 諸国国分寺で薬師悔過
9世紀第1四半期	大同 弘仁	平城 嵯峨	806 平城朝 809 冬嗣蔵人頭 818～冬嗣中心。821 緒嗣大納言	810 薬子の変。検非違使設置。811「38年戦争」終結 820 弘仁格撰上	806 空海「宿曜経」を請来 821「内裏式」成立
	天長	淳和	826 淳和朝。緒嗣政権首班		天長～承和，国分寺で護国経典写読記事集中
9C第2四半期	承和 嘉祥	仁明	838 仁明朝。三守右大臣 842 承和の変。愛発免官。良房大納言 844 源常左大臣・橘氏公右大臣 848 良房右大臣	838 事実上最後の遣唐使	842 嵯峨上皇遺戒→844 良房ら卜占を信ずべき朝議 847 恵運が雑密経軌「七曜星辰別行法」を請来。円仁赤山明神（泰山府君）を勧請 850 仁，天皇の本命星を祈る熾盛光法を修す
9世紀第3四半期	仁寿 斉衡 天安 貞観	文徳 清和	850 文徳朝 857 良房太政大臣 858 清和朝。良房摂政 866 応天門の変。867 良相没。868 源信没 870 氏宗右大臣 872 基経摂政，源融左大臣	853 全国に疱瘡流行 869 貞観格十二巻，871 貞観式奏上 876 大極殿・小安殿など焼失 878 出羽国で俘囚の大反乱，879 鎮圧	852 出羽国に陰陽師。853 諸国で「陰陽書法」 856 交野原の円丘で昊天祭（郊祀③） 858・859 陰陽寮董仲舒の祭法。860 釈奠式諸国頒下 864 弓削是雄近江国司館で属星祭 866 陰陽寮奏諸神班幣転読，以後同様記事多 869 疫病流行，牛頭天王の祟りとされる 872 武蔵国に「陰陽師」 873「三合の大凶年」予告 875.11.15.陰陽寮来年の「三合の大凶年」奏言 876 下総国史生1人減，陰陽師置く
9世紀第4四半期	元慶 仁和 寛平	陽成 光孝 宇多 醍醐	882 源多右大臣 884 基経陽成天皇廃位 891 基経没，良世右大臣 896 良世左大臣，源能有右大臣 899 時平左大臣，菅原道真右大臣 901 道真左遷，源光右大臣	894 遣唐使廃止	882 陸奥国に陰陽師を置く 886 安房国砂礫，陰陽寮兵賊の乱ありと占う 890 元旦四方拝初見記事 892 常陸国に陰陽師
10世紀第1四半期	延喜 延長 承平 天慶 天暦	朱雀 村上	901 昌泰の変。延喜の治。902 荘園整理令 914 忠平右大臣 924 忠平左大臣 930 忠平摂政 941 忠平関白 944 実頼右大臣・947 左大臣 949 忠平致仕，実頼・右大臣師輔中心	901 昌泰の変。延喜の治。902 荘園整理令 914 三善清行意見封事。915 疱瘡流行 935 平将門，平国香を殺す 939 将門新皇と称す。940 将門の乱終わる 950 期限を過ぎて赴任しない受領を罰す	939 諸国国分寺を修理 940 賀茂忠行白衣観音法奏上 942 天皇に北斗護を奉る 957 日曜符天暦請来（宿曜道形成の契機） 960 神泉苑で北斗七星法

上総国と祭祀関連略年表

上総国、国司	上総国分寺	稲荷台区分	稲荷台緑釉	祭祀／上総・稲荷台の様相
700 上総国司初見　703 藤原房前東海道国司巡視				<律令制確立期> 律令政府の地方制度・軍事制度整備すすむ
719 藤原宇合房総三国を管領				
730 守：紀多麻呂。下総に勅旨田。732 房前東海・東山道節度使	A期			坂東は征夷戦の軍事拠点に位置付けられていく
733 守：多治比広足				
737 東国防人帰還。上総・下総等騎兵千人陸奥→出羽山海道開く				
738 東海道等の健児停止。東国防人編成				
740 広嗣の乱に東海・東山道等五道から一万七千人を挑発				
741 紀広名				国分寺造営の詔～正税中心期（～746 ころ）
744 東海道巡察使（石川年足？）		A古		↓
746 守：百済王敬福・藤原宿奈麻呂。教福陸奥鎮兵停止				優遇政策導入。郡司層活力利用へ
747 国分寺設立督促使・石川年足ほか	BⅠ期			国分寺創建前後から有力氏族出身国司
749 守：石川名人（～754）。749～750 国分寺 B 期伽藍造営				8 世紀第3～4 四半期
754 大伴君。大掾：大原今城。員外少目紀池主。軍団成立				・竪穴住居のみ。官衙的様相なし
757 坂東防人廃止　758 鎮兵制。759 守：魚名。国分寺 B 期伽藍完成				・古墳に猿投産須恵器
760 東海道巡察使。761 東海道節度使				・円面硯、「京」「国厨」「市厨」「上殿カ」「道
764 守：弓削浄人、介：紀広庭				士」墨書
766 紀広名東海道巡察使				陰陽・宿曜等の思想広がる
768 守：石上家成。769 坂東の百姓桃生・伊治に置く				
770 桑原王	BⅡ期			東北経営強化、官道再整備
774 兼守：大伴家持、介：藤原黒麻呂→777 守				道鏡政権下で弓削浄人が長期上総国司
779 守：紀真乙				<律令制再編期>
780 守：藤原刷雄		A新		良継・魚名政権期上総の優遇見られない
783 守：布施清直				星辰信仰より活発化。光仁朝～桓武朝、上総
784 介：和三具足				国司に陰陽寮や百済系氏族出身の補任相次ぐ
789 守：百済王玄鏡、大掾：石川清浜				
792 諸国の軍団・兵士廃止し健児制　797 大野犬養				
799 守：百済王教徳。介：藤原継彦、都努筑紫麻呂。国分尼寺尼坊礎石建物に	BⅢ期			陰陽寮による山陵の鎮祭初見
802 坂東等 10 国の浪人 4000 人を胆沢城に移配		Ⅰ		9 世紀第 1 四半期
805 下総国鳥取・山方・真敷、荒海駅廃止				・E 地区西側に掘立柱建物群
806 守：藤原雄雄、介：石川道成、権介：田中八田麻呂、大掾：千葉国造大私				平城～仁明朝、神秘的なもの排除する傾向
部氏人。東国鎮兵制				平城朝初大学頭・藤原道雄が国司
809 東海道観察使・菅野真道。守：文室正嗣・多治比全成、介：息長丹生文継				
815 守：小野美野、介：八多桑田麻呂　816 介：茨田文足				
821 介：紀椿守				
824 守：三原春上？　826 上総等親王任国、坂東他に勅旨田			Ⅰ古	淳和朝で藤原氏宗が国司。その後有力者みられず
828 守：茨田継貞　830 介：藤原行則		Ⅱa		東国が軍事拠点から王臣家の私的開発地域へ
832 大掾：藤原氏宗				9 世紀第 2 四半期
				・E 地区西側にコの字状建物群。
842 権介：紀貞嗣（承和の変連座）				・竪穴住居散在後半消滅
				・祭祀遺構出現。初期緑釉搬入
845 少目：刀岐雄貞				・Ⅱa 期後半から「土」墨書
847 介：藤原行人				
848 上総国で丸子廻毛等の反乱				
850 介：丹墀棟臣　854 介：笠豊興・橘高宗			Ⅱ新	陰陽家により星辰祭、陰陽道成立
855 介：和豊永　856～860 権介：藤原良尚				中央・地方で陰陽師の活動。個別祭法
859 介：清原真貞・吉備全継・藤原貞庭		Ⅱb		<律令制衰退期へ>
860 介：藤原大野・伴龍男、権介：和気春生・坂上当道				9 世紀第 3 四半期～第 4 四半期
			Ⅲ古	・E 地区中央部に四面廂付建物創設
864 介：藤原万枝				・3 号墳西側に 43～45 号建物
866 伴夏影　867 上総国に国検非違使・主典を置く				・祭祀遺構、遺物増加。「丸」墨書現れる
				・施釉陶器多量
870 上総国司に蝦夷を教え諭す勅。12.29. 上総国に国掌 2 名				
875 下総・下野国で俘囚の乱。下総で官寺焼失　11.24.「貞観十七年」墨書				俘囚の反乱激化。陰陽師の活動重要視される
				上総国司補任記事途切れる
878 関東で大地震。介：佐伯貞行　879 上総国司公営田制要望		Ⅲa		
881・883 市原郡俘囚反乱。介：藤原正範、大掾：文屋善友ら平定				
884 上総国申請により前任国司や富豪浪人を取り締まる勅				
886 陰陽寮占により上総・下総・安房を警固				9 世紀末　宇多朝　天命思想抑圧
890 介：平高望。藤原菅根ら藻原庄・田代庄を興福寺に施入				儒教重視、宮廷行事振興の傾向
894 上総等の訴えにより諸家等使者の人馬強徴を禁じる		Ⅲb	Ⅲ新	9 世紀末～10 世紀初頭
899 東国で僦馬の党問題化				（Ⅱb～Ⅲa 期）
900 上野国・武蔵国に群盗			Ⅳ	・E 地区中央四面廂付建物 2 棟
902 少目：額田芩直、権少目：宇治氏宗				・祭祀遺構、遺物多
909 下総国で騒乱。910 介：藤原利仁				・施釉陶器多。猿投窯優品供給この時期まで
				10 世紀　密教の星宿法盛行
930 介：佐伯滋並				10 世紀第 1～第 2 四半期
935 上総国将門の支配下に＝国府機能停止				・四面廂付建物 2 棟中心。周辺竪穴住居復活
939 上総国司逃亡。国分寺焼失　939 見介：百済王負連				・祭祀遺構、遺物多。「丸」「土」墨書Ⅳ期前
				半まで
940 介：藤原滋茂			Ⅴ	10 世紀第 3～第 4 四半期
				・四面廂付建物 2 棟ほか残る。祭祀土坑 1
961 介：藤原国幹				・施釉陶器も少ないが残る

どの杯が伴っており，神人饗食型の大掛かりな儀礼を伴う祭祀が行われたものと推察される。

(3) 祭祀関連遺物

a 猿投産須恵器

8世紀後半代に，灰釉陶器成立直前期の猿投産須恵器（白井 2004）の壺・瓶類が持ち込まれた。掲載資料 31 点の内訳は，E 地区の住居跡やグリッド一括取り上げの長頸壺 23 点，瓶蓋 1 点，1 号墳出土の高台付杯 2 点（うち 1 点は朱墨用転用硯），小型壺 1 点，5 号墳出土の高台付杯・杯・コップ型壺各 1 点，6 号墳出土の杯 1 点である。古墳出土資料の存在は，円丘を対象とした祭祀が 8 世紀代から存在した可能性を示すものとして重要である。

b 古墳出土の平安時代土器

稲荷台古墳群の調査は，集落部分に先行して実施された。古墳自体は 5〜6 世紀代のものであるが，墳丘や周溝から平安時代の遺物が多量に出土した。古墳群の整理作業は未了であり，既刊の報告書には，1 号〜6 号墳出土の杯類のみが掲載された。掲載土器 228 点は，実測可能個体の約 1/4 にあたるという。処々の事情から出土位置等の情報が未報告で不明な点が多いが，複数の円墳墳丘が，平安期の 9 世紀前半から 10 世紀にかけて祭祀の対称となったことは明らかであり，一部は 8 世紀中葉に遡る可能性を示唆している。なお，調査前まで墳丘が残っていたのは 1 号〜4 号墳である。5 号・6 号墳は墳丘が失われ，7〜10 号墳は周溝下部のみが遺存していた。

1 号墳 「王賜」銘鉄剣の出土した古墳群中最大の古墳である。調査前に墳丘が遺存し，神明神社が祀られていた。周溝から 9 世紀中葉〜10 世紀中葉の坏類が多数出土している。また，墨書土器「山万」2 点，「丸（カ）」「上」「智カ」各 1 点，朱墨付着の転用硯が出土している。

2 号墳 近世の方形塚に改変されていた。9 世紀第 2 四半期の土器が多数出土し，墨書「土」2 点がみられる。同時期の灰釉陶器も出土している。

3 号墳 規模は古墳群中第 2 位で，調査前の墳丘には八幡神社が祀られていた。9 世紀末〜10 世紀代の坏類多数のほか，10 世紀後半の灰釉陶器，獣脚付大型鉢，線刻蔓草文大型台付鉢が出土した。墨書は「三」「斗」があり，斗は北斗を連想させる。

4 号墳 円丘列南端に位置する比較的大きな円墳である。調査前は墳丘が残存し，八坂神社が祀られていた。土器は少なく祭祀に関わった証拠は乏しい。

5 号墳・6 号墳 いずれも，9 世紀中葉〜10 世紀中葉の土器が多数出土している。墳丘は遺存していなかったが，地形図にわずかな高まりが認められる。6 号墳は 8 世紀中葉の須恵器杯 1 点を伴う。墨書「羽那波寺」をもつ杯の底部小片は，共伴する灰釉陶器から 9 世紀第 4 四半期の年代が与えられたが，10 世紀中葉までの土器が混在している。両古墳とも周溝を切る住居跡が報告対象外であり再検討を要する。

7 号墳・9 号墳 周溝底面付近のみを検出したもので，掲載遺物は皆無である。7 号墳は 10 世紀後半以降の 1 号溝，11 世紀代の 4 号溝，10 世紀末以降の 69 号住居跡に切られている。10 世紀後半以降に墳丘が削平されたことになる。9 号墳は新しい道状遺構に切られているが，西側の 27 号土坑と重複する小穴から 6 点のロクロ土師器杯が出土しており，うち 4 点が灯明杯である。

1号墳, 3号墳との類似から, 9号墳も円丘祭祀の対象となっていた可能性がある。

以上のように, 円丘列を構成する8基の円墳のうち, 6基ないし7基について祭祀の痕跡が認められた。一方, 平成11年度1号墳は, 10世紀第2四半期の住居跡2軒に切られており, 祭祀の対象となった円丘列以外の円墳は削平されたことを示唆している。

c 初期緑釉陶器

緑釉陶器の破片数は2000点以上と言われるが未整理分を含めた全体数は未明である。機械掘削したE地区の表土を2割程度ふるい掛けして回収した資料が施釉陶器の何割かを占めることから, 本来はさらに多かったことになる。年代は9世紀第2四半期から10世紀後半である（第1表。坂野2003による）。器種分類可能な178点の内訳は, 椀・皿類149点が大半を占め, ほかに瓶類22, 唾壺4, 四足壺・香炉等3となる。緑彩花文陶器, 印刻花文陶器を数多く含むことが特徴である。他の土器類と大きく異なるのは, ①E地区の祭祀空間と古墳群に偏在する点と, ②完形は皆無で, 細かく砕かれている点である。祭祀遺構から出土した土師器・須恵器・灰釉陶器は, 完形や一部打ち欠いた個体が廃棄・埋納されたものが多いが, 緑釉陶器は使用後直ちに破壊する必要があったのであろう。6基の古墳からも出土しており, 円丘祭祀にも使用された可能性が高い。

産地別には, 猿投窯を中心とする尾張産が6割, 山城産と美濃産がそれぞれ2割を占める。9世紀第2四半期から9世紀末の間に猿投産の緑釉緑彩花文陶器, 緑釉印刻花文陶器が数多く搬入されている。緑釉緑彩花文陶器は, 猿投窯のうちごく限られた緑釉陶器専業窯で生産された特注品であり, 例えば嵯峨天皇の京内離宮であり退位後の御所である冷然院跡, 嵯峨院跡から多数出土するなど, 都城にあっても限られた階層に供給されたものと推定されている (坂野2003)。他方で, さらに希少価値の高い貿易陶磁は1点しか出土していない。様々な豪奢品が持ち込まれたのではなく, なんらかの目的で緑釉陶器が必要とされた可能性が高い。入手困難な初期緑釉陶器の優品が長期にわたって持ち込まれた背景には国家的な関与が想定されるが, 詳しくは別稿で検討してみたい。

d 「丸」「丸上」「土」銘墨書土器

判読可能な墨書土器約150点のうち, 「丸」「丸上」が合わせて54点, 「土」が35点あり, 両者で半分以上を占める。祭祀の盛行する時期に限るとさらに高率になることから, 中心的な祭祀に関わる可能性がある。「土」は9世紀第2四半期から, 即ち初期緑釉陶器の導入や祭祀遺構の出現と同時に, 「丸」「丸上」はやや遅れて9世紀第3四半期に現れる。いずれも, 10世紀初頭まで存在し, 9世紀第4四半期から10世紀初頭にとくに多い。「丸」は円と同義であり, 円丘祭祀との関わりを, 「土」は土坑祭祀との関わりを検討したが, 「土」の埋納例がないなど, 今のところ納得のいく答えが得られない。

e 灯明杯・大型台付鉢

灯明用ないし転用された土師器皿・杯類が多数出土している。43～45号建物跡9点, 42号建物跡に隣接する56号住居跡5点, 9号墳周溝西側の27号土坑を切る小穴4点, 3号・4号・5号

墳各3点，10号墳に隣接する77号住居跡3点，紀年銘墨書土器出土の37号住居跡3点，2号墳2点，3号墳に隣接する79号住居跡2点と，円丘列付近に偏在することは明白である。

大型台付鉢は高台付の大型鉢である。外面に暗文や線刻をもつもの，獣脚付のものもみられる。集中例は，24・25号住居跡9点（土器廃棄遺構。「丸」「土」墨書と共伴），E地区のM11〜M13区7点，J10・K9・K10区5点である。ほとんど小片であり，使用後に破壊されたと推定されている。須田は「高台付火舎香炉」と呼称し，灯明杯とともに仏具とみている（須田2006）が，灯火や香を使う儀礼を仏教に限定することはできないであろう。夜間の祭祀の一部は，円丘祭祀に関わるものであったのではないか。

f 「貞観十七年十一月廿四日」紀年銘墨書土器

① 体部外面：底部中央を下にして，時計回りに「謹□（以カ）□…□・上・□水・□・□□（丁カ）・□酒・名（宜カ）・水鳥・□・□□」と釈読されている。「以」と2つ目の「謹」は疑問が残るが，「謹以申聞　謹奏」といった上申文的な表現の可能性がある[3]。酒や水鳥等は神饌に類するものであろう。

② 体部外面から底部：①の後から「貞観十七年十一月廿四日」と書く。

③ 内面：独特ののびやかな筆致で，方向を変えながら「月」を重ね書きする。「月」の数は9個とも10個とも記載されてきた。問題となるのは，第3図に矢印で示した部分である。ほかの文字とは明らかに異なるが，やはり「月」とみるべきであろう。

第3図　貞観十七年紀年銘墨書土器

貞観17年（875）11月24日は，太陽暦日に換算すると875年12月25日（ユリウス日2041010）にあたる。当該年の冬至は11月16日であった（湯浅1987・1990）。この時期に宮廷で行われる鎮魂祭・新嘗祭は，陰気の極まる冬至に陽気の復活を祈るタイプの祭祀である。紀年銘墨書土器の「月」は，陰気を象徴するものであったのではないか。9個半書かれた「月」は陰気の極まりを象徴し，それを伏せ，埋納して封じ込めることによって，あるいは10個目の「月」を書き入れることで陽気の復活を祈ったのではないだろうか。

37号住居上層土器廃棄遺構からは，100個体以上の多量の土器が出土しており，供膳用としては多すぎることから，「神人供食」を伴う大掛かりな儀式が行われたことを想定できる。中央の官僚が用いる上申文的な文体を用い，手慣れた書体で呪術的な「月」の文字を書くことができた

人物は，この時行われた臨時祭に招かれた斯道の名人であったのではないか。
(4) 祭祀の動向
　以上，稲荷台遺跡の発掘成果には，円丘祭祀説・北斗降臨地説に調和的な情報が数多くみられる。また，鎮めの祭祀も行われており，星辰と鎮めの祭祀の二つが当遺跡の特徴といえる。祭祀の開始，終焉とその間の変化の動向は，以下のようにまとめることができるだろう。
・8世紀後半までには北斗降臨地が認知され，猿投産須恵器が供えられた可能性を考えうるが，9世紀第1四半期までは祭祀遺構・遺物は未だみられない。
・9世紀第2四半期から10世紀後半には星辰と鎮めの祭祀などが行われたと推定される。活発な時期は9世紀第3四半期〜10世紀初頭である。
・11世紀までには破壊行為により北斗降臨地としての性格が否定された。

5　時代背景と稲荷台遺跡

　つぎに上総国国司の補任や祭祀の動向を簡単に概観して，これまでに述べた祭祀の時代背景を検討したい。また，祭祀の性格について予察的に述べて，今後の課題を提示しておきたい。
(1) 上総国司補任の動向
　上総国司には有力な文官が数多く補任されている。とくに星辰信仰が重視された道鏡政権から桓武朝において顕著であり，陰陽寮官人や百済関係者が目立っている（第1表）。
　① 聖武朝から桓武朝の国司に有力者が多く，その後はごく少ない。国分寺建立前後から平安初期にかけて，上総国が重要視された可能性が高い。平城・嵯峨朝では補任時の位階を下げる方針が明らかであり，それまでの上総重視に対する反動とみられる。
　② 坂東が征夷戦の兵站基地となるなかで，下総国や常陸国では武官の国司補任が目立つ。一方，上総国司には圧倒的に文官が多く，別の役割が期待されていたのではないか。
　③ 道鏡政権成立直後から，政権の中枢にあった弓削浄人が長く遥任国司を務めている。同政権は上総をきわめて重視したと考えられる。なお，自派の紀益麻呂を陰陽頭に，一族の弓削薩摩を陰陽介に補任していることにより，陰陽寮の重視も明らかである。
　④ 桓武朝において陰陽寮官人（藤原刷雄・石川清浜・藤原継彦），百済王氏（玄鏡・教徳）という陰陽寮や昊天祭祀につながる人物が相次いで上総国司に補任されている。
(2) 奈良〜平安前期の祭祀の動向
　第1表をもとに，山下克明（1996・2007），岡田荘司（1991），村上知美（2001）らの研究を参考にして，星辰信仰を中心とした祭祀の動向をごく簡単に確認しておく。
　a　奈良時代
・儒教的君主観と結びついた天変占星術，妙見信仰が存在したほか，渡来人を介して天文・占術の知識が広く浸透していた。いずれも道教の星辰信仰に由来するものである。

b　9世紀前半

・平安初期以降，星宿の運行による卜占や禁忌が宮廷や密教諸派で行われた。
・桓武朝は，物怪に対する占いや鎮謝など呪術的宗教行為の端緒と位置づけられる。星辰を祭る郊祀が行われた。民間でも御燈が行われた。
・陰陽寮の活動は国事に限られ，天文部門は観測・占いと天文密奏を主要な職務とした。

c　9世紀後半～10世紀初頭

・新たに請来された星宿関連の経典をもとに，道教の北斗信仰が取り入れられ，陰陽寮では未然の吉凶を予測する術のみでなく，新たに不祥や凶兆を除く祭祓が職務に加わった。この時期は弓削是雄，滋岳川人等の著名な陰陽師が現れた陰陽道の確立期とされる。
・宮廷祭祀にも元旦四方拝の属星拝や，御燈，属星祭，本命祭などの星辰祭が取り入れられた。
・東国諸国に陰陽師が置かれる。陰陽寮の職掌は国事のみに限られていたが，この時期に地方や個人対象などに拡大した。
・旱魃による凶作・飢饉と東国の反乱が相次ぐなか，国分寺が内外の兵乱を鎮圧する鎮護国家仏教の場として機能することとなり，陰陽道と結びついた修法が行われた。

d　10世紀後半

・密教の星辰供部門や宿曜師も，道教の信仰に由来する祭供・修法を行うようになり，すでにあった妙見信仰も活発化していく。

(3) 直接の関与が想定される史料

　このように，北斗信仰は奈良時代から存在し，9世紀前半には占術が盛んになったが，そのころには未だ典拠がなく，凶兆を除く修法等は行われていなかった。経典類が請来された9世紀後半に修法をはじめたのは陰陽家であり，密教・宿曜道のそれは陰陽家の影響を受けて10世紀代にはじめられた。したがって，稲荷台遺跡において北斗に関わる祭祀が行われたとすれば，陰陽寮の関わりが想定される。当遺跡を特徴づけるのは，星辰と鎮めの祭祀であった。この二つは，平安期の祭祀のなかで最も"陰陽道的"な儀礼といえる（野田1991）ことも付け加えておく。
　この考えに直接関連する可能性のある9世紀第3四半期の史料を三つ取り上げる。
　①　仁寿3年（853）2月8日の陰陽寮奏言（『文徳実録』）
　陰陽寮が諸国国分寺において陰陽書法により毎年害気鎮めを行いたいと奏言し，裁許を得た。
　②　貞観6年（864）の「弓削是雄式占有徴験事」（『政治要略』他）
　弓削是雄が近江介藤原有蔭の館に招かれて式占と属星祭を行った。是雄は滋岳川人と並び称された著名な陰陽師であり，式占の名人として知られた。同年には陰陽寮で陰陽師を務めていた。属星祭は，北斗七星が個人の一生の禍福を司るという考えによるものである。
　③　貞観17年（875）11月15日の陰陽寮奏言（『文徳実録』）
　陰陽寮が式占を行ったところ，翌貞観18年は凶兆が3つ重なる「三合の歳」と呼ばれる大凶年にあたると奏言したものであり，その対処として大般若経読誦の勅が出されている。「三合」とは大気（太歳）・大陰（太陰）・害気の三神が暦の上で一致することを称するもので，大災厄の

起きる予兆とされる。①の「陰陽書法」による害気鎮めとも関連するであろう。

(4) 稲荷台遺跡の祭祀（予察）

　②から貞観年間には，陰陽寮の陰陽師が個人的な式占を行うことがあったこと，その場所は国司館であったこと，地方から招かれて属星祭を行うことがあったこと，が知られる。この時期には，北斗を祀る私的祭祀が許されていたのである。紀年銘墨書土器の「貞観十七年十一月廿四日」の祭祀はこうした時期に行われた。その日付は，③の「三合」の奏言直後であり，直接これに呼応した可能性を考えておきたい。また，そこで修された祭祀の内容は，いまだ解明されていない①の「陰陽書法」による害気鎮めに関わる可能性も考えられる。

　8世紀後半〜9世紀前半，稲荷台遺跡は，光明皇后・仲麻呂政権，道鏡政権，桓武朝から重視された可能性が高い。しかし，古墳に猿投産の土器が使われているだけで，祭祀遺構・遺物群はこの時期に遡らない。これは郊祀等の祭祀に対する禁忌や，星辰を祀る具体的な典拠が存在しなかったこと，陰陽寮の職掌が国事に限られていたことからみれば頷けるところである。つまり，この時期の稲荷台遺跡は，北斗降臨地としての聖地のような存在であったと想定されよう。

　9世紀後半は，宗教施設的な様相へと変化する。この時期に至って，兵乱・飢饉・疫病等の凶意鎮静を目的とした，国事に関わる占定・修法が行われ，その一部は新たに請来された星宿関連の経典に基づく，北斗や星宿等を対象とした祭供・修法であったのではないかという想定を提示した。国司補任にみえる上総国重視の傾向や，稲荷台遺跡における類例のない大がかりな祭祀や高級陶磁器の使用は，中央政府が関与して行われた国家的な祭祀を想定してはじめて説明がつくように思われる。かように重要な施設が上総に置かれたのは，北斗状円丘列が存在したからではないか，というのが筆者の考えである。

6　まとめ

　課題とした3つの論点について検討した結果は，以下のようにまとめられる。

- 稲荷台古墳群の8基の古墳は北斗七星と輔星の配列をなす。この「北斗状円丘列」は，上総国分寺B期伽藍の設計の基準とされており，北斗降臨地として神聖視されていた可能性が高い。
- 円丘祭祀の開始は，9世紀後半に国分寺が内外の兵乱を鎮圧する鎮護国家仏教の場となったこと，道教に由来する北斗に関わる祭祀が陰陽家によって導入されたことなどが関係していると考えられる。これらを境として，聖地から宗教施設へと変化したと捉えうる。
- 初期緑釉陶器の優品の導入から国家的な関与が想定される。この時期に北斗を対象とした祭祀を導入していたのは陰陽家であり，陰陽寮が関与した可能性が高い。
- 「貞観十七年十一月廿四日」の祭祀は，①陰陽家が招かれた臨時祭，②直前の陰陽寮による三合の奏言に直接呼応したもの，③「陰陽書法」が行われた，という3点の可能性を指摘した。

　以上，憶測を重ねてきたが，今回の考察はともかく，当遺跡の重要性は上総一国の問題に留まらないであろう。将来的には，奈良朝の国分寺造営政策・東国経営や，平安朝前期の星辰信仰の

発達・陰陽寮の活動の拡大から陰陽道の成立，桓武朝・承和期・貞観期などの宮廷祭祀の変化といった，古代史上の重要課題に対して，地方の発掘成果から議論できる可能性さえ秘めていると感じる。そのことを強調して結びとしたい。

謝辞

市原市教育委員会・市原市文化財センター在職中には，職員の皆様に大変お世話になりました。このような検証を怠り憶測を重ねた文章は，これまでの研究成果を汚すことになりはしないかと憂慮していますが，稲荷台遺跡や上総国分二寺のもつ魅力・重要性はまだまだ十分な評価を得ていないように思います。今後の議論の足がかりとなればと考えました。

執筆にあたり，稲荷台遺跡について報告者の浅利幸一さんからご教示をいただきました。知多考古学研究会坂野俊哉さん，近江貝塚研究会の皆様からは有益なご意見をいただきました。また，文献の利用に際して鵜城今日子さんのお力添えをいただきました。記して感謝の意を表します。

注
1) 市原市文化財センターの報告書は，すべて PDF 版が公開されている。以下の web サイトからアクセスできる。http://www.city.ichihara.chiba.jp/~maibun/index.htm
2) 稲荷台遺跡の報告書が完成したのは，筆者が市原市に派遣された平成 15 年のことであった。当遺跡を含めて，国分寺台遺跡群には，各時代の第一級の遺跡が揃っていたが，報告書に記載された「円丘祭祀」に謎めいた魅力を抱いた。自分から調べるきっかけは，知多考古学研究会の坂野俊哉さんに，これだけの祭祀が行われた場所は必ず特別な場所にあるはずで，相地の視点から検討してみるべきであることを伺ったことにある。円墳の位置関係が北斗七星に似ていることに気づいたのは，坂野さんからのアドバイスのおかげである。他の時代を専門とする筆者にとって，あまりにも荷が重いテーマであるが，少しずつ調べを進めていくうちに，稲荷台遺跡と東国の古代史の魅力に取りつかれてしまった。
3) 論奏・奏事（のち官奏）の書止に用いられる常套句である。「かしこみかしこみもうしたまうことをかしこみもうす」などと読む。例えば天文密奏でも用いられる。

参考文献

浅利幸一ほか 2003『市原市稲荷台遺跡』市原市文化財センター
岡田荘司 1991「陰陽道祭祀の成立と展開」『陰陽道叢書 1 古代』名著出版
桜井敦史ほか 2009『上総国分僧寺跡 I』市原市埋蔵文化財調査センター
佐々木達也 2005「天田遺跡試掘調査」『平成 15 年度防府市内遺跡発掘調査概報』同市教育委員会
笹生 衛 1993「神への信仰」『房総考古学ライブラリー 7 歴史時代 (1)』千葉県文化財センター
笹生 衛 2003「稲荷台遺跡 E 地区の祭祀関連遺構について」『市原市稲荷台遺跡』市原市文化財センター
笹生 衛 2005「地方官衙の祭祀・儀礼 ―千葉県市原市稲荷台遺跡の祭祀関連遺構から―」『神仏と村景観の考古学 ―地域環境の変動と信仰の視点から』
白井久美子 2004「灰釉陶器成立前段階の猿投窯製品」『千葉市観音塚遺跡・地蔵山遺跡 (3)』千葉県文化財センター
須田 勉 2004「律令制の崩壊と俘囚の反乱 ―市原市稲荷台遺跡―」『千葉県の歴史 資料編 考古 4（遺

跡・遺構・遺物)』千葉県

須田　勉　2006「平安時代における国衙祭祀の一形態 ―千葉県稲荷台遺跡の検討―」『考古学の諸相Ⅱ』坂　　詰秀一先生古稀記念会

滝口　宏　1974「国分寺造立の発詔」『市川市史　第2巻　古代・中世・近世』

滝口　宏　1990「天文学」季刊考古学 31

野田幸三郎　1991「陰陽道の一側面 ―平安中期を中心として―」『陰陽道叢書1　古代』名著出版

林　陸朗　1974「長岡・平安京と郊祀円丘」古代文化 26-3

坂野和信　2003「平安施釉陶器の編年」『市原市稲荷台遺跡』市原市文化財センター

村上知美　2001「桓武から仁明朝における陰陽寮の活動について」宗教民俗研究 11

山下克明　1996「星辰信仰と宿曜道」『平安時代の宗教文化と陰陽道』岩田書院

山下克明　2007「陰陽道の成立と儒教的理念の衰退」古代文化 59-2

湯浅吉美編　1987・1990『日本暦日便覧　上』『同―西洋宿曜表』汲古書院

二つの京，その後
―「京」墨書土器と国府域―

山 路 直 充

はじめに

　筆者は，下総国府域・武蔵国府域・秋田城とその城辺から出土した「京」墨書土器をもとに，国府域が地方の京と認識されていたことを論じ，その空間と景観に論及した（山路2007）。

　国府の空間構成については，金田章裕と山中敏史の説を勘案して（金田2002，山中1994），国府を国の政治組織としての官衙機構ないしそれに関する施設群，国府域を国府の空間的広がりに捉え，その空間を国庁・国衙・国府域に分類した。国庁は国司が政事をおこなう政庁を区画した空間，国衙は国庁とその周辺に曹司が展開した空間，国府域は国衙とその周辺に広がった国府関連の施設（国司館や国衙に入らなかった曹司など），市，寺，場合によっては所在郡の郡家と関連施設，駅家などが展開した空間として，国府域には関連する人びとの集住を指摘した。

　いわば，国府域は国内でもっとも大きな官衙の集合体であり，その景観を京と認識するには，これらの施設を結び人の動線となる道路，とくに多くの人が移動する駅路などの幹線道路からの視点が大きい。

　拙論発表後，新たに「京」墨書土器を確認した。それにともない新たな見解が生じたので，今回は拙論の補論を述べてみたい。

1　京の空間

　閉鎖型と開放型　地方の京が一定の空間を有したことは，千葉県市川市須和田遺跡から「右京」墨書土器，同市下総国分僧寺から「□（左ヵ右ヵ）京」墨書土器が出土したことからもわかる（第1図1・2・5）。筆者は，京の空間を宮都も含め，閉鎖型と開放型に分類した。

　閉鎖型は，京の四周すべてではないが京極を示す道路や羅城が空間を囲い，その空間を方格地割で分割して面を構成したもの，開放型は，京の四周に閉鎖型のような明瞭な区画をもたず，宮（倭京の当初は飛鳥寺）・国衙・城柵などを核にその周辺に関連の施設が広がり，施設は道路によって結ばれたもので，点と線の集積によって面を構成したもの，である。

　しかし，この分類には不備があった。地方の京として取り上げた遺跡を，「京」墨書土器の出土遺跡に限定したため，多賀城城辺のように空間が開放型でも空間内に方格地割が存在した例を

取り上げなかった。宮都の場合でも、難波京のように空間が開放型で方格地割をもつ例もある。開放型の京の空間は、内部に方格地割を施工するかしないかで分類できるのだ。2007年の拙論は京における寺の位置を示すことが主題であり、方格地割に関連することは「規模の大きな道路が交差して施設が展開する景観は、村の景観と異なり、京の要件になっていたに違いない。」と述べる程度に抑え、開放型の分類には触れなかった。

　この不備は気になっていた。不備を補うため、『桓武天皇と激動の長岡京時代』のコラムに、「二つの京」と題して、このことを取り上げた。以下そのコラムを紹介しよう（山路2009a）。

　二つの京　言葉には本来の意味と、そこから派生した使い方がある。京という言葉もみやこ（宮都）を示す意味が、転じて国府の範囲（国府域）や国府に準じる城柵と城辺を示す場合に使われた。東国の墨書土器で、武蔵国府369次調査区出土の「京」〔第1図3〕、下総国府域須和田遺跡出土の「右京」〔第1図1・2〕、下総国分僧寺出土の「□（右ヵ左ヵ）京」〔第1図5〕、秋田城出土の「京迎」〔第1図7〕、秋田城城辺鵜の木地区出土の「迎京」〔第1図6〕などは、その用例である。大伴家持が越中国府を「大君の遠の朝廷」（『万葉集』巻17-4011）と詠んだことにも通じ、国府域を地方の京とみなす認識があった。※〔　〕内本論で追記。

　私はこれら地方（おもに東国）の京と倭京・藤原京の空間や景観を比較した結果、京の空間は、京の外周を区画しない開放型と区画を意識した閉鎖型に大きく分けられると考えた。その空間の構成は他の宮都を支えて捉えると、核となる点（施設）や線（道路）を中心に、開放型が点（施設）と線（道路）の集積であるのに対し、閉鎖型は四周すべてではないが京極を示す道路や塀（羅城）をもち、空間を囲い、その空間を線（道路）で分割する、とした。宮都の現状をこの二者で捉えると、閉鎖型は藤原京、平城京、平安京、開放型は倭京、難波京、近江京、恭仁京で、長岡京はよくわからない。難波京については「難波に羅城を築く」（『日本書紀』天武8〈679〉年11月是月条）とあるが、この羅城は京の羅城と解釈しなくてもいいという説がある。紫香楽宮や由義宮と周辺の空間を京と認識すると開放型になる。ならば、都城という言葉は城と書かれる以上、本来閉鎖型の京をいうべきではないか。

　網伸也さんは、宮都の設計と構造を、計画線閉合型と中軸線開放型に分け、前者を藤原京、平城京、平安京、後者を倭京、難波京、近江京、恭仁京として、長岡京に2つの属性が混在するとした。ただ、計画線閉合型の宮都もどこかの大路を基準に設計されたので、中軸線閉合型とも表現できる。要約すれば開放型と閉合型である。ただし、閉合という言葉、トラバース測量（多角測量）で用いられるが、国語辞書を調べると閉口や併合はあっても、ほとんど掲載されない。宮都の設計にトラバース測量が用いられたのなら、閉合は用いるべきだけど…。

　宮都といえば、方格地割を思い浮かべるが、倭京のように方格地割が施工されない宮都もある。地方の京も多賀城城辺の市川橋遺跡や山王遺跡のように、広範囲に方格状の道路が敷設されるものと、下総国府域のように方格状の道路がないものがある。つまり、京は方格地割の有無で2つに分けられる。

　空間の完成度からすれば、方格地割のない開放型→方格地割のある開放型→閉鎖型となるが、

二つの京，その後　167

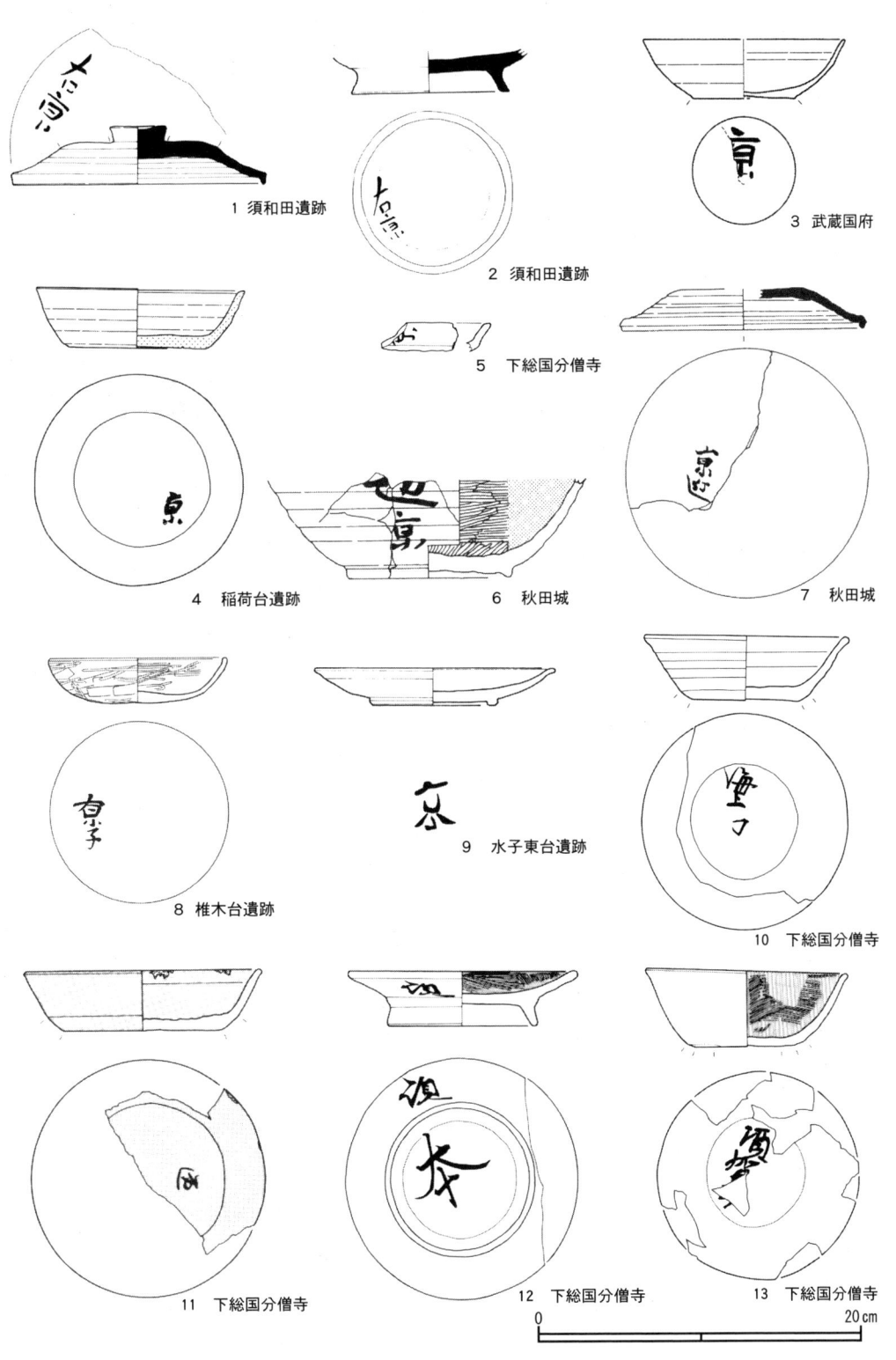

第1図　「京」墨書土器と下総国分僧寺出土の郡郷名墨書土器
（1・2：松田1992　3：雪田ほか1999　4：浅利2003　5・10〜13：山路ほか1994　6：小松ほか2004
7：伊藤ほか1997　8：萩原ほか1998　9：高橋1984）

古代の京がこのとおりに変遷するのか，地方の京を含めパターンを考えてみるのもいいだろう。また，都市のあり方では，閉鎖型の平安京が変容した京都は開放型となるので，一筋縄ではいかない。京の設置の時期やその背景から，空間の変遷を捉え，その意味を考える必要がある。

地方の京と本来の京である宮都，開放型と閉鎖型の京，方格地割のない京とある京，二つの京といっても，さまざまである。坂東から坂の西の彼方を思い，とりとめのないことを考えた。

新たな閉鎖型と開放型　このコラムは網伸也の都城の設計論を踏まえ（網2007），京の空間について，方格地割のない開放型・方格地割のある開放型，閉鎖型という分類を示した。コラムで指摘した開放型となる京都は方格地割をともなう開放型になる。

このコラムを踏まえ，新たに閉鎖型と開放型を捉えると，閉鎖型は，京の設計当初から京極を設定し，京極を示す道路や塀（羅城）を造営したもので，その空間内部は方格地割で分割した。いわば，面を設定して面を方格地割で分割するもの。開放型は，京域が不定で閉鎖型のような明瞭な区画をもたず，宮（倭京の当初は飛鳥寺）・国衙・城柵などを核にその周辺に関連の施設が広がり，施設は道路によって結ばれた。いわば，点と線の集積によって面を構成したもの。ただし，開放型には，空間内部に方格地割をもつものと，もたいないものがある。

前原佳代の指摘　コラムを発表した6ヶ月後，前川佳代は多賀城城域辺，大宰府府域，東山官衙遺跡と壇の腰遺跡，斎宮宮辺，平泉，武蔵国府域，下総国府域を取り上げ，古代の地方都市のかたちを，方格地割をもつものともたないものに分類した。さらに，幹線道路とそれらの空間の関わりについて，A：官道接続型，B：官道内包型に大きく分類し，BをB-1：官道を方格地割に取り込むもの，B-2：官道を遮断するもの，B-3：国府域を通過するものに細分して，都市空間との関わりを説き，宮都のあり方と比較して，方格地割をもつ都市を中世につながる古代都市のかたちとした（前川2009）。

日本の古代都市と空間　筆者の足らない部分を前川に補ってもったようで，筆者のいう京を都市に置き換えれば，前川の主張は納得できる。そして，京を都市に置き換えて日本の古代都市を捉えると，その空間には，天皇もしくはその代理人である国司の存在が不可欠となる。日本の古代都市が政治都市といわれる所以である。筆者の京の分類が日本の古代都市を扱う上で，指標の1つになるのか，検討してみたい。

また，大和にあった本来の京の成立を国の成立と連動させて捉える場合でも（岸1988・舘野2009など），空間との関わりが生じる。制度としての京の成立を天武期とすれば，その成立に閉鎖型の藤原京が関わるからだ。国郡制は王権支配の空間を面で分割した統治制度である。その制度に対置するように藤原京が成立するのであれば，その空間は閉鎖型が志向されて当然である。

さらに，一歩踏み込んで，日本の都市史のなかで，閉鎖型の政治都市を捉えてみると，近世初頭の安土桃山期の総構をもつ城郭都市との比較は興味深い。いずれも政体が統一された時に現れるからで，このことは別に考察したい。

2 「京」墨書土器の類例とその評価

「京」墨書土器の増加　2007年の拙論以降，見落しも含め「京」墨書土器の出土例が増加した。上総国府域に含まれる千葉県市原市稲荷台遺跡出土の「京」（8世紀第中葉，須恵器杯，第1図4，浅利2003），同県東金市東金台遺跡群第Ⅵ地点（椎木台遺跡）出土の「京子」（8世紀前半，第1図8，荻原ほか1998），埼玉県富士見市水子台東遺跡出土の「京」（9世紀，第1図9，高橋1984），「□（西ヵ）京」（9世紀後半，須恵器杯体部外面に記銘，富士見市2007），同市栗谷ツ遺跡出土の「京」（9世紀中葉，須恵器杯体部外面・底部内面に記銘，富士見市2007）などである。以下そのことについて，論及したい。

稲荷台遺跡の「京」墨書土器と上総国府域　上総国府域は，市原市市原・郡本・能満・山田橋・惣社・五井周辺に広がり，地勢は東京湾を西に望む下総台地と台地西側の低地からなる（第2図）。

国衙や所在郡の市原郡家の推定地は能満・郡本地区の古甲遺跡，郡本遺跡とされる。門前地区の光善寺廃寺は市原郡の郡名寺院の可能性が高く，これらの遺跡を結ぶように古代道路（道路A）が確認されている。東海道駅路は東京湾岸の砂州上の通過が推定できる。駅路とこの道路Aは台地西側の海岸平野を通る連絡路によって結ばれ，市原条里遺跡ではその連絡路（道路B）が確認されている。道路Aは国府域内の幹線となるが，この幹線に対し方格地割は確認されていない。

稲荷台遺跡は古墳時代中期から後期にかけての古墳，7世紀以降の墓が確認されている（白石2003）。竪穴建物は8世紀後半から出現し，9世紀から10世紀第3四半期中葉まで掘立柱建物が展開し，同時期の祭祀遺構や遺物が確認されている（浅利2003）。「京」墨書土器の時期は竪穴建物出現期にあたる。墨書土器の記銘は，8世紀代は「京」以外にも「国厨」「市厨」など官衙に関連する内容となり，9世紀では集団の識別や祭祀にかかわる内容に変化する（田所2003）。

上総国分僧・尼寺は稲荷台遺跡から支谷をはさんだ南東の台地に，養老川の津が想定される村上遺跡は養老川右岸の段丘に位置する。これらは国府域に含まれるとみてよいだろう。

『更級日記』の「いまたち」と国府域　国府域の広がりを考える上で示唆的なのは『更級日記』である。『更級日記』によると菅原孝標一行は寛仁元年（1020）9月3日国司館から「いまたち」に移り，同月15日「いまたち」から平安京に向けて出発した。受領が赴任する場合，承徳3年（1099）の『時範記』や天仁3年（1110）の「賀茂家栄下向任国雑事日時勘文」（『朝野群載』）の記述から，家を出る「出門」と実際に旅を始める「進発」があり，吉日に吉方へ出門し，吉日に進発した。『更級日記』を読む限りでは，帰任の場合も同じであったことがわかる。

赴任の場合，出門・進発する場所はいずれも平安京内である。上総から平安京に進発する場合も，その場所は上総の京の内，つまり国府域であったと考えられる。「いまたち」は11世紀の国府域にあったことになる。

「いまたち」と養老川河口　「いまたち」の景観は「南ははるかに野の方見やらる。東西は海近ちかくて」である。この景観にあう場所といえば，養老川河口付近である。養老川は東京湾に向かい北を河口とし，三角州や自然堤防も北に向かい形成される。その付近から南をみると，野と思われる海岸平野はどこよりも広くみわたせる。南を向いた場合，左右は東西となり，海が近い。候補地は市原市岩崎・玉前（現養老川左岸），同市五井（現養老川右岸）付近であろう[1]。

養老川左岸は海上郡で，国府所在郡（市原郡）とは異なるが，養老川の流路や河口は時期によって変動があるという（藤原・樋口1979）。国土地理院発行の土地条件図『姉崎』をみても，河口部の乱流はよくわかる。その流路は，現流路に近い五井側と現在の前川に近い青柳側との間で移動があったという。縄文海進後の河口は現河口に近く，その後青柳側に移り，現流路は15～17世紀に青柳側から移動したとされる。古代の流路は判然としないが，現流路の左岸に島野の地名が残り，この地名が『延喜式』兵部省諸国駅伝馬条の島穴駅，『和名抄』の海上郡鳴（嶋？）穴郷の遺称とすれば，古代において島野は海上郡となる。市原郡と海上郡の境は養老川が想定できるので，古代の養老川の流路は島野を左岸としたのであろう。

古代の海上郡は中世的な郡郷に変質して海北郡・馬野郡・佐是郡となり，馬野郡内には椎津郷・豊成郷・島穴郷・入沼郷・青柳郷・富益郷・郡本郷・姉崎社・国吉郷・国光などの村郷が成立した（鈴木・笹生2007）。入沼が現在の飯沼，郡本が小折とすれば，島穴・青柳も含め，これらの所在は養老川左岸にあったことなり，中世段階では前川より北に河口が想定できる（第2図）。

ただし，ここで問題としているのは流路の主流であり，支流はいくつもあったはずだ。周辺の東京湾岸は砂州が発達し，砂州の後背は潟湖になる。入沼や島穴の地名から想定すれば，周辺は微高地と潟湖に起因する沼沢地からなっていた。遠浅の東京湾岸で潟湖は港となるが，外洋を航行する喫水の深い船が入港できたかは不明である。『万葉集』に上総国の歌として収録される，

　　夏麻引く海上潟の沖つ洲に船は留めむさ夜ふけにけり　（巻14-3384）

は，外洋船が沖に停泊して，艀を利用したことが歌の前提にあるのだろう。

さらに，砂州上に駅路が通過し，島野に島穴駅が推定されることから，付近は海上・河川・陸上交通が交わる交通の要衝となる。ただし，島野・飯沼は海上郡であって，国府所在郡の市原郡ではない。島野・飯沼の対岸で養老川右岸の砂州にある五井こそが，国府所在郡における海上・河川・陸上交通の結節点となり，国府の外港が想定できる。五井の旧字名に「外光海津」「内光海津」が隣接してあった。「外光海津」は養老川に面しており，光海津を国府海津の転訛に捉えれば意味深長である。どうなのだろう。字名はともかく，立地から五井に国府津がおこった可能性は高く，『更級日記』の11世紀以前から国府域に含まれていたと考えたい[2]。

集落から出土した「京」墨書土器　「京」墨書土器の出土は，国府域や城柵とその城辺からの出土ばかりではない。集落からも出土する。千葉県東金市東金台遺跡群第Ⅵ地点（椎木台遺跡）出土の「京子」墨書土器（第1図8），埼玉県富士見市水子台東遺跡出土の「京」（第1図9）「□（西ヵ）京」墨書土器，同市栗谷ツ遺跡出土の「京」墨書土器である。東金台遺跡は上総国山辺郡，水子台東・栗谷ツ遺跡は武蔵国入間郡に属し，国府所在の上総国市原郡，武蔵国多磨郡から離れ

二つの京，その後　171

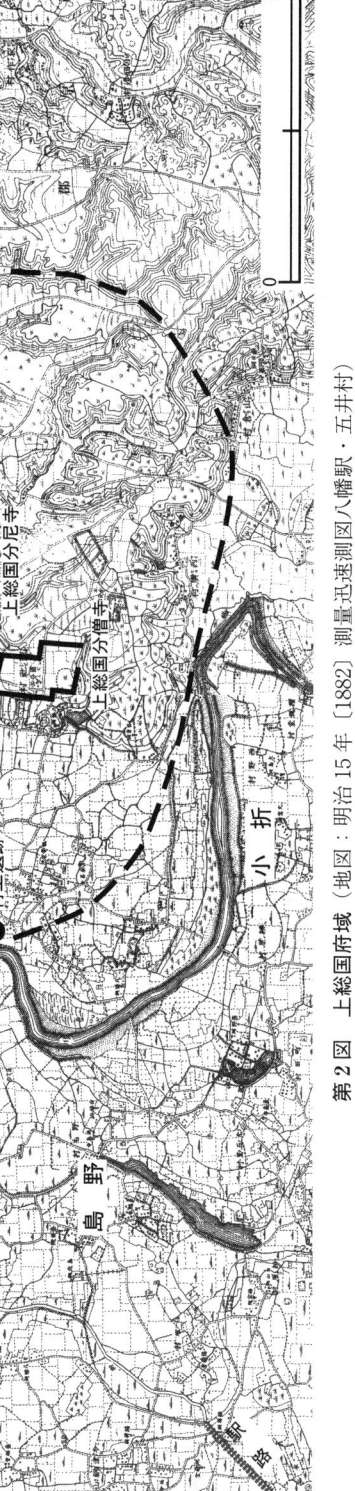

第2図　上総国府域（地図：明治15年〔1882〕測量迅速測図八幡駅・五井村）

るので，国府域との関わりは少ない。これらの墨書土器をどう解釈すればいいのだろう。

　鍵として国府域出土の郡郷名墨書土器に着目し，例として下総国分僧寺出土の「海上丁」「匝」「須賀」「須」墨書土器を取り上げる（第1図10～13，山路ほか1994)[3]。

　これらの文字は，「海上」「匝（匝瑳の略）」が国内の郡名，「須賀」「須（須賀の略）」は匝瑳郡もしくは海上郡の郷名で，その記銘は「海上丁」からもわかるように，徭丁として国分寺に徴発された人びとに関わるものと捉えている（山路ほか1994）。郡郷単位の賦課は武蔵・下野などの国分寺出土の郡郷名文字瓦からも想定でき，徭丁として国分寺に上番した人びとが，出身の郡郷名で把握されていたことがわかる。下総国分寺は国府域の寺であり（第3図），国府域の他の遺跡からも郡郷名の墨書土器が出土することから，これらの表記は国府域に共通していた。

　ならば，これらの人びとは在地でどのように把握されていたのか。国府域のあり方と反対に，上番する先が国府域という意味で「京」が記銘されたとは考えられないか。

　となると，国府域出土の「京」墨書土器は何を示すのか。平川南は多賀城城辺に他の郡郷と異なる扱いがあったことを指摘する（平川1999）。平川の説を参考にすると，国府域が地方の京として特別な扱いがあったことが想定できる。宮都における京戸のような扱いは想定できないが，国府域に集住した人びとがどのような扱いを受けたのか，今後検討すべき大きな課題である。

　「京」の読み方と武蔵国府域の空間　集落から出土した「京」墨書土器に関連して，2つのことを付言しておこう。

　1つは「京」の読み方である。東金台遺跡群出土の「京子」墨書土器から，「京」1文字の読み方が「みやこ」である可能性が高まった[4]。京はあくまでも御家処なのだろう。

　もう1つは，武蔵国府の空間である。武蔵国府域については，すでに国府域の範囲が示され（江口2008・深澤2005），方格地割のない開放型になることを指摘したが（山路直充2009a，第4図範囲B），水子東台遺跡の「□（西ヵ）京」が仮に「西京」だとしたら，下総国府域と同様，国府域を東西に分けて認識していたことになる。その場合，東西を分割する基準は，国衙から北に延びる南北道路なのではあるまいか（第4図道路B2・B3）。京の西側を右京ではなく「西京」と表記するのは，空間の認識が在地化した表れだろうか。下総国分僧寺と尼寺は東西に位置するが，僧寺から「東寺」「西寺」墨書土器が出土して，通称では東西の寺で認識されていたことがわかる。いずれにしても，地方の京が一定の空間をともなう可能性がより高くなった。

おわりに

　「京」墨書土器を取り上げ，宮都も含め京の空間について再論し，集落から出土した「京」墨書土器の評価をおこなった。

　その結果，京の空間は，大きく閉鎖型と開放型に分けられ，開放型は空間内部に方格地割をもつものと，もたないものに分けられることを確認した。また，集落から出土した「京」墨書土器については，国府域に徭丁として上番する集団の在地での呼称とし，京域から出土する「京」墨

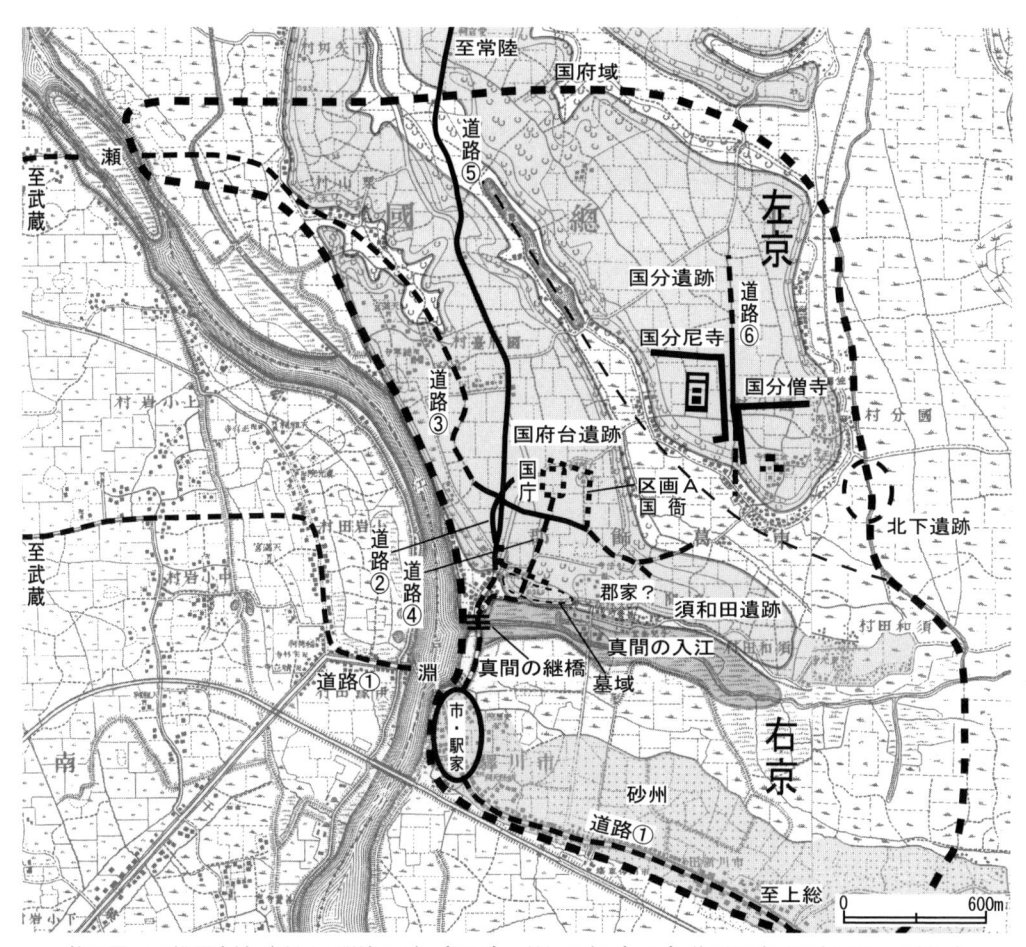

第3図　下総国府域（地図：明治13年〔1830〕測量30年〔1897〕修正迅速測図市川駅・八幡町）

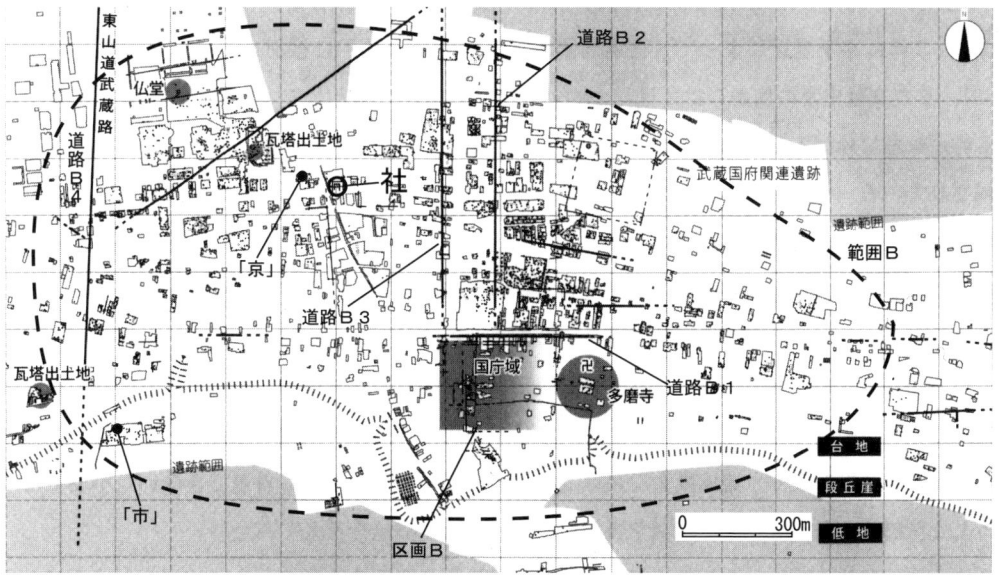

第4図　武蔵国府域（山路2007　原図：深澤2005）

書土器については国府域の扱いに周辺の郡郷と差がある可能性を指摘した。

課題は山積しているが，今後は，日本の都市史なかで，この京の問題を解決すべきと考える。その場合，空間のみならず景観も勘案して，古代の京の特質を捉えてみたい。

今回の執筆は，平成21年度出土遺物巡回展「房総発掘ものがたり―地下50cm・文字の世界―」（主催：千葉県教育振興財団など）で市立市川歴史博物館を展示会場にした時に由来する。筆者が担当した会場であり，下総国府・国分寺所在市の特色を出すため，巡回展出品資料以外の「京」墨書土器を各地から集め展示した。その時の断想をもとに，同巡回展関連事業の千葉県遺跡発表会で「『京』墨書土器と国府域」という発表をおこない，本論の骨子とした。市川の展示会場では吉村武彦氏から「京子」の読み方についてご教示を賜り，発表会後宮本敬一氏から上総国府域についてご教示を賜った。変わらぬご厚情に深謝申し上げる。

注
1) かつて筆者は，「いまたち」を飯香岡八幡宮が所在する八幡宿に推定したことがある（山路2006a）。拙論2006aでは，上総・下総の国境に近いことを理由にしたが，『更級日記』を再読した結果，記述の景観と国府域を考慮して五井に再推定した（山路2006b・2009b）。八幡宿の場合，下総台地西側の沖積地で条里遺構とともに八幡宿付近に至る古代の道路跡が確認され，字「五所」付近を通過する。「五所」が御所の転訛とすれば，いわくありげだが，どうなのだろう。『万葉集』で

庭中の阿須波の神に木柴さし我は斎はむ帰り来までに（巻20-4350）

と詠まれた「阿須波の神」の故地を阿須波神社（第2図）とすると，その北側の切通しに道路Bが至る（田所1998）。この歌は防人を見送る歌である。歌の「阿須波の神」の地が現阿須波神社であったかは不明だが，なんらかの関係を想定すれば，境界としての阿須波神社の位置が浮かぶ。その境界を国府域の境界と捉えることはできないか。また，八幡宿については，飯香岡八幡宮も含め中世国府との関連で捉えるべきではないか。
2) 武蔵や下総の場合，国府市は国府域の外縁で，国府津に想定できる津と幹線道路の交点やその付近が推定地である（山路2007・2010）。古代の市が空間の結界的な機能をもっていたことも考慮してのことである（小林1994・西郷1995）。武蔵の場合，多摩川に近く，相模と武蔵を結ぶ道路（相模―武蔵―上野を結び，武蔵以北の路線は東山道武蔵〔入間〕路）の傍であり，「市」墨書土器が出土している（第4図）。下総の場合，江戸川を左岸の砂州西端で，東海道駅路の江戸川の渡津付近である（第3図）。下総の場合，その渡津周辺で喫水の浅い海船と川船の船替がおこなわれた可能性がある。推定地周辺の地名は14世紀に市川と呼称されていた（「宍倉道憲打破状」『千葉県の歴史』資料編中世2, p.1128）。武蔵や下総を参考にすると，上総国府域における国府市は，五井周辺に推定できる（第2図）。しかし，門前の字「人市場」を「一日市場」の転訛と捉え，13世紀の文献史料（「某注進状写」『千葉県の歴史』資料編中世5, p.276）で市西郡内に「国符市庭」の地名が残ることに関連させ，「人市場」周辺に国府市を想定する見解もある（宮本2006）。「人市場」が古代に関連する遺称なのか，「人市場」と「国符市庭」が結びつくのか，検討の余地はあるのではないか。仮に「人市場」に国府市があったとしても，五井における陸上交通と海上交通の結節的な機能は十分評価できるし，このような場所に市が成立しても不思議ではない。
3) 「海上丁」は報告段階では「海上□」としていた（山路ほか1994）。汚れを文字として捉え釈読できな

かったが，今回デジタル写真を写真編集ソフト（Photoshop）で，画像の条件を変更しながら確認したところ，「□」を「丁」と釈読できることが判明した。ここに訂正する。
4) 吉村武彦氏ご教示。

引用・参考文献

浅利幸一編 2003『市原市稲荷台遺跡』市原市教育委員会・市原市文化財センター
網　伸也 2007「古代都城における二つの形態」『国立歴史博物館研究報告』134　国立歴史民俗博物館
伊藤武士・進藤　靖 1997『秋田城跡　平成8年度秋田城跡調査概報』秋田市教育委員会
江口　桂 2008「古代武蔵国府域の空間構成 ―円面硯・畿内産土師器・須恵器盤類の検討から―」『多知波奈の考古学』多知波奈考古学会
岸　俊男 1988「日本における『京』の成立」『日本古代宮都の研究』岩波書店（初出は1982）
金田章裕 2002『古代景観史の探求』吉川弘文館
小林茂文 1994『古代史の周縁』有精堂出版
小松正夫・日野　久・松下秀博・伊藤武士編 2004『秋田城跡　平成五年度秋田城跡調査概報』秋田市教育委員会
西郷信綱 1995『古代の声』朝日新聞社
白石太一郎 2003「稲荷台古墳群」『千葉県の歴史』資料編考古2　千葉県
鈴木哲雄・笹生　衛 2007「房総の中世荘園と公領」『千葉県の歴史』通史編中世千葉県
高橋　敦編 1984「東台遺跡第10地点」『富士見市遺跡群』II　富士見市教育委員会
舘野和己 2009「古代都城の成立過程 ―京の国からの分立―」『古代都城のかたち』同成社
田所　真 1998「市原古道遺跡」『千葉県の歴史』資料編考古3　千葉県
田所　真 2003「8世紀の墨書土器からみた稲荷台遺跡」『市原市稲荷台遺跡』市原市教育委員会・市原市文化財センター
萩原恭一・風間俊人編 1998「椎木台遺跡（第VI地点）」『東金台遺跡』II　芝山はにわ博物館・総南文化財センター
樋口義幸 1979「第9章第5節養老川下流地域」『市原市史』別巻　市原市
平川　南 1999「古代地方都市論」『国立歴史民俗博物館研究報告』78　国立歴史民俗博物館
深澤靖幸 2005『古代武蔵国府』府中市郷土の森博物館
富士見市水子貝塚資料館 2007『文字・鉄・仏教 ―富士見の"古代化"』富士見市水子貝塚資料館
前川佳代 2009「古代地方都市の"かたち"」『古代都城のかたち』同成社
松田礼子 1992『須和田遺跡第6地点』市川市教育委員会
宮本敬一 2006「海上郡衙と周辺の古代寺院跡」『市原市東海・海上・三和地区の遺跡と文化財』市原市地方史研究連絡協議会
山路直充 2006a「『更級日記』と太日川 ―菅原孝標女，江戸川を渡る―」『論集江戸川』崙書房出版
山路直充 2006b「『更級日記』にみる太日川と房総の交通」『市立市川考古博物館館報』33　市立市川考古博物館
山路直充 2007「京と寺」『都城古代のシンボリズム』青木書店
山路直充 2009a「二つの京」『桓武天皇と激動の長岡京時代』山川出版社
山路直充 2009b「『更級日記』上洛の記 ―上総から武蔵へ―」『王朝文学と交通』竹林舎

山路直充 2010「ヤマトタケルの江戸川渡河伝説」『市史研究いちかわ』1　市川市
山路直充・領塚正浩・辻史郎編 1994『下総国分寺跡 —平成元〜5年度発掘調査報告書—』市川市教育委員会
山中敏史 1994『古代地方官衙遺跡の研究』塙書房
雪田　孝・荒井健治編 1999 『武蔵国府関連遺跡調査報告』22　府中市教育委員会・府中市遺跡調査会

上総国山邊郡山口郷と稲荷谷遺跡

青 木 幸 一

はじめに

　古代の上総国山邊郡において，山口郷は中心的な存在と考えられているが，墨書文字「山口」等の関連資料の出土にも関わらず，その本拠地を含めた"実態"は明確に捉えられていない。昭和49年から始まった山田水呑遺跡調査，大規模発掘の端緒となった大網山田台遺跡群，そして平成5年から平成9年に実施された小野山田遺跡群など相当数の集落・村を歴史の表舞台に再現させてきたが，これら一連の発掘資料に対する研究となると，なお充分な成果をうるには至っていないように思う。小野山田遺跡群の発掘調査より携わることになった私は，その責任の重さを痛感しており，微力ではあるが時間をかけて検討を重ねていきたいと考えている。

　しかしながら今回，山邊郡ではなく，なぜ山口郷なのか，このことについては本稿を進めていくなかで山邊郡との関連も示すことにしたい。山邊郡衙に関しては，本稿では詳述しないが可能性のある地域・遺跡として，金谷郷遺跡群（台前・山荒久遺跡）を有力候補にあげておく（第1図5）。本遺跡群は部分的な調査であるが，一般集落では出土を見ない特殊な遺物―麒麟鳳凰八花鏡（破片），鐘鈴等―がみられ，また近接する大網山田遺跡群 No.6地点の遺物・遺構[1]も勘案すると，山邊郡衙の可能性が高い。この郡衙の所在地（推定）は山口郷及び高文郷が重複しており，郡衙の諸機能・施設についてはこの両郷内に配置されていたことが想定され，これは山邊郡の支配構造を組織的かつ"重層的"に捉えるうえで重視すべき動向と考える。

　そこで，本稿では郡衙推定地より北東約1km（直線距離）に所在する稲荷谷遺跡を取り上げ，本遺跡の機能及び山口郷との関連について試論したい。なお，私は稲荷谷遺跡の発掘調査に加わったのであるが報告書の作成に携われなかったため，本稿において主な修正箇所も提示してゆくことにする。

1　東金市稲荷谷遺跡周辺の遺跡概観（第2図）

　本遺跡を取り巻く遺跡をみると，寺跡が検出された大網山田台遺跡群 No.3地点，墨書「北曹司」と掘立柱建物跡群を検出した同遺跡群 No.9地点，そして墨書「山邊万所」「山邊御立」「山邊田本」を検出した同遺跡群 No.10地点が所在する（第2図）。これらの遺跡群の中心にある稲

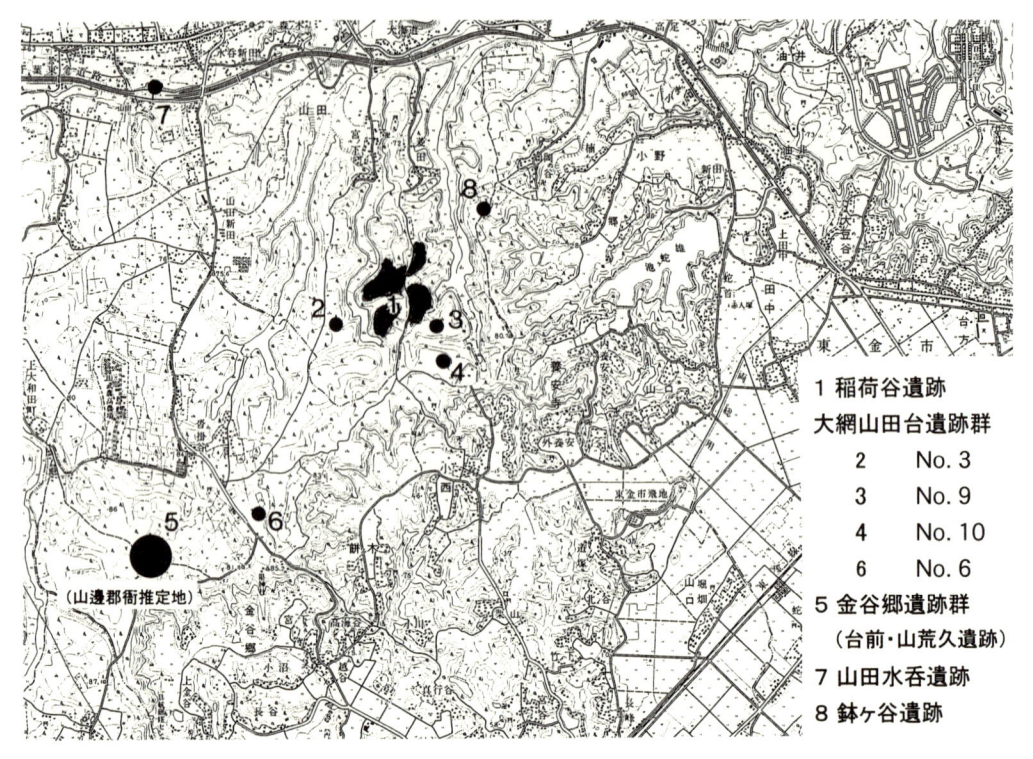

第1図　遺跡位置（国土地理院 1/25,000 東金縮尺使用）

1　稲荷谷遺跡
　大網山田台遺跡群
2　No. 3
3　No. 9
4　No. 10
6　No. 6
5　金谷郷遺跡群
　（台前・山荒久遺跡）
7　山田水呑遺跡
8　鉢ヶ谷遺跡

荷谷遺跡は，必然的にその重要性が問題視されるといえよう。そこで，まず上記の三遺跡について概要を述べることにする。

(1) 周辺遺跡の概要（第2図・表）

　a　大網山田台遺跡群 No. 3 地点

　「双堂形式」の寺跡では，上総国分僧寺と同笵の唐草文軒平瓦が出土していることは周知のとおりであり，また近接する第123号・第125号竪穴住居跡においては共通する墨書「丁」の出土がみられ，その出土時期は9世紀に集中している（表）。さらにこのエリアは溝によって区画されていた可能性が高いことから，墨書「丁」には限定された解釈が考えられ，必然的に『寺』との関連も指摘せねばならないであろう[2]。

　このエリアの北側と西側には小規模の集落が認められ，墨書「刑部酒主女」（北側）と墨書「田本」（西側）がそれぞれ出土している。この「酒主女」について，同様に酒に関する資料を出土している東金市滝東台遺跡では墨書「三井寺」・「佛」等もみられることから『寺』との関連がうかがえ，さらに墨書「若女坏」も出土していることは本遺跡群 No. 3 地点と類似点が捉えられると考える。つまり墨書「酒」と「女」，そして『寺』の示唆する意味は単純なものではなく，『村』の支配構造及び祭祀に関連することが指摘できよう（義江 1995, 青木 2009）。

　b　大網山田台遺跡群 No. 9 地点

　この地点では，約230棟（うち総柱建物は16棟）の掘立柱建物跡が検出され，竪穴住居跡（約

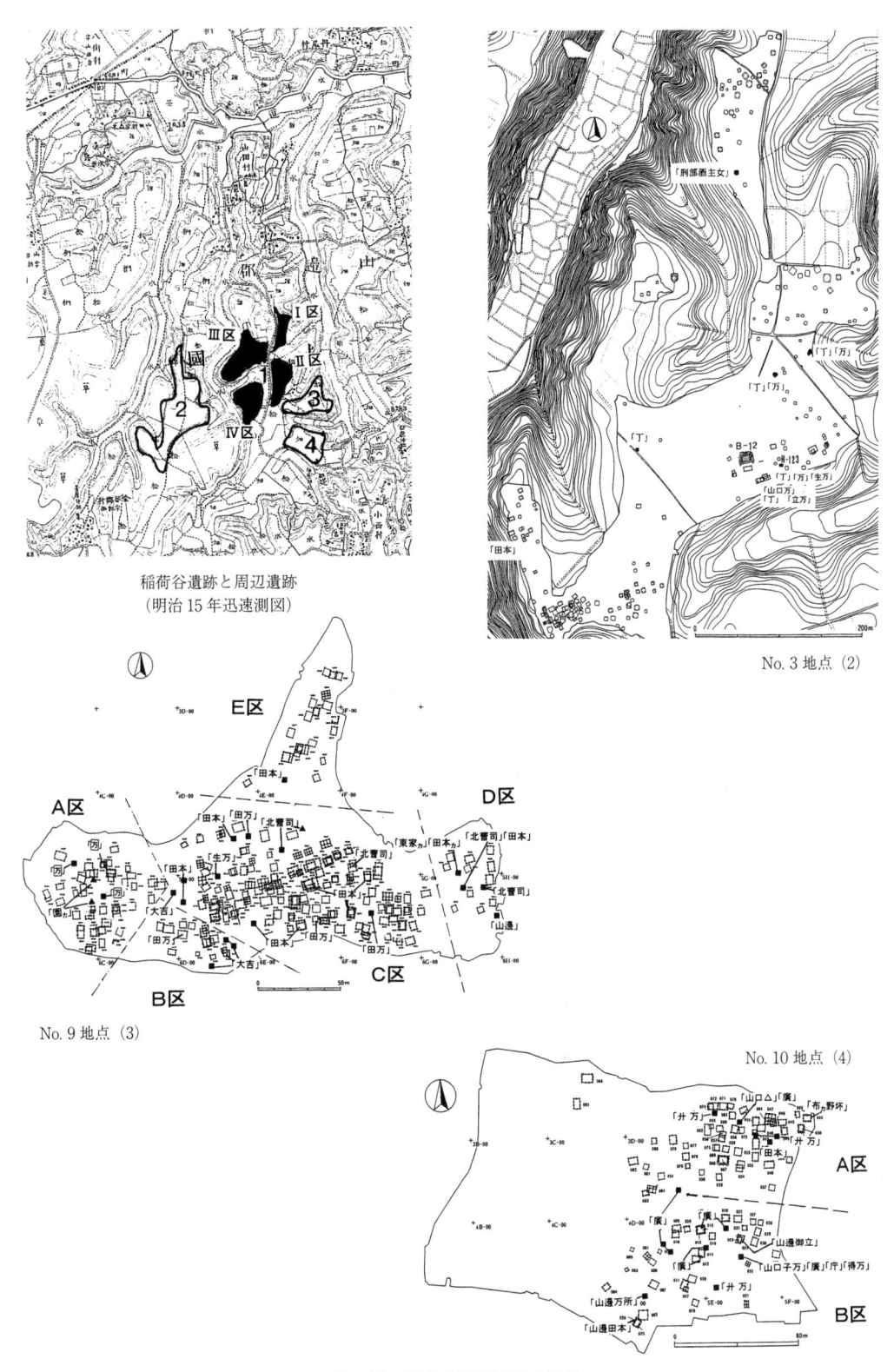

上総国山邊郡山口郷と稲荷谷遺跡　179

稲荷谷遺跡と周辺遺跡
（明治15年迅速測図）

No.3 地点（2）

No.9 地点（3）

No.10 地点（4）

第2図　稲荷谷遺跡周辺の遺跡

130軒）を凌駕している。とくに総柱建物は仮に1/3が同時期としても，周辺の遺跡と比べても群を抜いており（一般に1〜2棟），倉庫群の可能性が高いが郡衙の正倉レベルでないことは他資料の比較から理解されよう。しかしながら，この稲荷谷遺跡中心のエリア内に所在することに重要な意味があろうと考える。これについては後章で改めてふれることにし，まずは墨書文字の分布状況を述べる（第2図）。

掘立柱建物跡と墨書の分布を軸にA〜E区に分けたのが同図であり，各区の概要を下記に示すことにする。なお，竪穴住居跡（■）と土坑（▲）は記号化し，また墨書文字の中には一部残存から推測したものも提示した。

〔A区〕：墨書「囚」が主体に分布。掘立柱建物跡と竪穴住居跡の重複が少ない。主体時期は9世紀前半か。

〔B区〕：竪穴住居跡から墨書「大吉」が纏まって出土。少数の掘立柱建物跡と竪穴住居跡からなる小単位を構成。

〔C区〕：掘立柱建物跡の密集区。総柱建物は本区中心から北東側に認められる。墨書「田本」が主体に分布。少量の墨書「田万」，墨書「北曹司」は総柱建物（北東側）に近接，墨書「生万」はC区北西側に分布。主体時期は9世紀後半か。

〔D区〕：墨書「東家ヵ」「田本」「北曹司」「山邊」が分布。いずれも竪穴住居跡より出土しており，この中で「東家ヵ」「田本ヵ」（第49号住—9世紀前半）と「北曹司」「田本」（第29号住—9世紀後半）が共通の「田本」をもっていることは留意したい。また墨書「山邊」が出土した第25号住（9世紀前半）及び第49号住は掘立柱建物跡と重複しておらず，このD区の主体住居であるかもしれない。

〔E区〕：墨書「田本」が唯一の出土（第53号住）。掘立柱建物跡と重複していない竪穴住居跡をみると，9世紀前後の竪穴住居跡（第8・13号）が認められる。第53号住は8世紀前半に比定され，同時期の竪穴住居跡が同区の掘立柱建物跡と重複していることから，これ以降に展開する掘立柱建物跡群と考えられる。

A区〜E区の主体時期について，竪穴住居跡や墨書など総合的に判断すると，8世紀後半〜9世紀前半はA区・D区・E区，9世紀後半はB区・C区が考えられる。しかしながら，この主体時期は相対的なものであり，たとえばB区・C区においても8世紀後半〜9世紀前半の遺構も存在する。より詳細な遺構時期別区分・選地は現時点では厳しいため，墨書土器の偏った分布と主体に分布する墨書「田本」，そして墨書「北曹司」との関連性に重点を置き提示した。

ところで，本区より出土した特徴的な墨書「囚」と「園ヵ」は『国』に繋がるとして一括されるものであろうか。このクニガマエには一定の区画された域の意味合いも考えられ，それをどのような視点（郡・郷レベルの機能エリアや生活圏など）で捉えるのか，重視する必要があろう。

c 大網山田台遺跡群 No.10地点

8世後半〜9世紀代の竪穴住居跡は約45軒であり，その内訳は8世紀後半〜9世紀前半が約21軒，9世紀後半が約14軒，次期不明約10軒となり，これに対し掘立柱建物跡は約80棟を数え

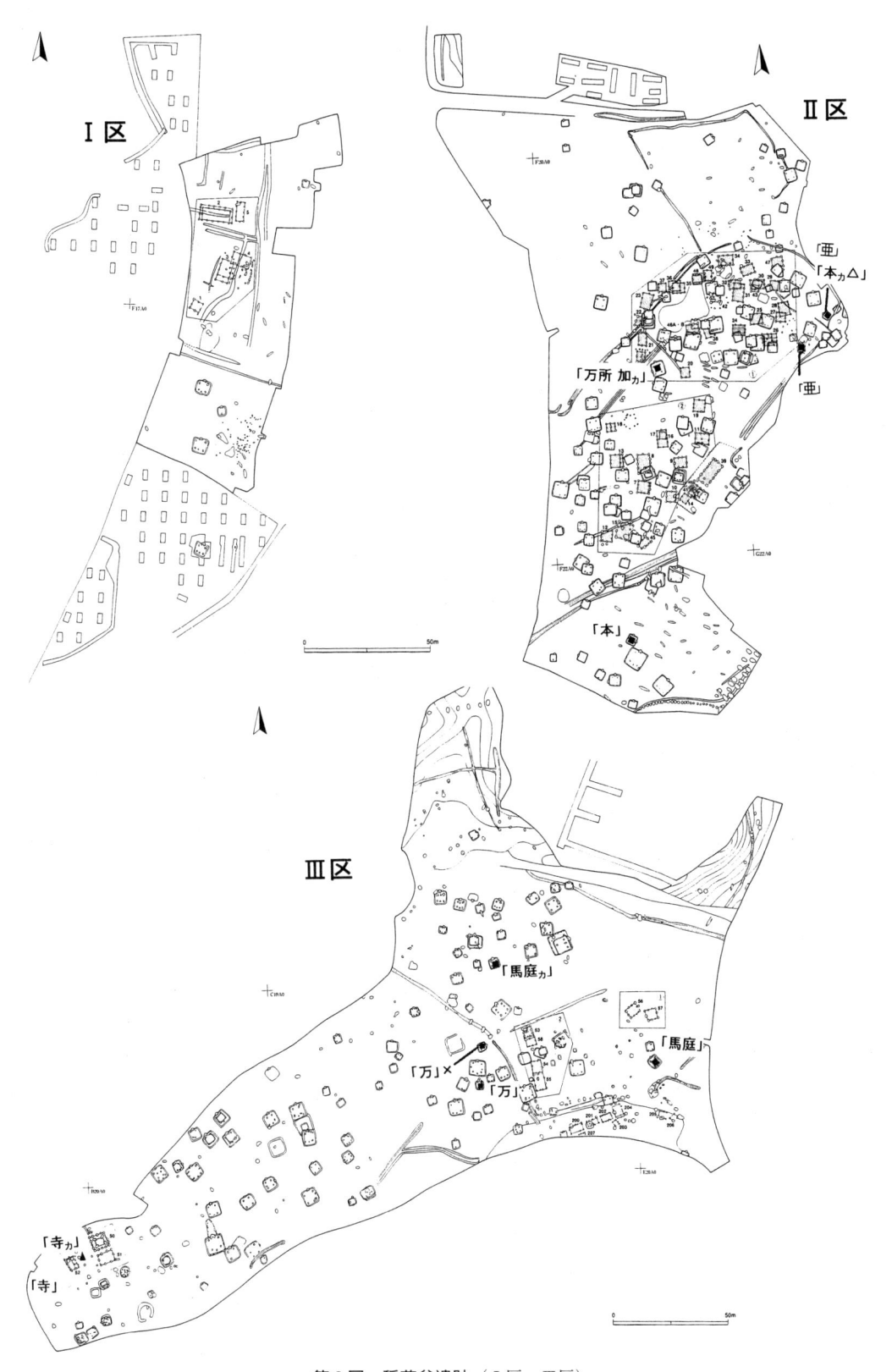

上総国山邊郡山口郷と稲荷谷遺跡　181

第3図　稲荷谷遺跡（Ⅰ区〜Ⅲ区）

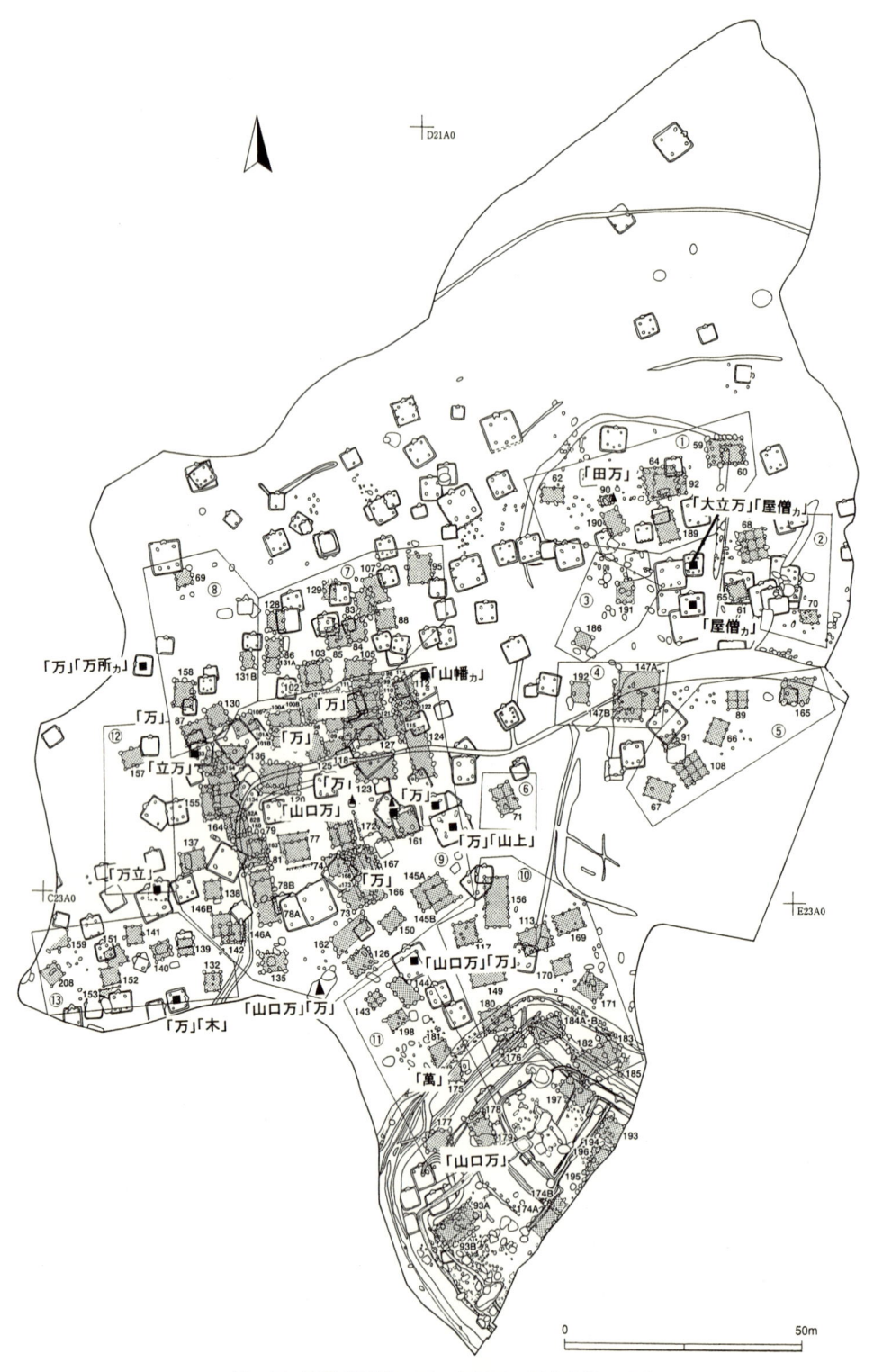

第 4 図　稲荷谷遺跡Ⅳ区の全測図と墨書土器の分布

る。この遺跡も掘立柱建物跡と墨書の分布を軸にA区・B区に分け，概要を下記に示す。

〔A区〕：墨書「山口△」「田本」「廿万」「布ヵ野坏」「廣」が検出されているが，B区より種類及び数量で少ない。総柱建物（桁行3間以上）が二棟存在する。

〔B区〕：墨書「山邊御立」「山邊田本」「山邊万所」「山口子万」「庁」「得万」「廣」「廿万」が検出されている。束柱をもつ側柱建物（桁行2間）が三棟存在する。

この両区の特徴は，上記の概要のとおり墨書および掘立柱建物跡に認められる。とくにB区は山邊を冠とした墨書の他，墨書「廣」が量的にも多く出土し，このなかで第7・9・19号住居だけで20点以上の「廣」がみられたことは注目すべき資料と考える。これに対し，A区は掘立柱建物跡の数が多く存在すること，とくに総柱建物（桁行3間以上）二棟は特徴的である。

上記の遺跡の概要をもとに，つぎに稲荷谷遺跡について述べてみよう。

2　東金市稲荷谷遺跡の概観（第3～6図）

本遺跡はⅠ区～Ⅳ区に分かれており，区ごとに説明を述べる。なお，第3～6図に示した各区は掘立柱建物跡を主体に提示し，また墨書文字については表をもとに随時述べることにする。

(1)　Ⅰ区・Ⅱ区（第3図）

Ⅰ区は，とくに5間×3間の三面廂付掘立柱建物跡と4間×2間の掘立柱建物跡が直角（L字形）に配置されている。この両建物跡の西側には近接して現代の道（南北）がみられ，尾根状の地形上にある本道はその制約を考慮すると，古くから唯一の主要道路だったことが窺える（第2図）。この地形的制約から想定される古道及び上記の大型建物跡については，後述する墨書文字資料との関連は注目せねばならず，敢えて『駅家』的な機能を考慮したい。なお，三面廂付掘立柱建物跡の内部から溝が長軸に平行して検出されており，本建物に伴うことが考えられる。この建物跡と溝をセットにした形態は周辺の状況から『馬小屋』が想定され，つぎのⅡ・Ⅲ区に関連を求めると『牧』の景観も示唆しているように思える。

Ⅱ区は7世紀代の竪穴住居跡が約25軒，8世紀後半から9世紀代に比定される竪穴住居跡約60軒及び掘立柱建物跡約40棟が検出され，本区については一般的な居住区域と思われる。総柱建物跡や庇付建物跡は認められず，側柱建物がほとんどを占め，その分布は大きく北域と南域に分かれている。墨書「本」以外は北域より出土し，墨書「万所　加ヵ」を出土した竪穴住居跡（第64号）では壁柱穴が並ぶこと，また転用硯の出土は特徴的である。ほかには墨書「囚」を出土した二軒の竪穴住居跡は隣接しているが，若干の時間差が捉えられようか。この資料については，前述の大網山田台遺跡群No.9地点でも出土しており，強い関連性が窺える。

この区は中世以降の遺構（主に墓跡）も絡み複雑な状況であることから，詳細については割愛させていただく。

(2)　Ⅲ区（第3図）

この区は約90軒の竪穴住居跡が検出され，所属時期をみると9世紀代が約30軒にすぎないが，

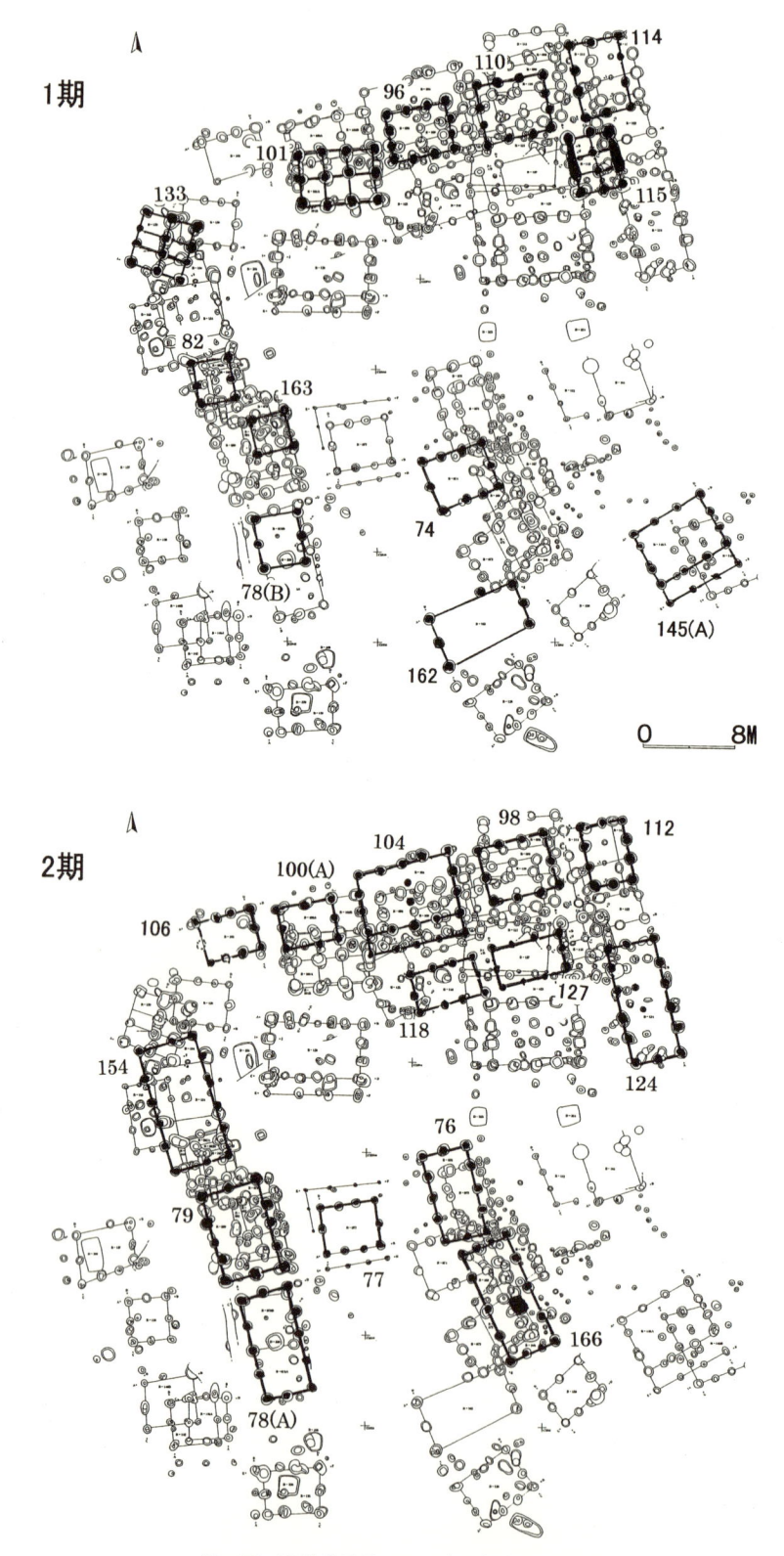

第5図　稲荷谷遺跡Ⅳ区の主要掘立柱変遷図 (1)

多くは6世紀末〜7世紀代に集中している。7世紀後半の遺構について、南側斜面に築かれた第233・234号竪穴遺構は連結した状態を呈しており『連房式鍛冶工房』跡の可能性が指摘される。

調査区の西先端部には、9世紀前葉に比定される特殊な四面庇掘立柱建物跡（第50号）と側柱建物（第51号）、その西側前面に覆屋的な構造物をもつと思われる数基の墓壙（HD40等）が共に軸を揃えて存在しており、いずれも関連遺構と考える。またこのエリアより墨書「寺」も出土している。そのほか調査区中央には数基の方形区画墓が並列し、その中の一基の埋葬施設（第2号）は木炭郭を用いた墓壙であり、さらに蔵骨器が埋納されたことから特別な墓壙といえよう。

しかしながら9世紀中葉以降になると、状況は一変する。つまり竪穴住居跡群は溝等で区画され比較的纏まっていたことが窺え、また調査区中央（南北に走る溝）より西側先端にかけて存在する多くの住居跡は7世紀代に属することから、その領域が"空白域"となる。これを含めた同区は単純な居住区域では理解し難く、特別な機能を考慮したい。たとえば墨書文字をみると、このⅢ区のみ墨書「馬庭」（第166・224号住居跡）が認められ、いわゆる馬場の機能が一つの選択肢としてあげられよう。また上記の空白域としたエリアは表土除去後、砂混じりの土層（砂層に近い、厚さ約20cm〜30cm）が平坦にかなり広い範囲で確認されたことも前述を証左するものといえよう[3]。

ところで、前述したⅠ区の建物跡に関しては地形的及び道路の条件、さらにⅢ区の遺構状況及び墨書資料を加味することで、駅家的機能をもった施設は充分に指摘できよう。仮に駅家的機能を首肯した場合、同エリアに設置することができる有力者の存在を看過してはなるまい。このことを示唆する資料がつぎのⅣ区と考える。なお、Ⅲ区は7世紀代の竪穴住居跡が纏まって存在し、その遺物・遺構の内容を見る限り、古代山邊地域の初現期を彷彿させ、次期へ連動するうえでの『母体』的な集落と言えなくもない。これについては機会を改め論述したいと思う。

(3) Ⅳ区（第4図〜第6図）

本区は9世紀代の稲荷谷遺跡の本体を示し、周辺遺跡の機能的な連結において中核的な役割を担っていると考える。まずは、遺構の展開についてふれてみよう。

本区の中心は、掘立柱建物跡が密集する調査区中央エリア（第104号・第123号など）だが、その前に東側エリア（①〜⑤囲い線）について概観しておきたい（第4図）。このエリアは本来東側へ緩やかに傾斜するのであるが、若干の整形を加え平坦に造営されている。遺構については、第323号住居跡のカマド及び壁面の赤化状況や周囲のピット群・土坑群（報告書写真図版PL87参照）、そして少量であるが同エリアから銅滓も出土していることは工房跡（銅生産か）の可能性を示唆するのであり、さらに第64号庇付掘立柱建物跡や第68号総柱建物なども関連する遺構であろうと考える。また墨書「大立万」「屋僧ヵ」は同エリアのみの出土で、とくに「大立万」は隣接する鉢ヶ谷遺跡[4]が母体の存在であることから非常に興味深い。いずれにせよ、小規模ながらⅢ区の鉄工房跡と共に金属製品の生産に関しては、官営（郡）に対する『村落』の経営的戦略においても重視せねばならないといえよう。

さて本区の中心、中央エリア（第5・6図）について述べるが、今回は掘立柱建物跡に重点を置

大網山田台遺跡群

No. 3	墨書文字	部位・方向	遺構	時期	備考
	丁, 万	体外 正：住 12 体外 横：住 114	住 12	9c 前	「万」と住 114 の「丁」は高台付坏
	丁, 万, 生万	体外 正：「丁」 底外：「万」「生万」	住 123	〃	
	丁	体外 正	住 103	9c 後	
	山口万 丁, 立万	底外：「山口万」 体外 正：「丁」「立万」	住 125	9c 後	
	刑部酒主女	底内	住 58	9c 前	
	田本	体外 横	住 156	9c 前	
No. 9	山邊	底外	住 25	9c 前	
	北曹司	底外	住 19・34・36, D25	9c 後	中心掘立柱建物跡近く
	北曹司, 田本	底外	住 29		
	田本	底外：住 32・106・掘 46 ほか体外 横	住 32・53・79・91・100・106 掘 46・136・142	9c 代	D-261 体外 横 掘 136 鉄器出土
	田万	体外 正：住 61 底外：掘 172 体外 横：掘 107	住 61 掘 107・172	―	
	大吉	底外	住 129・130・133・143 掘 173	9c 前：住 129 9c 後：住 130, 133	住 130：5 点出土
	囚	体外 正	住 108・146 掘 189	9c 前：住 108 9c 後：住 146	住 146 の 1 点：底外（高台付坏） D（土坑）は墓坑
	囚ヵ	体外 正	D406, D403	―	墓坑
	生万	体外 正	住 83	9c 後	5 点
	東家ヵ, 田本ヵ	体外 横	住 49	―	
No. 10	廣	底外	住 7・9・19・21・52 掘 12・15	9c 後	住 7 (10 点), 住 9 (3 点), 住 19 (9 点), 住 21 (3 点) 合計 25 点 住 7 のうち 4 点が高台付坏
	田本	体外 横	住 42	9c 前	
	山口子万 廣, 庁, 得万	体外 横：「山口」 ほか底外	住 24	9c 後	枢の鑁（3本）刀子 2 本 「得万」高台付坏
	山口△, 廣	体外 横：「山口」 ほか底外	住 56	9c 後	丸瓦と帯具出土
	山邊万所	体外 横	住 6	9c 後？	
	山邊御立	底外	掘 24	―	
	山邊田本	体外 横	掘 26	9c 前？	
	卅 万	底外：住 3 体外 横：住 40, 43 体外 正：住 62	住 3・40 住 43・62	9c 前	住 3 のみ 9c 後
	布ヵ野坏		掘 65	―	
	布野	底外	溝 24	―	

稲荷谷遺跡

II区	本	体外 正	住 25	9c 中	皿形土器
	万所 加ヵ	体外 横	住 64	〃	壁柱穴並ぶ。転用硯出土。
	囚	体外 正	住 94	9c 中	3 点
	囚 本ヵ△	体外 逆：「囚」 体外 正：「本ヵ△」	住 140	9c 中	「本ヵ△」は高台付土器
III区	万	底外	住 218	9c 中	2 点
	馬庭ヵ	体外 横	住 166	―	破片
	馬庭	底外	住 224	9c 中	2 点
	万×	底外	住 238	9c 中	×線刻, 鉄器（蕨手刀）
	寺ヵ	体外 正	HD40	―	墓坑
	寺	底外	グリッド A20-T10	―	西側先端部
IV区	大立万, 屋僧ヵ	底外：「大立万」 体外 正：「屋僧ヵ」	住 320	9c 中	工房跡
	屋僧	体外 正	住 323	9c 前	
	△	体外	住 333	9c 中？	鉄鏃, 鉄製穂摘具, 鉄製鎌
	万, 万所ヵ	底外	住 336	9c 中？	多量破片, 鉄製紡錘車 3 点, 瓦
	万, 木	底外 体外 正：「木」	住 362	9c 中～後	
	万立	底外	住 365	9c 中	
	山幡ヵ	底外	住 377	7c 前～中	
	万	底外	住 389, 住 397, B87・96 ・106・125・166	9c 中？	住 397：中央に炉, 鉄製鎌 B106：高台付坏
	萬	底外	溝 46	―	
	万, 山上	底外 体外 正：「万」3 点	住 392	9c 中～後	多量破片, 瓦（カマド使用）, 中央に炉
	山口万, 万	底外	住 406, D323・324・346	―	「万」：高台付坏 2 点, D346 は登り窯の一部か。 D323：墨書「忍△」出土
	田万	体外 横	D187	―	鉄製鎌
	立万	体外 正	B133	―	
	山口万	底外	B179	―	

き，大きく3時期に分けて概観したい。この時期区分は遺構の重複及び配置関係をもとに分けたが，不明な遺構が少なからず認められ，疑問の残るものとなったことはご了承願いたい。

〈1期〉

　第96・110号建物跡が中核となる。とくに第96号は須恵器・灰釉陶器・長頸壺類などが多く出土し，また赤化した砂質粘土塊と細竹状の炭化材も認められたことから『土壁』を使用した建物が想定される。

　第101号建物跡は総柱建物であり，柱穴の規模は直径約120cm，深さ約1m，柱痕径約30cmを呈し堅牢な建物が推測され，また第115号建物跡は一部布堀状を呈し束柱をもっている。この両建物跡については重複する建物跡との新旧関係により（第101号は第100・104号，第115号は第123・124号に各々切断される），1期に含めたが遺構同士の近接に若干の疑問を感じる。他の遺構に関しても，重複関係をもとに『古』と位置づけたものを同期に所属させており，確実に共存したとはいえない。なお，本期の時期は9世紀前葉～中葉を考えたい。

〈2期〉

　本期において，中核となる建物は第104号庇付建物跡である。この遺構からは緑釉陶器（洛北産）・灰釉陶器（猿投産）・須恵器（永田不入産）等が多く出土し，また1期の第96号と同様に赤化した砂質粘土塊・細竹状の炭化材も認められ『土壁』を用いた可能性があろう。第98・104号の前に並列する第118・127号については，本期に属するのか明確に捉えられなかったが，第127号が第115号の柱穴を切っていること及び第123号との配置関係から本期に属すると判断した。また第124号と第154号は，いずれも桁5間×梁2間の規模で対をなしていたと考える。

　ところで，第77号建物跡は本期に所属させるか非常に苦慮したが，両サイドに展開する第79・78（A）号と第76・166号（第81号と第75号も該当か）は第77号を意識した建物であろうと判断し，さらに他遺構の展開を勘案することで一応本期に所属させた。第77号には囲むように柵状のピットが認められたが，建物自体は単純なものでありその性格は不明と言わざるをえない。

　本期は第104号建物跡を軸にかなり整備されてきたが，これをイへとヤケの機能・景観と解するか（吉田1983），それとも官衙的施設として解するのか，検討すべき課題であろう。

　本期の時期については明確に示しえないが，9世紀中葉に位置づけておきたい。

〈3期〉

　本期は二面庇付の第123号建物跡が中核となり，前期にはない動向が窺える。ここで第123号は『正殿』，第120号（庇付）を『脇殿』と捉えた場合，両建物は並列した形態をなし，とくに第123号の身舎部（4間×3間）は2期の第104号と形状で類似するが，南側に対をなして存する土坑（D323・324）は本遺構に付属する特異な形態である。東側の土坑（D324）については竪穴住居跡と重複し，明確な形状・規模等は捉えられなかったが遺物の散布状況から，西側の土坑と類似すると考えられる。両土坑からは遺物の出土がみられ，とくに西側の土坑では墨書土器・須恵器・皿等が多量に廃棄された状態であり，また第123号建物の身舎部の南東コーナー柱穴（★）より焼土と炭化米が検出されたことも勘案すると『地鎮祭』が想定されようか。

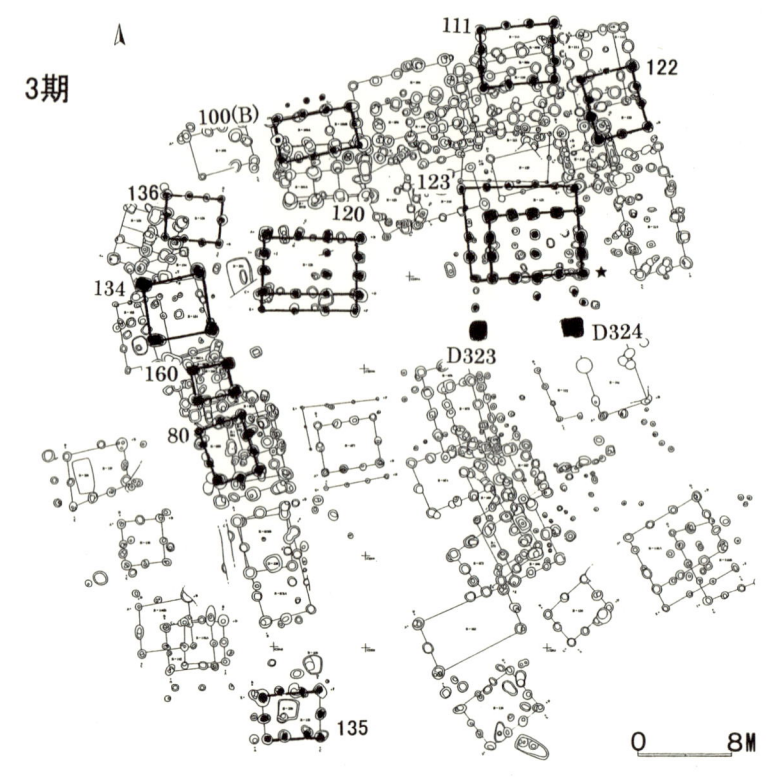

第 6 図　稲荷谷遺跡Ⅳ区の主要掘立柱建物変遷図 (2)

　他の遺構としては，西側に存在する第134号建物跡（1間×1間，柱間寸法4.8m）が気になる。規模は柱穴径約120cm，深さ約70cm，柱痕約30cmの規模を呈し隅丸方形の形状をなしており，さらに遺構内外より附属するかは不明であるが複数の小ピットが確認された。

　これら一連の遺物・遺構の状況において，本期は建物の形状及び配置状況が大きく変化したといえる。本期の時期は第123号建物跡及び第323号土坑より出土した遺物をもとに判断すると，9世紀中葉～後葉（第3四半期が主体か）と考えられる。

　上記の1～3期に密接に関連する竪穴住居跡は，第124号建物跡の南側に存在する第389・390・392号が考えられる。とくに最も新しい第392号住居跡ではカマドに瓦を使用し，また住居中央に炉及び粒状滓が検出されたことは小規模ながら小鍛冶機能も兼ねた特異な遺構といえよう。

　ところで，Ⅳ区の墨書文字は墨書「万」及びそれに付随する文字が非常に多いことを特徴とする。この中で墨書「山口万」に関して，周辺遺跡からはその出土は非常に少ないのであるが，本遺跡では第406号住居跡，第179号掘立柱建物跡，第323・324・346号土坑より計5点の出土が認められた（青木2009）。また隣接する大網山田台遺跡群No.9では，他遺跡からほとんど出土をみない墨書「囗」（クニガマエ）が纏まって出土している。これらのことは単なる偶然ではなく，「山口万」と「囗」に関連を求める必要があろうと考える。たとえば，「万」を一つの解釈として

領域・施設等など物理的なものとした場合,「囗」は一定の区画された域を示し,そのことは「山口」郷の領域・存在意義を明示したと考えられなくもない。今後,第2図に示したエリアより出土した文字類は,山口郷および郡衙機能に関連するものとして重視することにしたい。

3 東金市稲荷谷遺跡の意義 (予察)

　本遺跡の概要について,報告では示されていないことを含め述べたが,遺跡の重要性を鑑みても不充分な記述であろうと思う。今回は本遺跡が山邊郡のなかで,どのような役割であるかを推察し,次回の詳細な分析に連関させるうえでの展望としたい。

　稲荷谷遺跡は山邊郡衙推定地 (第1図) より北方に位置し,周囲には第2図で示したとおり特徴的な機能をもった遺跡が存在する。このエリアは,近接する岡山郷・鉢ヶ谷遺跡を含めて7世紀から『村落』としての機能を集結させてきたことが窺え (青木2003),このことは『山口郷』の基盤造りと同時に本地域の実質的な支配への胎動期と考えられる。この時期については機会を改めふれることにするが,本遺跡とその周囲の遺跡との連結は9世紀になっても脈々と引き継がれたといえよう。

　文献史料による郡衙の主な施設としては,正倉,郡庁[5],館,厨家があり,また行政実務や諸雑務を分掌する施設等の存在も指摘されている (山中1994)。本遺跡を中心とするこのエリアに関しては,郡衙の館[6]—公的使臣や国司の部内巡行などの宿泊施設や伝馬と関わる施設などの機能—として位置づけるか,それとも山邊郡の主導的機能をもつ山口郷の『本拠地』[7]で,かつ行政実務の一部を分掌した施設・部署も附属させていたか,など幾つかの解釈が想定されよう。これらの解釈で重視すべき考古資料は,厩や牧の存在を示唆する墨書「馬庭」,さらにNo.9地点より出土した墨書「北曹司」やNo.10地点出土の墨書「山邊万所」「山邊御立」「山邊田本」を指摘しておきたい。このなかで墨書「北曹司」の一つの解釈としては,たとえば山邊郡衙・郡庁 (第1図5) の北に所在する曹司において行政実務や諸雑務を分掌し,この曹司は稲荷谷遺跡Ⅳ区の『正殿』(第123号),『脇殿』(第120号) を中核としていたことも考えられる。

　いずれにせよ,山邊郡衙推定地 (第1図)・郡庁に対し,本遺跡を中核とするエリアは郡衙の別院として考えるのか,それとも山口郷の『本拠地』として山邊郡の支配体制に大きな影響力をもっていたとすべきか,これは地方の末端支配を検討する上で重要な問題を含んでいる。

おわりに

　稲荷谷遺跡の発掘調査により,大網山田台遺跡群および山邊郡との関連が問題として浮上してきた。過去に発掘調査した資料との比較検討により,新たな局面の展開が今後予想されよう。

　遺跡の研究は調査後の対応に委ねられ,これが最も遺跡に対して必要かつ重要な"実践"であり,今回の拙論は一地方の研究であるが,資料を最大限に活用し研鑽をつむことにより,広い視

野に立った研究に繋がるものと考えている。

　最後に，本稿を執筆するにあたりご教授をいただいた宮内勝巳氏（銚子市教育委員会）には文末ながら感謝する次第である。

注
1) 拙論「「墨書文字」からみた地方支配体制の一考察」『研究ノート山武　特別号』（財団法人山武郡市文化財センター　2009年）において，大網山田台遺跡群 No.6 地点は山邊郡衙の一角を形成していた可能性を述べた。
2) 「丁」に関しては，上記の拙論『研究ノート山武』において，農民による下級官人の身分獲得を目指す『白丁』の存在を想定した。またこの寺と上総国分寺の関連を考慮すると，国分寺に徴発された『徭丁』の存在，あるいは No.3 地点の寺院が所領する『田』に従事する「丁」も考えられようか。
3) 報告書には記載されていないが，この砂層を除去すると，7世紀代の竪穴住居跡が検出された。
4) 拙論『〈古代〉ひとつの郷と「村」―上総国山辺郡に所在する鉢ヶ谷遺跡の評価―』（日本考古学第16号　2003年）と上記1で，郷レベルの「村落」を考えるうえで鉢ヶ谷遺跡の形態を重視した。
5) 山中敏史氏は「郡庁の構造や変遷に示されている多様な姿は，郡庁で実施される政務・儀式・饗宴の多くの部分が郡ごとの独自の方式に委ねられていたこと，そして，それらが在地の諸条件などによって変容し易かったことを反映するものであろう。こうした郡庁の多様性は，郡司のいわゆる非律令的性格を反映しているともいえる」と言及（1994，71頁）。
6) 山中敏史氏は，大日方克己氏の見解―平安期において，郡衙が駅の供給機能を包摂し，駅館を付設していた場合もあったことは基本的に首肯しうる。しかし，それが直ちに八世紀においても駅に宿泊機能がなく，郡衙の機能に包摂されていたことを意味するとは，いい難い―（『日本史研究』第269号　1985）を引用し，八世紀以来の郡衙の館の本来的なあり方について検討の余地があると指摘。（1994，91頁）
7) 山田水呑遺跡において墨書「山口舘」が出土しており，別置された舘の見解（山中　1996）もあることを考慮すると，山口郷の『本拠地』より別置された舘の解釈も考えられようか。

参考文献
青木幸一　2000「鉢ケ谷遺跡の研究」『小野山田遺跡群Ⅰ ―鉢ケ谷遺跡―』（財）山武郡文化財センター
青木幸一　2003「〈古代〉ひとつの郷と「村」―上総国山邊郡に所在する鉢ヶ谷遺跡の評価―」『日本考古学』第16号　日本考古学協会
青木幸一　2009「「墨書文字」からみた地方支配体制の一考察」『研究ノート山武　特別号』（財）山武郡市文化財センター
財団法人山武郡市文化財センター　1995～1997『大網山田台遺跡群』Ⅱ～Ⅳ
財団法人山武郡市文化財センター　1996『山荒久遺跡 ―金谷郷遺跡群Ⅰ―』
財団法人山武郡市文化財センター　1996『台前遺跡・上引切遺跡 ―金谷郷遺跡群Ⅱ―』
財団法人山武郡市文化財センター　2002『小野山田遺跡群Ⅳ ―稲荷谷遺跡―』
財団法人千葉県史料研究財団　1998『千葉県の歴史　資料編　考古3』千葉県
財団法人千葉県史料研究財団　2001『千葉県の歴史　通史編　古代2』千葉県
財団法人千葉県文化財センター　1993『房総考古学ライブラリー7　歴史時代(1)』

笹生　衛　2003「集落遺跡の地域動態と墨書土器の出土量変化 ―上総国山辺郡周辺の事例から―」史館第32号　史館同人会

千葉県教育委員会　2009『武射郡衙跡 ―山武市嶋戸東遺跡総括報告書―』

中村順昭　1984「律令制下における農民の官人化」『奈良平安時代史論集　上巻』土田直鎮先生還暦記念会　吉川弘文館

平川　南　2000『墨書土器の研究』吉川弘文館

宮原武夫　1973『日本古代の国家と農民』法政大学出版局

村井康彦　1965『古代国家解体過程の研究』岩波書店

山中敏史　1996『古代地方官衙遺跡の研究』塙書房

義江明子　1995「殺牛祭神と魚酒」佐伯有清先生古希記念『日本古代の祭祀と仏教』吉川弘文館

吉田　孝　1983『律令国家と古代の社会』岩波書店

古代東国における「罪」の信仰とその系譜
― 「罪」の墨書土器の解釈を中心に ―

笹 生 衛

1 はじめに

　宗教にとって「罪」を如何に考え，如何に対処するかは大きな命題であり，これは伝統的な日本の信仰においても例外ではない。古代，大祓で除かれる「罪」は，悪行のみならず病気などの禍，穢，醜いことなど，世の人々が「わろしとして，にくみきらふ事」とされ[1]，如何に「罪」に対処するかは，人々が安寧な生活を送る上で，信仰上の重要な課題だったのである。

　古代の「罪」に関する考古資料には，東国，千葉県内の下総地域で出土する8・9世紀の墨書土器に「罪」の文字を明記したものがある。千葉県芝山町庄作遺跡の甕形人面墨書土器の「罪ム国玉神奉／手」，富里市久野高野遺跡の土師器杯に記された「罪司進上代」は，その典型例で，平川南氏は中国の冥道信仰に基づくものであるとする。それは「仏教とも道教とも一般信仰ともつかぬもの」で，我が国の冥道信仰も，庄作遺跡で「国神」「佛酒」の墨書土器に道教の魔除け符号が混在するように，中国と類似した様相を持つと指摘する。また，久野高野遺跡の墨書土器に記された「罪司」は，『日本霊異記』の閻羅王信仰と関連させて人々の罪を裁く冥土の裁判官であったと考え，「罪司進上代」の墨書土器は「御馳走を盛って自らの罪を免れるために，罪司に献上した」と推定する[2]。しかし，この信仰がどのような過程を経て東国の集落の中まで普及・定着したのかは明らかとなっていない。

　その後，千葉県印西市西根遺跡では，「丈部春女罪代立奉大神」「罪官」などの墨書土器が木製形代類とともに流路跡から出土し，「罪」に関する新たな類例が加えられた。そこで，ここでは，この西根遺跡の事例を取り上げ，関連する他の遺跡との比較を通して古代東国における「罪」の信仰とその系譜について，考古学の立場から一つの見通しを示してみたい。

2 西根遺跡の祭祀・儀礼

　西根遺跡は，下総国の北部，印旛沼の北西岸，下総台地に囲まれた谷内に立地する遺跡である。縄文時代から奈良・平安時代までの複数の流路跡が発見され，祭祀・信仰関連の遺物は8〜10世紀代の流路5から出土した[3]。遺跡周辺の台地上には8・9世紀の大規模な集落遺跡である船尾白幡遺跡，鳴神山遺跡が立地し，多数の墨書土器や奈良三彩，帯金具などが出土しており[4]。西

根遺跡出土の墨書土器「舟穂郷生部直弟刀自女奉」から，遺跡周辺は下総国印幡郡船穂郷に属したと判断でき，船尾白幡・鳴神山遺跡は，その中核的な集落跡と推定できる。

　西根遺跡の流路5内からは，墨書土器40点を含む須恵器・土師器の他，手捏土器2点，木製の人形と馬形各1点が出土している。墨書土器で信仰との関連が認められるものは以下の6点で，土器型式から8世紀後半から9世紀中頃までの年代が推定できる。

　8世紀後半―須恵器杯「大生部直子猪形代」
　8世紀末期～9世紀初頭―土師器杯「神奉・工」「佛・佛」
　9世紀前半―土師器杯「丈部春女罪代立奉大神」「神奉」「罪官」
　9世紀中頃―土師器杯「舟穂郷生部直弟刀自女奉」

　最も古い，8世紀後半の墨書土器「大生部直子猪形代」は，大生部直子猪が自らの形代（身代わり）として供え物をすると解釈でき，この種の墨書土器については，『日本霊異記』中巻「閻羅王の使の鬼，召さるる人の賂を得て免す縁　第24」などに見られる，閻羅王の使者を饗応し自らの身代わりを立て延命を図る信仰との関連が指摘されている[5]。ただし，供献する対象は明記されていない。

　これに対し，9世紀前半の「丈部春女罪代立奉大神」は，主語・述語・目的語が明確な文章となっており，「丈部春女が罪の代わりに供物を大神に奉る」と解釈できる。丈部春女という女性が，この土師器杯にお供えを盛り，流路に投じ自らの罪を贖ったと推定できる。これに近い表現が9世紀中頃の「舟穂郷生部直弟刀自女奉」で，奉る対象の神格が欠落した形となっている。「罪の代わりに供物を捧げる」という信仰は，平川南氏が指摘する冥道信仰との関連も想定できるが，自らの罪の代わりに物品を差し出し，罪を贖う（祓う）という形は，『古事記』上巻で須佐之男命に罪の代償として負わせた「千位置戸」や，『日本書紀』雄略天皇紀13年3月条「歯田根命，以馬八匹・大刀八口，祓除罪過」などに見られる伝統的な贖罪方法と共通する[6]。

　「丈部春女罪代立奉大神」で，罪の代償に供物を奉る「大神」は，庄作遺跡の人面墨書土器「罪ム国玉神」，鳴神山遺跡の墨書土器「大国玉罪」の事例から，「国玉神」「大国玉」と同じ地域神と考えられる。なお，鳴神山遺跡の「大国玉罪」については，9世紀初頭の土師器杯に書かれ，馬頭骨（顎骨）や土器類とともに土坑（040号土坑）内から出土した[7]。奈良県平城京左京七条一坊の土坑でも馬顎骨・下肢骨と人面墨書土器が出土し，馬を犠牲とした祭祀が想定されている[8]。平城京左京七条一坊の人面墨書土器を墨書土器「大国玉罪」に対応させると，鳴神山遺跡040号土坑も類似した性格を推定でき，大国玉を対象に罪を贖う動物供犠祭祀の痕跡と考えられる。

　8世紀末期から9世紀初頭の墨書土器「神奉」は，明らかに神へ供物を捧げることを意味し，同時期の「罪官」「佛」は，供物を奉る対象のみを記した省略形と考えられる。「罪官」は，「罪のつかさ」と読むことができ久野高野遺跡の「罪司」と共通し，墨書した土師器杯の中に供物を入れて流れに投じ「罪官」に捧げたと解釈できる。同じ流路から出土した「佛」の墨書土器も佛への供物を入れて流れへと投じられたのであろう。

　結局，西根遺跡では，8世紀後半，墨書土器を使用する祭祀・儀礼が導入されて9世紀中頃ま

古代東国における「罪」の信仰とその系譜   195

「大生部直子猪形代」

「神奉・工」

「神奉」

「丈部春女罪代立奉大神」

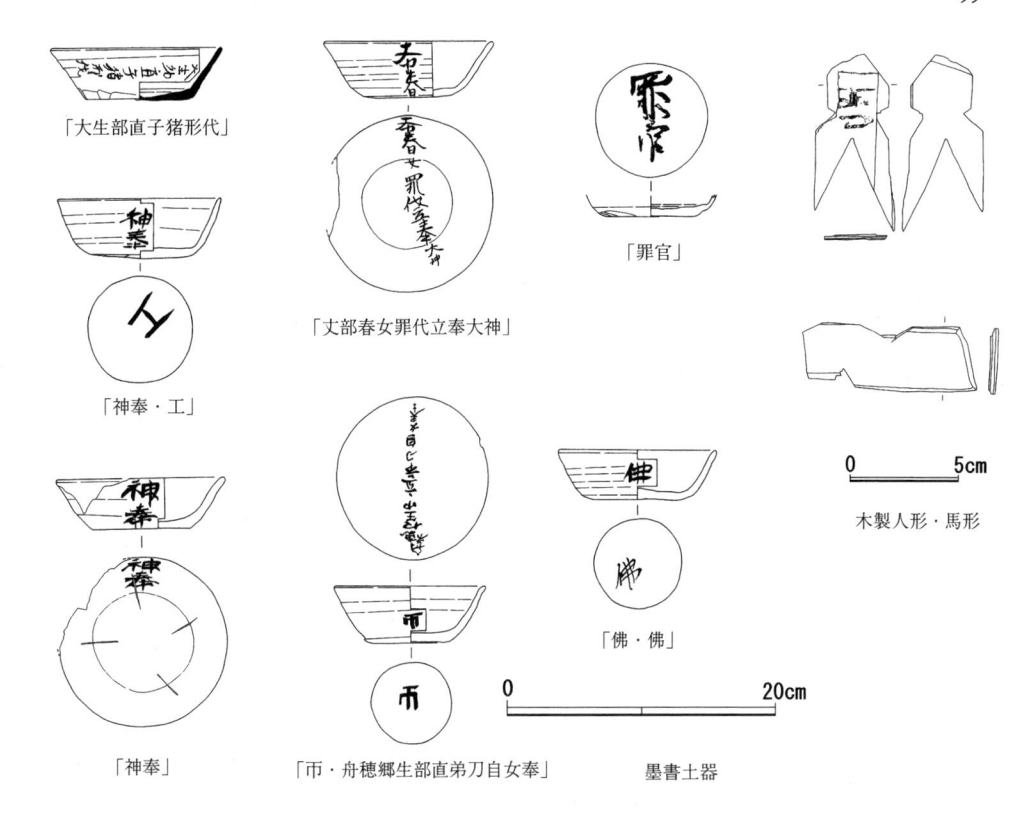

「市・舟穂郷生部直弟刀自女奉」

「罪官」

「佛・佛」

墨書土器

木製人形・馬形

流路5出土祭祀・信仰関係遺物

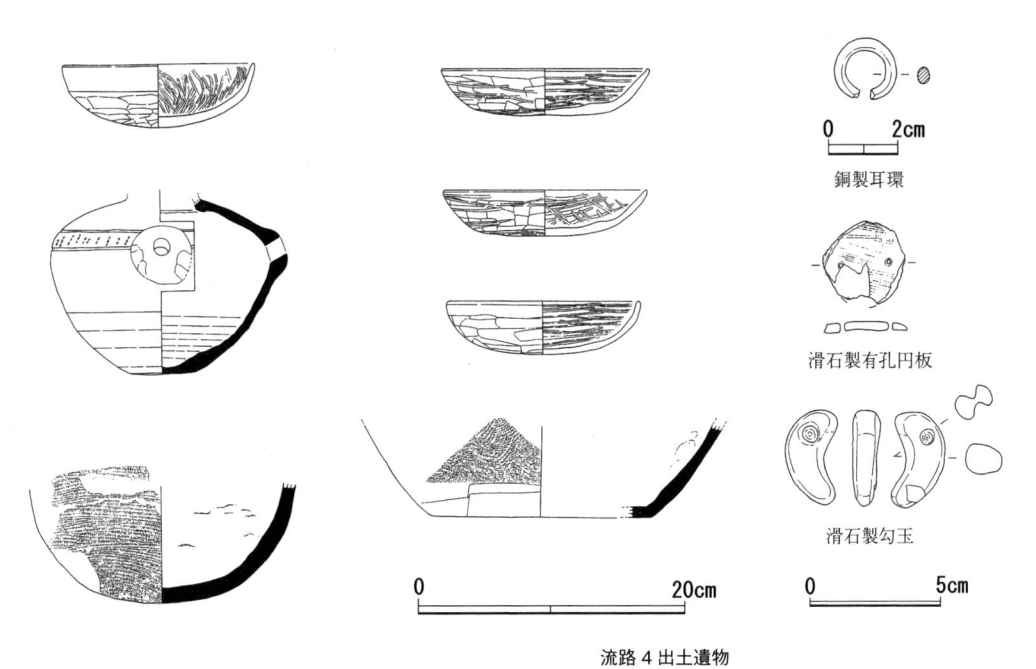

銅製耳環

滑石製有孔円板

滑石製勾玉

流路4出土遺物

第1図　西根遺跡　祭祀・信仰関連遺物

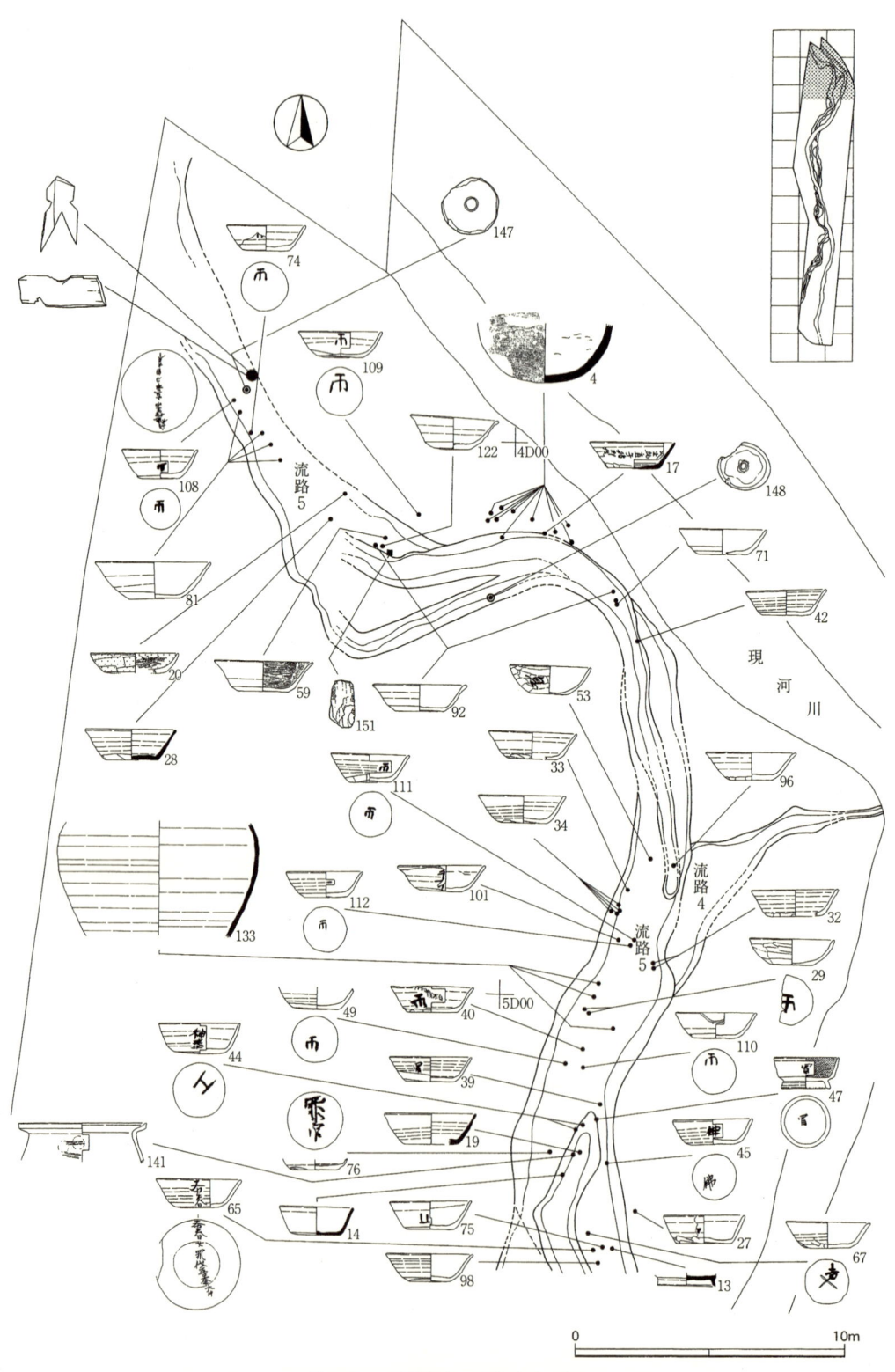

第2図　西根遺跡　遺物出土状況

で存続し，信仰の対象には「大神」「神」「罪官」「佛」を確認できる。

　木製形代類については年代を特定できないが，流路5は10世紀代までしか機能していないので，墨書土器とほぼ同時に使用されていたと考えてよいだろう。

　西根遺跡の流路5からは，台地上の船尾白幡遺跡と共通した墨書土器「市」「息」が出土し，同遺跡の集落との密接な関係が指摘されており，祭祀関連の遺物が出土した流路5は，台地上に展開した集落の祭祀・儀礼の場であったと考えられる。そこでは，印播郡船穂郷の人々が，自らの罪の代償として供物を「大神」に奉り，木製形代（人形・馬形）を使う一方で，墨書土器に供物を入れ，自らの形代（身代わり）として「神」「罪官」「佛」へ奉るという，多様な信仰が存在していたのである。

　なお，流路5と一部重複する流路4からは7世紀代の土器類が出土し，古墳時代後期の流路と考えられるが，そこからは滑石製有孔円板と頁岩製勾玉が出土し，この谷内の流路は古墳時代以来の伝統的な祭祀の場であった可能性が高い。

3　他遺跡の状況

　西根遺跡の状況は，東日本全体で見た場合，どのように位置づけられるだろうか。同様に墨書土器と木製形代が流路内から出土した，静岡県の箱根田遺跡と伊場遺跡群，福島県の荒田目条里遺跡の事例を概観してみよう。

箱根田遺跡　静岡県三島市箱根田遺跡は伊豆国府近くに位置し，国府の津（港湾）としての性格が想定されている。発掘調査では川跡と掘立柱建物が発見されており，川跡から木製の人形10点・馬形3点・船形3点・斎串31点，ミニチュア土器・手捏土器12点とともに，人面墨書土器を含む祭祀関係の墨書土器が出土した[9]。祭祀関係の墨書土器には，土師器甕「刀自女（身）代」，同「新刀自女身代」，土師器杯「奉」，人面墨書土器12点（土師器杯3点，土師器小型甕9点）がある。人面墨書土器のうち土師器小型甕の1点は，仏と見られる顔5面を胴部に，花びら状の文様を口縁部に描き，仏面墨書土器と呼べるものである。

　西根遺跡と箱根田遺跡の出土遺物を比較すると，箱根田遺跡の「身代」「奉」の墨書土器は，西根遺跡の「形代」「神奉」に対応し，木製人形と馬形の存在は共通する。両遺跡では類似した内容の祭祀・儀礼が行われ，出土した祭具類は相互に対応関係にあると考えられる。そう考えると，西根遺跡の墨書土器「佛」は，箱根田遺跡の仏面墨書土器に対応し，ともに仏へ供物を奉るものと解釈できる。また，西根遺跡の墨書土器「罪官」に対応するものを，箱根田遺跡の出土遺物で探すと，髭を生やし大きく目を見開いた憤怒の相を示す人面墨書土器をあげることができ[10]，これは「罪官」の容貌を具体的に示し，その供物を捧げるために使われたと考えられる。

伊場遺跡群　静岡県浜松市伊場遺跡群は，伊場遺跡・城山遺跡・梶子遺跡・梶子北遺跡・中村遺跡などで構成され，遠江国敷智郡衙の推定地にあたる。発掘調査では，遺跡群内を流れる大溝（川跡）から多様な祭祀・信仰関連の遺物が出土し，木製の形代と祭具，土製模造品，人面墨書

人面墨書土器

仏面墨書土器

「奉」

「刀自女口代」

「新刀自女身代」

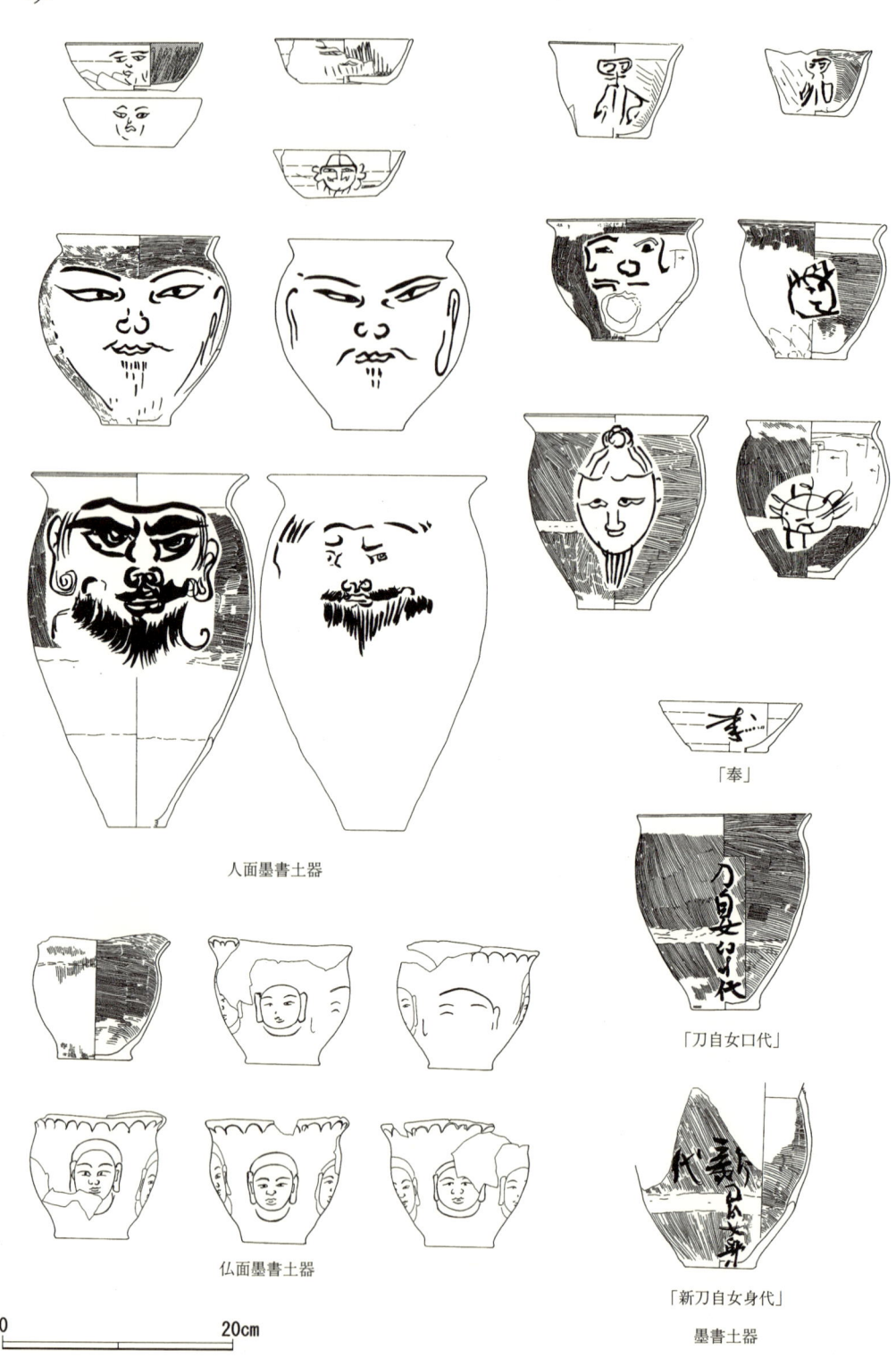

墨書土器

0　　　　20cm

第3図　箱根田遺跡　祭祀・信仰関連遺物

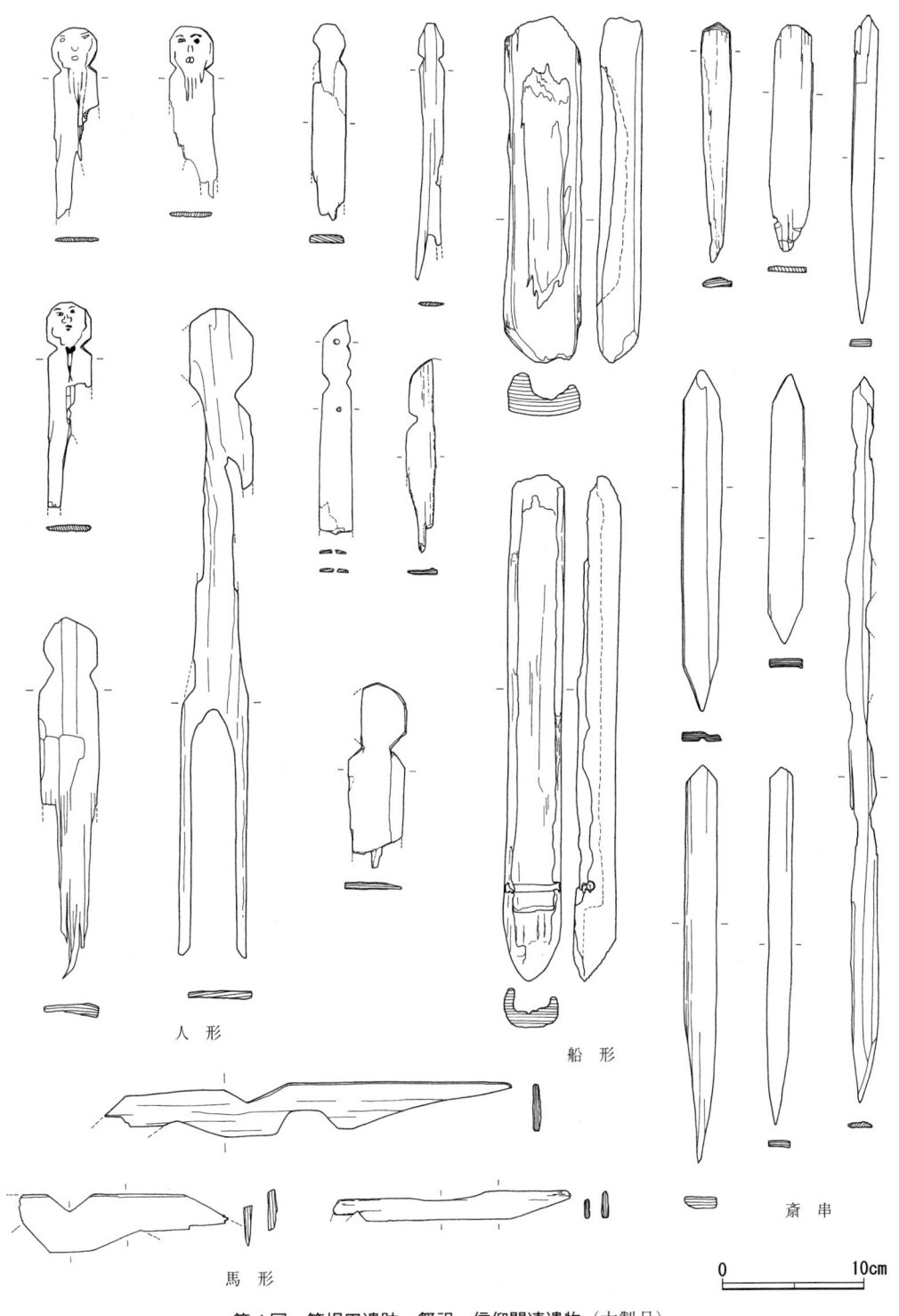

古代東国における「罪」の信仰とその系譜　199

人形　　　　　　　　　船形

馬形　　　　　　　　　　　　　　　　斎串

0　　10cm

第4図　箱根田遺跡　祭祀・信仰関連遺物（木製品）

土器，木簡に分類でき，7世紀後半から10世紀頃までの年代が推定されている[11]。

木製の形代と祭具は人形34点，馬形17点以上，絵馬8点，船形87点，斎串135点で，この内，馬形2点，船形3点は7世紀代まで遡る。また，土製模造品には，陶馬，土馬，土製人形，皮袋形土製品，土製勾玉，手捏土器，ミニチュア土器が確認できる。

人面墨書土器は，伊場遺跡と梶子遺跡の大溝内から出土している。梶子遺跡のものは土師器甕胴部に髭面の人面が墨書されるが，伊場遺跡の例は，土師器杯の内面に顔面から肩にかけての画像と「海部屎子女形［　］」の文字が墨書される。西根遺跡の墨書土器「大生部直子猪形代」などから，欠損した部分には「代」の文字を補うことができ，全体は「海部屎子女形代」と復元できる。土器型式から9世紀前半代の年代が推定できる。

内容を把握できる祭祀・信仰関連の木簡には，放生木簡，祝詞木簡，呪符木簡がある。放生木簡は大溝西縁から出土し，表に「己丑年八月放×」，裏に「二万千三百廿□」と記される。出土層位から己丑年は持統3年（689）に当たると推定されている。表面には己丑年8月の放生実施を，裏面には放生で放たれた生物，恐らく魚類や貝類の数を記していると考えられる。7世紀後半，郡衙（評衙）周辺で，仏教の作善の儀礼である放生が行われていたことを示す資料である。

祝詞木簡は，伊場遺跡の北に隣接する梶子遺跡の大溝内から出土し，出土層位から8世紀前半以前の年代が推定されている。表裏面に2行に分けて以下の文章が記される。

・「［　］坐大神（命）□□□…（命）　又荒別［］命　奴良支□荒別御／□□次（事開）魂命□…□六柱神乃御（名）呼而白（奉）」

・「□乎命□□荒…（木）幡比女命尓千幡男□…□□□　□［　］／尓支□留荒別御…魂命次　生魂（命）　次□足（魂）命　右（六）柱（神）□□」

「〜に坐す大神（命）」「（木）幡比女命」「千幡男」など在地の神々を示すと思われる神名と，「生魂（命）」「足（魂）命」といった祈年・月次祭祝詞の魂（ムスヒ）の神と共通する神名をあげ，「神乃御（名）呼而白（奉）」の文言で結ぶ構成となっている。末尾の文言は，令制祭祀の祈年祭・月次祭祝詞の「御名者白而，辞竟奉」[12]の表現と類似し，この祝詞が令制祭祀と密接に関連することを示唆する。

呪符木簡は伊場遺跡大溝から出土し，代表的な例に以下の3点がある。

(1)・「百恠呪符百々恠宣受不解和西恠□（三）疾三神（宣）□□□／宣天岡直符佐无当不佐□急々如律令／弓　龍神（三）／（龍の絵）／人山　龍□　急急如律令／人山　龍□」

・「戌戌戌　蛇子口口口／急々如律令／弓ヨヨヨ」

(2)・「×帝百鬼神南方赤帝百万神／×帝百万鬼神北方黒帝百万神　天×／×帝百万□神急々如律令」

・「□□□□□□□□龍」

(3)「若倭部小刀自女病有依（符籙）」

呪符木簡(1)は，百恠呪符木簡として著名なものであるが，その内容や出典については明確にされていない。これに対して呪符木簡(2)は，鳩摩羅什訳『孔雀王呪経』冒頭2段目の「東

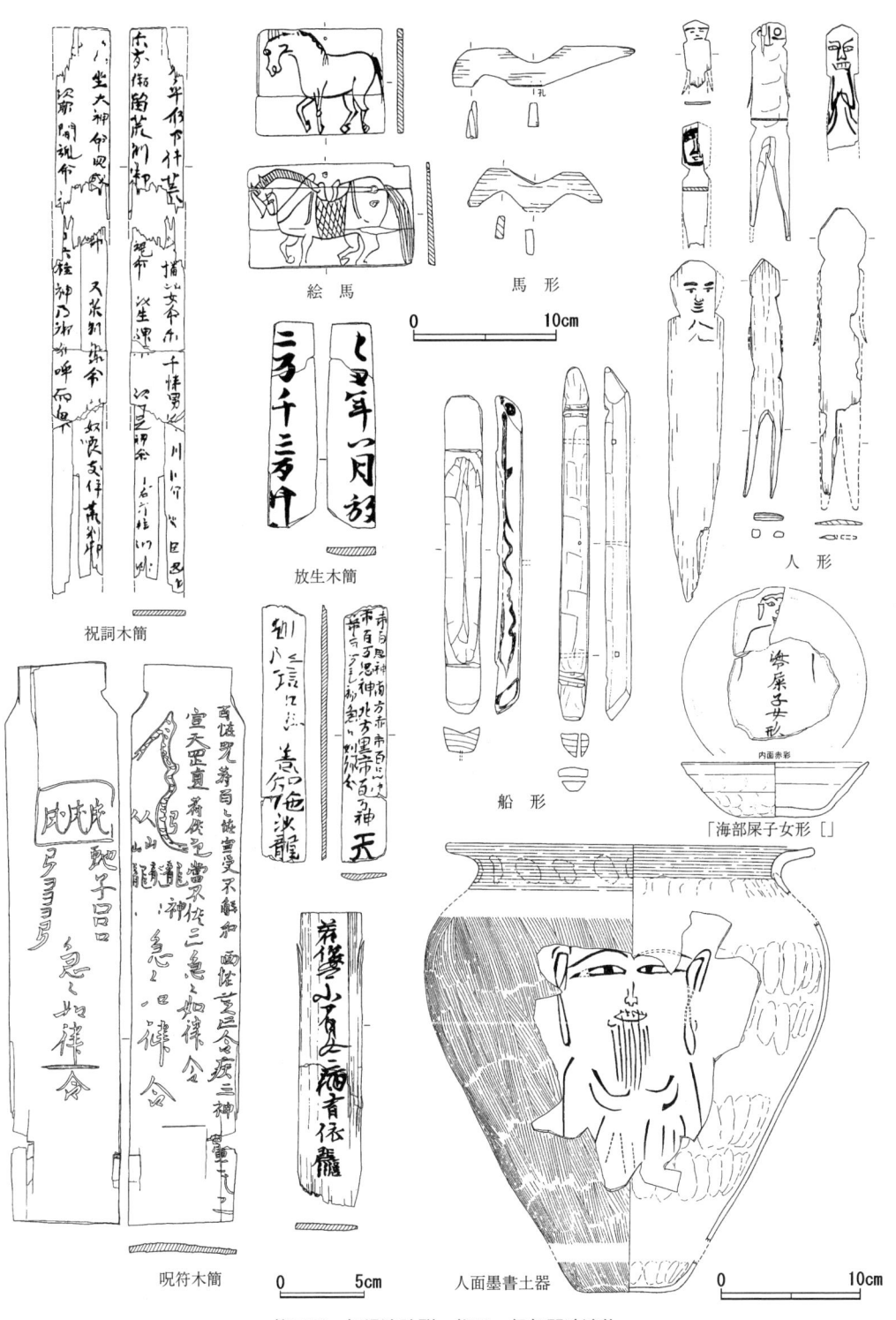

古代東国における「罪」の信仰とその系譜　201

第5図　伊場遺跡群　祭祀・信仰関連遺物

方青帝大神龍王各領八萬四千鬼持於東方。南方赤帝大神龍王各領八萬四千鬼持於南方。西方白帝大神龍王各領八萬四千鬼持於西方。北方黒帝大神龍王各領八萬四千鬼持於北方。中央黄帝大神龍王各領八萬四千鬼持於中方。」[13]と類似し，雑密系の経典『孔雀王呪経』の影響を受けて作られたと考えられる。『孔雀王呪経』には，黒蛇に噛まれた吉祥比丘を，呪で救い護る説話とともに天や龍が起こす衆悪を除き，鬼神がもたらす病気を除癒する功徳が説かれる。経典中には吉祥比丘とともに「某甲」の文字が記されており，ここに個人名を入れて読誦されたと考えられ，個人の除災・除病を目的に信仰されていたことになる。従って，この呪符も個人による除災・除病を目的としていたとみてよいだろう。この経典には，東・南・西・北・中央を青・赤・白・黒・黄の五色に対応させる中国五行思想の影響を確認できる。中国，東晋時代に帛尸梨蜜羅が漢訳した『孔雀王神呪経』などで，インドの密教と中国の老荘思想や陰陽道の呪術とは，結びつきやすい面を持っていたことが指摘されており[14]，『孔雀王呪経』の五行思想は，仏典が漢訳される段階で加えられた要素と考えられる。なお，呪符木簡（1）についても疾三神や（2）と同じ龍の文字を含むため，除病・除災の機能を想定できよう[15]。

呪符木簡（3）は，その文面から若倭部小刀自女という女性が病気の平癒を願ったことは明らかで，個人の除病という呪符木簡（2）と共通した目的で作られている。末尾の符籙から，この呪符にも道教信仰の影響が認められる。

伊場遺跡群は，地理的に東国と畿内との中間に位置し，畿内の直接的な影響が考えられる呪符木簡や木製形代類の出土に特徴があるが，東国と共通する「個人名＋形代」の墨書土器1点が出土しており，東国と畿内との中間的な様相が認められる。

荒田目条里遺跡 伊場遺跡群と同じ郡衙関係の遺跡で，東北の事例が福島県いわき市の荒田目条里遺跡である。この遺跡では，陸奥国磐城郡衙の運河と考えられる流路が発掘調査されており，そこから郡符木簡や稲の品種名を記した木簡などと，多数の祭祀・信仰関係の遺物が出土している[16]。その年代は5世紀代から10・11世紀頃にまで及び，この流路は古墳時代中期から平安時代まで継続して祭祀・儀礼の場として維持されていた。出土した祭祀・信仰関係の遺物のうち，奈良・平安時代（8～11世紀頃）に該当するものには，木製形代類，土製模造品，金属製模造品，手捏土器，墨書土器，仏教関係木簡がある。

木製形代類には板状人形10点，棒状人形8点，刀形1点，船形2点，斎串29点，絵馬5点，陽物1点があり，土製模造品は，土馬2点，船形2点，棒状製品14点，円板状製品1点，手捏土器は139点が出土している。金属製模造品は鉄製鋤先7点で，「正八」と墨書された9世紀後半の須恵器長頸瓶に封入されて出土した。

祭祀・信仰関連の墨書土器は2点あり，1点は，土師器杯の人面墨書土器で型式から8世紀後半の年代が推定されている。墨書は「磐城□／磐城郷／丈部手子麿／召代」で，「郡郷名＋個人名＋召代」の構成となっており，下総地域で出土する墨書土器と共通する。もう1点は，9世紀中頃の土師器杯に「多臣永野麿身代」と書かれており，「個人名＋身代」の構成は下総地域や箱根田遺跡の墨書土器と共通する。

古代東国における「罪」の信仰とその系譜　203

「磐城口磐城郷丈部乎子麿召代」
人面墨書土器

「多臣永野麿身代」
墨書土器

仏教関連木簡

須恵器長頸瓶

鉄製鋤先形

土製模造品

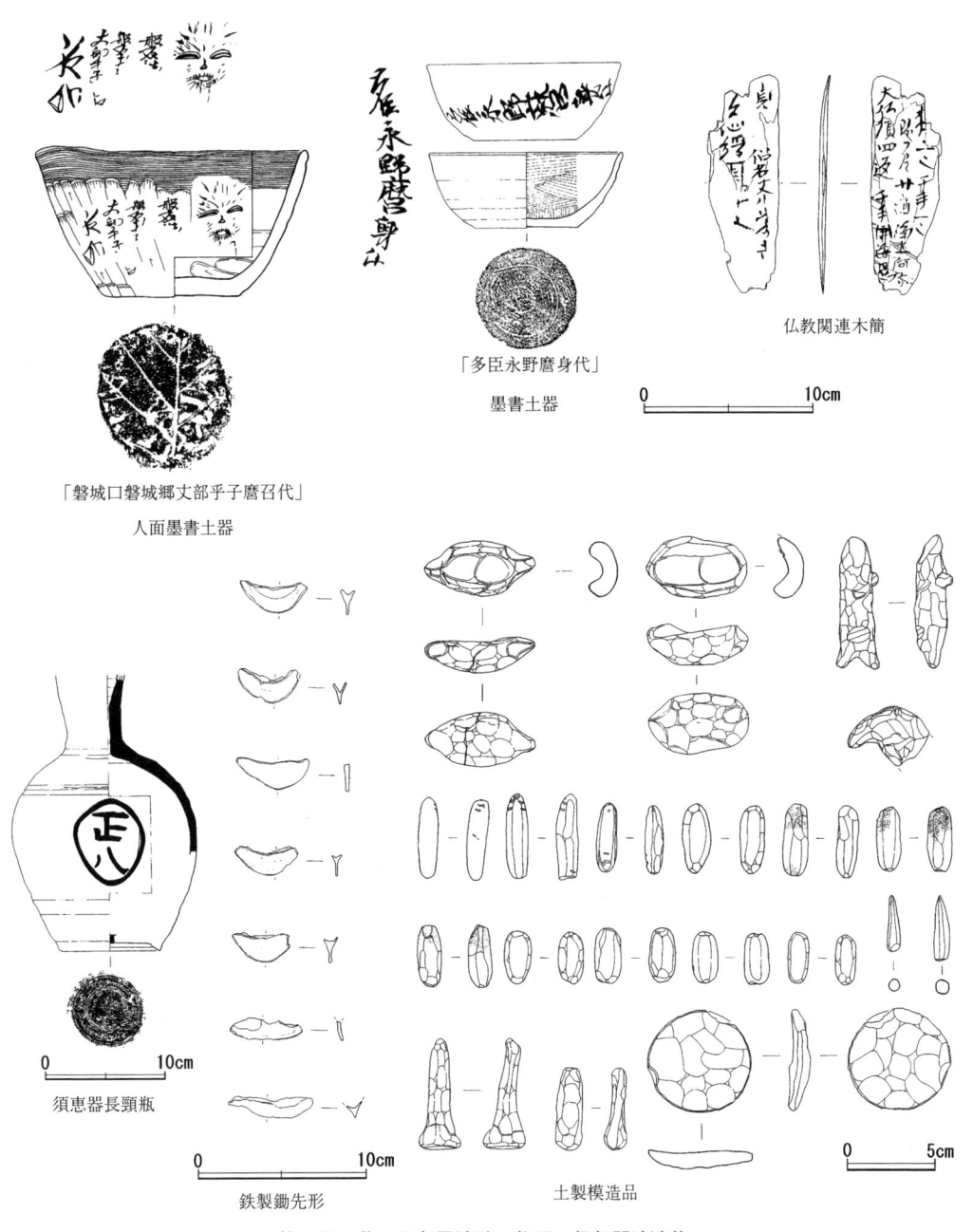

第6図　荒田目条里遺跡　祭祀・信仰関連遺物

　荒田目条里遺跡における8・9世紀代の祭祀・信仰関係の遺物のうち、木製形代と墨書土器は、下総国の西根遺跡、伊豆国の箱根田遺跡、遠江国の伊場遺跡群とほぼ共通し、東海地方から東北地方南部まで、類似した祭祀・儀礼を共有していたと考えられる。

　仏教関係の木簡は、年代的にはやや降り、出土層位から10・11世紀頃の年代が推定されている。その内容は以下のとおりである。

204

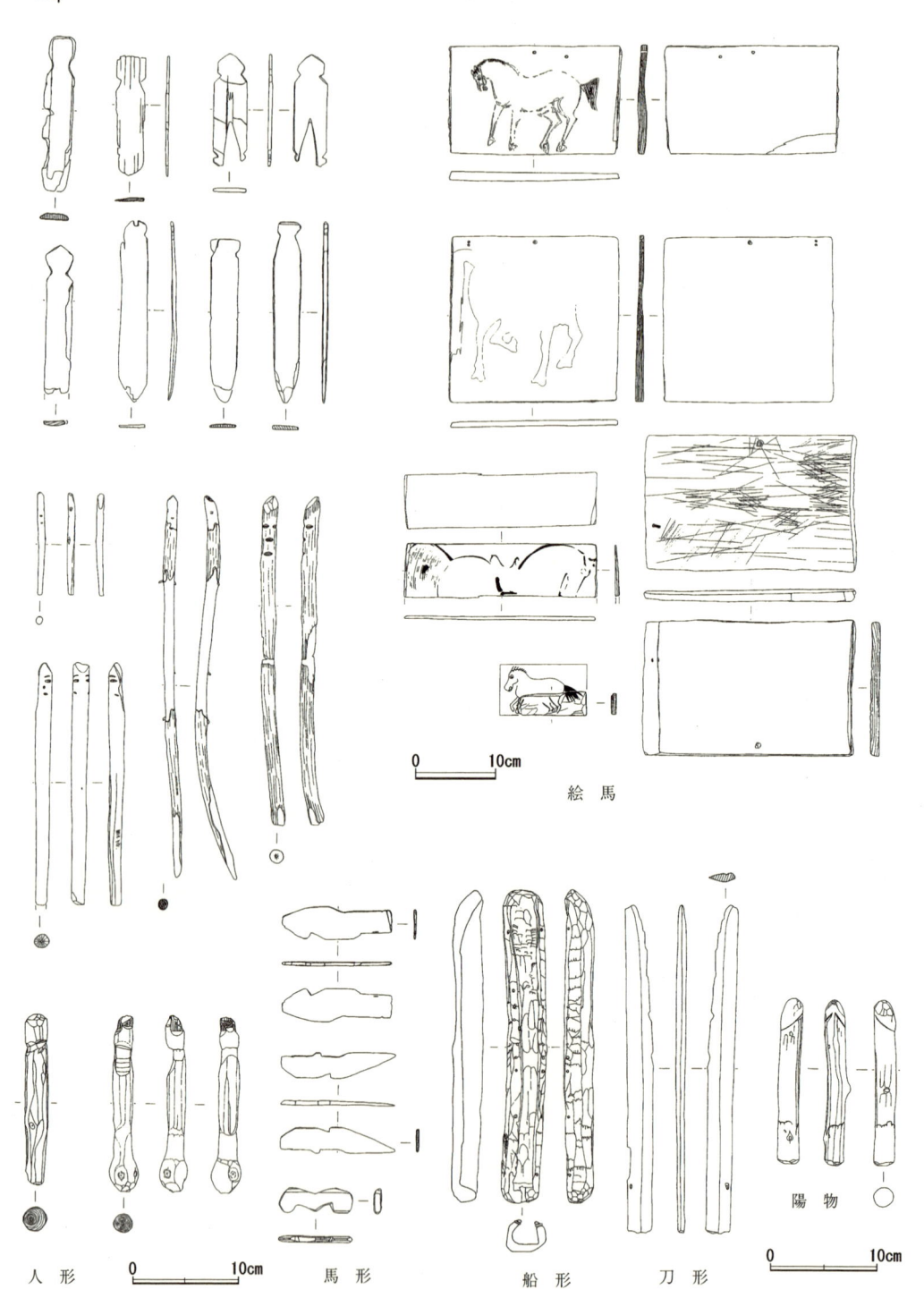

絵馬

人形　　　0　　10cm　　馬形　　船形　　刀形　　陽物　　0　　10cm

第7図　荒田目条里遺跡　祭祀・信仰関連遺物（木製品）

・「□□二ゞ　千手一ゞ／陀（羅）尼廿遍　浄土阿弥／大仏頂四返　千手懺（悔）過」
・「貞□　俗名丈部裳吉／〔別筆〕（総）経（百）［　］」

　この木簡は，俗名を丈部裳吉と称した僧侶「貞□」が読誦した陀羅尼・経典と，行った修法について記しおり，「千手一ゞ（遍ヵ）」「陀羅尼廿遍」「浄土阿弥」「大仏頂」「千手懺（悔）過」の文字が読み取れる。「千手一ゞ（遍ヵ）」は，『千手千眼観世音菩薩廣大圓満無礙大悲心陀羅尼経』（『千手経』）もしくは，そこに記された陀羅尼を読誦した回数を示すと思われる。この経典には「此の神呪を誦持すれば，世間八万四千種の病は，悉皆く治り，差ざる無し。」「若し諸人天，此の陀羅尼を誦持し，其の人若しは江河大海中に在りて，其の中に沐浴する衆生は，此の人の浴身の水霑その身に著きて一切の悪業重罪は悉皆く消滅するを得。」[17]など，陀羅尼の誦持による治病・滅罪などの功徳が説かれる。「千手懺悔過」も千手千眼観世音菩薩を本尊とした懺悔・滅罪の修法と考えられる。また，「大仏頂」は『佛頂尊勝陀羅尼経』など，仏頂陀羅尼関係の経典を指す可能性が高く，これも滅罪の功徳を説く代表的な経典である[18]。つまり，この木簡では，『阿弥陀経』との関連が考えられる「浄土阿弥」以外は，滅罪に関する密教的な陀羅尼や悔過について記しており，年代的には，10世紀以降，古代の仏教信仰に基づく滅罪の儀礼が密教的な修法に収斂し中世へと移行していく過程を示していると考えられる。

4　罪と祓の信仰

　以上のように，東国の流路付近では墨書土器・木製形代などを使用して徐病・徐災，贖罪・滅罪を目的とした祭祀・儀礼が行われていたと考えられるが，その歴史的な背景について，罪官・罪司の系譜と木製形代の性格に焦点を当てて考えてみたい。

罪司・罪官の系譜　西根遺跡では，罪と直接かかわる「罪官」への信仰が明確に確認でき，類似する久野高野遺跡の「罪司」は，冥道信仰を象徴する存在とされるが，その信仰は古代東国の集落内に如何にしてもたらされたのだろうか。

　その手掛かりとなるのが，薬師如来の信仰を主題とした『薬師経』の存在である。この漢訳経典には，宋の慧簡訳『薬師瑠璃光経』，隋の達摩笈多訳『薬師如来本願経』，唐の玄奘訳『薬師琉璃光如来本願功徳経』，同じく義浄訳『薬師琉璃光七佛本願功徳経』などがある。日本では，8世紀代，天平年間から宝亀年間までの優婆塞貢進文中に『薬師経』は25例存在し，当時広く普及していたことがうかがえ，多くは玄奘訳『薬師琉璃光如来本願功徳経』と義浄訳『薬師琉璃光七佛本願功徳経』と考えられる[19]。玄奘訳『薬師琉璃光如来本願功徳経』では，薬師如来の十二本願に続き，以下の記述があり，救脱菩薩の仏への表白や阿難との問答部分で，琰魔法王の信仰と放生の功徳について説く。

　　爾の時，衆の中に一りの菩薩摩訶薩有り。名けて救脱と曰ふ。…（中略）…佛に白して言く。…（中略）…琰魔の使，其の神識を引いて，琰魔法王の前に至るを見る。然れども諸の有情は，俱生神有つて其の所作に随つて若しは罪，若しは福，皆具に之れを書して，盡く持して

琰魔法王に授與す．爾の時，彼の王は其の人に推問して所作を計算し，其の罪福に随って之れを處斷す．…（中略）…

爾の時に，阿難，救脱菩薩に問ふて曰く．善男子，應に云何が彼の世尊薬師琉璃光如来を恭敬し供養したてまつるべき，また，続命幡燈をば云何が造るべきやと．救脱菩薩の言く…（中略）…此の経を讀誦すること四十九遍，四十九燈を然し，彼の如来の形像七軀を造り，一一の像の前に各七燈を置け，…（中略）…乃至四十九日光明絶さざれ．五色の絆幡を造り長さ四十九磔手にせよ．應に雜類の衆生を放つこと四十九に至るべし．危厄の難を過度し諸横悪鬼の爲めに持せられざることを得べし．…（中略）…卜問して禍を覓め，種種の衆生を殺し，神明に解奏し，諸の魍魎を呼び，福祐を請乞し，延命を欲冀すれども，終に得ること能わず，…（中略）…彼の琰魔王は世間の名籍の記を主領せり．若し諸の有情，不孝五逆をなし，三寶を破辱し，君臣の法を壊り，信戒を毀たん．琰魔王は罪の軽重に随つて考え之を罰す．是の故に我今諸の有情を勧めて，燈を然し幡を造り，放生修福して，若厄を度し衆難に遭はざらしむ[20]。

この部分では，薬師悔過のあり方を示すとともに，罪福や罪の軽重により人々を裁く琰魔王の姿と放生の功徳を説き，あわせて卜占や犠牲を使った祭祀が治病には無力なことが説明される。琰魔王の姿は，罪を裁くと考えられる墨書土器の「罪司・罪官」の性格と重なる一方で，卜占と動物供犠祭祀，琰魔王の信仰と放生の功徳という組合せは，すでに中村史氏が指摘するように『日本霊異記』中巻「漢神の祟に依り牛を殺して祭り又放生の善を修して以て現に善悪の報を得し縁　第5」の内容と一致し，この説話は『薬師経』のモチーフをベースに作られていたと考えられる[21]。この他にも『日本霊異記』では，死者を王宮に召し罪を裁く閻羅王の姿が複数語られており，『薬師経』の影響を受けている可能性が高い。平川南氏が墨書土器の「冥道信仰」と類似する説話として取りあげる『日本霊異記』中巻第24は，説話中の「大唐の徳玄」の記述から『金剛般若経集験記』の影響が指摘されているが[22]，そこに見られる閻羅王は，『薬師経』で「世間の名籍の記を主領」し使いを遣わす琰魔王と重なり，『薬師経』からの影響が考えられる。

こう考えると，久野高野遺跡の「罪司」や西根遺跡の「罪官」の背景には，『薬師経』との関連を推定できる。これらの遺跡は印幡郡に位置するが，同じ印旛沼沿岸で印幡郡に隣接する埴生郡内には，龍角寺古墳群を営み，後の郡司層につながった豪族により，7世紀後半に龍角寺が建立され，本尊として奈良時代前期の銅造薬師如来坐像が残されている[23]。薬師如来像を造立するには，『薬師経』を典拠としたはずであり，7世紀後半，印旛沼沿岸の埴生郡に郡司（評督）層が関わって『薬師経』の信仰が伝えられていたことになる。龍角寺の『薬師経』信仰は，印旛沼や小河川の水運を通じて，隣接する印幡郡内に浸透し，その結果，『薬師経』の琰魔王のイメージをベースとして「罪司」「罪官」の墨書土器が残されたという可能性も考えられる。薬師如来を本尊とする龍角寺を建立し，『薬師経』の信仰を受け入れたと考えられる埴生郡司は大生（部）直一族であった可能性が高く[24]，西根遺跡で「罪官」とともに「大生部直子猪形代」の墨書土器が出土している事実は単なる偶然ではないだろう。

また,『薬師経』で琰魔王信仰とともに説かれる放生の資料には, 伊場遺跡の放生木簡の他に, 神奈川県茅ケ崎市居村B遺跡の溝から出土した木簡「［　］□郡十年料□　放生布施□□」があり, 年代は, 出土層位などから天平10年（738）である可能性が高いと考えられている[25]。「郡十年料」「放生布施」の記述から, 公的経費を支出した国家的な仏教儀礼「放生会」の実施を示すものとして注目されているが, 伊場遺跡の例とともに, 古代東国の溝や流路で「放生」が行われていたことを示す点で極めて重要な意味を持つ。つまり, 古代東国の流路や溝は, 西根遺跡に見られるように琰魔王信仰に通じる「罪官」への供養・儀礼が行われると同時に,「放生」の儀礼が行われる場でもあったのである。その信仰の背景には, 放生の典拠として従来から指摘されている『金光明最勝王経』「長者子流水品」以外に,「罪の軽重で之を罰す」琰魔王と放生修福を同時に説く『薬師経』との関連を考える必要があり, そこには「危厄の難を過度し諸横悪鬼の為めに持せられざることを得べし」「放生修福して, 若厄を度し衆難に遭はざらしむ」という滅罪・除災の信仰があったのではなかろうか。なお,『日本書紀』天武天皇5年（676）8月16日の大解除の翌日, 17日には放生が実施され, 両者の密接な関連が推定できる。放生と『薬師経』との関係を考えると, 大祓と『薬師経』との関連も視野に入れる必要があり, この点については, 既に西田長男氏と青木紀元氏が「大祓詞」と『薬師経』との内容的な関連性を指摘している[26]。

人形と馬・船形の祭祀　伊場遺跡群など官衙関連の遺跡では, 人形・馬形（絵馬）・船形の木製形代類が多数出土し, 集落遺跡に隣接する西根遺跡でも人形と馬形は確認でき, 木製形代類は流路周辺で墨書土器や呪符木簡とともに使用されていた。

　人形は, 初期の例では7世紀中頃の大阪府前期難波宮跡の水利施設関連遺構から出土した木製人形があり[27], 7世紀中頃を境に出現したと考えられ, 7世紀後半には奈良県石神遺跡などの金属製人形が加わる。

　文献史料で人形について見ると, 8世紀末期の『皇太神宮儀式帳』には鎮宮地祭をはじめとする5つの祭祀で鎮祭料と思われる鉄人像が合計で240枚使用されている。9世紀後半の『貞観儀式』では6・12月晦日の御贖で金・銀装鉄人（金属製人形）各6枚, 無飾鉄人4枚, 木偶人（木製人形）24枚が使用されており, 10世紀前半の『延喜式』では神祇の規定を総合すると, 大祓や御贖, 畿内堺十處疫神祭, 八十島祭など19の祭祀で計364枚の金属製人形が記載され, 木工寮には十一月新嘗祭従一日迄八日御贖料として384枚の木製人形があげられている[28]。「毎月解除料」「祓料」「御贖料」の記述から人形の祓具としての性格を確認でき, その性格は, 御贖料として記載される『貞観儀式』の成立以前, 9世紀後半以前には定着していたことになる。

　律令期の祓を代表するのが, 6月・12月の晦日に罪穢を祓う大祓である。『神祇令』では, まず, 天皇のために中臣が御祓麻を上り, 東西文部は祓刀を上り祓詞（呪）を読む。その後, 祓所に集めた百官男女を対象に中臣が大祓詞を読み, 卜部が祓を行う規定となっている[29]。この中で,「東文忌寸部献横刀時呪（東西文部の呪）」に「捧以禄（銀）人, 請除禍災, 捧以金刀, 請延帝祚」とあり, 人形（禄・銀人）が使われるのは天皇の健康・延命を願う東西文部の祭儀に限られ,『延喜式』では金・銀塗人像各1枚の金属製人形が使用される。この祭儀は, 刀を捧げ, 呪を唱える

内容から,『医疾令』で呪禁師が行うとされた道教的な医療行為「持禁・解忤」との類似性が指摘されており,使用される人形も当初は呪禁師が使う道教の医療具としての性格が強かったと考えられる[30]。

人形を使用する典拠には,東西文部の呪と共通する「昊天上帝・日月五星・五方五帝・司命司録・東王父・西王母」を対象とし,人形が多用される道教経典『赤松子章暦』が考えられており,さらに増尾伸一郎氏は,道教的な要素を含んだ仏教経典の『呪媚経』との関連性を指摘する[31]。これは,伊場遺跡の『孔雀王呪経』に基づく呪符木簡と同様,漢訳の仏教経典を通じた道教信仰の流入を具体的に示し,その目的が除病にある点も共通する。

ただ,人形を使用する東西文部の儀礼は,公の存在である天皇の健康・延命を願うもので,そこで使用される金属製人形と都城や地方の遺跡から出土する木製人形とは,単純に同じには考えられない。8・9世紀代,伊場遺跡や西根遺跡など地方官衙や集落近くの流路から出土する木製の人形は,ともに出土する呪符木簡や供献用墨書土器と同じく,個人単位で除災・除病を行うための祭具としての性格が推定でき,その普及には,呪符木簡と同様,漢訳仏典などを通じた道教信仰の浸透を背景としていたと考えられる。

これとは対照的に,船と馬は,古墳時代中期の5世紀以降,伝統的に祭祀との関連が認められる。木製船形は,5世紀代の静岡県山ノ花遺跡で石製模造品類や木製刀・剣形などに伴って出土し[32],刀形と同様,古墳時代中期以来の系譜が確認できる。また,馬形に関しては,沖ノ島祭祀遺跡では5世紀後半以降,馬具が供えられて馬が祭祀に関係するようになり[33],大阪府長原遺跡の例から6世紀代には土馬の存在が確認できる[34]。そして,7世紀中頃の前期難波宮跡の水利関連施設遺構で木製の馬形と船形が人形とともに出土しており[35],木製の馬・船形と人形の組み合わせは,7世紀中頃には成立していたと考えられる。

文献史料では,船と馬は,大祓との関連が明確に認められる。『日本書紀』天武天皇5年(676) 8月16日条の諸国大解除で,馬は国造の輸する祓柱の筆頭にあげられ[36],中臣氏が読み上げる大祓詞の末尾には「今日より始めて罪といふ罪はあらじと,高天の原に耳振り立てて聞く物と馬牽き立てて」の記述がある。また,船は,大祓詞中に「大津辺に居る大船を,舳解き放ち・艫解き放ちて,大海の原に押し放つ事の如く,彼方の繁木がもとを焼鎌の敏鎌もちて,うち掃ふ事の如く,遺る罪はあらじと」[37]とある。馬は罪を贖うものとして祓いの場に牽き出され,船は罪穢れを海に運ぶ比喩に使われており,船・馬を模した船形・馬形は,伝統的な祓い具として扱われていた可能性が高い。

結局,伊場遺跡群・箱根田遺跡・荒田目条里遺跡では,仏教・道教信仰に基づく新しい呪術・医療用具の人形と伝統的な祓具である船形・馬形とが重層的に使用されていたことになる。西根遺跡の場合,祭具は墨書土器に重点が置かれるが,そこには『薬師経』の琰魔王に通じる「罪官」の信仰と,大神に罪の代償として物を捧げる伝統的な贖罪方法「祓」とが共存し,仏教信仰と伝統的な神祇信仰が重層的に展開する伊場遺跡群などと共通したあり方が認められ,国府や郡衙周辺と同質の信仰が展開していたとみられる。その背景には,西根遺跡の墨書土器に名を残す

「大生部直」「丈部」といった，埴生・印幡郡の郡司層と関係すると思われる人々の動向が関与していたのではなかろうか[38]。

5 まとめ—贖罪・滅罪と罪観の変質—

　以上，8・9世紀代，東国の流路周辺では，在地の神々，仏，琰魔王に通じる罪官などを対象に個人の除災・除病，それにつながる贖罪・滅罪の祭祀・儀礼が展開していたことを明らかにしてきた。最後に，その信仰の系譜と性格についてまとめておきたい。

　東国の流路周辺に展開した除災・除病，贖罪・滅罪の信仰の原点は，地域の祭祀の場へ仏教信仰が導入されたことに求められ，7世紀後半，渕評衙と考えられる伊場遺跡群の放生木簡まで遡る。そこには，郡司（評督）層の仏教受容が大きく関与していたと考えられ，天武朝における仏教政策と密接に関連すると見てよいだろう[39]。下総国埴生郡の郡司（評督）による龍角寺の建立，銅造薬師如来像の製作は，その動きの一つであり，同時に『薬師経』が郡司層に受け入れられ，そこで説かれる琰魔王の信仰や放生の儀礼が，印旛沼周辺に持ち込まれたことを示している。

　また，漢訳仏典に基づく仏教信仰では，『孔雀王呪経』中の「某甲」の文字が示すように，個人名を含めて読誦することで除災・除病が願われており，個人単位の信仰という側面を強く持っている。仏教信仰の地方への浸透は，8世紀中頃における国分寺建立により拍車がかかったと考えられ，8世紀後半から9世紀にかけて，東国，特に千葉県内の上総・下総地域では集落内にも仏教信仰が広がっていた状況が考古資料で確認できる[40]。その流れの中で「個人名＋召代・形代・身代」の構成を持つ供献用の墨書土器が，畿内の呪符木簡の機能に対応する形で生み出されたのである。

　しかし，これは，単に仏教信仰やそれに伴う道教信仰のみが浸透・定着したのではなく，伝統的な神祇信仰と並存した点に特徴があり，そのあり方は，古墳時代以来の祭祀の場が継承され，手捏土器や木製船形など伝統的な祭具が併用されることに象徴される。そして「大国玉」「国玉神」など伝統的な神名を含む供献用の墨書土器は，個人信仰としての側面を持つ仏教・道教信仰と在地の伝統的な神格が接触する中で成立した祭具だったのである。

　このような状況で，罪・穢観にも一定の変化が生じたことが予想できる。『記紀』等に記された伝統的な罪・穢観は，罪を物で贖い（祓い），穢れを禊で取り除くというものであるが，この時期，8世紀後半から9世紀前半頃を境に，滅罪の陀羅尼や経典を読誦・誦持しなければ除滅できない罪・穢観が加わったと考えられる。

　『佛頂尊勝陀羅尼経』や『最勝佛頂陀羅尼浄除業障呪経』では，佛頂尊勝陀羅尼は「能く一切の罪業等障を除き，能く一切の穢悪道苦を破る」とし，陀羅尼を高山上や四衢道の卒塔婆中に安置し，これに接することで多くの人々は悪道・地獄などに落ちる罪業を受けないと説く[41]。筆者は，この陀羅尼や卒塔婆のあり方と瓦塔の立地景観との類似性から，8・9世紀に普及した東国の瓦塔と滅罪信仰との関連性を指摘したが[42]，閻（琰）魔王と関連する「罪司・罪官」など，同

時期の罪に関する墨書土器の出現は，これと同じ信仰的背景を持っていたと考えられる。

　8世紀から10世紀頃，地方における仏教信仰の背景には，『薬師経』の他，伊場遺跡の呪符木簡，荒田目条里遺跡の木簡から『孔雀王呪経』『千手経』『佛頂尊勝陀羅尼経』といった雑密系経典の存在が確認でき，これら雑密系経典の普及と，8世紀から9世紀の悔過法会の盛行とは無関係ではないだろう。『日本霊異記』中巻「僧を罵ると邪婬するとにより，悪しき病を得て死ぬる縁　第十一」には，紀伊国伊刀郡桑原の狭屋寺で薬師寺の僧題恵禅師が十一面観音悔過を奉仕していることがみえ[43]，東国の集落遺跡においても9世紀前半には双堂構造の仏堂建物跡が検出され，雑密信仰にもとづく悔過法会との関連が推定されている[44]。この時期における雑密経典の普及と，懺悔の法会である悔過法会の実修は，『千手経』や『佛頂尊勝陀羅尼経』などに明示される滅罪信仰の普及と密接に関連していた可能性が高く，その後の日本人の罪観に大きな影響を与えることになったと考えられる。

　また，仏教信仰が地域社会にもたらした個人単位の信仰形態は，古墳時代以来，氏族紐帯として機能してきた祖先観・系譜意識に少なからぬ影響を与え変質をもたらし，その結果，5・6世紀以来続いてきた集落景観や祭祀の場は，9世紀後半から10世紀頃を境に姿を消したと考えられる[45]。ここに，墨書土器による祭祀・儀礼が消滅する史的背景を想定でき，10世紀以降，墨書土器の信仰は，個人単位の現世利益に基盤を置く密教修法や陰陽道祭祀の中に収斂し[46]，密教修法と陰陽道祭祀が混在する中世の呪いの世界へと移っていくのである。

注・参考文献

1) 本居宣長　1985「大祓詞後釋」『神道大系古典註釋編　中臣祓註釋』(財)神道大系編纂会

2) 平川　南　2000「第四章　四 "古代人の死" と墨書土器」『墨書土器の研究』吉川弘文館

3) 2005『印西市西根遺跡』(財)千葉県文化財センターほか

4) 1999『千葉北部地区新市街地造成整備事業関連埋蔵文化財調査報告書Ⅱ ―印西市鳴神山遺跡・白井谷奥遺跡―』(財)千葉県文化財センターほか

　　2000『千葉ニュータウン埋蔵文化財調査報告書ⅩⅣ ―印西市鳴神山遺跡Ⅲ・白井谷奥遺跡―』(財)千葉県文化財センター

　　2005『千葉ニュータウン埋蔵文化財調査報告書ⅩⅦ ―印西市船尾白幡遺跡Ⅱ―』(財)千葉県文化財センター

5) 前掲2)に同じ。

6) 倉野憲治・武田祐吉校注　1958『日本古典文学大系　古事記　祝詞』岩波書店

　　坂本太郎他校注　1967『日本古典文学大系　日本書紀　上』岩波書店

7) 1999『千葉北部地区新市街地造成整備事業関連埋蔵文化財調査報告書Ⅱ ―印西市鳴神山遺跡・白井谷奥遺跡―』(財)千葉県文化財センターほか

8) 金子裕之　1999「仏教・道教の渡来と蕃神崇拝」『古代史の論点5　神と祭り』小学館

9) 2003『静岡県三島市　箱根田遺跡』三島市教育委員会

10) 高島英之氏は，箱根田遺跡出土の髭面の人面墨書土器について，「仏法守護神である明王部や四天王・十二神将に代表される武神系の天部の顔を描いたものとの解釈も成立する余地があるのではないだろう

か。」と指摘している。
　　　　高島英之「関東地方集落遺跡出土人面墨書土器再考」『古代の祈り　人面墨書土器からみた東国の祭祀』神奈川地方史研究会・盤古堂付属考古学研究所　2004
11)　2002『伊場遺跡発掘調査報告書第10冊　伊場遺跡遺物編8（木製品Ⅱ・金属器・骨角器）』浜松市教育委員会
　　　　2008『伊場遺跡発掘調査報告書第12冊　伊場遺跡総括編（文字資料・時代別総括）』浜松市教育委員会
　　　　1999『祈りの造形 ─古代人の呪術と信仰─』浜松市博物館
12)　前掲6)『日本古典文学大系　古事記　祝詞』に同じ。
13)　『大正新修大蔵経第十九巻密教部二』No. 988
14)　村山修一　1981『日本陰陽道史総説』塙書房
15)　この木簡と除病との関係は，和田萃氏が指摘している。
　　　　和田　萃　1995「第Ⅲ章　道教的信仰と神仙思想　第四　呪符木簡の系譜」『日本古代の儀礼と祭祀・信仰　下』塙書房
16)　2001『荒田目条里遺跡』いわき市教育委員会・(財)いわき市教育文化事業団
17)　『大正新修大蔵経第十九巻密教部三』No. 1060を，笹生が読み下し。
18)　『大正新修大蔵経第十九巻密教部三』No. 967
19)　吉田靖雄　1988「第一章　密教信仰と現世利益」『日本古代の菩薩と民衆』吉川弘文館
20)　1932『国訳一切経　印度撰述部経集部12』大東出版社
21)　中村　史　1995「第一章　『日本霊異記』薬師説話と法会唱導 ─四天王説話の場合もあわせて─」『日本霊異記と唱導』三弥井書店
22)　原田行造　1984「霊異記説話の成立をめぐる諸問題 ─類話の発生と伝承・伝播についての研究─」『日本霊異記の新研究』桜風社
23)　2004『ふさの国の文化財総覧第二巻　海匝・香取・印旛』千葉県教育委員会
24)　川尻秋生　2001「第1編　古代国家の形成と房総　第1章　大化の改新と房総」『千葉県の歴史　通史編　古代2』千葉県
25)　富永富士雄　1989「居村遺跡と出土木簡 ─居村(B)低湿地遺跡発掘調査の成果より─」『茅ヶ崎市史研究』第13号　茅ヶ崎市
　　　　荒井秀規　1994「茅ヶ崎市居村「放生木簡」をめぐって ─放生の執行レベルとの関連─」『茅ヶ崎市史研究』第18号
26)　坂本太郎他校注　1965『日本古典文学大系　日本書紀下』岩波書店
　　　　西田長男　1978「神道史序説　三　仏家神道の成立 ─罪の概念を通路として」『日本神道史研究第一巻総論編』講談社
　　　　青木紀元　1969「大祓考 ─仏教の影響─」『福井大学教育学部紀要第19号　第Ⅰ部　人文科学　国語学・国文学』
27)　2000『難波宮址の研究　第十一』大阪市文化財協会
28)　1979『神道大系神宮編一　皇太神宮儀式帳・止由気宮儀式帳・太神宮諸雑事記』(財)神道大系編纂会
　　　　1980『神道大系朝儀祭祀編一　儀式・内裏式』(財)神道大系編纂会
　　　　『新訂増補国史大系　交替式・弘仁式　延喜式前編』『新訂増補国史大系　延喜式後編』

29) 井上光貞他校注 1976『日本思想大系　律令』岩波書店
30) 小坂真二 1976「禊祓儀礼と陰陽道 ―儀式次第成立過程を中心として―」『早稲田大学大学院文学研究科紀要』別冊3
　　笹生　衛 1985「考古学から見た人形について」「神道体系月報52」神道体系編纂会
31) 泉　武 1986「人形祭祀の基礎的考察」『日本考古学論集　3　呪法と祭祀・信仰』吉川弘文館
　　増尾伸一郎 1997「古代〈人形〉呪儀とその所依経典 ―『呪媚経』の受容をめぐって―」『延喜式研究』第13号　延喜式研究会
32) 1998『山ノ花遺跡　遺物図版編』（財）浜松市文化協会
　　1998『山ノ花遺跡　木器編（図版）』（財）浜松市文化協会
33) 1979『宗像沖ノ島』宗像神社復興期成会
34) 三木　弘 1993「大阪府の概要」『第2回　東日本埋蔵文化財研究会　古墳時代の祭祀 ―祭祀関係の遺跡と遺物―〈第Ⅲ分冊―西日本編―〉』東日本埋蔵文化財研究会
35) 前掲27) に同じ。
36) 前掲26)『日本書紀下』に同じ。
37) 前掲12) に同じ。
38) 印幡郡大領には丈部直牛養の名が，『続日本紀』天応元年（781）の記事で確認できる。
　　新訂増補国史大系『続日本紀下』
39) 天武天皇5年8月の放生の後，11月には京に近い諸国で再び放生が行われ，併せて護国経典である『金光明経』『仁王経』を説かせている。前掲26)『日本書紀下』に同じ。
　　天武朝においては放生などの作善行為や護国経典の講読などを通して，国家の安寧が祈られており，地方郡司（評督）層もその一翼を担っていたと考えられる。
40) 笹生　衛 2005「第Ⅱ章　古代仏教信仰の広がりと受容」『神仏と村景観の考古学』弘文堂
41)『大正新修大蔵経第十九巻密教部二』No. 967・No. 970
42) 笹生　衛 2008「瓦塔の景観と滅罪の信仰 ―瓦塔が建てられた景観と経典との関連を中心に―」『東アジアの古代文化』136号　大和書房
43) 小泉　道校注 1984『新潮日本古典集成　日本霊異記』新潮社
44) 前掲40) に同じ。
45) 笹生　衛 2004「第四章　第三節　東国の集落遺跡に見る古代の終焉」『原始・古代日本の集落』同成社
46) 岡田荘司 1994「陰陽道祭祀の成立」『平安時代の国家と祭祀』續群書類従完成會

房総における中世竪穴建物について

井 上 哲 朗

はじめに

　中世竪穴建物研究は，既に東北地方（東北中世考古学会 2001）や栃木県（今平ほか 2009），鎌倉（鈴木 2006）等で研究が進化している。しかし，千葉県内においては用語さえも不統一であり，第1表にも示した様に，「方形竪穴」「方形竪穴遺構」「方形竪穴状遺構」「竪穴状遺構」「方形竪穴建物」「竪穴建物」「（特殊な）地下式坑」「土坑墓」等，様々である。研究史については，中世前期鎌倉経済圏であった南関東の道や辻周辺の地下式坑や方形竪穴遺構の原形が 13 世紀後半以降の鎌倉前浜の方形竪穴（倉庫）が並ぶ風景であり（笹生 2003），14 世紀後半から 15 世紀前半に竪穴建物から地下式坑へ変化した（簗瀬 2004）とする等，地下式坑との関連が検討される程度である。地下式坑については，全国的にも突出した数を検出する千葉県を中心に近年ようやく集成され，従来の葬送施設から貯蔵機能を主とした様々な機能が議論される様になった（簗瀬，齋藤，井上 2009 ほか）。中世遺跡を理解するためには，地下式坑同様に多く検出される竪穴状遺構，竪穴建物についても議論を進化させなければならないだろう。

　従来，千葉県内の発掘報告書でみられるほぼ共通した認識としては，土坑墓にしては規模が大きいほぼ一辺 2 m 以上で床がフラットな方形土坑というものである様であり，柱穴の有無はあまり区別されてこなかった。これは，鎌倉に見られる様に，内部に柱がなくても上屋が想定できる可能性からでもあろう。機能については，一括埋め戻し例が多いことから貯蔵穴や墓とも推測されてきたが，多くは作業場や住居としての機能が推測される東北地方の例の様な床面炉の例が少なく，伴う遺物も少なく様々なタイプがあるので，機能の判別は確かに難しいものである。よって，本稿では，竪穴全部を対象とすると膨大な量になるため，主に柱穴を有する竪穴建物について分類し，時代・性格の異なる遺跡内での在り方を例示し，その変化や機能を推測したい。

1　分類試案（第1図）

　竪穴建物の分類は，青森県根城跡，栃木県下古館遺跡・飛山城等で行われてきたが，各遺跡内での分類であるため，統一した分類ではない。また，規模が大きく壁柱穴等柱が充実したものがⅠ類或いはA類等とされる傾向がある。しかし，千葉県内の様相を見る限り，時代が下るもの

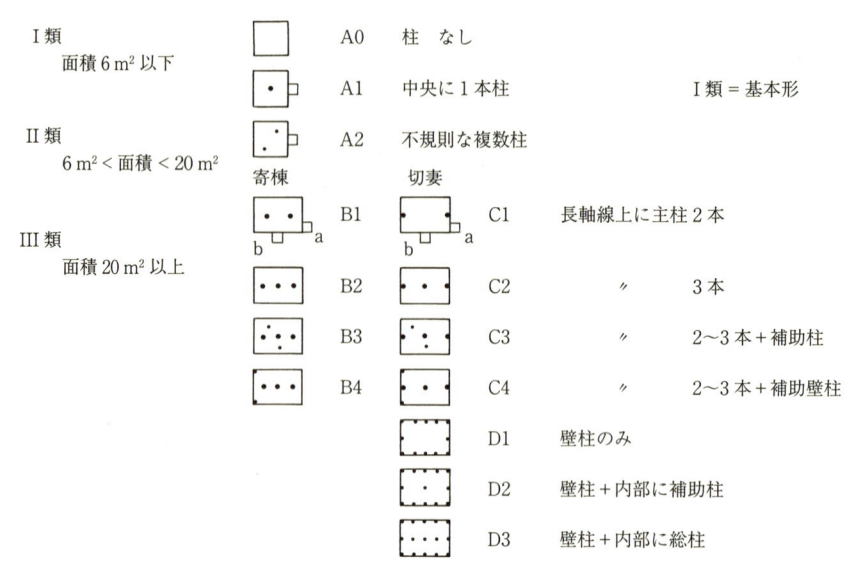

```
Ⅰ類                  □         A0      柱 なし
  面積6㎡以下         ·┐
                      □         A1      中央に1本柱              Ⅰ類＝基本形
                      ···┐
Ⅱ類                  □         A2      不規則な複数柱
  6㎡＜面積＜20㎡   寄棟             切妻
                      ··┐      ··┐
Ⅲ類                  □    b a   □ b a  B1／C1   長軸線上に主柱2本
  面積20㎡以上      ···              ··
                      □          □      B2／C2        〃       3本
                      ···              ···
                      □          □      B3／C3        〃       2～3本＋補助柱
                      ····              ···
                      □          □      B4／C4        〃       2～3本＋補助壁柱
                                  [⋯]    D1      壁柱のみ
                                  [⋯·]   D2      壁柱＋内部に補助柱
                                  [⋯⋯]   D3      壁柱＋内部に総柱
```

第1図　竪穴建物分類模式図

や城館跡内竪穴建物等は充実した構造であることから，単純なものから複雑なものへの変化を捉えるために記号の順を逆に設定した。

　［規模］出入口施設を除いた室内規模であり，本来は床面積とすべきであるが今回は上端で計測した。Ⅰ類：6㎡以下，Ⅱ類：6㎡より広く20㎡より狭い，Ⅲ類：20㎡以上。

　［柱の並び方＝上屋構造］A類：ないか中心1本主体，B類：長軸線上に柱が並ぶ寄棟構造の屋根，C類：長軸線上に柱が並ぶが両端柱が壁際の切妻構造，D類：壁柱で構成される壁立建物

　［主柱・補助穴の数］1類：1または2本，2類：3本，3類：主柱＋床面補助柱，4類：主柱＋壁柱の補助。A～D類の1類は竪穴建物の基本形と考えられる。

　［出入口の方向］a類：長軸方向，短辺にあるもの，b類：長軸方向に直交，長辺にあるもの。

2　調査事例（第2～12図，第1表）

(1) 13世紀～14世紀

　流山市市野谷入台遺跡（伊藤2008）（第2図）は台地上の溝で囲まれた区画の中に長方形のⅡB4a類が主体の竪穴建物8棟が集中する。周囲には掘立柱建物跡や土坑等が殆どないことから，周辺は畑地であり，貯蔵施設の可能性が推測されるが，規模が大きいことから，居住施設の可能性も考えられる。木更津市芝野遺跡（笹生2001）（第3図）は，沖積地の中小農民層の屋敷外の耕地に正方形の3基の方形竪穴が検出され，1基には2本の主柱，2本の補助柱と推定される木杭が残るⅡB3類である。柱穴が検出されないものや小規模なピットは，この類の可能性が考えられる点貴重な例である。他の同様な規模・形状の2基には柱穴がないが方形竪穴遺構とされ，耕地にある倉庫的な景観復元図も作られているが，明確に建物とは言えないために表には掲載して

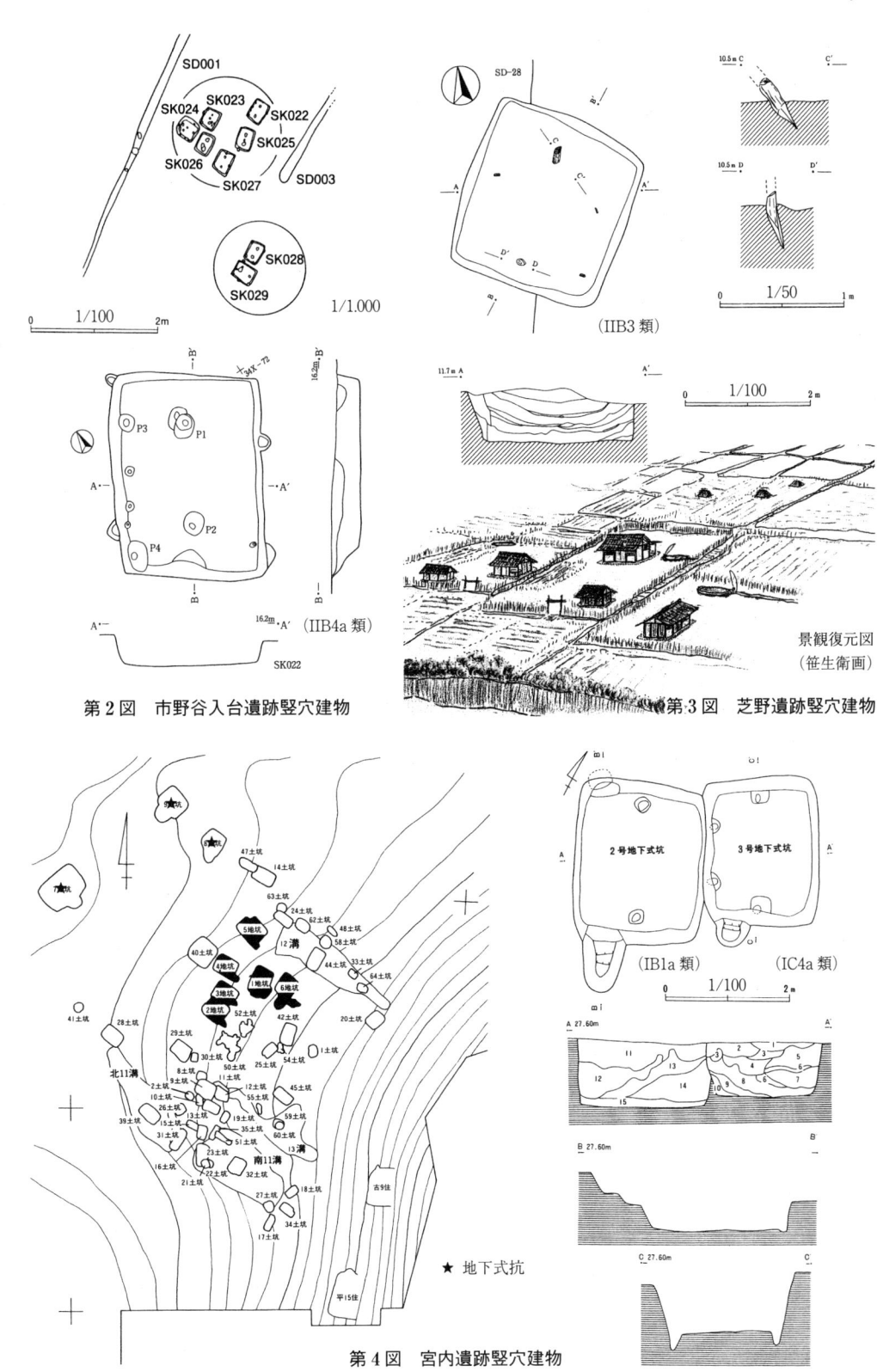

房総における中世竪穴建物について 215

第2図 市野谷入台遺跡竪穴建物

第3図 芝野遺跡竪穴建物

景観復元図
（笹生衛画）

第4図 宮内遺跡竪穴建物

いない。他に，墓域内は横芝光町篠本城跡（道澤2000）（第1表）の2基（IC3類，IA2類），小領主層屋敷内は印西市松崎Ⅲ遺跡（渡邊ほか2006）（第1表）の1基（ⅡB4a類）がある。

(2) 14世紀後半～15世紀前半

　農村としては，山武市中谷遺跡（糸川ほか2001）（第1表），本埜村宮内遺跡（内田1995）（第4図），四街道市権現堂遺跡（高橋2004）（第5・6図）がある。中谷遺跡は沖積地に面する台地裾部で，ピット群中にIA2類が1基検出された。宮内遺跡では，周辺の地下式坑3基の他に，溝で囲まれた土坑群の中心部に「地山の天井のない地下式坑」として竪穴建物跡が6基（IB1a類が主）検出された。これらは遺構群の中央に位置し，出入口施設が明確で深さがあり内部壁面に貯蔵穴と推測される横穴を有すること等から，遺物は極めて少ないが掘立柱建物跡の代わりの居住施設（住居）としての機能が考えられる。権現堂遺跡の中世遺構群は，北西部・北東部・南部の3地区にあり，北西部と北東部は台地整形区画の段差沿いの地下式坑群に囲まれてその内側の掘立柱建物跡や土坑群中にあり，南部は小谷津に面する斜面の地下式坑群に近接する。これらには様々なタイプが存在するが，北東部屋敷内では多様なタイプ，北西部屋敷内にはⅠ・ⅡB類が主体である傾向があり，北西部は掘立柱建物跡，北東部は小土坑群が目立つことから，屋敷の性格の差が竪穴建物にも現れていることが推測できる。また，南部で単独的に大型で壁柱穴が廻るⅡD2a類は地下式坑と関連する居住施設が考えられる。

　街道沿いの宿や街村に推測される袖ケ浦市山谷遺跡（井上2001）（第1表）では，小屋敷区画内を中心にIC2類を主体とする小規模な竪穴建物跡が5基検出された。また，成田市小菅天神台Ⅱ遺跡（小牧1998）（第7図）は，遺構・遺物群から比較的上級階層（各主層か）の屋敷地と推定されるが，母屋（主殿的）である4×6間総柱掘立柱建物跡と2×3間，1×4間等の小規模掘立柱建物跡の間の空間にⅡB4類の竪穴建物が4基検出され，長方形のものが不定形のものを，掘立柱建物跡が定形のものを切っている。特に定形のものは柱が充実し，小規模掘立柱建物跡の前段階で母屋に従属する所従等の住居或いは倉庫が推測される。

(3) 15世紀代

　成田市駒井野荒追遺跡（林1992）（第8図）は，上層農民層の屋敷と屋敷外の墓域に推測され，墓域とされる土坑群内中央部でIB1類が1基検出されている。しかし，柱穴を有すること，「燃焼坑転用墓」や「火葬施設」（火葬土坑）は小谷津を巡るように散在すること，「土坑墓」とされる土坑では人骨・副葬品が出土したものがないことから，火葬土坑は屋敷廃絶後の遺構の可能性も考えられる。千葉市伯父名台遺跡（関口ほか2004）（第9図）は，東側の大きな屋敷区画を中心に西側に小規模な区画がある。竪穴建物は，屋敷地外で長楕円形で周溝がまわるⅡB1類が2基，屋敷内で8基検出されている。前者は畑地の作物貯蔵機能が推測できる。屋敷内では各形状・規模が近いものがまとまり3群を形成している。第3整形区画（図中央部）にIC1a類・IC3類，第4整形区画（図左側）にIA1類・ID1類がある。また第1整形区画（図中央やや左）には床面に周溝が巡り柱穴がないもの（ⅡA0類か）が集中するが，一辺3m前後とやや大型の方形であり，周溝は水抜き或いは板材を立てた壁立建物の可能性も考えられるため，参考に掲載した。門前町

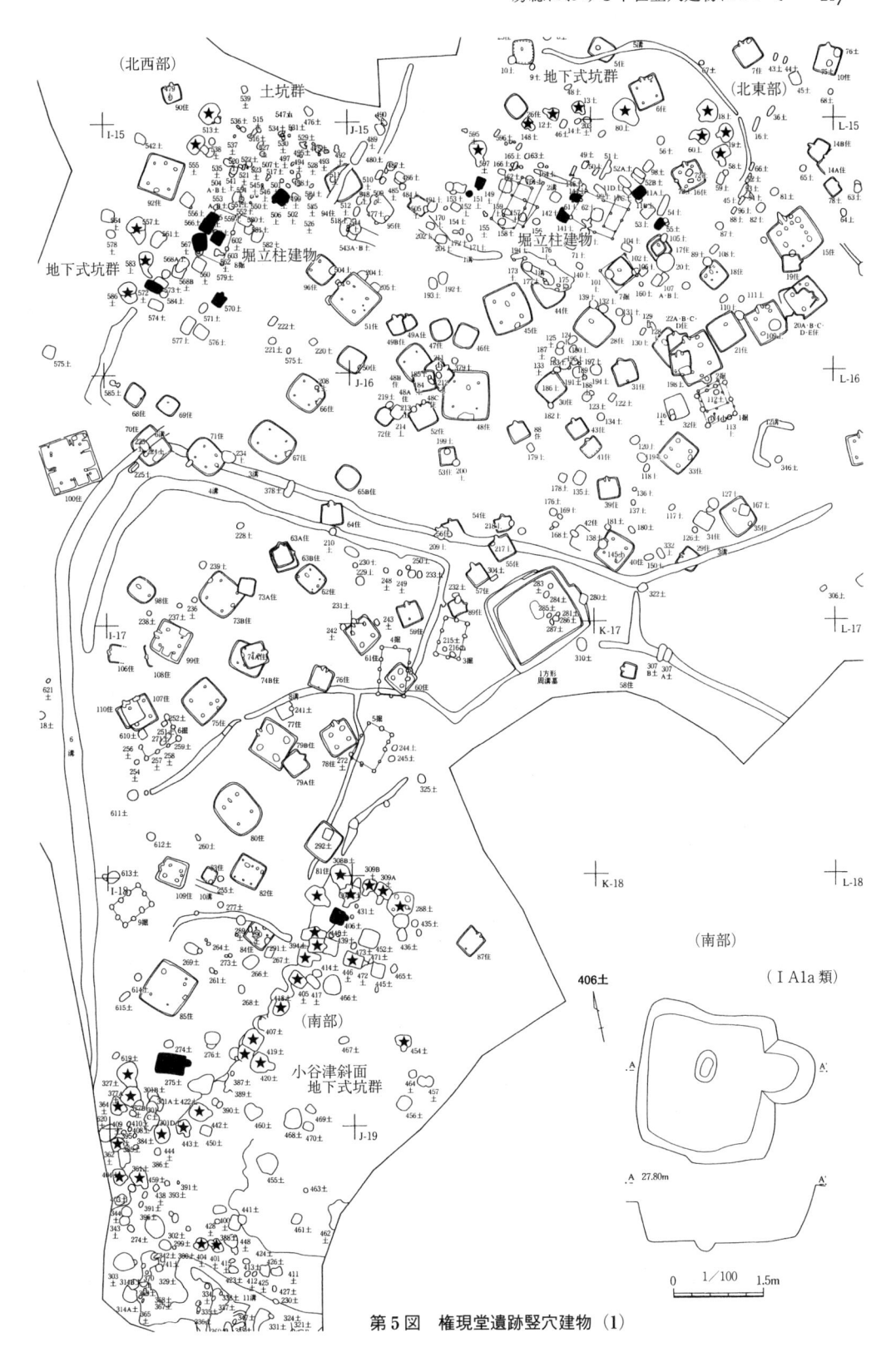

房総における中世竪穴建物について 217

第 5 図 権現堂遺跡竪穴建物 (1)

第 6 図　権現堂遺跡竪穴建物 (2)

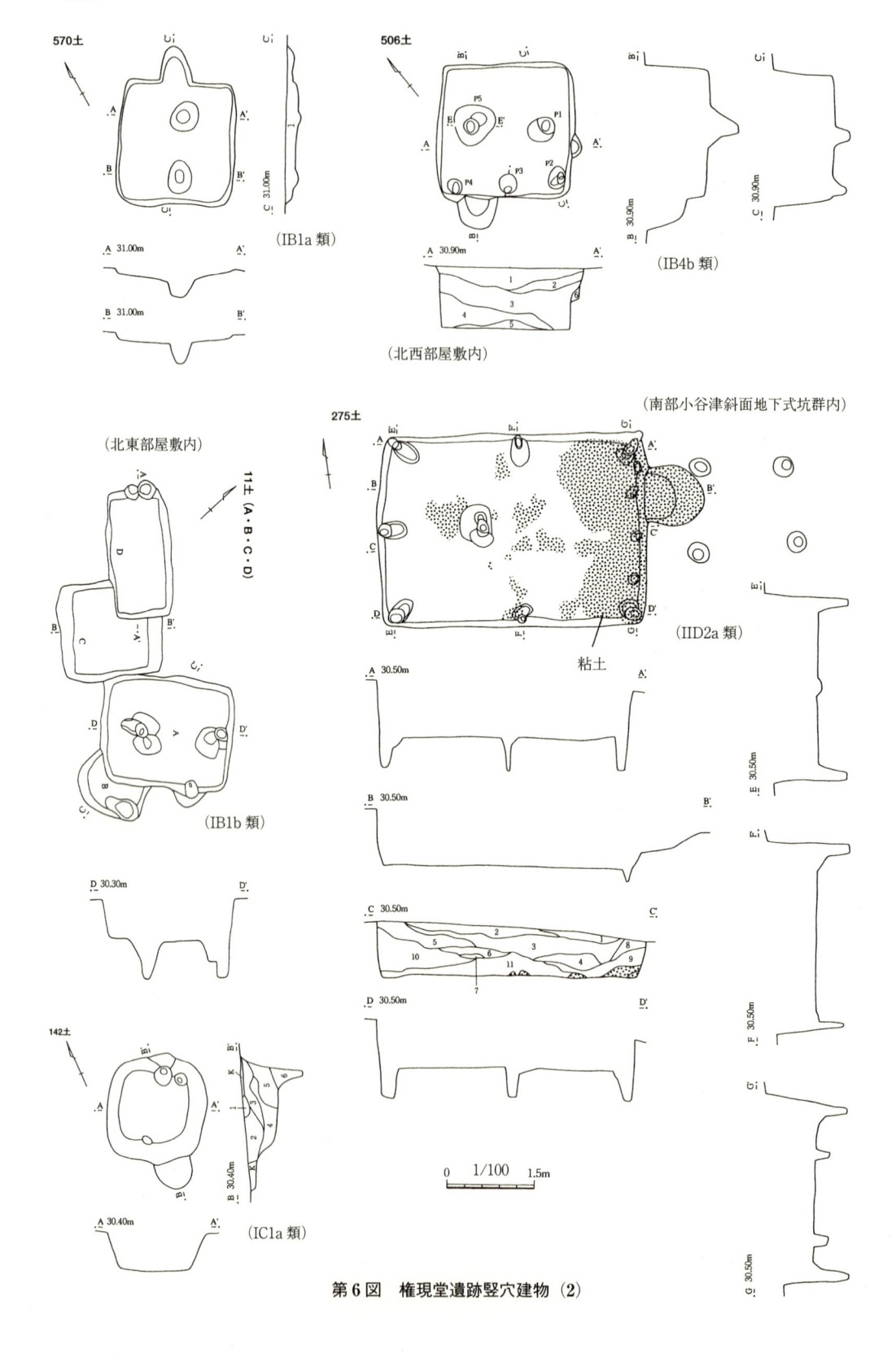

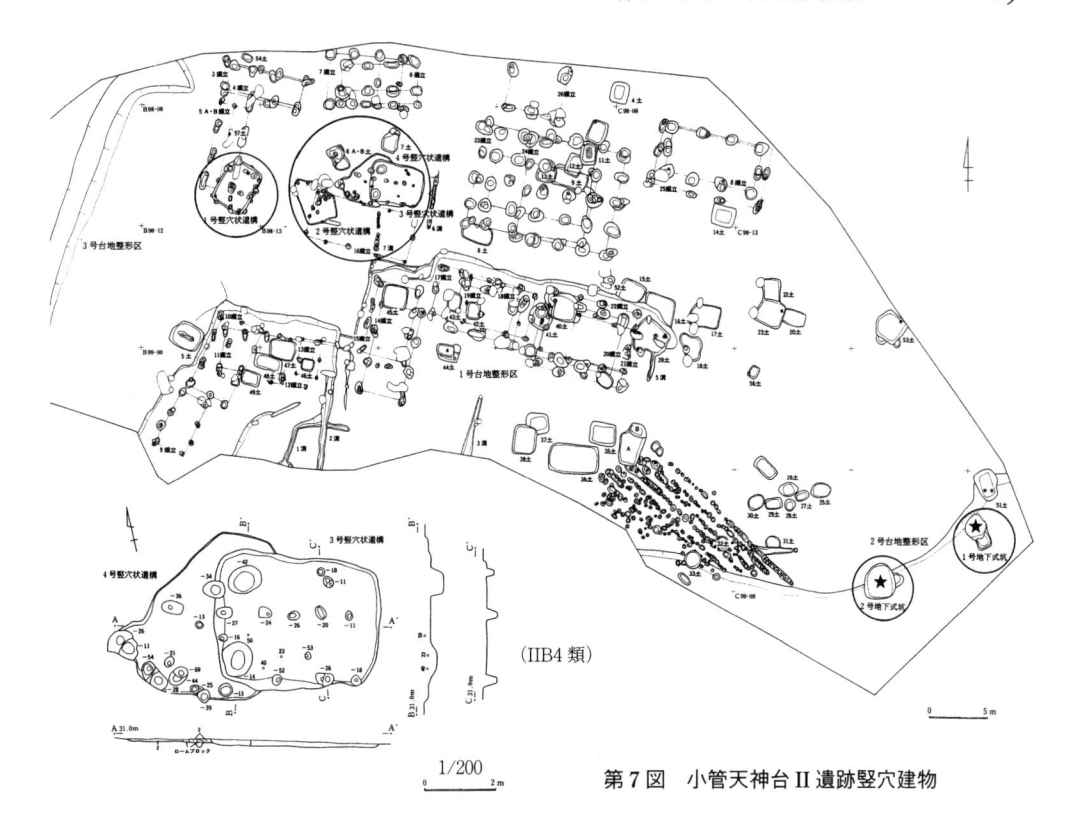

第7図　小管天神台Ⅱ遺跡竪穴建物

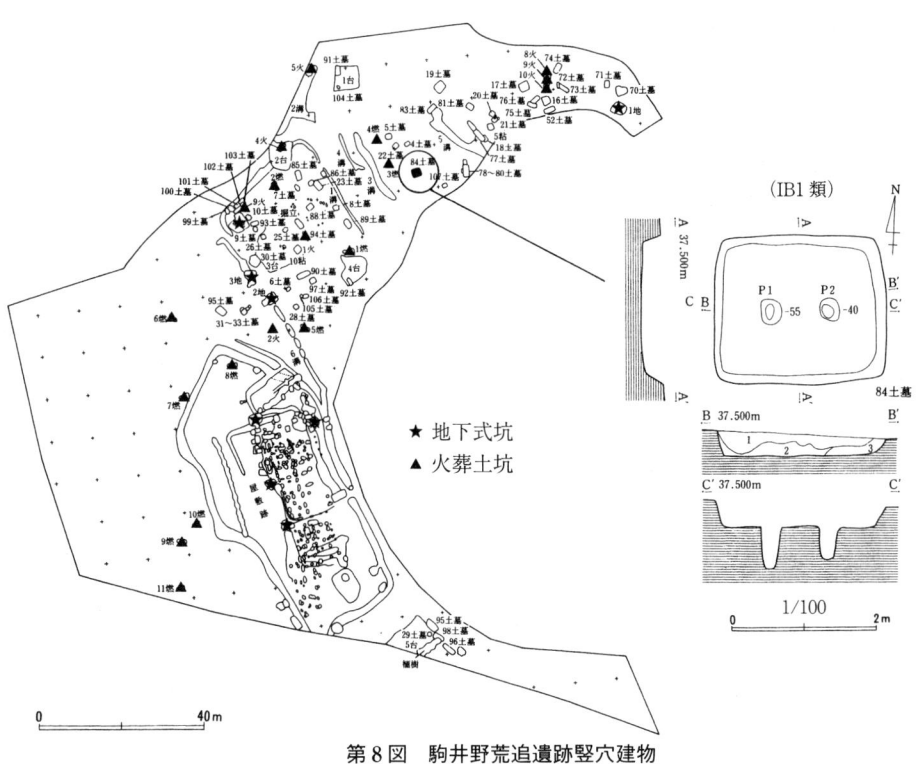

第8図　駒井野荒追遺跡竪穴建物

★ 地下式坑
▲ 火葬土坑

220

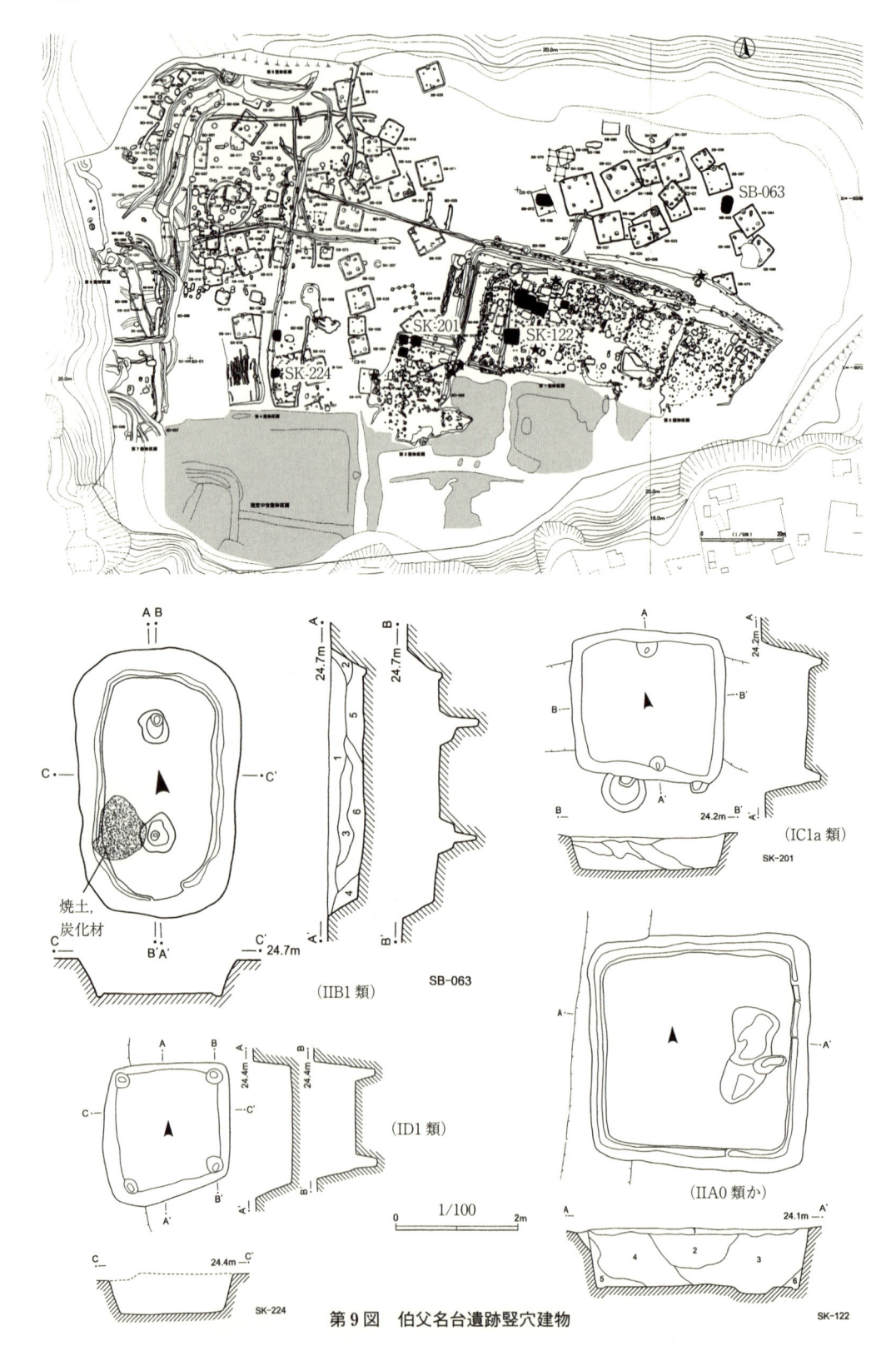

第9図　伯父名台遺跡竪穴建物

に推測される袖ケ浦市荒久（2）遺跡（小林1998）（第1表）では，掘立柱建物跡と重複してⅠA・B・C類が4基，ⅡC3類が1基検出されている。

(4) 15世紀後半〜16世紀代

この時期は，従来の竪穴建物は少なくなる。中世前期から16世紀代に継続する町場的集落と推測される酒々井町墨古沢遺跡（柴田2006）（第1表）では，大型で壁柱が廻る竪穴建物（ⅢD2類）が1基検出されている。城館では，芝山町田向城跡（中野1994）（第10図）で2つの主要郭内で建物群から離れた位置に，大型のⅢD2類とⅡB3a類が1基ずつ検出された。また，木更津市笹子城跡（相京2004）裾部の平場6（第11図）中央部からは，壁柱を巡らす7基の竪穴建物（ⅠD1類3基，ⅠD2類1基，ⅡD1a類1基，ⅡD2類2基）が検出された。因みに小田原城下欄干橋町遺跡第Ⅷ地点（瀬田2007）（町屋部分）でも，一辺4ｍ前後で一部は石積のⅡD2・3類の「方形竪穴状遺構」集中区が検出されている。

(5) 竪穴建物のない遺跡

一方，竪穴建物が存在しない遺跡も多く，逆に地下式坑が多い傾向がある。例えば，13世紀〜15世紀前半の小領主層館跡（四街道市池ノ尻館跡（大橋ほか1986）〈地：12〉），15世紀前半〜16世紀前半の小領主層館跡（千葉市南屋敷遺跡（簗瀬2001）〈地：8〉），15世紀後半〜16世紀の城館跡（四街道市和良比堀込城跡（齋藤ほか1991）〈地：14〉ほか），15世紀後半〜16世紀代〜17世紀初頭の屋敷群（千葉市中野台遺跡（白井ほか2006）〈地：102〉・柏市中馬場遺跡（井上1999）〈地：131〉，東金市前畑遺跡（香取ほか2002）〈地：50以上〉）等であり，竪穴建物の少ない遺跡は先述の篠本城跡の15世紀代の屋敷群〈地：63〉や墨古沢遺跡（2基）〈地：36〉等である。これによると，一定以上の階層である領主の城館や16世紀の町場的屋敷群にはあまり見られない傾向である。逆に，笹子城跡や小田原城跡等の壁柱を巡らすⅡ・ⅢD類は，A〜C類とは性格の異なる，より居住性のあるものであることが推測できる。

(6) 近世

印旛村井戸向遺跡（糸原1996）では，18世紀後半〜19世紀前半の屋敷地が検出され，掘立柱建物跡に切られた，面積10㎡前後の長方形で内部に焙烙を置いた炉を有する方形竪穴が検出されたが，柱穴はない。よって，柱穴が検出されなくても上屋構造があるものが存在することがわかる。

3　時期及び遺跡内の位置と機能

時期による傾向としては，13世紀から16世紀初頭はA〜C類で多様であるが，16世紀代では壁柱を巡らし規模の大きなD類が登場する。遺跡内では，集落居住域や土坑群等から離れて別の地区にあるもの（Ⅰ・ⅡB1〜3類）や，集落・屋敷内で土坑群と近接・重複するもの（Ⅰ・ⅡA〜C1〜3類）は，畑の根菜類等を一時保存する貯蔵機能（芋穴等か），掘立柱建物跡の位置にあるべきもの，または近接・重複するもので壁柱があるもの（Ⅱ〜ⅢB4，C4，D1〜4類）は倉庫または

第10図　田向城跡竪穴建物

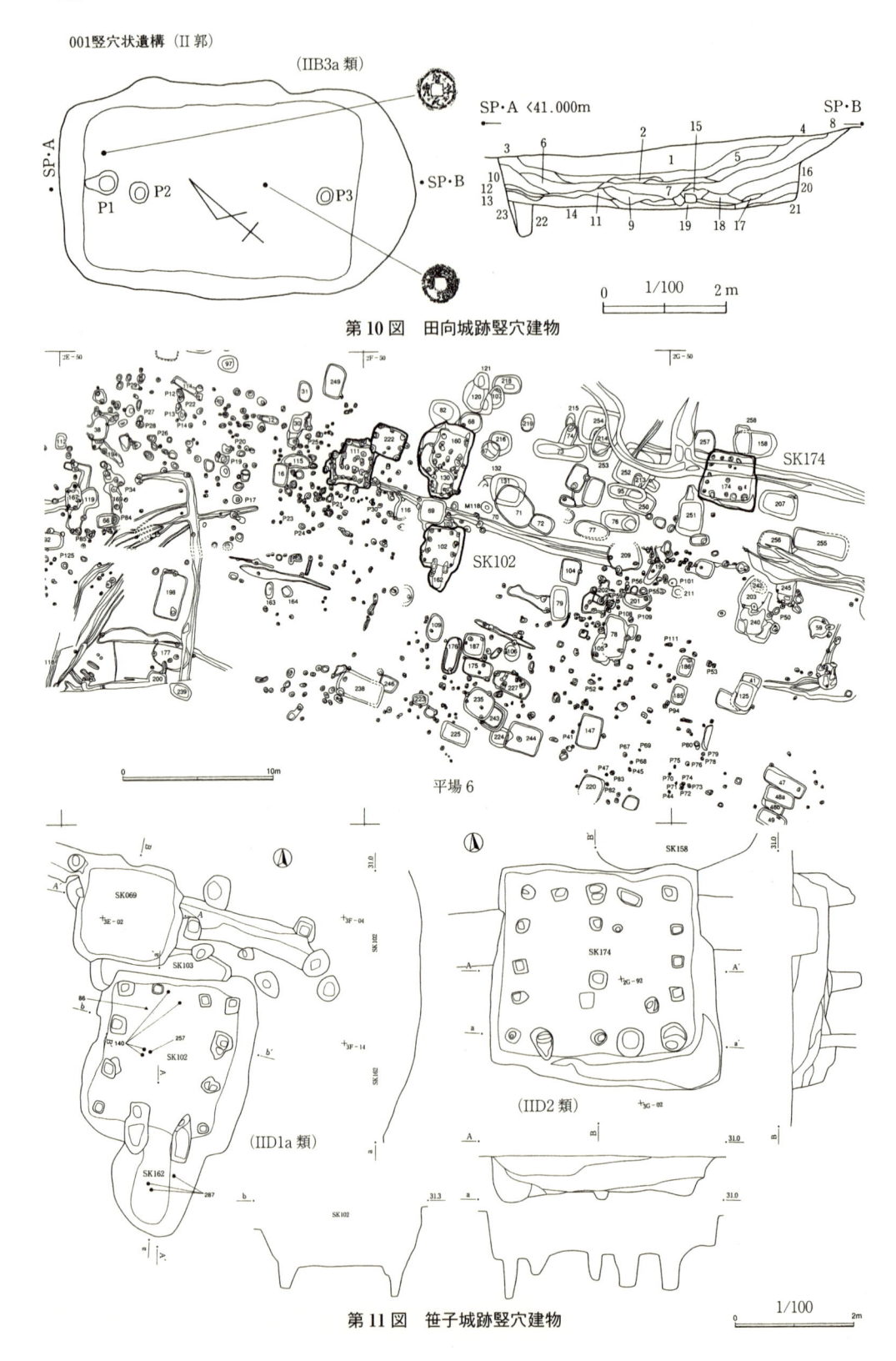

第11図　笹子城跡竪穴建物

第1表　千葉県内の主な中世竪穴建物跡

市町村	遺跡名	遺構名	報告書中分類	分類	形状	規模 短軸	規模 長軸	規模 深さ	施設等（（ ）内は深さ等）主柱穴	施設等 副柱穴	施設等 他	出土遺物	覆土	周辺遺構等	報告書での扱い・機能	遺跡の性格
流山市	市野谷入台遺跡	SK022	竪穴建物	IIB4a	長方形	2.54	3.35	0.48	長軸上2（0.6）	壁際6（0.06〜0.2）、壁上部4	出入口段	なし	ローム粒を多く含む黒色・暗褐色土。埋め戻し。	調査区端で溝に区画された中にSK022〜27が近接。	柱穴を持つので竪穴建物。	13c後半頃の集落はずれの耕地内または集落か？
		SK023	竪穴建物	IIB4	長方形	2.52	3.11	0.52	長軸上3（0.15〜0.44）	隅2、壁際2、他1（0.12〜0.17）、壁上部1		なし	柱穴1基周囲に焼土。柱穴1基は柱を残したまま埋め戻し。	離れてSK028・29が近接。		
		SK024	竪穴建物	IIB4a	長方形	3.14	3.41	0.70	長軸上3（0.27〜0.38）	壁際4、他2（0.05〜0.19）、テラス面5	3辺がテラス状	常滑甕6a	斜めのピット1基底に炭化粒（柱穴以外か）。ロームブロック主体。			
		SK025	竪穴建物	IIB3a	長方形	2.52	3.40	0.81	長軸上3（2基は繰り返し掘り替え、0.55、中央0.13）		南辺に階段状出入口	なし	ロームブロック多く含む暗褐色土で埋め戻し。			
		SK026	竪穴建物	IIB3a	長方形	2.53	3.29	0.84	長軸上2 0.33・0.77、1基は繰り返し掘り替え）		南辺に段状出入口	常滑	床面一部炭化材。ロームブロック多く含む暗褐色土で埋め戻し。			
		SK027	竪穴建物	IIB4a	長方形	2.62	3.47	0.46	長軸上2（0.56）	長軸上壁際2（0.07〜0.14）、他壁際3	南辺に傾斜状出入口	なし	ロームブロック多く含む暗褐色土で埋め戻し。			
		SK028	竪穴建物	IIB4	長方形	2.45	3.38	0.56	長軸上2 3（0.42〜0.46）	隅（0.5）、壁上1		なし	ロームブロック多く含む黄褐色・暗褐色土で埋め戻し。			
		SK029	竪穴建物	IIB4	長方形	2.75	3.32	0.58	長軸上3（0.47〜0.58）	隅2、壁際3、壁面3		陶磁器（近世？）・土器片	ロームブロック多く含む黒色・暗褐色土で埋め戻し。			
木更津市	芝野遺跡	SE-13	方形竪穴遺構	IIB3	正方形	2.60	2.70	1.00	長軸上に2本の木杭	小木杭2		土師器・須恵器	自然堆積	溝。	方形竪穴とした他3基には柱穴なし。水田に伴う貯蔵施設。	13〜14cの小百姓・作人屋敷地
横芝光町	篠本城跡	1号方形竪穴	方形竪穴	IC3	正方形	2.25	2.30	0.75	長軸上、壁際に2（0.1）		浅い土坑3	なし		2号中世区画（墓域）内	他、地下式坑、ピット群、（方形土坑群とは別区域）	13c墓域、14〜15c屋敷群、15c後半城郭化（地下式坑63）
		2号方形竪穴	方形竪穴	IA2？	方形	1.40	2.40	0.62		壁際2	緩斜面上の構築で1辺の壁なし。	なし			2号：食料の貯蔵庫・収納庫、粘土貼土坑=洗い場・便所？	
印西市	松崎III遺跡	SK290	方形竪穴状遺構	IIB4a	正方形	2.85	2.85	0.96	床面2基（0.75、0.5）	隅1基（1.8m？）、壁に3基（0.4〜0.8m）		天聖元寶	一括埋土	掘立柱建物跡・土坑・ピット群、（方形土坑群とは別区域）	ピットはないが床面水平で一辺2m以上の土坑を「方形竪穴状遺構」として18基。方形竪穴建物1基。	13〜15c半（14世紀中心か）の小領主屋敷か（地下式坑2）
山武市	中谷遺跡	SI008	竪穴建物跡	IA2	方形	2.10	2.60	0.67	2（0.5m）	1（0.1）		古代土器片	一挙に埋められた。炭化物・灰あり。	ピット群		12〜15c前半（14c後半中心か）の沖積地に面する台地裾部農村集落・墓地
本埜村	宮内遺跡	1号地下式坑	（天井のない）地下式坑	IC1a	不整方形	1.90	2.25	0.90	長軸上、壁際に2（0.15、0.42）		出入口突出部（階段）（+0.75）。右奥隅壁床に穴（深さ0.4）。	なし	ローム粒・ブロック多く含む。	方形竪穴、土坑群	簡単な小屋（屋根）を持ち、妻入り。ピット持柱の柱穴。穴は貯蔵穴か。墓域を構成するもの。	15世紀代（遺物量極めて少量で不明）の農村集落か（地下式坑5）
		2号地下式坑	（天井のない）地下式坑	IB1a	長方形	2.05	2.50	1.05	長軸上、壁近くに2。		出入口突出部（階段）（+0.75）。左奥隅壁床に穴（深さ0.2）	なし	ロームブロック多く含む。焼土・炭化物粒微量含む。			
		3号地下式坑	（天井のない）地下式坑	IC4a	長方形	1.90	2.30	0.85	長軸上、壁際に2（0.2、0.25）	壁際2（2号埋没時の崩落防止か）	出入口突出部（階段）（+0.35）。	なし	ロームブロック多く含む。焼土・炭化物粒微量含む。	2号を切る。		

市町村	遺跡名	遺構名	報告書中分類	分類	形状	規模 短軸	規模 長軸	規模 深さ	施設等 主柱穴	施設等 副柱穴	施設等 他	出土遺物	覆土	周辺遺構等	報告書での扱い・機能	遺跡の性格
		4号地下式坑	(天井のない)地下式坑	IC1a	長方形	1.80	2.30	0.90	長軸上,壁際に2		出入口突出部(階段)(+0.45)。左奥隅壁床に穴(0.2)	なし				
		5号地下式坑	(天井のない)地下式坑	IC3a	長方形	2.30	2.90	0.80	長軸上,中央に1(深さ0.5),壁際に2(深さ0.25)		出入口突出部(階段)(+0.32)。左側壁床に穴(0.25)	なし	ロームブロック多く含む。			
		6号地下式坑	(天井のない)地下式坑	IC1a	長方形	2.00	2.25	1.20	長軸上,壁際に2(掘方を白色粘土で裏込め)		出入口突出部(階段)(+1.5)。左側壁床に穴(0.4)	覆土中から砥石	ロームブロック多く含む。			
四街道市	権現堂遺跡	11A号土坑	室状遺構	IB1a	方形	1.83	2.23	0.68	長軸上2(0.65,掘り返し痕跡)				ローム粒・ブロック多い暗褐色土	北東部屋敷内掘立柱建物跡周辺	ピットの有無に関わらず,方形土坑を室状遺構(51基)としている。	14～15cの農村集落,墓地か(地下式坑53)
		55号土坑	室状遺構	IA2	隅丸方形	1.45	1.85	0.80	長軸上2(中央と壁際)	壁際1						
		61号土坑	室状遺構	IB4	方形	1.42	1.56	0.70	長軸上2(壁際,0.45)	床面2						
		142号土坑	室状遺構	IC1a	隅丸方形	1.69	1.80	0.61	長軸上2(壁際,0.4)	壁際1			ローム粒若干。			
		149号土坑	室状遺構	IA2 or IB4	正方形	1.96	2.07	0.67	中央近く1(0.3)	壁際1,他1,外側4?						
		151号土坑	室状遺構	IA2	方形	1.60	1.86	0.72	中央(0.35)	隅1?			ローム粒若干			
		275号土坑	室状遺構	IID2a	長方形+張出	3.12	4.50	0.77	4隅と間,中央近くで8(0.55)	出入口側壁際小柱穴4	その入口に4	鉄,銭	埋め戻し。出入口から床面に粘土。	南部小谷津内地下式坑群に近接		
		406号土坑	室状遺構	IA1a	方形+張出	2.35	2.30	0.95	中央に1(0.1)		張出部(出入口?+0.6)					
		414号土坑	室状遺構	IA2	正方形	2.30	2.42	0.64	床面3(0.4),壁隅1	主・副不明						
		506号土坑	室状遺構	IB4b+張出	正方形	2.33	2.20	1.14	中央2(0.5)	壁際3	出入口段		床面にしまりあるローム含む土。	506～573:北東部屋敷内土坑群中		
		556号土坑	室状遺構	IB1b	正方形	1.95	2.39	1.10	中央2		1隅に小土坑,出入口段(+0.4)?		ロームブロック多い。			
		560号土坑	室状遺構	IB4	正方形	2.09	2.12	1.05	中央2,壁際2(0.4)	壁際1			ロームブロック多い。粘土ブロック含む。			
		565号土坑	室状遺構	IB1	長方形	2.43	2.05	0.73	長軸上2(0.3)		1隅に小土坑		ロームブロック多い。	565・566重複,569・567と近接。		
		566号土坑	室状遺構	IB1	正方形	2.13	2.18	0.70	長軸上2(0.3)				ロームブロック多い。	565を切る。		
		567号土坑	室状遺構	IIB1a	正方形	2.46	2.62	0.93	長軸上2(1は0.5)				ロームブロック多い。			
		569号土坑	室状遺構	IIB1b	正方形	2.03	2.13	0.40	中央2(0.35)				ロームブロック多い。			
		570号土坑	室状遺構	IIB1a+張出	正方形	1.99	2.00	0.20	中央2(0.35)		張出出入口(+0.65)					
		573号土坑	室状遺構	IB4?	方形	2.05		0.52	中央2	壁際2?			一部土坑に壊されて不明。			
袖ケ浦市	山谷遺跡	SX005G	方形竪穴	IC2	長方形	1.65	2.30	0.30	長軸壁際2			カワラケ,常滑片口鉢	灰黒色土他,ローム・粘土ブロック含む。	堂or屋敷区画内	一辺2m程の方形土坑を方形竪穴としているが,柱穴あるもの(建物)は5。SX005H・Iは掘立柱建より古か。土師か。	13c後半～15世紀中葉,街道沿い集落(宿)(地下式坑14)
		SX005H	方形竪穴	IC2	長方形	1.90	2.05	0.23	長軸上3か		掘立柱建物跡と重複して不確実。3か			屋敷区画内		
		SH005I	方形竪穴	IC2	長方形	1.9以上	2.1以上	0.15	長軸上3か		掘立柱建物跡と重複して不確実。3か			屋敷区画内		
		SK120	方形竪穴	IA1	正方形	2.10	2.20	0.45	中央部に1(0.55)			青磁碗,カワラケ	不明	緩斜面整形区画内		
		SK306	方形竪穴	IIC1?	方形	2.90	3.10	1.05	壁際に1(0.8)				ロームブロック多量。	地下式坑に切られる。		
成田市	小菅天神台II遺跡	1号竪穴状遺構	竪穴状遺構	IIB4	長方形	3.17	3.94	0.74	長軸上に2(0.15~0.49)	壁際7(深さ0.13~0.52),壁上4(0.16~0.25),内部2(0.34,0.50)		瀬戸捏鉢,常滑甕(2~3型式)	ロームブロック多く含む暗褐色土。	掘立柱建物跡に切られる。		12c~15c中葉の名主層級の屋敷か(地下式坑2)

房総における中世堅穴建物について

市町村	遺跡名	遺構名	報告書中分類	分類	形状	規模 短軸	規模 長軸	規模 深さ	施設等（（）内は深さ等）主柱穴	施設等 副柱穴	施設等 他	出土遺物	覆土	周辺遺構等	報告書での扱い・機能	遺跡の性格
		2号堅穴状遺構	堅穴状遺構	IIC4?	不整形	2.78	3.97	0.28	長軸上壁際に2（0.22, 0.45）		内部に11（0.11～0.66）		ロームブロック多い暗黄褐色土ほか。	掘立柱建物跡と重複		
		3号堅穴状遺構	堅穴状遺構	IIB4	長方形	3.42	4.48	0.17	長軸上5（0.11～0.34），内部3（0.10～0.27）	土坑状掘り込み2基	壁際5（0.18～0.34），内部3（0.10～0.53）	古瀬戸後III平碗，折縁深皿，盤，カワラケ	ローム粒多く含む暗褐色土。	4号堅穴状遺構を切る。		
		4号堅穴状遺構	堅穴状遺構	IIB4	不整形	3.60	4.42	0.14	長軸上2（0.13, 0.21）		壁際7（0.11～0.54），内部2（0.36, 0.69）			3号堅穴状遺構に切られる。		
成田市	駒井野荒追遺跡	84号土坑墓	土坑墓	IB1	方形	1.95	2.40	0.35	長軸上に2（0.4～0.55）			なし	ローム粒・炭化物少量，黒色土多量。	土坑墓群	土坑墓	15c前半～16c前半の層農民層屋敷，集団墓（地下式坑4）
千葉市	伯父名台遺跡	SK-117	方形堅穴遺構	(IIA0)	正方形	3.10	3.15	1.10				瀬戸・美濃，常滑	ロームブロック主体の埋め戻し。	第1整形区画内北西部方形土坑・堅穴群内。SX-010に接する。	方形堅穴遺構，作業小屋	13c前半～16世紀初頭（15c前葉中心）の屋敷，集落（地下式坑7），（柱穴無く，周溝あるものは建物ではない可能性あり。）
		SK-122	方形堅穴遺構	(IIA0)	正方形	3.50	3.70	0.97			周溝，不整形土坑・ピット1	瀬戸・美濃，常滑，元祐通寶	ロームブロック主体の埋め戻し。	第1整形区画内南西部。		
		SK-136	方形堅穴遺構	IC2	方形	1.84	2.02	0.75	長軸方向にピット3（0.3～0.45）			瀬戸・美濃，常滑，鉄製品	ロームブロック主体。	第1整形区画内北西部方形土坑・堅穴群内。		
		SX-010	方形堅穴遺構	(IIA0)	長方形	3.70	5.00	1.12			周溝一部。	瀬戸・美濃端反皿（大窯）	ロームブロック主体。	第1整形区画内北西部方形土坑・堅穴群内。SX-011を切り，SK-117に接する。		
		SX-011	方形堅穴遺構	(IIA0)	正方形	2.60	2.70	1.04			周溝一部。	なし	ロームブロック主体。	第1整形区画内北西部方形土坑・堅穴群内。SX-010に切られる。		
		SB-063	方形堅穴遺構	IIB1	隅丸長方形	2.64	4.28	0.54	長軸上柱穴2（0.6～0.64。柱痕は細い）		周溝	瀬戸・美濃袋物，カワラケ，鉄製品	壁際に焼土・炭化材投棄。	第1整形区画北。単独。		
		SB-072	方形堅穴遺構	IIB1	隅丸長方形	2.86	4.40	0.45	長軸上柱穴2（0.82～88。柱痕は細い）		周溝	常滑甕（13c）		第1整形区画北。単独。		
		SK-200	方形堅穴遺構	IC1a	正方形	2.10	2.24	0.80	主軸方向壁際にピット2（0.36）		南壁に階段状出入口	白磁碗，聖宋元寶	床面一部に粘土ブロック。	第3整形区画内北部。SK-201, 202に近接。溝を切る。		
		SK-201	方形堅穴遺構	IC1a	正方形	2.34	2.50	0.80	主軸方向壁際にピット2（0.19, 0.25）		南壁に階段状出入口	瀬戸・美濃緑釉皿		第3整形区画内北部。SK-200, 202に近接。		
		SK-202	方形堅穴遺構	IC3	正方形	2.14	2.24	0.48	短軸方向壁際にピット2（0.24, 0.34）	内部にピット1（深さ0.17）		土器片		第3整形区画内北部。SK-200, 201に近接。		
		SK-215	方形堅穴遺構	IA1	方形	2.12	2.62	0.28	中央部にピット（0.43）			床面から炭化材片		第4整形区画内。溝に切られる。		
		SK-224	方形堅穴遺構	ID1	不整方形	1.74	2.08	0.60	四隅にピット（0.3）			土器片		第4整形区画内。溝に切られる。		
袖ケ浦市	荒久(2)遺跡	SK-016	土坑	IA0	正方形	2.10	2.15	0.50		一つの隅にピット1基	壁に半地下式横穴（間口0.65，奥行0.3）	瀬戸・美濃灰釉小鉢，青磁細片，カワラケ	下層ロームブロック，上層黒色土。	建物ではない可能性。	方形堅穴遺構，作業小屋	15c代～16c初頭（15c中葉中心）の門前集落か（地下式坑24）
		SK-017	土坑	IC4	不整方形	1.90	2.00	0.27	隅に2基，壁際に2基（0.2～0.4）	1基（0.2～0.4）		陶器細片		掘立柱建物跡と重複。		
		SK-018	土坑	IB3?	正方形	1.34	1.40	0.16	5（重複する掘立柱建物跡のものか）			なし		掘立柱建物跡と重複。		
		SK-092	土坑	IIC3	正方形	2.45	2.45	0.25			ピットが7基（壁際3，他4）あるが，周囲の掘立の柱穴もあるか。	なし		近接する掘立柱建物跡・方形土坑群と同軸。		

市町村	遺跡名	遺構名	報告書中分類	分類	形状	規模 短軸	規模 長軸	深さ	施設等 主柱穴	施設等 副柱穴	施設等 他	出土遺物	覆土	周辺遺構等	報告書での扱い・機能	遺跡の性格
		SK-271	土坑	IC2	不整方形	1.70	2.40	0.85	長軸上ピット3基（2基は壁際、0.45～0.6）			細片。		近接する掘立柱建物跡と同軸。		
酒々井町	墨古沢遺跡	782	大型竪穴状遺構	IIID2	不整方形	3.90	7.20	0.35	壁柱穴（25程、0.3～0.4）		小掘立柱建物跡？（2×2間）				倉庫or作業用の竪穴建物	12c後半以降墓域、14c後半～村落、15c後半村落再編、～近世に継続。（地下式坑36）
芝山町	田向城跡	I郭001竪穴状遺構	竪穴状遺構	IIIA0 or IIID1	長方形	3.90	6.40	1.30	壁面にテラス状部分2＝柱跡か？				敲き締め等入念な短期の埋め戻し。中層に貝殻投棄層。	I郭端。掘立柱建物跡	倉庫か	15c半ば～16c初頭（or後半）の城跡（地下式坑2）
		II郭001竪穴状遺構	竪穴状遺構	IIIB3a	長方形	3.40	5.85	1.10	長軸線上にピット3基（0.5）。			石造物転用品・銭貨（元祐通寶・聖宋元寶）	入念な短期の埋め戻し。	I郭端。掘立柱建物跡		
木更津市	笹子城跡	SK102	土坑（墓）	IID1a	方形＋張出	2.70	2.80	0.90	壁柱穴12（0.35～0.5）		出入口部（+1.4）	青磁皿，瀬戸・美濃碗（大1），擂鉢（大1前）		ピット群，SK130・160	SK102,130,160,222,111は近接し，柱穴群（掘立柱建物跡）の端に位置または近接。SK174はやや離れた位置で土坑群中。方形竪穴は，墓に推測されている。	15c後半～16世紀前半の城跡
		SK111a	土坑（墓）	ID1	長方形	1.60	2.00	0.40	壁柱穴12程（0.5）	周溝，外側に柱穴4？				SK111bと重複。		
		SK111b	土坑（墓）	ID1	正方形	2.00	2.20	0.40	壁柱穴10程（0.5）	周溝		祥符元寶，皇宋通寶，永楽通寶		SK111aと重複。SK222と一部重複。		
		SK130	土坑（墓）	ID1	楕円形	1.70	2.50	0.50	壁柱穴14程（0.45）					SK153を切る。		
		SK153	土坑（墓）	IID2	方形	2.20	2.60	0.70	壁柱穴8（0.5～0.7）楕円形に巡る。中央2？					SK130に切られる。		
		SK174	土坑（墓？）	IID2	正方形	3.40	3.70	0.60	壁柱穴16，内部5（0.4～0.6）		2辺一部拡張			溝・土坑群		
		SK222	土坑（墓？）	ID2	方形	2.00	2.20	0.55	壁柱穴9，内部2（0.15～0.6）			カワラケ		SK111bと重複。		

　作業小屋や小作人等の住居であろうか。また，同遺跡内でも地区により形状が似る傾向がある。つまり，分類のみでは機能や時期の限定は難しく，各遺跡内での在り方を検討するしかないと思われる。なお，地下式坑は竪穴建物を深くして上屋を地山とした形状とも言えるが，遺跡内での位置が異なり，むしろ，掘立柱建物跡に切られる例（小管天神台II遺跡ほか）が多いこと等から，13～14世紀の屋敷内外で所従や小作人クラスの居住或いは貯蔵機能を持つ竪穴建物については，15世紀にかけて台地整形区画の形成と関連して，居住機能は掘立柱建物に，主な貯蔵機能は地下式坑に代わったことが想像できる。

　その歴史的背景としては，気象災害による飢饉（藤木2007），畑作生産の拡大（原田1999），食生活の変化（鍋料理）（井上2009），流通・経済の発展，一般民衆の地位向上，戦国時代への突入（戦乱からの避難と隠物）（藤木1988，2009），集落の再編（散村から集村へ，城下町の形成等）などの要因が相互に関係していることが考えられるが，まさに地下式坑の出現と盛衰にも直接関わる大きな問題である。

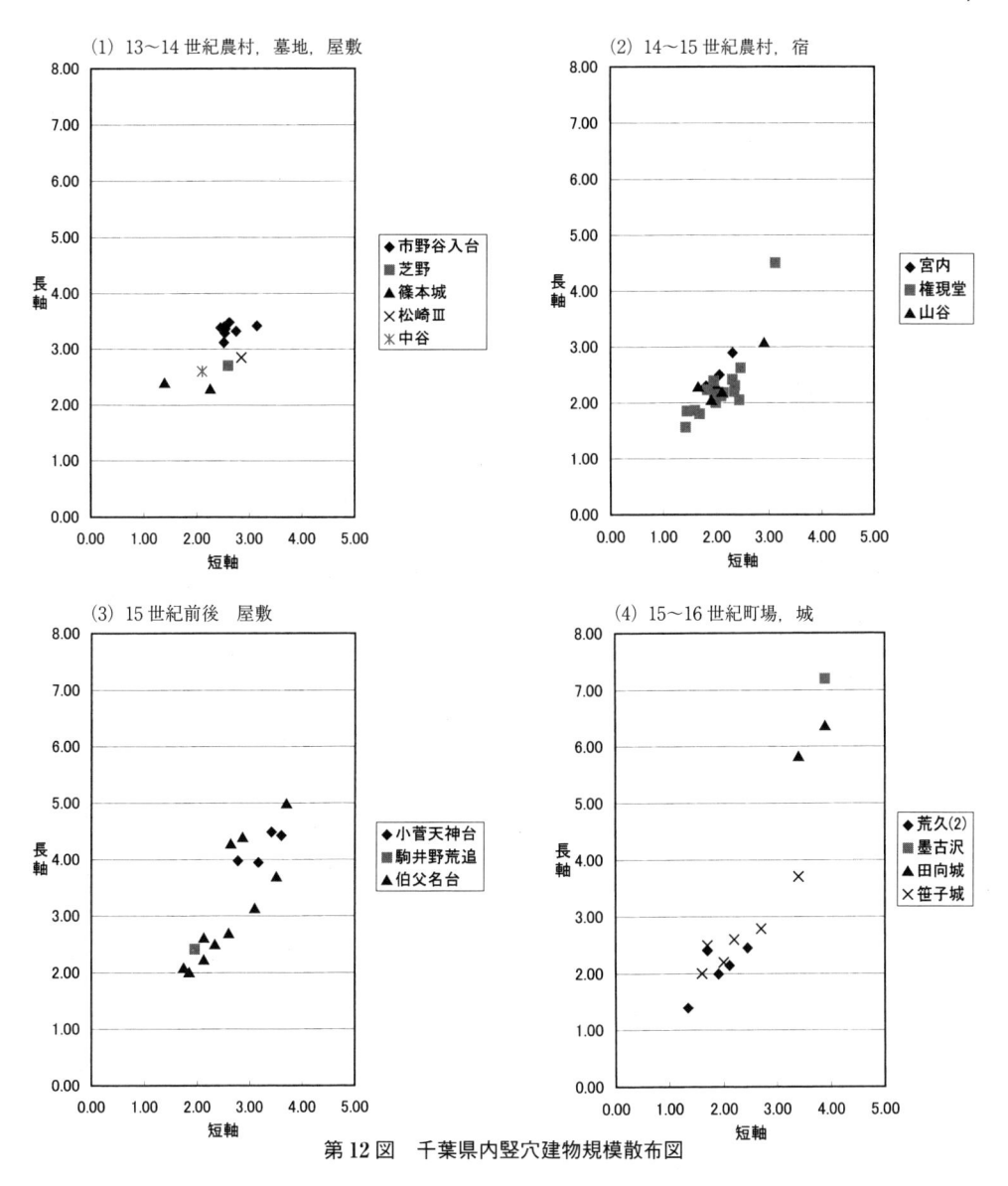

第12図　千葉県内竪穴建物規模散布図

おわりに

　本稿は，2009年3月に宇都宮市とびやま歴史体験館で開催されたシンポジウム「東国中世の建物を考える」での報告を基にしたものである。紙数に限りがあるため，千葉県内の中世竪穴建物を分類し，遺跡の時期・性格別に様相を概略したが，特に機能については，地下式坑同様各遺跡内の在り方をより詳細に検討して別稿に譲ることにしたい。また，他地域との比較では，東北地方に多い住居や工房的機能は少ないこと，鎌倉にしかないとされる柱穴のない竪穴式土台建物との関係も，歴史的にも地理的にも鎌倉に近い位置にある房総ならではの課題であろう。

引用・参考文献

相京邦彦 2004『東関東自動車道（千葉・富津線）埋蔵文化財調査報告書14』（財）千葉県文化財センター
伊藤智樹ほか 2008『流山新市街地地区埋蔵文化財調査報告書3』（財）千葉県教育振興財団
糸川道行ほか 2001『千葉東金道路（二期）埋蔵文化財調査報告書8』（財）千葉県文化財センター
糸原 清 1996『一般国道464号県単道路改良事業埋蔵文化財調査報告書』（財）千葉県文化財センター
井上哲朗 2001『東関東自動車道（千葉・富津線）埋蔵文化財調査報告書9』（財）千葉県文化財センター
井上哲朗 2009「関東における地下式坑の様相」『中世の地下室』高志書院
井上文男ほか 1999『中馬場遺跡（第4次）』柏市教育委員会
内田理彦 1995『本埜村宮内遺跡発掘調査報告書』（財）印旛郡市文化財センター
大橋康二ほか 1996『下総国四街道地域の遺跡調査報告書』中野遺跡調査団
香取正彦ほか 2002『千葉東金道路（二期）埋蔵文化財調査報告書9』（財）千葉県文化財センター
小林清隆 1998『袖ケ浦市荒久（2）遺跡』（財）千葉県文化財センター
小牧美知枝 1998『成田ビューカントリー倶楽部造成地内埋蔵文化財調査報告書（3）』
　　（財）印旛郡市文化財センター
今平利幸ほか 2009『とびやま歴史体験館第8回企画展　東国中世の建物を考える
　　―特に竪穴建物について―』宇都宮市教育委員会
齋藤 毅ほか 1991『千葉県四街道市和良比遺跡発掘調査報告書』（財）印旛郡市文化財センター
齋藤 弘 2009「葬送施設説からみた地下式坑の型式分類」『中世の地下室』高志書院
笹生 衛 1998「本書を理解するために　2.村の生活」『千葉県の歴史　資料編　中世1』千葉県
笹生 衛 2001『東関東自動車道（千葉・富津線）埋蔵文化財調査報告書7』（財）千葉県文化財センター
笹生 衛 2003「地下式坑の掘られた風景」『戦国時代の考古学』高志書院
柴田龍司 2006『東関東自動車道水戸線酒々井PA埋蔵文化財調査報告書3』（財）千葉県教育振興財団
白井久美子ほか 2006『千葉市中野台遺跡・荒久遺跡（4）』（財）千葉県教育振興財団
鈴木弘太 2006「中世「竪穴建物」の検討 ―都市鎌倉を中心として―」『日本考古学』21　日本考古学協会
関口達彦ほか 2004『千葉東南部ニュータウン30』（財）千葉県教育振興財団
瀬田哲夫 2007「小田原城下欄干橋町遺跡第Ⅷ地点」『平成19年小田原市遺跡調査発表会　発表要旨』
　　小田原市教育委員会
高橋 誠 2004『権現堂遺跡』（財）印旛郡市文化財センター
東北中世考古学会編 2001『掘立と竪穴』高志書院
中野修秀 1994『田向城跡』（財）山武郡市文化財センター
原田信男 1999『中世村落の景観と生活 ―関東平野東部を中心として―』思文閣出版
藤木久志 1988『村の隠物・預物』『ことばの文化史［中世1］』平凡社
藤木久志 2007『日本中世気象災害史年表稿』高志書院
藤木久志 2009『城と隠物の戦国誌』朝日新聞社出版
簗瀬裕一 2001『千葉市源町遺跡群』（財）千葉市文化財調査協会
簗瀬裕一 2004「房総の中世集落 ―台地上集落を中心に―」『中世東国の世界2』高志書院
簗瀬裕一 2009「貯蔵施設としての地下式坑」『中世の地下室』高志書院
渡邊高広ほか 2006『松崎地区内陸工業用地造成整備事業埋蔵文化財調査報告書4』
　　（財）千葉県教育振興財団

二次利用または転用された遺物について
― 物質文化の多様性を探る ―

領 塚 正 浩

はじめに

　地下に眠る遺跡からは，多様な遺物が出土する。こうした遺物をよく観察してみると，ある目的のために製作あるいは入手されたにもかかわらず，その後に異なった目的のために使用されたものがあることに気付く。私たち考古学者の関心が低いこと，時代や地域によっては，目立って出土しないこともあり，こうした遺物を正面から取り上げた文献は乏しいが，物質文化の多様性を考える上で極めて重要であり，その研究は考古学上の一分野をなすものである。小稿では，筆者がフィールドとする千葉県の市川市（第1図）を対象地域としながら，このような遺物について触れ，一次利用に終始しない物質文化の多様性に言及してみたい[1]。

1　用語の定義と二つの視点

　一つの道具は，ある目的のもとに製作・使用されるが（一次利用），目的の途中で破損したり，目的が達成されると，しばしば異なった目的のために，異なった道具として使用されることがある。また，食用に入手した動物の身体の一部（骨・角・牙・貝殻など）を加工し，道具として使用したものがある。小稿では，このような場合を道具や食料資源の「二次利用」または「転用」と定義する。現代社会では，「リユース」や「リサイクル」などの用語も使用されているが，「リユース」は同じ目的で同じ道具（またはその部品）を再び使用すること，「リサイクル」はゴミなどの廃棄物・不用品の再資源化・再生利用を意味することから，小稿では混乱を避けるために，この二つの用語を敢えて使用せず，これから話を進めることにするが，その前に注意すべき点があるので，あらかじめ述べておきたい。

　考古学者は，現代人という立場から過去の人間の考え方や行動様式を理解せざるをえないが，過去の人間の考え方や行動様式は，必ずしも現代人と同じという訳にはいかない。当然のことと言い放つこともできるが，実は意外に無頓着な考古学者もいるので，敢えて述べておくことにした。たとえば，縄文時代の貝塚は，しばしば「ゴミ捨て場」にたとえられるが，その多くは当時の「ムラ（集落）」であるから，住まいである竪穴建物も確認されるし，埋葬された人骨が出土することから，「墓地」を兼ねることもあり（第2・3図参照），「ゴミ捨て場」とすることには問

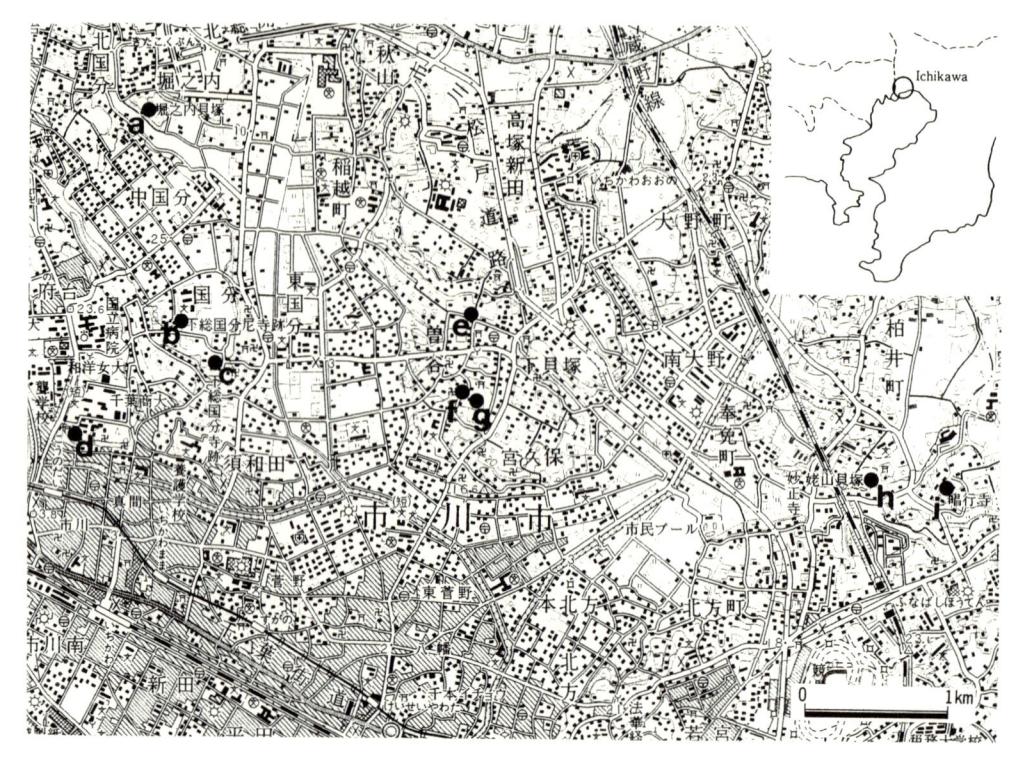

第1図　小稿で扱った市川市域の主要遺跡
　a. 堀之内貝塚　b. 下総国分尼寺跡　c. 下総国分僧寺跡　d. 国府台遺跡（第29地点）　e. 曽谷貝塚　f. 向台貝塚
　g. 平作貝塚　h. 姥山貝塚　i. 今島田貝塚

第2図　姥山貝塚発掘地点図（左）とM地点の埋葬人骨群（右）（杉原・戸沢 1971）

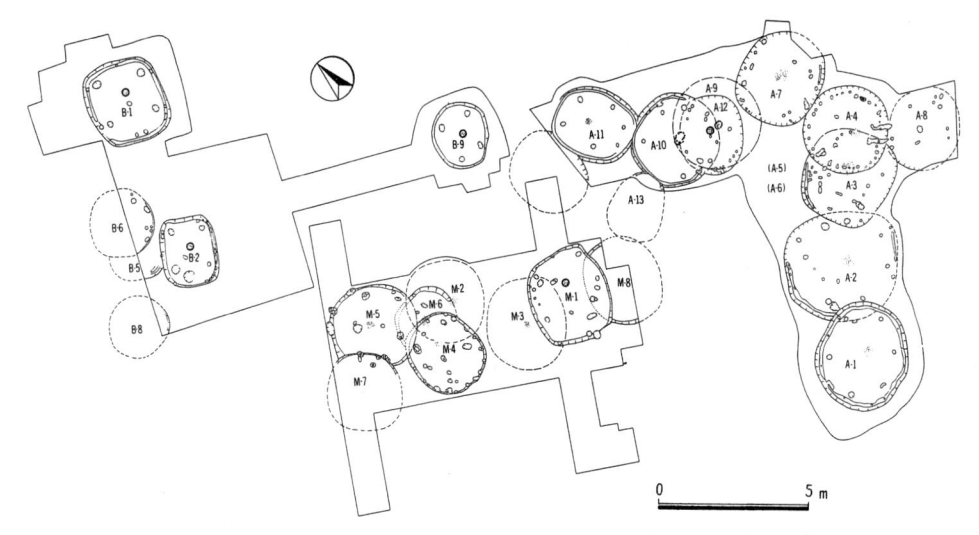

第3図　姥山貝塚 A・B・M 地点の竪穴建物跡群（杉原・戸沢 1971）

題がある。縄文時代の貝塚からは，確かに食用とした貝類の殻や獣類の骨が出土したり，土器や石器の破片が出土することから，現代人が「ゴミ捨て場」にたとえることは一理あるが，それだけの説明では不十分である[2]。そこには縄文人の立場からの視点が欠けている。考古学者は，過去の人間の考え方や行動様式にアプローチする際，現代人の視点から過去を見つめるだけでなく，当時の人間の視点から過去を見つめる必要があり，こうした二つの視点が存在することを認識しておかなければならない。後者の視点に立つことは容易ではないが，考古学上の調査成果を援用しながら，できる限りのアプローチを試みたいと思う。

さて，それでは具体的な内容に入ることにする。市川市域の歴史は，縄文時代以前の先土器（旧石器）時代にまで遡るが，二次利用または転用された遺物は，縄文時代前期・中期・後期の事例が最も古く，弥生時代や古墳時代に一時的に乏しくなるものの，奈良時代や平安時代に至って急増する傾向にある。したがって，ここでは，縄文時代・奈良時代・平安時代にスポットをあてて，二次利用または転用された遺物を見てみよう。

2　縄文時代の報告事例

(1)　土器

　市川市域の北部には，台地や段丘上を中心に縄文時代の貝塚が 54 ヶ所も残されており（堀越・領塚ほか 2008），その密度は全国的に見てもかなり高い。最終氷期がおわり，低下していた海水面が急速に上昇した結果，縄文時代早期には，市川市域の南部にまで海岸線が到達し，貝塚が形成されはじめた。これらの貝塚は，縄文時代早期から晩期にかけて，年代差を持って形成されたものであり，二次利用または転用された遺物は，このうち前期から後期にかけて目立って出土する。貝塚の場合，大量の貝殻を除くと土器や石器が出土する遺物の大半を占めているので，ここでは

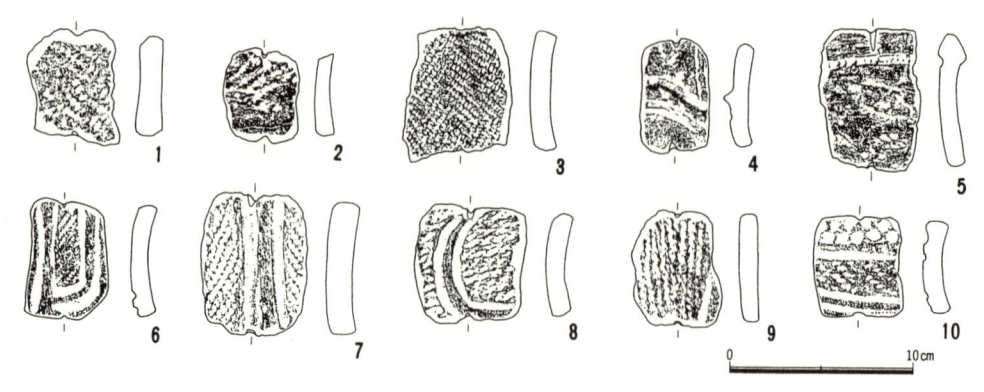

第4図　向台貝塚出土の土器片土錘（堀越・領塚 1999）

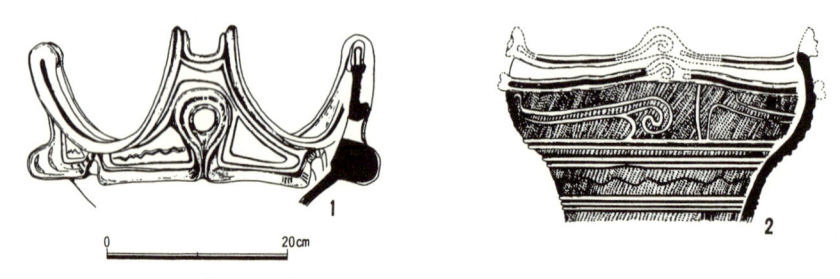

第5図　今島田貝塚出土の炉体土器（熊野 1969）

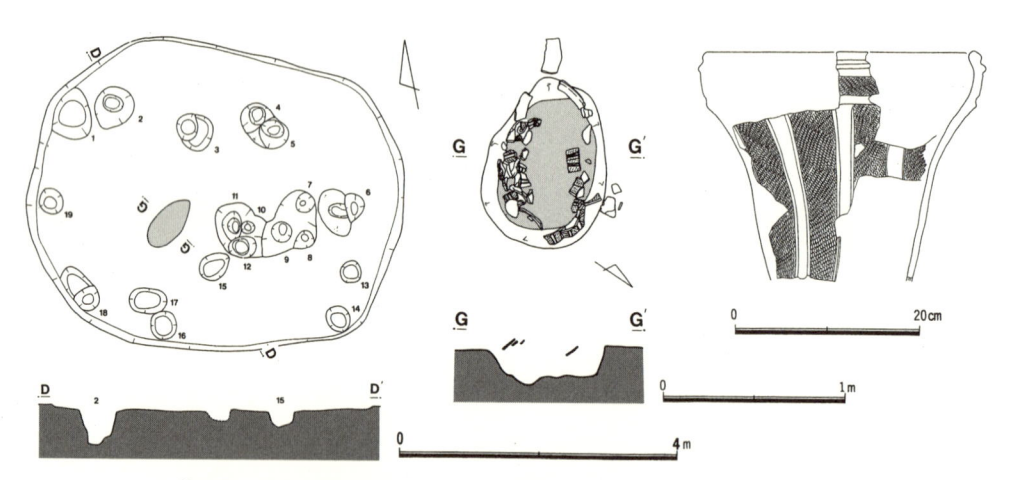

第6図　平作貝塚の竪穴建物跡・土器囲炉・炉内出土土器（斉藤 1988）

　まず土器に着目してみよう（第4〜6図）。
　市川市域では，中期後半の遺跡（貝塚）を中心に土器片を二次利用または転用した漁撈用の土錘（第4図）が多数出土する。たとえば，向台貝塚（第1図f）では，700点を超える土錘の出土が確認されており，堀越正行氏によって，その属性が明らかにされている（堀越 1999）。土器片利用の土錘は，破損または破壊した土器を打ち欠き，楕円形になるように形を整え，場合によっては破断面を研磨した後，長軸方向の2ヶ所に紐掛け用の溝を刻んでいる（第4図）。興味深いこ

とに二次利用または転用された土器の一部に前期前葉の土器片が10点ほど含まれていた。市川市域とその周辺では，前期前葉に土器片利用の土錘が出土することは稀で，向台貝塚が前期前葉の遺跡でもあるとはいえ，それらが10点も出土することはまずない。全体がわかる3点の土錘（第4図1～3）を観察する限り，その形状・大きさ・重量・製作法は中期後半の土錘（第4図4～10）に極めて近い。このことは，中期の縄文人が前期の土器片を使用し，土錘を製作した可能性を強く示唆するものであり，土器の製作年代と土錘の使用年代が一致しないことを意味する（堀越1999）。世代を超えた遺物の二次利用または転用である。私たち現代人の多くは，日常生活で土器の破片を使用する機会がないこともあり，「ゴミ」のような存在と考えがちであるが，縄文人たちにとっては意外にも，身近で調達できる「原材料」あるいは「資源」のようなものであったのかもしれない。国史跡の曽谷貝塚（第1図e）からも，後期初頭の土器片土錘が出土しているが，その数は数点で向台貝塚と比較すると激減しており，その原因の解明が求められている。曽谷貝塚からは，土器片土錘以外にも土器の周縁を打ち欠き，円形に仕上げた後期の円盤が数十点出土しているが，その用途を明言できる状況にはない。

　また，縄文時代中期中葉から後葉の竪穴建物跡の中央部付近から，下半部を打ち欠かれた1個体分の縄文土器が口縁部を上にした状態で，しばしば埋設された状態で出土することがある。土器の内部から焼土や灰が出土することから，土器を炉の縁取りに二次利用または転用しており，「埋甕炉」と呼ばれている。第5図に今島田貝塚（第1図i）で埋甕炉に使用されていた炉体土器（熊野1969）を2点ほどあげた。第5図1は，波状口縁を呈する阿玉台式の深鉢形土器を転用したものであるが，高低差の大きい波状口縁が嫌われたために，口縁部を下にした状態で炉体に使用された稀な事例である。第5図2は，加曾利EI式の深鉢形土器を転用したもので，口縁部を上にした状態で炉体に使用されており，埋甕炉としては最もポピュラーなものである。こうした埋甕炉を含めた竪穴建物跡の炉において，燃料の木を燃やした後に残る灰を木の実のアク抜きに使用すれば，燃料の二次利用または転用ということになるが，それを考古学的に証明することには困難がともなう。炉の縁取りに土器片を使用した炉（土器片囲炉）や一部に自然礫を多く含んだ炉もあるが，大きな自然礫からなる石囲炉のようなものはない。第6図は，平作貝塚（第1図g）で確認された竪穴建物跡・土器片囲炉・炉内出土の深鉢形土器であり（斉藤1988），炉内とその周辺から磨石・敲石や石皿の破片が僅かに出土している。

(2) 石器

　市川市域では縄文時代前期から後期にかけて，二次利用または転用された磨製石斧・打製石斧・石皿・石剣などの石器が多数出土する（領塚2006）。第7図に向台貝塚から出土した石器を5点あげた（堀越・領塚ほか1999）。第7図1は，物を切るためのスクレイパーであるが，石器の礫面に平滑で光沢のある部分が残っており，石皿の破片を二次利用または転用したことがわかる。第7図2は，片面が平滑で1ヶ所に凹みがある緑泥片岩製の打製石斧である。市川市域では，緑泥片岩製の石皿が破片の状態でしばしば出土するし，この打製石斧には石皿に見られる円錐形の凹みがあることから，石皿の破片を二次利用または転用したものと考えられる。全形を留めた石

皿が出土することは極めて稀であり，多くは中央の部分が磨り減って薄くなり，孔があいて機能しなくなると分割され，磨石・敲石や打製石斧などに二次利用または転用されている。第7図3～5は磨製石斧である。木を切るための磨製石斧は，先端が磨耗したり，破損して使用できなくなると，木の実を加工するための磨石・敲石（第7図3・4），骨角器を製作するための砥石（第7図5）などに二次利用または転用された。周辺に適当な石材の産地がないことから，市川市域やその周辺の遺跡を発掘しても，石鏃などの小型の石器を除いては，石器製作時の剥片や砕片が出土することはない。つまり，製品の形で入手されている石器が多く，生産地の遺跡と比較すると，石器の二次利用または転用が極めて顕著であり，この地域の大きな特色となっている。また，石剣は祭祀や儀礼に関わる石器と考えられているが（後藤2007），国史跡の堀之内貝塚（第1図a）からは，その破片を打製石斧として二次利用または転用したものが出土しており，その機能について重要な問題を提起している[3]。このことは，祭祀や儀礼に関わるような石器であっても，目的が達成されると，道具としての機能や位置付けがリセットされ，「原材料」または「資源」のようなものに転化することを示しており，縄文人の世界観を考える上で極めて興味深い（領塚2006）。

(3) 動物の身体

　縄文人たちは，食用に入手した動物の身体の一部を使用して，実用的な利器や装飾品などを製作することがあり，こうした遺物が市川市域の貝塚からも出土している。第8図に向台貝塚から出土した骨・角・牙・貝器をあげた（堀越・領塚ほか1999）。鹿角でできたヤス状刺突具（第8図1），イノシシやニホンジカの四肢骨でできたヤス状刺突具（第8図2・3），イノシシの牙でできた玉（第8図4），ニホンジカの四肢骨でできた髪飾り？（第8図5），ハマグリ・カガミガイ・イタボガキ・アカニシなど，貝殻を素材とした箆形貝器（第8図6）・貝刃（第8図7・8）・貝輪（第8図9・10）・磨耗貝器（第8図11）などがある。これらが食料資源として一次的に入手されたものである場合，その一部を使用すれば二次利用または転用されたことになる。自然死あるいは病死した動物の身体の一部，自然に落角した鹿角などから，実用的な利器や装飾品を製作したとすれば，二次利用または転用には該当しないことになるので，その判定には困難をともなうことが予想される。実際には，可能性を示唆するに留めざるをえないかもしれない。貝塚からは，動物の骨が分割された破片の状態で出土することから，縄文人たちが骨髄食をしていたこともわかっている。当然，毛皮なども利用されていた可能性が高いから，狩猟・採集活動によって入手した動物の身体は，余すところなく生活に役立てられていたと考えられる。

　市川市域の縄文人たちは，世代を超えた強い規範のもとで，ムラ（集落）の一部に貝類や獣類などの食物残滓をはじめ，破損した土器や石器などを集積し続け，結果的に環状あるいは馬蹄形を呈する貝塚を形成していた。小稿で取り上げた姥山・向台・曽谷・堀之内などの大型貝塚は，その典型的な事例といってよく，集積された膨大な遺物も，ある意味では二次利用または転用の産物と考えてよいであろう。古市川湾とその周辺から水揚げされた大量の貝殻は，集積される途上で次第に風化し，白色を呈して彼らのムラ（集落）をシンボリックなものにしていった[4]。縄

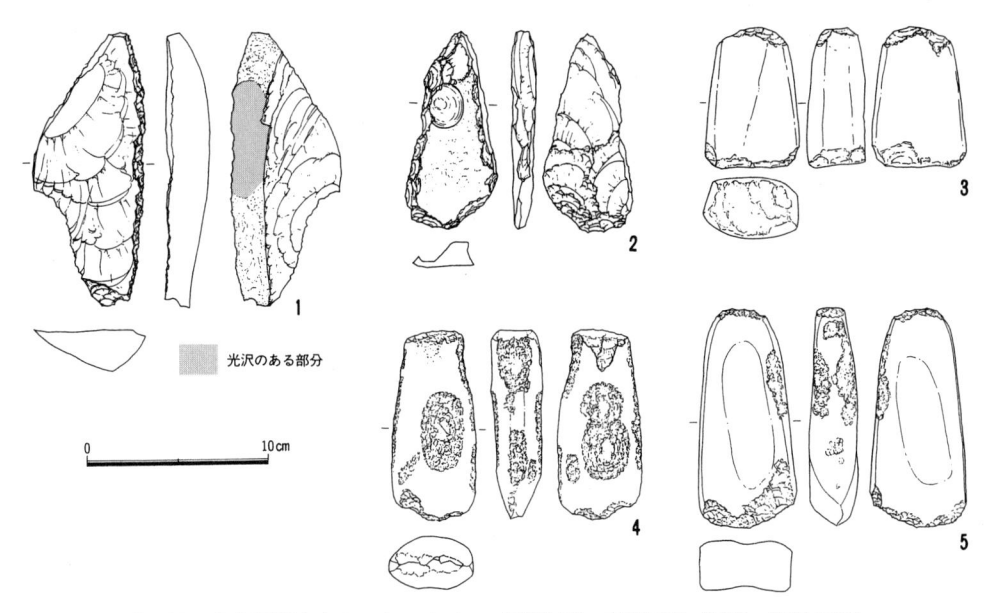

第7図　向台貝塚出土のスクレイパー・打製石斧・磨製石斧（堀越・領塚1999）

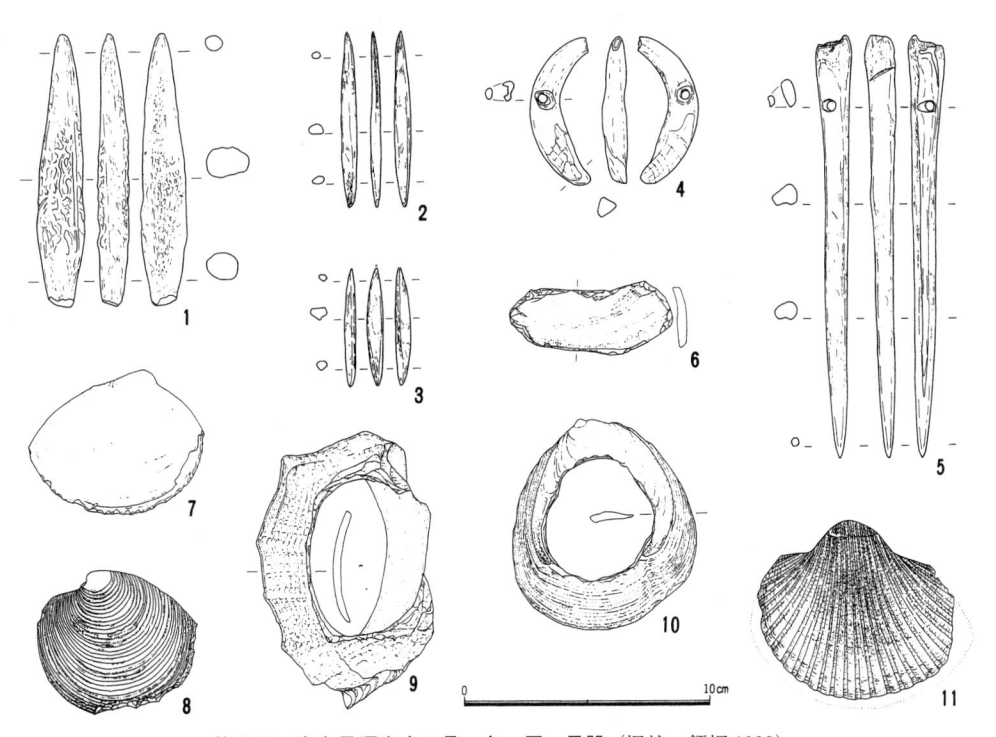

第8図　向台貝塚出土の骨・角・牙・貝器（堀越・領塚1999）

　縄文人たちは，竪穴建物跡などの凹地を意図的に埋め立てることはしても，平面的に広がる大量の貝殻が見えないように，意図的に土を被せるようなことをした痕跡に乏しいことから，風化した貝殻の白い色調を意識していた可能性がある。

3 奈良・平安時代の報告事例

(1) 土器

この時代には、土師器・須恵器・灰釉陶器などが二次利用または転用されており、各々の特徴を活かした形で使用されている。第9図に下総国分僧寺跡（第1図c）や国府台遺跡第29地点（第1図d）から出土した土師器と須恵器をあげてみた（山路・領塚ほか1994、芝田ほか2002）。土師器（第9図1・4・5・6・7・8）のうち、最も多いのは坏や皿の二次利用または転用であり、転用硯やパレットとして使用されたもの（第9図1・4）、灯明皿として使用されたもの（第9図5）、紡錘車や円盤状に加工されたもの（第9図7・8）、落書などが書かれたもの（第9図6）などがある[5]。第9図7は、土器の底部を円盤状に加工したものであるが、用途は不明である。その形状からすると、あるいは紡錘車の未製品であるのかもしれない。筆者は、第9図5の坏を灯明皿に二次利用または転用されたものとしたが、この時代には専用の灯明皿がなく、坏がその用途も兼ねていることから、これを二次利用または転用と考えるかどうかは、改めて吟味する必要がある[6]。また、坏には特別な出土状態を示すものがある。たとえば、カマド内に直立した支脚の上面に坏を伏せて置いたり、複数の坏を重ねた状態で伏せて置いた事例があり、こうした事例をカマドをめぐる祭祀や儀礼と結びつける意見があるが（大野1993）、これらについてもライフ・ヒストリーを念頭に置きながら、本来の用途に含めるべきかどうか、改めて吟味する必要があるのではなかろうか。坏や皿以外では、下総国分僧寺跡の営繕施設で土師器の甕の縦半分を打ち欠き、赤色顔料や白色顔料を入れるパレットとして二次利用または転用した土器が出土している（山路1995）。須恵器では、甕の破片を使用した硯（転用硯）がしばしば出土するが、甕の破片を使用した紡錘車（第9図9）や砥石（第9図10）の出土も報告されており（芝田ほか2002）、硬質で緻密な胎土という土器の特徴をうまく活かしている。下総国府跡・下総国分僧寺跡・同尼寺跡やその周辺でも、出土する硯の主体は転用硯であり、円面硯や風字硯などが出土することはあまりない。需要があったにもかかわらず、専用の硯が出土しない訳であるから、それが如何に高価なものであったかがわかる。下総国分僧寺跡では、こうした土師器や須恵器以外にも、8世紀後葉から9世紀前半に位置付けられる竪穴建物跡の床面から、頸部や注口の一部が意図的に打ち欠かれた灰釉陶器の浄瓶が埋設された状態で出土しており、胞衣壺または地鎮にかかわる遺物と考えられている（山路・領塚ほか1994）。市川市域では、灰釉陶器に限らず頸部を欠いた須恵器がしばしば出土することから、これらの一部には意図的に頸部などを打ち欠いて、二次利用または転用したものが含まれていよう。それらの用途については、個別に詳細な調査が必要となるので、ここでは敢えて触れないことにする。

(2) 瓦

下総国分僧寺跡（山路・領塚ほか1994）や同尼寺跡（堀越・山路ほか1986）の寺院地内では、国分寺に葺く目的で製作された男瓦や女瓦が竪穴建物のカマドの支脚として二次利用または転用され

二次利用または転用された遺物について 237

第 9 図　下総国分僧寺跡（山路・領塚ほか 1994）及び国府台遺跡第 29 地点（芝田ほか 2002）出土遺物

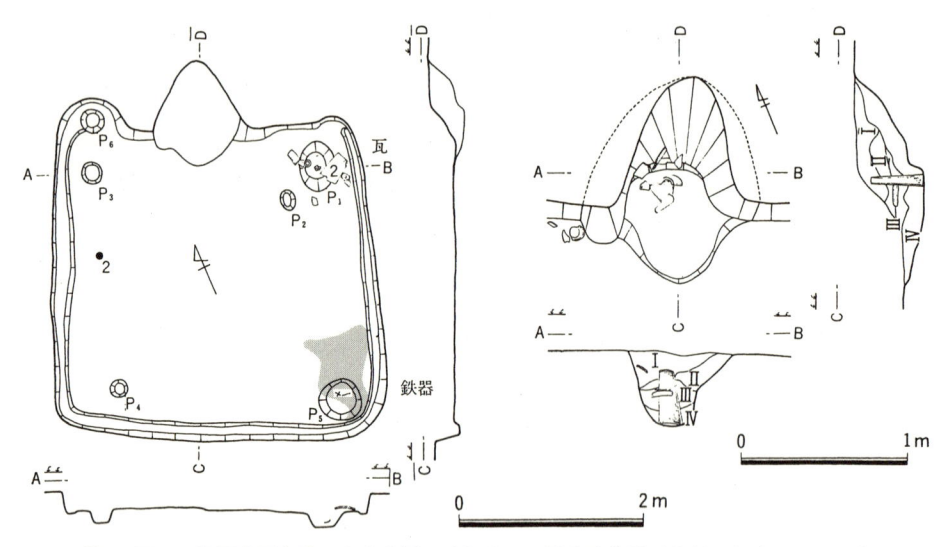

第10図　下総国分尼寺跡のすぐ北側で確認された竪穴建物跡（寺村・松本ほか 1974）

ており，その北方に広がる国分遺跡（寺村・松本ほか 1974）をはじめ，周辺の遺跡（斉藤 1986）などでも類例が数多く報告されている。第10図は，下総国分尼寺跡（第1図b）の北辺溝のすぐ北側（国分遺跡）で確認された竪穴建物跡の平面図とカマド部分の拡大である（寺村・松本ほか 1974）。この竪穴建物跡は，出土した土師器の坏などから年代的には10世紀代に位置付けられ，男瓦が直立した状態でカマドの支脚として使用されていた。この竪穴建物跡のように，何らかの理由で国分寺に葺く目的で製作された男瓦や女瓦が二次利用または転用された事例は，上総国分僧寺跡（櫻井ほか 2009）や武蔵国分僧寺跡（有吉・早川ほか 1979）の寺院地内やその周辺でも確認されており，竪穴建物跡のカマドの煙道や内外壁の補強財などにも瓦が使用されている。瓦は調達が容易な原材料でもあったようである。また，下総国分僧寺跡や同尼寺跡では，結城廃寺・常陸国分寺・上総国分寺などの他寺院の工房で生産された軒先瓦が出土したり，用土の耐火温度を超えて焼成したために，内部に気泡が入り，膨張してヒビ割れてしまった瓦が出土することがあり，二次利用または転用の可能性が指摘されている（山路 1995）。以上のような瓦の二次利用または転用は，下総国分寺がある市川市域の地域性を如実に物語っているし，古代寺院や瓦窯址があるような地域では，しばしば確認できることに注目しておきたい。

4　研究の体系化を目指して

　二次利用または転用された遺物については，すでにエドワード・S・モールス氏が『SHELL MOUNDS OF OMORI』（Morse1879）の中で言及しており，坪井正五郎氏や江見水蔭氏らがこれに続いたが（坪井 1894, 江見 1911），その研究が正しく継承されることはなかった[7]。日本の先土器（旧石器）時代の研究では，一時期，石器の変形論が問題になったことがあるが（長崎 1990），この時代には二次利用または転用された石器が乏しいこともあり[8]，同一器種の石器の形態変化

に重点が置かれて，それ以上の発展をみることはなかったのである。縄文時代以降の研究でも，遺跡の調査報告などで二次利用または転用された遺物の記述が見受けられるが，それを体系的に記述した文献を目にすることはまずない。筆者には，二次利用または転用された遺物の研究が停滞していることと戦後の日本社会や経済状況が相関関係にあるように思えてならない。私たち考古学者は，何時しか大量生産・消費社会と表裏一体の「使い捨て文化」に埋没し，その結果，二次利用または転用という問題に無関心になっていないだろうか。日本では，大量生産・消費社会の弊害を打開するために，1991（平成3）年に再生資源利用促進法，2002（平成12）年に循環型社会形成基本法が相次いで制定され，環境と経済を両立する循環型社会の実現に向けた国の取り組みが本格化している。筆者が二次利用または転用された遺物に注目しはじめたことも，こうした国の取り組みに触発されたからにほかならず，現代の社会問題を念頭に置いて過去を見つめ直したことに起因する。道具や食料資源の二次利用または転用は，時代を問わない通時的な人間の行動様式であるし，そのことに注目した研究は意義のあることであり，考古学研究上の一分野をなすものといえる。小稿では，筆者がフィールドとする千葉県の市川市域を対象としたが，二次利用または転用された遺物は，時代（時期）や地域によって出現頻度が異なっており，それらを体系的に整理することができれば，人間が生み出した物質文化の多様性を明らかにできる。こうした視点は物質文化の全般に適用可能であることから，将来的には国外の事例との相対化によって，道具や食糧資源の二次利用または転用に関する，日本の物質文化の独自性を明らかにできよう。二次利用または転用された遺物は，これまで積極的に研究されることはなかったが，それらを時間的・空間的に整理し，体系化することにより，これまでとは違った視点に立って，日本の物質文化の多様性や独自性を明らかにすべきである。小稿は，こうした研究の必要性を説くための起爆剤であり，考古学研究上の一分野をなすであろう「二次利用または転用の考古学」の体系化に向けた試論であり，素描である。

第11図　大森貝塚出土土器（Morse1879）

おわりに

　小稿の内容は，これまでコラムなどの形で断片的に発表してきたものであり，小文なりともまとまった形で発表できたことは幸いであった。関心のある読者から忌憚のないご意見を頂戴し，今後の研究に活かしたいと思う。末筆になったが，小稿をまとめるにあたり，永塚俊司・西野雅人・堀越正行・松本太郎・山路直充の各氏にご教示いただいた。明記して感謝の意を表したい。

　注
1）　小稿の内容は，麻生優氏の機能論（麻生1975）の範疇に属するものである。
2）　貝塚を「ゴミ捨て場」とすることについては，半世紀以上も前にジェラード・グロート氏が疑問を呈しているので（グロート1941），この機会に紹介しておきたい。

3) 『堀之内貝塚資料図譜』（堀越・領塚ほか 1992）の PL.64 右上写真の下段左から 2 点めの石器が「石剣」を二次利用または転用した「打製石斧」である。
4) 土器片を紡錘車に加工するような事例は、ヨーロッパなどでも確認できることから（Wild 1988）、その分布がユーラシア大陸の南部に広がる可能性がある。
5) 平成 21 年 6 月に（財）千葉県教育振興財団の西野雅人氏が市川博物館友の会主催の市川カルチャー講演会「千葉県の大型貝塚と縄文人のくらし」で発表した内容と配布資料による。
6) ある遺物の用途・機能が一次的なものであるのか、二次的なものであるのかは、その遺物が出土する時代（時期）や地域に照らして、十二分に吟味されなければならない。こうした吟味を経ることによって、その遺物の用途・機能に関する認識がより一層深化することになろう。
7) エドワード・S・モールス氏は、『SHELL MOUNDS OF OMORI』（Morse1879）に掲載した PLATEV.Fig3 の土器（第 11 図参照）に注目し、底部の破断面が磨り減っていることから、この土器の二次利用または転用に言及している。「二次利用または転用の考古学」の出発点として、研究史に刻まれなければならないであろう。
8) 長野県にある野尻湖立が鼻遺跡の発掘調査で、ナウマンゾウやオオツノシカ製の骨角器（岡本・中村ほか 1982）が出土していることから、先土器（旧石器）時代にも食料資源が二次利用または転用されていた可能性がある。縄文時代には、道具の二次利用または転用という行動様式が普及するが、背景には定住化にともなう生活領域の狭小化があり、そのことが資源の有効利用に繋がったと考えられる。

引用・参考文献

秋田かな子ほか 2001『石器のライフ・ヒストリー～道具の一生から人々の行動をさぐる～』東海大学校地内遺跡調査団・東海大学展示室運営委員会
麻生　優 1975「「原位置」論の現代的意義」『物質文化』24　物質文化研究会
阿部昭典 2009「東北北部における「第二の道具」の多様化―土製品・石製品のライフサイクルから」『環状列石をめぐるマツリと景観』國學院大學伝統文化リサーチセンター「祭祀遺跡に見るモノと心」平成 21 年度フォーラム
有吉重蔵・早川　泉ほか 1979『武蔵国分寺遺跡調査会 1974―武蔵国分寺跡』武蔵国分寺遺跡調査会・東京都国分寺市教育委員会
江見水蔭 1911「太古の廃物利用」『日曜画報』第 1 巻第 13 号　博文館
大野康男 1993「第五章古代の村第三節生活の実態」『歴史時代（1）』房総考古学ライブラリー 7　（財）千葉県文化財センター
岡本郁栄・中村由克ほか 1982「野尻湖立が鼻遺跡」『長野県史考古資料編　全 1 巻（2）主要遺跡（北・東信）』長野県史刊行会
熊野正也 1969「今島田遺跡」『市川市文化財調査報告』第 1 集
後藤信祐 2007「Ⅲまつりの道具―刀剣形石製品」『縄文時代の考古学 11 心と信仰』同成社
斉藤忠昭 1986「曽谷貝塚第 17 地点」『昭和 60 年度市川東部遺跡群発掘調査報告』市川市教育委員会
斉藤忠昭 1988「曽谷 1 丁目 259 番地所在遺跡」『昭和 62 年度市川東部遺跡群発掘調査報告』市川市教育委員会
櫻井敦史ほか 2009「上総国分僧寺跡Ⅰ」『市原市埋蔵文化財センター調査報告書』第 8 集
ジェラード・グロート 1941「貝塚は捨處であるか」『民族文化』第 2 巻第 11 号　山岡書店

芝田英行ほか 2002『国府台遺跡 —第29地点発掘調査報告書』国府台遺跡第29地点調査会
John Peter Wild 1988『Textiles in Archaeology』Number56 in the Shire Archaeology series
杉原荘介・戸沢充則 1971「四. 貝塚文化 —縄文時代」『市川市史』第1巻
田中　琢・佐原　真編 2002『日本考古学事典』三省堂
谷口康浩 2005『環状集落と縄文社会構造』学生社
坪井正五郎 1894「貝塚土器に於て見る所の廃物利用の数例」『東洋学芸雑誌』第151号　東洋学芸社
寺村光晴・松本岩雄ほか 1974『下総国分の遺跡』和洋女子大学
長崎潤一 1990「後期旧石器時代前半期の石斧 —形態変化論を視点として」『先史考古学研究』第3号
坂野千登勢 2009「古代における土器の再利用 —灯火具を中心とする様相」『考古学雑誌』第92巻第4号
堀越正行・山路直充ほか 1986『下総国分尼寺跡Ⅳ —昭和60年度調査報告』市立市川考古博物館
堀越正行・領塚正浩ほか 1992『堀之内貝塚資料図譜』市立市川考古博物館研究調査報告第5冊
堀越正行 1999「土器片土錘」『向台貝塚資料図譜』市立市川考古博物館研究調査報告第7冊
堀越正行・領塚正浩ほか 1999『向台貝塚資料図譜』市立市川考古博物館研究調査報告第7冊
堀越正行・領塚正浩ほか 2008『市川市縄文貝塚データブック』市立市川考古博物館研究調査報告第9冊
Edward S. Morse 1879『SHELL MOUNDS OF OMORI』MEMOIRS OF THE SCIESNE DEPARTMENT, UNIVERSITY OF TOKIO, JAPAN
山路直充 1995『下総国分寺 —いま見つめなおす下総の天平文化』市立市川考古博物館図録17
山路直充・領塚正浩ほか 1994『下総国分僧寺跡 —平成元～5年度発掘調査報告書』市立市川考古博物館研究調査報告第6冊
領塚正浩 2006「市川最古の住民たち」『図説市川の歴史』市川市教育委員会

回顧と展望　房総半島における発掘成果と博物館との関係
―戦後60年を振り返って（序章）―

石　井　則　孝

はじめに

　房総半島の考古学的調査を振り返って考えてみると，大場磐雄・滝口　宏・杉原荘介・西村正衛の名が出てくるであろう。

　杉原荘介に関しては，堀越正行が機会あるごとに執筆されてきたので，その大方の業績について良く知られているところである。しかし他の3氏については，詳しく書かれたものがない。今，私の手元に40年前（昭和45年（1970））に書かれた大場の原稿がある。

　上総博物館々報の巻頭用に書かれたものと推測されるが，長文であるため，あるいは活字化されなかった可能性がある。房総半島の考古学史を伝えるすばらしい文章で新鮮でもあるので先ず紹介しておきたい。

　　大場磐雄　「上總考古学の特質」
　上總考古学とは耳なれぬ言葉であるが，上總國を地理的単元とする考古學上の考察という意味である。今回県立上總考古博物館が設立され愈々開館間近いので，一言私の日頃考えている問題について述べて見ようと思ったからである。

　上總國は近世九郡を，上代は十一郡を管し（倭名類聚鈔），更に遡ぼった國造時代には六國造が配置された。即ち北から上海上・馬来田・伊甚・武射・菊間・須恵の六國で「この東海僻遠の地と，上古に□氏人の蕃殖せるに非ざれば，いかでか数國造の分封せらるるあらんや」（大日本地名辞書）とある通り，東京湾側の西上總に四國造，外房方面に二國造が設けられ，當時の遺跡を代表する前方後円墳をはじめ大小の古墳群は実に夥しい数に達している。

　東國の考古学的特質は縄文・弥生の両時期には著しいものを認めがたいが，古墳文化期において他と異なったいくつかの特質を認めることが出来る。その第一は西上總の古墳内からは，大陸色豊かな造形が多く発見されていることで，関東地方の古墳文化を語る上に重要な資料を提供している。例えば姉ヶ崎二子塚古墳内から漢の蟠螭文鏡と銀製腰飾，同山王山古墳からはほぼ完備した単龍環頭付直刀，木更津市内金銀（鈴）塚からは承台付銅鋺や金銀飾履等，更に同市内の中新地古墳からは金銅双魚佩，また祇園大塚山古墳からは金銅製魚獣帯文付眉庇付冑，銀製鎖付耳飾等がそれである。以上は他地域から発見された数も少なく関東地方においては独特の文化遺物

であって，その背景に大陸文化の影響著しいものを認めざるを得ない。そこでその由来を案ずるに，古代東海道の幹線に当っていたためで，奈良時代以前の東海道は相模から海を越えて上總に入り，武蔵は通過しなかったので，西方に傳えられた古代文化を逸早く受けるべき位置に当っていたためであると思う。

一方外房方面はどうであろうか。国造数はその面積に比して少なく武社と伊甚の二國であるが，ここにも注目すべき遺跡遺物がある。その一は長生郡長南町に存する能満寺古墳で全国でも少ない前方後方形を呈し，発見遺物も頗る古式に属し，その年代を四世紀末か五世紀初頭に比定されている。もう一つ夷隅川の上流大多喜の一古墳から出土した半円方格帯神獣鏡（舶載）の存在である。この現象は古く房総半島を迂回して，外房方面に進出した氏族が残したものと理解されるが，それならば何故安房に類似の古墳文化が残存されなかったかが疑問となるが，この考察は他日に譲りたい。

上總国は和名抄に「加三豆不佐」と訓じ，下総（之毛豆不佐）と対応する名称であるから，もと總の国から別れたことはいうまでもない。更に安房国も奈良時代以前は上總国に包括されていたから古墳時代における總国の中心は正に上總地方にあったと称して差支あるまい。

古語拾遺の傳える所によれば神武天皇の朝，阿波国の忌部一族この地に来って開拓し，「好麻所生，故謂わく總国」と見えるから，麻類の繁殖に適した地域であったことが知られるが，先年私が菅生遺跡を発掘した時，泥炭層中から麻の実を検出し，更に機織具の一部をも発見しているので，ここで麻布が織られたことを知り，正倉院に残る布に「望陀布」とか「望陀貨布」の存することも偶然ではないことを知り，合せて總国の古代文化の一端を知ったことは興味深い。（原文のまま）

以上が大場の僅か3400字の説明であるが，半島の特質を見事にとらえていることがわかるであろう。大場の句に「西の唐古　東の菅生　中を取りもつ登呂遺跡」の名句？がある。当時の列島の考古学の発掘を物語る句でこれも知っておいて欲しい。

次に滝口宏の上総博物館報7号（1972年6月）の巻頭文を紹介しよう。

滝口　宏　「新発見のさわぎ」

三月二十六日の新聞に飛鳥高松塚の壁画が発表されたとき，息をのむほどの驚きと共に先ず目をひきつけたのは婦人の裳の形であった。これは明らかに高句麗である。いままでわかっている日本の古墳には全く例のないものである。目下，下総龍角寺と取組んでいる私にとって，そこの瓦に高句麗のにおいを感じているので，余計そういう思いが先に立ったのであろう。

その後，相ついで写真が発表されるにつれて，中国の影響の強いこともわかり，ある部分では高句麗が，他では中國が，これらの壁画の要素になっていることを知った。新聞，放送は連日のようにこの新発見を報じた。いろいろの人たちが書かされしゃべらされたようである。というの

は即席の意見発表会でかなり見当はずれ——なかには無知識と思われるような愚論までが署名入りで載せられていたからそう思ったのである。

とどのあげくは，一群の黒ヘル青年が，高松塚をさわぐのは政府が国家意識をたかめるためにしているのであるから断固反対である。それに荷担しているおまえたちもけしからんといって私たちにまで攻撃の鉾先を向け，とどのつまりは高松塚に赤旗を立てる始末にまで発展した。秋の再調査に政府筋は海外人まで呼ぶと（新聞によれば）いうのであるが，そうなれば新聞のさわぎはまた大きくなるのであろうか。

ところで，この高松塚の影響が房総に及んできた。掘り返せば何か房総にもあるのではないかというので，横穴の壁画が問題になった。県内には横穴の数は多い。それらのなかには線刻で文字や絵のあるものがある。それに焦点がしぼられて，いくつかの例があげられた。横穴壁画は，開口したときに見出したのであるなら一等資料として確実であるが古くあいているものについては余程慎重にあつかわなければならない。

戦争中のことであるが，高橋東麿氏が偶然見つけた大佐和の絹の横穴にある文字について真偽不詳のまま数年調べられ，戦後，平野元三郎に連絡，その後さらに十分検討した上，これらは正しいものとして発表したのが「大同二年」「許世」の在銘横穴（県指定史跡）である。この横穴はもっと大きく報道してよい貴重な資料である。

今回発表された「船」の絵は良いと思う。木更津の「武人」らしい壁いっぱいの絵も稚拙ではあるが，中世的な味がないわけではない。いずれも後世のいたずらかどうかについて今後検討をして真偽をきめるべきものである。発表が急がされるために不十分なまま結果を出したのでは，いたずらに世間をさわがすことになる。高松塚の壁画は貴重な資料であり正しいものである。だがそのあとのさわぎは異常にすぎた。

以上が滝口の文章であるが，ここにも時代背景が切実に語られ，高松塚の現状を考えた時，大変深い意味の文章になっている。結局龍角寺の大論は文字にならず消えてしまったが，上総国分尼寺の復原から読みとるしかない。

ここに，西村正衛の貝塚論攷あるいは香取の海を解説する文章がないのが残念である。

縄文→弥生→古墳→歴史を辿る房総の考古学の深さをこの二人の先人の文章から読みとって認識を深めていただけたらと思っている。

1　人（発掘者）と遺跡

戦後60年も経過すると，次第に過去の実績は忘れ去られていく。特に発掘担当者もかなりの方々が鬼籍に入られてしまっている。滝口宏等による芝山殿塚・姫塚の発掘調査，現在もお元気に活躍されている甘粕健等による富津古墳群の学術調査などはなつかしき想い出の中に入ってしまった。

田中角栄による列島改造は，新幹線・高速道路・ニュータウンを生み出し，特に房総半島では東京に近いこともあって，急速なニュータウンの建設が石油コンビナートの建設と共に，千葉市，市原市，木更津市へと拡がり大規模な遺跡破壊が始まった。

同時に遺跡の処理のため県立の埋蔵文化財センターが全国に先きがけて発足し，財団として発展し，関東地方の大学から考古学専攻生を多数採用し，記録保存という命題のもとに次々と遺跡が破壊されていった。

さらに，行政発掘を進展させたのが，東京国際空港，現成田空港の建設である。道路・関連施設の建設に拍車がかかり，建設反対運動の中での発掘は，担当者には口には出せない悩みが在していた。中村恵次・鈴木道之助の死は，これらの犠牲者かもしれない。遺跡で今でも焼きついて離れないのは，関東・東海地方で最大の製鉄遺跡が消え去ったことである。

都埋文センターの図書室の棚をみると，千葉県の発掘報告書が突出して多いことである。このことは，遺跡を残すという概念がなく，房総半島の有力な遺跡が記録保存の名目のもとにこの地上からほとんど消え去ってしまったことを意味する。私が一年間ではあったが県文化課に席を置いて，担当主査として何度も問題の遺跡を視察したが，全て残るものはなく，悲しき思い出として残されている。時代背景の宿命だったとあきらめてはいるが，関係者がどんどんと鬼籍に入られていくのをみて，誰が遺跡の顕彰を行えば後世へ伝えられるのか，悩むこと多しである。

そこでひとつの提案として，「発掘担当者と遺跡」について，担当者がその遺跡に対し，どのような考えをもって発掘調査を行ってきたかを一度十分に検証する必要がある。

他県・市で遺跡が保存され，整備・活用が行われる場合，担当職員が任に当たるのは当然であるが，ほとんどのところで発掘担当者がその任に当たることがない。今からでも遅くない。遺跡が保存・整備・活用される時には，かならず担当者も任につき，遺跡の顕彰はもとより発掘担当者へも顕彰が行われるような仕組みの普及が必要である。埋蔵文化財行政の新たなる取り組みと機構の改革さらなる発展を期待するところである。

2　房総半島における発掘関係者

戦後，どのような研究者・発掘担当者・好事家がいたか，無作為に列記すると下記の方々が上げられよう。

大場磐雄・滝口　宏・杉原荘介・酒詰伸男・平野元三郎・西村正衛・丸子　亘・野口義麿・亀井正道・塚田　光・中村恵次・武田宗久・山内清男・軽部慈恩・神尾明正・森谷ひろみ・篠崎四郎・乙益重隆・瀧沢　浩・後藤和民・八幡一郎・岡崎文喜・湯浅喜代治・倉田芳郎・小林三郎・佐原　眞・玉口時雄・吉田　格・甲野　勇・大川　清・野村幸希

以上が物故者で，以下年長者を列記すると

加藤晋平・大塚初重・岩崎卓也・甘粕　健・下津谷達男・川戸　彰・寺村光晴・岡田茂弘・椎名仙卓・白石竹雄・鈴木仲秋・高橋良治・藤下昌信・熊野正也・西野　元・佐藤武雄・市毛

勲・金子浩昌・小林達雄・椙山林継・野中　徹・関根孝夫・和田　哲

　これらの方々の名前を上げることが出来るが，ほとんどの方が 70 才以上で，色々な議論に参加出来るかは疑問符をつけざるを得ない。

　従って，房総半島の考古学の全体像を総括するには，60 才前後の史館同人に期待するしかないのだろうか。県・市の埋文センターで積極的活動してきたメンバーあるいは，柿沼修平を頂点とする「奈和」のメンバー等，県内に所在する研究団体・グループへ呼び掛けていく必要がある。同時に，発掘資料を保管している博物館職員との連携も必要である。

　私が文化課に勤務していた 1979 年（S54）4 月～80 年 3 月まで，毎日の仕事を記したノートが現存している。中味の公表は後日に譲るとしても，面会した際受け取った名刺の数は実に 250 枚に達している。これは，何を物語るものであろうか。当時，文化課の室には，課長横の応接用の席のほかに，入口すぐ左に埋蔵文化財関係者との面談用の机が用意されていた。

　これ以上書いていくと色々と問題が生じてきてまとめようが無くなってしまう。鈴木道之助の苦悩が偲ばれるところである。

3　発見された遺跡・遺物と博物館の関係

　千葉県の発掘資料を保管している施設を見るには，基本的には，考古学研究室のある大学博物館と県内に所在する博物館とに分ける必要がある。この中でも，遺跡博物館として遺跡を保護し活用し活動している本来の博物館の姿を示している考古学博物館は特筆しておく必要がある。

　房総の発掘資料を保管公開している大学は，東京大学総合資料館，明治大学考古学博物館，早稲田大学會津記念博物館，国学院大学考古学博物館，位か。

　県内の館では，千葉市加曽利貝塚博物館，市立市川考古博物館（堀之内貝塚を併設），県立房総風土記の丘資料館（岩屋古墳を頂点に 83 基の古墳を整備活用），芝山仁王尊付属芝山はにわ博物館（殿塚・姫塚も保存活用），木更津市立郷土博物館金のすず（廃館した県立上総博物館の施設と資料を受けつぐ），芝山町立芝山古墳・はにわ博物館，船橋市郷土資料館，松戸市立博物館，八千代市立郷土博物館，船橋市飛ノ台史跡公園博物館等か。

　以上揚げた館には，県内で発見された資料を見学することが出来る。

　この中で，他県人あるいは外国人に案内できるのは，加曽利，市川，風土記，芝山仁王尊ぐらいだろうか。まことにさびしい限りである。

　これらに勤務している博物館に，優秀な考古学徒もいるが，今回は博物館人についての記述は省略した。

4　残された問題点

　房総半島の考古学に対する考え方，発掘担当者の役割り，出土資料の公開の為の施設について

記してきたが，以下については今後考え方をまとめながら執筆していきたい課題である。関係者にとっては，厳しい問題があるかと思うが，房総半島の考古学成果をこよなく愛している考古学徒の端くれの考えを，受け止めて欲しいと願っている。

1. 残された遺跡の現況 消えた遺跡の記録。
1. 主要貝塚の発掘に携わった人々と成果。
1. 主要古墳の発掘に携わった人々と成果。
1. 開発者と県文化財行政の功罪。
1. 記録保存の為の費用と担当者数。
1. 遺跡が大事か，開発が大事かの議論があれば，その内容。
1. 遺跡学の確立が発掘担当者に存在していたか。
1. 遺跡→出土品→担当者→展示施設 この関係が確立して調査された例があるか。
1. 県埋蔵文化財行政の功罪についての検証や討論が行われたことがあったか。
1. 発掘された遺跡の報告について，担当者の不在によって，報告されていないものがどの程度発掘資料と共に残存しているのか。。
1. 半島に所在する貝塚の悉皆調査は行われていたか。
1. 学校保管の遺物の行方と好事家のコレクションの行方。
1. 現在残されている遺跡の活用について総合的討論が行われたことがあるのか。
1. 県内の大学において，博物館教育の中で遺跡遺物が活用されているか。
1. 房総を代表する遺跡博物館─加曽利貝塚と房総風土記の丘の活用について，他県からどのように見られているか。
1. 拙著「古代房総文化の謎」以降どのような書物が一般向けに出版されているか。
1. レプリカミュージアムの色彩強い国立歴史民俗博物館は，何んのために佐倉市に作られたのか。

以上箇条書きで記してきたが，筆者が常に考えていることを述べて本文のまとめとしたい。「東京湾をめぐる考古学」を常々思考してきたが，なかなかまとめにいたっていない。房総半島は，貝塚の原点がさぐれ，縄文時代を語ることが出来る日本列島最大規模の遺跡群をもつ半島である。

何故，世界に示すことが出来る貝塚博物館（貝塚研究センター）あるいは縄文博物館（縄文時代研究所）を建設することが出来ないのか。県・市を上げて，最低30人規模の研究者を抱えることが出来る施設を国へ要望できないものであろうか。夢のまた夢の話に終わらないように，機会あるごとに発言していきたいと考えている。4000人を超えた日本考古学協会員の会員数を考えた時，何かそこに可能性を見い出すことが出来るのではないだろうか。

おわりに

　今回は，未定稿でまことに恥しい次第であるが，箇条書きで最初に記した―残された遺跡・消えた遺跡の検証を行うことによって，昭和30年代，40年代，50年代，60年代の動向を確実に把握し，天野　努，柿沼修平，堀越正行，西山太郎，大村　直，山路直充，田中新史，宮本敬一等の業績をもとに，定稿として論を進めていく所存である。　　　　　　　　　　　　　了

「史館」総目次

創刊号（1973（昭和48）年4月30日発行）
発刊によせて
論説
 土器型式の事象と論理 ―その相対的側面―　　堀越正行
 いわゆる"称名寺式土器"に関する二・三の疑義　　柿沼修平
 上総・下総国分寺址出土古瓦の系譜と伝播　　関口広次
 真木ノ内古墳群の調査　　熊野正也・石田広美
研究ノート
 陶硯について（1）　　石井則孝
資料紹介
 栃木県・富貴田遺跡出土の彌生式土器　　星田享二

第2号（1974（昭和49）年4月20日発行）
論説
 砂川遺跡についての一考察 ―個体別資料による石器群の検討―　　安蒜政雄
 木更津市笹子込山遺跡の研究 ―縄文時代早期三戸式土器をめぐって―　　石井則孝・堀越正行
 弥生時代集落構造の一考察 ―ベッド状遺構をもつ住居址を中心として―　　熊野正也
 房総半島における横穴式石室 ―とくに複室構造の石室について―　　中村恵次
 東京湾東岸における横穴墳について　　野中　徹
研究ノート
 陶硯について（2）　　石井則孝
資料紹介
 眼を省略した土偶　　内野美三夫
 千葉県市川市花ヶ谷台遺跡採集の資料　　田川　良

第3号（1974（昭和49）年11月7日発行）
論説
 神奈川県本蓼川遺跡の石器群について　　宮塚義人・矢島国雄・鈴木次郎
 縄文時代中期初頭土器研究史 ―五領ヶ台系土器群の編年研究をめぐって―　　松村恵司
 松戸市二ッ木向台遺跡における早期縄文式土器の研究　　庄司　克・堀越正行
 佐倉市畔田川崎遺跡の弥生式土器　　柿沼修平
 横穴式複室石室に関する覚え書 ―中村恵次氏論文を読んで―　　原田道雄
 下総国分僧・尼寺の伽藍と下総国府の位置関係について　　石井則孝
研究ノート

総柱式倉庫建築の出現 —共同体的クラの解体過程として (1) —　　宮本敬一

　　特殊な器台形土器について (1)　　熊野正也

資料紹介

　　佐倉市畔田川崎遺跡出土の土師式土器と石製模造品　　柿沼修平・内田儀久

　　県指定常滑三筋壺について　　鈴木普二・山田友治

第 4 号 （1974（昭和 49）年 12 月 27 日発行）

論説

　　千葉県における先土器文化 (1)　　小田静夫

　　下総台地における縄文時代初頭の文化　　鈴木道之助

　　馬蹄形貝塚研究序論　　堀越正行

　　南関東地方における弥生文化の研究 (1) —佐倉市臼井南遺跡出土の土器—　　熊野正也

　　房総における古式須恵器とその性格について　　山田友治

　　房総半島における変形石室 —L字形・T字形石室とその周辺—　　中村恵次

研究ノート

　　陶硯について (3)　　石井則孝

資料紹介

　　茨城県古河市周辺採集の先土器時代資料　　田川　良・道沢　明

　　あらたに発見された姉崎二子塚古墳の鏡　　杉山晋作

第 5 号 （1975（昭和 50）年 5 月 8 日発行）

論説

　　千葉県における先土器文化 (2)　　小田静夫

　　小竪穴考 (1)　　堀越正行

　　堀之内式土器論 (1)　　柿沼修平

　　成田市御部殿台遺跡の研究 (Ⅰ)　　小川和博

　　南関東地方における弥生文化の研究 (2) —特に房総半島における葬制について—　　熊野正也

　　内裏塚古墳群の再検討 —内裏塚古墳の遺物（前）—　　杉山晋作

　　五世紀における短甲出土古墳の一様相 —房総出土の短甲とその古墳を中心として—　　田中新史

研究ノート

　　陶硯について (4)　　石井則孝

　　房総における墨書土器の一考察　　鈴木仲秋

　　房総における中世のやきものについて　　山田友治

第 6 号 （1976（昭和 51）年 1 月 31 日発行）

論説

　　千葉県における先土器文化 (3)　　小田静夫

小竪穴考（2）　　堀越正行
　　堀之内式土器論（2）　　柿沼修平
　　南関東地方における弥生文化の研究（3）―特に大厩・菊間両遺跡出土の石器を中心として―　　熊野正也
　　下総国分僧寺の寺域および寺域内地割について　　佐々木和博
　研究ノート
　　房総における古墳の変革（前）　　杉山晋作
　　陶硯について（5）　　石井則孝
　　房総における中世のやきものについて（2）　　山田友治
　資料紹介
　　木更津中央高校グランド採集土器　　伊藤聖一
　　佐倉市出土の土師式土器　　田村言行

第7号（1976（昭和51）年2月29日発行）
　論説
　　千葉県成田市殿台遺跡の研究（Ⅱ）　　小川和博
　　東日本弥生時代初頭の土器と墓制 ―再葬墓の研究―　　星田享二
　　上総国の国府について（予察）　　石井則孝
　研究ノート
　　房総における古墳の変革（後）　　杉山晋作
　資料紹介
　　木更津市祇園貝塚採集の関西系土器　　堀越正行
　　杉ノ木台遺跡出土の弥生式土器について　　熊野正也・佐々木和博
　　古式な甑について　　山田友治
　学界展望
　　ノヴォシビルスクの会議に出席して　　小田静夫・C. T. キーリー

第8号（1977（昭和52）年3月31日発行）
　遺稿
　　房総半島における特殊石室Ⅱ ―城山六号墳石室とその周辺―　　中村恵次
　　中村恵次氏遺稿に関するコメント　　市毛　勲
　論説
　　小竪穴考（3）　　堀越正行
　　縄文時代早期末葉の遺構と土器編年（1）―東海を中心として―　　谷沢良光
　　「半月形鉄製品」について ―住居跡出土品を中心に―　　佐々木和博
　研究ノート
　　土器型式の認識　　柿沼修平
　　特殊な器台形土器について（2）　　熊野正也

資料紹介

　千葉県の石枕（1）―市原市発見の石枕―　　杉山晋作

　千葉県富津市出土の新羅焼土器　　石井則孝

　　　…………

　故中村恵次先生と史館

第9号（1977（昭和52）年10月1日発行）

論説

　先土器時代遺跡における炭化物片分布について（上）　　小田静夫

　砂川遺跡についての一考察 ―個体別資料による石器群の検討（2）―　　安蒜政雄

　小竪穴考（4）　　堀越正行

　縄文時代早期末葉の遺構と土器編年（2）―東海を中心として―　　谷沢良光

　南関東における古式土師式土器編年試論　　上野純司

研究ノート

　房総における中世のやきものについて（3）　　山田友治

資料紹介

　市原市川在遺跡採集の遺物　　鷹野光行・米田耕之助

　手賀廃寺の古瓦（1）　　中山吉秀・高橋良助

第10号（1978（昭和53）年5月1日発行）

『史館』第十号発行にあたって

論説

　花輪台式土器とその終末　　鈴木道之助

　貝斧について　　堀越正行

　縄紋時代研究の年代観　　柿沼修平

　石田川式土器文化成立に関する一考察 ―いわゆるS字状口縁甕形土器を中心として―　　熊野正也

　富津市上飯野「野々間古墳」の出土遺物について　　石井則孝

　上総国分寺の造瓦組織と同屹瓦の展開（試論）―特に創建期屋瓦を中心として―　　須田　勉

　施柚陶器の実年代をめぐる研究史的検討　　佐々木和博

『史館』創刊号～十号総目次

第11号（1979（昭和54）年6月20日発行）

論説

　広域火山灰と先土器時代遺跡の編年 ―特にATについて―　　小田静夫

　船戸貝塚と土偶・石冠形土製品　　堀越正行

　複葬に関する一考察 ―再葬墓の特性を中心として―　　小柳正子

　小柳論文に対するコメント　　星田享二

コメントに対する答え　　　小柳正子

第12号（1980（昭和55）年4月30日発行）
論説
　　低地遺跡研究の覚書 ―特に，九十九里地域を例として―　　　西山太郎
　　搬入土器と塩煮 ―広義の船元式土器の場合―　　　堀越正行
　　特殊な器台形土器について（3）　　　熊野正也
　　郡衙遺跡出土の瓦について（上）―関東地方の二・三の遺跡を中心として―　　　今泉　潔
　　瓦当背面に布目痕を有する軒丸瓦 ―関東の国分寺を中心として―　　　佐々木和博
　　下総国分寺宝相華文瓦の源流　　　三木圭子
　　八日市場市出土の「千校尉」と記された墨書土器について　　　桜井茂隆・高木博彦

第13号（1981（昭和56）年12月23日発行）
論説
　　房総における須恵器生産の予察（Ⅰ）　　　酒井清治
　　郡衙遺跡出土の瓦について（下）―関東地方の二・三の遺跡を中心として―　　　今泉　潔
　　下総国古代土器編年試論（1）―下総国分遺跡を中心として―　　　佐々木和博
研究ノート
　　所謂「平山村土偶」の検討　　　堀越正行
資料紹介
　　船橋市後貝塚発見の土器　　　小西ゆみ
　　印旛郡富里村古込発見の火葬墓　　　越川敏夫・林　勝則
文献解題
　　原始・古代における集落研究文献解題　　　石井則孝

第14号（1983（昭和58）年4月30日発行）
論説
　　奉免安楽寺貝塚の提起する問題　　　堀越正行
　　区画墓・土壙墓（上）―北海道美沢川流域の遺跡群の例―　　　矢吹俊男
　　荒海式土器の再検討（一）　　　青木幸一
　　弥生土器・土師器編年の細別とその有効性　　　大村　直
　　下総地方における北関東系土器と称される後期弥生式土器について　　　大沢　孝
　　千葉県における奈良・平安時代土器の様相（1）　　　佐久間　豊
研究ノート
　　土器型式の実相と共同体の認識　　　柿沼修平
　　下総国分二寺軒瓦小考 ―同笵異技法軒瓦をめぐって―　　　佐々木和博
　　板床存在の疑いがある竪穴住居について　　　高橋光男・熊野正也

資料紹介
　　茨城県古河市採集の先土器時代遺物　　　道沢　明
　　西広貝塚出土の安行Ⅰ式土器　　　米田耕之助
　　下総国分遺跡出土の墨書土器　　　宮内勝巳

第 15 号（1983（昭和 58）年 10 月 30 日発行）
　　杉原荘介先生を偲んで　　　熊野正也
論説
　　下総国香取郡滑河町字栗山発見の石器をめぐって　　　小田静夫
　　谷奥貝塚の意味するもの　　　堀越正行
　　縄文時代晩期に出現した撚糸文土器について　　　西山太郎
　　南関東弥生時代中期後半にみる土器紋様分類の覚書　　　柿沼修平
　　弥生時代におけるムラと基本的経営　　　大村　直
　　斜格子状暗文を有する土師器坏について　　　佐久間　豊
研究ノート
　　下総国分二寺軒瓦小考（2）―軒丸瓦瓦当と丸瓦の接合位置関係―　　　佐々木和博
展望
　　多摩ニュータウン遺跡群の最近の成果と今後の課題　　　石井則孝
特別寄稿
　　奈良・平安時代の土器生産について　　　服部敬史

第 16 号（1984（昭和 59）年 4 月 20 日発行）
論説
　　ハマグリからみた生業の季節性　　　堀越正行
　　区画墓・土壙墓（中）―北海道美沢川流域の遺跡群の例―　　　矢吹俊男
　　荒海式土器の再検討（二）　　　青木幸一
　　甕形土器の変遷（上）―関東地方の弥生時代初頭を中心に―　　　葛西　功
　　岩尾遺跡出土資料の編年的位置と特色　　　石川日出志
　　柴山出村式土器の再検討　　　久田正弘
　　久ヶ原式と弥生町式　―南関東地方における弥生時代後期の諸様相（予報）―　　　大村　直・菊池健一
研究ノート
　　下総国分二寺軒瓦小考（3）―創建期軒瓦の祖型―　　　佐々木和博
資料紹介
　　千葉県市原市石川窯址における表面採集の須恵器　　　佐久間豊・井口　崇

第 17 号（1984（昭和 59）年 12 月 20 日発行）
論説

加曽利EⅢ式土器断想　　堀越正行

　　石鏃・銅鏃・鉄鏃　　大村　直

　　東国出土の暗文を有する土器（上）―資料紹介―　　西山克巳

研究ノート

　　「博士館」墨書土器私考　　佐々木和博

シンポジウム収録

　　房総における奈良・平安時代の土器

第18号（1985（昭和60）年12月20日発行）

論説

　　市川市株木東遺跡環状土壙墓群考　　堀越正行

　　弥生時代後期の南関東地方（序）　　陣内康光

　　古墳の終末をめぐる研究抄史　―関東における古墳終末の研究序説―　　三浦茂三郎

　　東国出土の暗文を有する土器（下）―東国出土の暗文土器―　　西山克巳

研究ノート

　　北総における弥生時代土製紡錘車の評価　　柿沼修平

　　関東地方における墨書人面土器小考　　大竹憲治

第19号（1986（昭和61）年12月20日発行）

論説

　　京葉における縄文中期埋葬の検討　　堀越正行

　　富津市割見塚古墳の諸問題Ⅰ　　小沢　洋

　　房総におけるロクロ土師器生産　―シンポジウム房総における歴史時代土器の研究を顧みて―　　佐久間豊

研究ノート

　　陸奥古代印章瞥見　　大竹憲治

第20号（1988（昭和63）年4月30日発行）

論説

　　水子式土器考　　堀越正行

　　東日本における弥生文化の発展　―静岡県の土器編年を中心として―　　竹内直文

　　南関東五世紀土器考　　比田井克仁

展望

　　セトルメントパターンの再検討　　土井義夫

　　『史館』十一号〜二十号総目次

第21号（1989（平成元）年5月23日発行）

論説

考古学における家族論の方向　　　大村　直

　　竪穴住居の解体と引越し　　　今泉　潔

　　ストーン・ボイリングと出現期の土器　　　堀越正行

　　上総須恵器考 ―須恵器生産遺跡研究略史―　　　田所　真

　　房総における中世的土器様相の成立過程 ―房総における古代末期から中世初期の土器様相―　　　笹生　衛

研究ノート

　　穿孔土器論素描 ―南関東「周溝墓」出土例を中心に―　　　山岸良二

　　夏井廃寺の瓦の運搬経路　　　大竹憲治

第22号（1990（平成2）年11月1日発行）

論説

　　縄文後期の貝の花集落　　　堀越正行

　　一つの甕から ―弥生時代後期から古墳時代はじめにかけての叩き甕について―　　　菊池健一

研究ノート

　　遺跡調査におけるサンプリング法　　　植木　武

第23号（1991（平成3）年12月25日発行）

論説

　　貝の花集落の埋葬　　　堀越正行

　　方形周溝墓における未成人中心埋葬について ―家族墓・家長墓説批判―　　　大村　直

　　房総の中世土器様相について　　　笹生　衛

論評

　　内裏塚古墳群の設計基準尺度に関する論考に対して ―「終末期古墳の一様相―千葉県富津市所在の内裏塚古墳群について―」を読んで―　　　山本哲也

第24号（1993（平成5）年9月30日発行）

二十周年記念を契機とした決意

論説

　　略説・日本細石器文化研究の現状と課題　　　橋本勝雄

　　「荒海式土器」と「須和田式土器」の間　　　渡辺修一

　　小さな壺から ―西方社会へのささやかな抵抗―　　　比田井克仁

展望

　　発掘調査はだれにでもできるか　　　佐久間　豊

研究ノート

　　縄文時代の赤と黒　　　堀越正行

資料

　　千葉県縄文時代遺跡調査年譜・戦後編I（昭和20～46年）　　　堀越正行

第 25 号 (1994 (平成 6) 年 5 月 1 日発行)

論説
　船橋市古作貝塚の埋葬　　堀越正行
　戸張一番割遺跡の甕形　　大村　直
　東関東地方における後期弥生土器の成立過程　　小玉秀成
　特殊な土器の再検討（前編）　　鈴木直人

研究ノート
　東関東中期拠点集落における異系統土器の在り方について (1)　　上守秀明

第 26 号 (1995 (平成 7) 年 5 月 1 日発行)

論説
　中央窪地型馬蹄形貝塚の窪地と高まり覚書　　堀越正行
　古墳時代後期の豪族居館に関する一試論 ―関東北西部を中心として（前編）―　　三室戸元光
　江戸時代における多賀城跡の認識　　佐々木和博

資料紹介
　飯島コレクションの土偶・土製品　　森脇　淳

第 27 号 (1996 (平成 8) 年 4 月 1 日発行)

論説
　東北地方北部に於ける縄文時代早期前半の土器編年（上）　　領塚正浩
　東京湾東岸地域の宮ノ台式土器　　小倉淳一
　古墳時代後期の豪族居館に関する一試論 ―関東北西部を中心として（後編）―　　三室戸元光

研究ノート
　和同開弥銀銭の一例　　平野　功

第 28 号 (1996 (平成 8) 年 5 月 1 日発行)

論説
　家族論への塑像 ―考古学―　　青木幸一
　東北地方北部に於ける縄文時代早期前半の土器編年（下）　　領塚正浩
　鉄製農工具の組成比　　大村　直

研究ノート
　井戸状遺構について（上）　　宮内勝巳
　下野薬師寺跡出土の葡萄唐草文字瓦　　播摩尚子

第 29 号 (1997 (平成 9) 年 4 月 30 日発行)

論説
　船橋市宮本台貝塚の埋葬　　堀越正行

房総宮ノ台式土器考 —房総における宮ノ台式土器の枠組み—　　黒沢　浩
　　房総半島における「やぐら」—線刻・浮彫五輪塔を中心として—　　井上哲朗

第30号（1998（平成10）年5月15日発行）
論説
　　海水温とサケ属をめぐって —縄文時代の千葉県を中心として—　　堀越正行
　　続・房総宮ノ台式土器考 —房総最古の宮ノ台式土器—　　黒沢　浩
　　手焙形土製品の研究　　小橋健司
　　古墳時代の政治社会組織　　青木幸一
資料紹介
　　市川市国府台遺跡の環濠集落　　松本太郎
展望
　　出土文化財，調査報告書，そして記録保存　　佐久間　豊
『史館』21〜30号総目次

第31号（2001（平成13）年5月18日発行）
論説　縄文時代特集
　　縄文時代前期土壙群の数的研究　　堀越正行
　　縄文時代における主要貝輪素材ベンケイガイの研究 —千葉県成田市荒海貝塚産資料と千葉県天津小湊町浜荻海
　　　岸採集の現生打ち上げ貝の検討から—　　忍澤成視
　　千葉市矢作貝塚出土の加工痕ある人骨　　渡辺　新
　　結節回転による施文効果 —『千葉県幸田貝塚資料』山内静男考古資料12の整理作業成果から—　　上守秀明
　　縄文時代中期の通年定住集落と周辺遺跡群 —千葉市有吉北貝塚と中期遺跡群における居住・生産様式の検討—
　　　西野雅人
　　稲田孝司著「原始社会の日本的特質」を読む（上）　　加納　実
資料紹介
　　千葉県夷隅郡御宿町新宿遺跡出土の石器について　　渡辺修一
　　良文貝塚資料館所蔵の有角石器　　蜂屋孝之

第32号（2003（平成15）年5月24日発行）
論説
　　歯冠計測値からみた近世遺跡出土のイヌについて（その2）—東京都新宿区四谷二丁目遺跡93号遺構出土資料
　　　を例に—　　加藤久雄
論説　古代特集
　　君津地域における人名墨書土器について　　當眞嗣史
　　集落遺跡の地域動態と墨書土器の出土量変化 —上総国山辺郡周辺の事例から—　　笹生　衛
　　我孫子市別所当遺跡出土の「丈部」墨書土器　　辻　史郎

第33号 （2004（平成16）年5月20日発行）

論説

　縄文時代の道路跡　　領塚正浩

　房総の攻玉遺跡　　小林清隆

　柄香炉形土製品の提唱　　堀越正行

　久ヶ原式・山田橋式の構成原理 —東京湾岸地域後期弥生土器の特質と移住・物流—　　大村　直

　古墳時代前期における関東土器圏の北上　　比田井克仁

　古代の墨 —資料紹介と形態についての予察—　　山路直充

『史館』総目次

[シンポジウム資料]

房総における奈良・平安時代の土器 （1983（昭和58）年10月30日発行）

上総

　旧上総国における奈良・平安時代土器編年試案　　佐久間　豊・豊巻幸正・笹生　衛

　千葉市城における奈良・平安時代の土器について　　倉田義広

　上総国分寺台坊作遺跡出土土器の編年試案　　高橋康男

　市原市稲荷台遺跡出土の紀年銘墨書土器　　浅利幸一

下総

　東京湾沿岸における奈良・平安時代土器の様相　　宮内勝巳

　下総東部における奈良・平安時代の土器編年試案　　越川敏夫・長内美知枝

　成田市郷部加定地遺跡出土の土器について　　寺内博之

　下総における八世紀代の搬入土器　　石田広美

房総における土器様相（コメントⅠ）

　旧上総国からみた下総各地の土器様相　　佐久間　豊

　編年と実年代について　　石田広美

周辺地域の様相（コメントⅡ）

　武蔵国府の土器変遷　　雪田　孝

　相模国における歴史時代土器について　　長谷川　厚

　茨城県における奈良・平安時代の土器について　　黒澤彰哉

　茨城県における八・九世紀の須恵器について　　川井正一

　　　　…………

　安房・上総・下総　奈良・平安時代年表　　須田　勉

史館同人（五十音順）

創刊号～
    石井則孝，熊野正也，堀越正行

第3号～
    石井則孝，小田静夫，熊野正也，杉山晋作，堀越正行，山田友治

第7号～
    石井則孝，小田静夫，柿沼修平，熊野正也，杉山晋作，堀越正行，山田友治

第8号～
    石井則孝，小田静夫，柿沼修平，熊野正也，佐々木和博，杉山晋作，鈴木道之助，須田　勉，堀越正行，山田友治

第14号～
    石井則孝，大村　直，小田静夫，柿沼修平，熊野正也，佐久間　豊，佐々木和博，杉山晋作，鈴木道之助，須田　勉，堀越正行，山田友治

第23号～
    飯塚博和，石井則孝，石川日出志，大村　直，小沢　洋，小田静夫，柿沼修平，上守秀明，熊野正也，佐久間　豊，佐々木和博，笹生　衛，杉山晋作，杉山秀宏，鈴木道之助，須田　勉，高山　優，橋本勝雄，比田井克仁，堀越正行，宮内勝巳，渡辺修一

第31号～
    青木幸一，飯塚博和，石井則孝，石川日出志，井上哲朗，大村　直，小沢　洋，柿沼修平，加納　実，上守秀明，菊池健一，熊野正也，小橋健司，小林清隆，笹生　衛，鈴木道之助，須田　勉，西野雅人，橋本勝雄，比田井克仁，堀越正行，宮内勝巳，山路直充，領塚正浩，渡辺修一

房総の考古学　史館終刊記念

2010年5月20日　初版発行

編　者　史館同人

発行者　八木　環一

発行所　株式会社　六一書房
　　　　〒101-0051　東京都千代田区神田神保町 2-2-22
　　　　TEL　03-5213-6161　　FAX　03-5213-6160
　　　　http://www.book61.co.jp　　Email　info@book61.co.jp
　　　　振替　00160-7-35346

印　刷　株式会社　三陽社

ISBN 978-4-947743-87-9 C3021　　Ⓒ 史館同人　2010　　Printed in Japan